ENTORNOS

PRIMER CURSO DE LENGUA ESPAÑOLA

Student Book

© Editorial Edinumen, 2016

Authors:

Cecilia Bembibre, María Carmen Cabeza, Noemí Cámara, Susana Carvajal, Francisca Fernández, Emilio José Marín,
Celia Meana, Ana Molina, Susana Molina, Liliana Pereyra, Francisco Fidel Riva, Equipo Espacio, and equipo Nuevo Prisma
Coordination Team: David Isa, Celia Meana and Nazaret Puente.

ISBN - Hardback version: 9781107468528
Loose Leaf version: 9781107469280

Printed in the United States of America

Editorial Coordination:
Mar Menéndez

Cover Design:
Carlos Casado y Juanjo López

Design and Layout:
Carlos Casado, Juanjo López y Sara Serrano

Illustrations:
Carlos Casado

Photos:
See page 507

Cambridge University Press
32 Avenue of the Americas
New York, NY 10013

Editorial Edinumen
José Celestino Mutis, 4. 28028 Madrid. España
Telephone: (34) 91 308 51 42
Fax: (34) 91 319 93 09
Email: edinumen@edinumen.es
www.edinumen.es

Learning to communicate in Spanish can help you achieve a more vibrant and prosperous future, especially in today's globalizing world. As of 2014, **more than 450 million people speak Spanish** as a native language, making Spanish the second most common native language in the world. According to a study by the Instituto Cervantes, **45 million people in the United States** speak Spanish as a first or second language. That's a Spanish-speaking community the size of the whole country of Spain!

Spanish is the most-spoken language in the Western Hemisphere, and the official language of the European Union, making it an important language for international business. By learning Spanish, you'll be joining 20 million other students worldwide who are learning to speak Spanish. You'll also be gaining a valuable professional skill on an increasingly bilingual continent. ¡Bienvenidos!

WHY COMMUNICATIVE EXPERIENTIAL LEARNING?

Mechanical learning doesn't work

How did you learn to ride a bike? Did you sit in a chair while someone explained the fundamentals of bike riding to you, or did you go outside and give it a try yourself? Did you get better by memorizing a set of expert techniques, or did you suffer a few skinned knees until you improved?

If you're like most people, you learned by doing —and we don't think learning a language should be any different. When you learn out-of-context grammar and vocabulary skills, or complete exercises designed to perfect isolated language functions, it can be difficult to combine these skills when you want to express something new, or understand something that you've never heard before. Even more importantly, this kind of instruction can make us forget that Spanish is a living language that is spoken creatively and individually by people all over the world.

We need to feel, experience and reflect in order to learn

When we learn by doing —by following our own initiative and self-direction— we associate the things we learn with specific feelings and experiences, which helps us comprehend and retain new language. Activities that connect with our emotions awaken our curiosity, and help us remember what we've learned years later.

Communicative Experiential Learning is self-directed, and constructed according to the unique styles and needs of each individual. Differences in learning style and speed are allowed for and embraced in the experiential classroom.

Learning is more rewarding as part of a community

Communicative Experiential Learning also creates a supportive peer environment, in which learners are truly part of a classroom community. Learning by doing naturally encourages cooperative learning strategies, and rewards an open exchange of ideas and experiences.

Spanish is a vital, living language —which can be surprisingly easy to forget when you're conjugating endless strings of AR verbs! Communicative Experiential Learning reminds us that the purpose of language is to connect with ourselves and with our communities, both locally and globally.

Many thanks to the following reviewers who offered ideas and suggestions:

Amy Ginck, Messiah College
Luz Triana-Echeverria, St. Cloud University
Elena Kurinski, St. Cloud University
Marie Blair, Univ. of Nebraska-Lincoln
Courtney Lanute, Edison State College
Teresa Buzo Salas, Georgia Southern University
Jose Manuel Hidalgo, Georgia Southern University
Donna Marques, Cuyamaca Community College
Benita Sampedro, Hofstra University
Matthew A. Wyszynski, University of Akron
Jose Lopez Marron, Bronx Community College
Damian Bacich, San Jose State University
Lisa DeWaard, Clemson University
Rachel Shively, Illinois State University
Gabriela Brochu, Truckee Meadows Community College
Luz Porras, SUNY-New Paltz
Kathleen Leonard, University of Nevada-Reno
Yun Sil Jeon, Coastal Carolina University
Aida Diaz, Valencia Community College
Dorian Dorado, Louisiana State University
Erin Fab, Community College of Denver
David Alley, Georgia Southern University
Esther Fernandez, Sarah Lawrence University
Angel Rivera, Worcester Polytechnic Institute
Christine Stanley, Roanoke College
Danielle Richardson, Davidson County Community College
Gayle Fiedler Vierma, University of Southern California
Michael Hydack, Austin Community College
Tasha Lewis, Loyola University of Maryland
Markus Muller, California State University-Long Beach
Kristina Primorac, University of Michigan
Fernando Rubio, University of Utah
Alberto Fonseca, North Central University
Patricia Crespo-Martin, Foothill College

Entornos includes a set of digital components and services for the student that enhance and complement the print material, providing what we think is the best experience with the program. Please follow the instructions below to activate these digital components.

1 Visit www.cambridge.edinumen.es. If you are a new user, click "Create new account" on the right side of your screen.

2 Fill out the necessary information. Please use a valid email address, as you will receive a confirmation email that you´ll need to access in order to activate your account. You can also use this email address to recover a lost or forgotten password.

3 Once you have created an account, scroll down and select the appropriate course (Entornos).

4 Enter the Digital Content Access Code printed in the front of your Student Book. Please note that this is a single-use code, and can be activated only once.

5 Congratulations! You can now access all Student Resources.

SCOPE AND SEQUENCE

UNIDAD	0	¡HOLA!

Hablamos de

- Los países del mundo hispano

Vocabulario y comunicación

- **En español:** Using cognates and visuals cues
- **En la clase de español:** Communicating in the classroom

Pronunciación

- The Spanish vowels

Gramática

- El alfabeto español

Sabor Latino

- **España y América Latina**
  Yo hablo español, ¿y tú?

Destrezas

- **Comprensión de vocabulario:**
  – Making flashcards and visual flashcards
  – Grouping words into categories

En resumen

- Vocabulario

 Pair icon: indicates that the activity is designed to be done by students working in pairs.

 Group icon: indicates that the activity is designed to be done by students working in small groups or as a whole class.

 Audio icon: indicates recorded material either as part of an activity or a reading text.

 Language icon: provides additional language and grammar support in presentations and for activities.

 Regional variation icon: provides examples of regional variations in the language.

 Recycling icon: provides a reminder of previously taught material that students will need to use in an activity.

UNIDAD 1   ¡BIENVENIDOS!

Hablamos de	Vocabulario y comunicación	¡En vivo!	Gramática	Destrezas	Sabor Latino	En resumen
• Los compañeros de clase	• **Saludos y presentaciones:** Greeting people, making introductions, and saying good-bye • **Nacionalidades y profesiones:** Asking and giving information about yourself and others • **Los números del 0 al 31, los meses y la fecha:** Sharing other personal information **Pronunciación** • The sounds of **ch** and **ñ**	• **Episodio 1 Saludos y mochilas:** Anticipating content	• Definite and indefinite articles • Subject pronouns and the verb *ser* • *Tú* y *usted* • Present tense of verbs *llamarse* and *tener*	• **Asociación Hispánica** — **Comprensión de lectura:** Guessing meaning from context — **Expresión escrita:** Brainstorming ideas — **Interacción oral:** Using notes	• **España y América Latina** Hispanos en EE.UU.	• **Situación:** En el centro de estudiantes internacionales • Vocabulario

UNIDAD 2   EN CASA

Hablamos de	Vocabulario y comunicación	¡En vivo!	Gramática	Destrezas	Sabor Latino	En resumen
• Una ciudad española	• **La casa y los colores:** Talking about preferences • **Los muebles y los números del 32 al 101:** Expressing opinions **Pronunciación** • Sounds of **h**, **ll** and **y**	• **Episodio 2 Unos muebles ho-rri-bles:** Focusing on intonation	• Gender, number, and agreement of nouns and adjectives • Present tense of regular -*ar* verbs • Verb *estar*	• **¿Pueblo o ciudad?** — **Comprensión de lectura:** Guessing meaning from context — **Expresión escrita:** Using models — **Interacción oral:** Visualizing your topic	• **España Ser joven en España**	• **Situación** Encuentra el apartamento ideal • Vocabulario

UNIDAD 3   MI FAMILIA

Hablamos de	Vocabulario y comunicación	¡En vivo!	Gramática	Destrezas	Sabor latino	En resumen
• Una familia mexicana	• **La familia:** Describing personality traits and physical conditions • **La ropa:** Describing physical characteristics **Pronunciación** • The sounds of **c** and **s**	• **Episodio 3 La chica más guapa del mundo:** Making inferences from non-verbal clues	• Present tense of -*er* and -*ir* verbs • Possessive adjectives • Demonstrative adjectives	• **La Nochebuena** — **Comprensión de lectura:** Identifying descriptive words — **Expresión escrita:** Making a chart — **Interacción oral:** Creating a graphic organizer	• **México Tradiciones familiares**	• **Situación:** Encuentra a la persona de tus sueños • Vocabulario

UNIDAD 4 — EL DÍA A DÍA

Hablamos de	Vocabulario y comunicación	¡En vivo!	Gramática	Destrezas	Sabor Latino	En resumen
• Los planes	• **Los días de la semana:** Asking and giving the time • **Las profesiones:** Talking about everyday activities **Pronunciación** • The sound of ***b*** and ***v***	• **Episodio 4 Problemas de horarios:** Observing details	• Stem-changing verbs *e → ie*, *o → ue*, and *e → i* • Verbs *hacer* and *salir* • Reflexive verbs	• **Los hispanos y su día a día** – **Comprensión de lectura:** Focusing on specific information – **Expresión escrita:** Collaborating with others – **Interacción oral:** Creating an activity chart	• **Argentina Vivir en Argentina**	• **Situación** Crea un horario y administra el tiempo • Vocabulario

UNIDAD 5 — ¿TE GUSTA?

Hablamos de	Vocabulario y comunicación	¡En vivo!	Gramática	Destrezas	Sabor Latino	En resumen
• El tiempo libre	• **Actividades de ocio y tiempo libre:** Talking about free time and describing moods and feelings • **Los alimentos:** Ordering in a restaurant **Pronunciación** • Sounds of ***r*** and ***rr***	• **Episodio 5 Un pelo en mi cena:** Using images to predict content	• *Gustar* and similar verbs • Using *también* and *tampoco* to agree and disagree • Verb *doler* and parts of the body	• **Las recomendaciones de Mónica** – **Comprensión de lectura:** Making inferences about personality and attitude – **Expresión escrita:** Using supporting examples – **Interacción oral:** Using models	• **México, El Salvador, Guatemala, Nicaragua, Costa Rica:** Tradiciones gastronómicas	• **Situación** Visita a una familia venezolana • Vocabulario

UNIDAD 6 — VAMOS DE VIAJE

Hablamos de	Vocabulario y comunicación	¡En vivo!	Gramática	Destrezas	Sabor Latino	En resumen
• El transporte en la ciudad	• **Los medios de transporte:** Stopping someone to ask for information • **Establecimientos de la ciudad:** Describing where things are located **Pronunciación** • The sounds of ***g***, ***gu*** and ***j***	• **Episodio 6 Un barrio interesante:** Retaining information	• Irregular verbs *ir*, *seguir*, *jugar*, and *conocer* • Prepositions *en*, *a*, *de* • Direct object pronouns • Adverbs of quantity	• **¡Ya estoy en México D.F.!** – **Comprensión de lectura:** Identifying keywords – **Compresión escrita:** Persuasion – **Interacción oral:** Seeking feedback	• **Turismo de aventuras**	• **Situación:** Recados y conversaciones • Vocabulario

UNIDAD 7 — ¿QUÉ TIEMPO VA A HACER?

Hablamos de	Vocabulario y comunicación	¡En vivo!	Gramática	Destrezas	Sabor Latino	En resumen
• Las excursiones	• **El tiempo atmosférico:** Describing and talking about the weather • **Las estaciones del año:** Making comparisons **Pronunciación** • Word stress and the written accent	• **Episodio 7 30 grados:** Focusing on the task	• *Ir a* + infinitive • *Hay que, tener que, deber* + infinitive	• **Un fin de semana diferente** – **Comprensión de lectura:** Recognizing synonyms – **Expresión escrita:** Using transition words – **Interacción oral:** Interacting with the speaker	• **El cambio climático**	• **Situación:** Planes y proyectos • Vocabulario

UNIDAD 8 — LO PASÉ MUY BIEN

Hablamos de	Vocabulario y comunicación	¡En vivo!	Gramática	Destrezas	Sabor Latino	En resumen
• Las vacaciones	• **Antes de viajar:** Expressing needs and preferences • **Los viajes:** Describing an event in the past **Pronunciación** • Las palabras agudas	• **Episodio 8 De nuevo juntos:** Focusing on key information	• Preterit of regular verbs • Expressions used with the preterit	• **La ruta del lobo perdido** – **Comprensión de lectura:** Using semantic maps – **Expresión escrita:** Peer editing – **Interacción oral:** Turn-taking	• **Colombia y Panamá: La alianza hombre-naturaleza**	• **Situación:** ¿Eres un buen agente de viajes? • Vocabulario

UNIDAD 9 — ESTUDIÉ MUCHO

Hablamos de	Vocabulario y comunicación	¡En vivo!	Gramática	Destrezas	Sabor latino	En resumen
• Estar ocupados	• **Las noticias de prensa:** Talking about actions in the past • **Los medios de comunicación:** Talking about doing something again **Pronunciación** • Las palabras llanas	• **Episodio 9 Taxi para cuatro:** Focusing on what is being said	• Preterit of irregular verbs: *ser, ir* and *dar* • Verbs with irregular preterit stems • Long form possessives	• **Mi profesor famoso** – **Comprensión de lectura:** Using context clues – **Expresión escrita:** Selecting appropriate vocabulary – **Interacción oral:** Practicing orderly conversation	• **La nueva educación latinoamericana**	• **Situación:** El último día del semestre • Vocabulario

UNIDAD 13 — HABÍA UNA VEZ...

Hablamos de	Vocabulario y comunicación	¡En vivo!	Gramática	Destrezas	Sabor latino	En resumen
• Contar historias	• **Los tipos de textos:** Describing and reacting to what happened • **Excusas:** Making apologies and excuses, accepting apologies **Pronunciación** • Frases interrogativas y exclamativas	• **Episodio 13 ¡Brad Pitt está en la ciudad!:** Anticipating content	• Contrast of the imperfect and the preterit • Using the preterit, imperfect, and present perfect • *Soler* + infinitive	• **El Popol Vuh** – **Comprensión de lectura:** Recognizing key words – **Expresión escrita:** Using models – **Interacción oral:** Using body language and expression to create interest	• **Un recorrido cultural por México**	• **Situación:** Un malentendido • Vocabulario

UNIDAD 14 — CONSTRUIR UN FUTURO

Hablamos de	Vocabulario y comunicación	¡En vivo!	Gramática	Destrezas	Sabor latino	En resumen
• El futuro	• **El medioambiente:** Making predictions, guesses and assumptions about future actions and conditions • **La política:** Making promises **Pronunciación** • La acentuación	• **Episodio 14 Una cita con Morgana:** Using on images to interpret meaning	• Future tense • *Si* + present + future	• ***Platero y yo**, Juan Ramón Jiménez* – **Comprensión de lectura:** Approaching a literary text – **Expresión escrita:** Making associations – **Interacción oral:** Using examples	• **Cuatro sitios increíbles**	• **Situación:** Día de la Tierra, 22 de abril • Vocabulario

UNIDAD 15 — COSAS DE CASA

Hablamos de	Vocabulario y comunicación	¡En vivo!	Gramática	Destrezas	Sabor latino	En resumen
• Las tareas de la casa	• **Las tareas domésticas:** Asking, giving, and denying permission • **Los deportes:** Asking and giving instructions, advice and recommendations **Pronunciación** • La letra **h**	• **Episodio 15 El señor Don Limpio:** Using pre-viewing activities to anticipate content	• Affirmative and negative commands • Commands and pronouns	• **Mi abuela Eva** – **Comprensión de lectura:** Reading with purpose – **Expresión escrita:** Organizing ideas before writing – **Interacción oral:** Using a guide	• **América Latina y España: Consejos de viaje**	• **Situación:** Compartir apartamento • Vocabulario

UNIDAD 16 — ¡SUPERESPACIO!

Hablamos de	Vocabulario y comunicación	¡En vivo!	Gramática	Destrezas	Sabor latino	En resumen
• Revistas juveniles	• **La comida:** Asking for and giving advice • **¡A cocinar!:** Asking for permission and favors **Pronunciación** • Las letras **y** and **x**	• **Episodio 16 Paella con curry:** Making notes of relevant details	• Conditional tense: regular and irregular verbs • Expressing probability in the past	• **Lorca y la Generación del 27** – **Comprensión de lectura:** Using biographical information – **Expresión escrita:** Using conventional phrases and logical organization – **Interacción oral:** Creating a concept map	• **Dieta mediterránea, ¿mito o realidad?**	• **Situación:** Revista digital *TuMundo* • Vocabulario

UNIDAD 17 — ¡OJALÁ!

Hablamos de	Vocabulario y comunicación	¡En vivo!	Gramática	Destrezas	Sabor latino	En resumen
• Expresar deseos	• **Las ONG:** Expressing purpose, wishes and social conventions • **El voluntariado:** Talking about feelings, emotions and making value judgements **Pronunciación** • Los diptongos e hiatos: acentuación	• **Episodio 17 *Casting* en Somalia:** Inferring meaning from body language	• Present subjunctive: regular and irregular verbs	• **Pablo Neruda** – **Comprensión de lectura:** Describing what you read – **Expresión escrita:** Connecting to emotions – **Interacción oral:** Memorizing poetry	• **Voluntariado en América Latina**	• **Situación:** Asociación de estudiantes Vidactiva • Vocabulario

UNIDAD 18 — ¿SUEÑO O REALIDAD?

Hablamos de	Vocabulario y comunicación	¡En vivo!	Gramática	Destrezas	Sabor latino	En resumen
• Libros y cómics	• **Cartas formales y teléfonos celulares:** Relaying what another person said or asked • **Los correos electrónicos:** Expressing probability in the present and the past **Pronunciación** • Los extranjerismos	• **Episodio 18 ¡Hasta siempre, mis amigos!:** Analyzing errors	• Hypothetical expressions with the indicative and subjunctive • Imperfect subjunctive	• *La vida es sueño,* **Calderón de la Barca** – **Comprensión de lectura:** Using background knowledge to support comprehension – **Expresión escrita:** Brainstorming – **Interacción oral:** Fluency and fluidity	• **Las telenovelas**	• **Situación:** Atención al cliente • Vocabulario

0

¡HOLA!

Hablamos de	Vocabulario y comunicación	Gramática	Sabor Latino	Destrezas	En resumen
• Los países del mundo hispano	• **En español:** Using cognates and visuals cues • **En la clase de español:** Communicating in the classroom **Pronunciación** • The Spanish vowels	• El alfabeto español	• **España y América Latina** Yo hablo español, ¿y tú?	• **Comprensión de vocabulario:** – Making flashcards and visual flashcards – Grouping words into categories	• Vocabulario

Madrid, España

San Miguel de Allende, México

Caracas, Venezuela

San Juan, Puerto Rico

¿HABLAS ESPAÑOL?

LEARNING OUTCOMES

By the end of this unit you will be able to:

- Recognize words in Spanish that are related to English
- Identify objects and people in a classroom
- Ask what something means
- Ask how to say something in Spanish
- Ask someone to repeat or explain
- Spell in Spanish

HABLAMOS DE...

Los países del mundo hispano

0.1 Look at the map of Spanish-speaking countries around the world and select the sentences that are true. Focus on the words in Spanish that look like words you know in English.

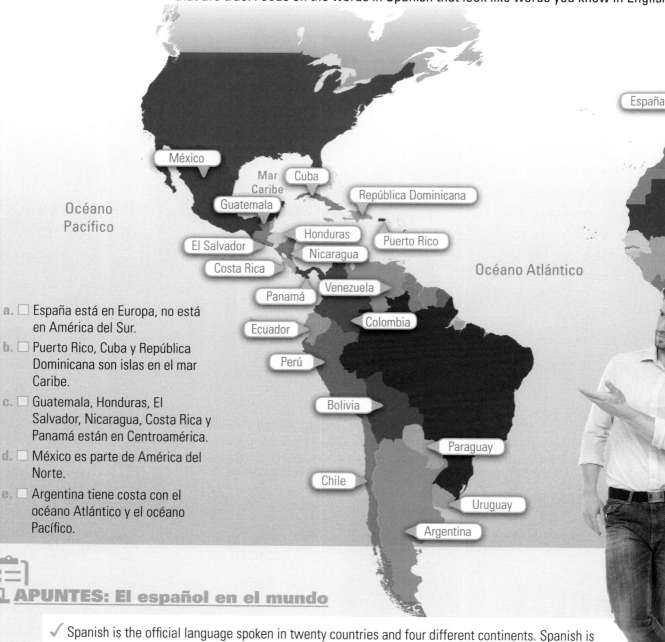

a. ☐ España está en Europa, no está en América del Sur.

b. ☐ Puerto Rico, Cuba y República Dominicana son islas en el mar Caribe.

c. ☐ Guatemala, Honduras, El Salvador, Nicaragua, Costa Rica y Panamá están en Centroamérica.

d. ☐ México es parte de América del Norte.

e. ☐ Argentina tiene costa con el océano Atlántico y el océano Pacífico.

📋 APUNTES: El español en el mundo

✓ Spanish is the official language spoken in twenty countries and four different continents. Spanish is spoken not only in Europe and America, but also in Africa (Equatorial Guinea) and Oceania (Easter Island).

✓ Spanish is the most widely spoken of the romance languages, which are languages that derive from Latin. These include Portuguese, French and Italian among others.

✓ The first document found written in Spanish dates back to 975 and is a prayer to God.

✓ Colombia means "land of Christopher Columbus", Bolivia, "land of Simon Bolivar land", Argentina, "land of silver", and Venezuela, "little Venice".

Sources: Adaptado de: http://www.tallerdeescritores.com/curiosidades-del-espanol.php.

0.2

Follow along as you listen to the profesor welcome his students to Spanish class. Then indicate if the statements that follow are true (T) or false (F).

¡Hola! Bienvenidos todos a la clase español. Soy el señor Blanco. Soy de Madrid, la capital de España. El español es una lengua importante. Muchas personas en el mundo hablan español. ¿En qué países hablan español? Miren el mapa. Hablan español en México, Guatemala, El Salvador, Honduras, Costa Rica, Nicaragua, Panamá, Colombia, Ecuador, Perú, Bolivia, Chile, Argentina, Uruguay, Paraguay, Venezuela, Puerto Rico, República Dominicana, Cuba y España.

¿Hablan español en Estados Unidos?

	T	F
1. According to the teacher, Spanish is an important language.	☐	☐
2. He says that people in Guatemala, Paraguay, and Brazil speak Spanish.	☐	☐
3. The teacher is from Spain.	☐	☐
4. His name is Mr. Blanco.	☐	☐
5. Madrid is the capital of Spain.	☐	☐
6. At the end, he states that people in the United States speak Spanish.	☐	☐

0.3

Identify each country below and include any information you know about the country such as its capital, famous landmarks, people, and so on. Then share the information with the class.

  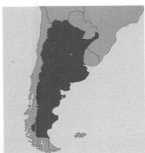 

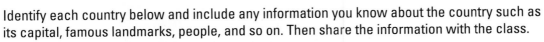

0.4

In groups of three or four, discuss the following questions.

— What did you learn about the Hispanic world that you didn't know before?
— What more would you like to learn?
— Why do you think learning Spanish or any other language is important?
— How do you plan to use Spanish in your life now or in the future?

VOCABULARIO Y COMUNICACIÓN

1.A VOCABULARIO: EN ESPAÑOL

Cognates are words that look alike in Spanish and English. Although they have the same meaning, they are pronounced differently.

0.1 Listen to the following words in Spanish and see how many you understand. Then match the word to the appropriate image below. Use your knowledge of cognates to help you.

1. cafetería .... ☐   **3.** clase .... ☐   **5.** familia .... ☐   **7.** alfabeto .... ☐

2. música .... ☐   **4.** teléfono .... ☐   **6.** mapa .... ☐   **8.** computadora . ☐

DESAYUNOS
MENÚ DEL DIA
BURRITOS-TACOS-NACHOS
SOPAS-ENSALADAS
HAMBURGUESAS-SANDWICH
CARNES-POLLO-TRUCHA
ONCES-CAFÉ

0.2 Look at the following menu posted outside a restaurant in Cartagena, Colombia. With a partner, make a list of the words you recognize. Then try guessing at some of the unfamiliar words.

Familiar words	Unfamiliar words and their possible meaning

0.3 What other menu items do you know in Spanish? With a partner, use your own life experiences to create a menu with other food items you know.

1.B COMUNICACIÓN: USING COGNATES AND VISUAL CUES

Focusing on visual cues

Focusing on visual cues is another strategy that will help you figure out the meanings of new words. Use the visuals that accompany a text to anticipate content and meaning. Rely on universally accepted formats and details to help you draw appropriate conclusions.

Cognates

As you have already seen, cognates are words in Spanish and English that look similar and often have the same meaning. As you begin your study of Spanish, cognates will help you access meaning. You will also notice that Spanish borrows many words from English, especially in the area of technology.

False friends

Not all words that look similar will have the same meaning. For example, in the menu on the previous page lists **sopa**. While **sopa** may look like the English word "soap", **sopa** means soup. The same can be said for dinero (money, not dinner) and **partido** (game, not party). These words are called false friends o **falsos amigos**.

0.4 Before you begin to read, look at the image and predict what the text might be about. Then point out the cognates and other words you recognize in the text. Can you answer the question at the end?

Hola, mi nombre es Sofía y soy estudiante. Estudio inglés en la escuela. Mi escuela es grande y tengo muchos amigos. Mis amigos son de Ecuador, México y Perú. Uso el celular para comunicarme con mis amigos. También uso el celular para estudiar y escuchar música. Y tú, ¿estudias español en clase?

0.5 With a partner, look at the following signs and try to determine what each one is saying. Concentrate on the words you recognize and use the visuals to guess at unfamiliar words. Compare your answers with those of another pair.

0.6 Create your own sign using the expressions above and present it to the class.

0.7 Look at the drawing of the classroom and listen to the words for the people and objects you see.

③

1. un libro	**5.** un lápiz	**9.** una papelera	**13.** una pizarra	**17.** un tablero de
2. una silla	**6.** una tableta	**10.** una mesa	**14.** un marcador	anuncios
3. un cuaderno	**7.** una carpeta	**11.** una estudiante	**15.** una profesora	**18.** una puerta
4. un bolígrafo	**8.** una mochila	**12.** un borrador	**16.** una ventana	

0.8 List the words above according to the categories below. Then compare your answers with a partner.

Objetos de clase	Objetos personales

0.9 Choose one of the images below to describe to your partner to see whether he/she has the same items. Your partner can either mark or point to the item. Use the *Modelo* as a guide.

Modelo: E1: Una computadora.   E2: Sí, aquí *(here)*. / No, aquí no.

Estudiante 1

Estudiante 2

2.B COMUNICACIÓN: COMMUNICATING IN THE CLASSROOM

0.10 Listen to some useful questions and phrases used by students and professors in the classroom.

>> **Para comunicarte con el profesor / la profesora:**

¿Cómo se dice *blackboard* en español?   *How do you say blackboard in Spanish?*

No comprendo. *I don't understand.*

¿Puede repetir, por favor?   *Can you please repeat?*

Más despacio, por favor.   *More slowly, please.*

¿Qué significa "pizarra"?   *What does "pizarra" mean?*

¿Cómo se escribe … en español?   *How do you spell it in Spanish?*

¿Puede escribirlo en la pizarra?   *Can you write it on the board?*

¿Está bien así?   *Is this right?*

In Spanish, question marks and exclamation points are placed before and after the sentence. Notice that at the beginning they are written upside down.

- ¿Está bien así**?**
- ¡Perfecto**!**

>> **Expresiones que usa el profesor / la profesora en la clase:**

Abran los libros (en la página…), por favor.   *Open your books (to page …), please.*

Cierren los libros.   *Close your books.*

Escuchen con atención.   *Listen carefully.*

Miren la pizarra.   *Look at the board.*

Trabajen en parejas.   *Work in pairs.*

¿Comprenden?   *Do you understand?*

¿Tienen preguntas?   *Do you have any questions?*

Sí, está bien.   *Yes, it's fine.*

Sí, claro.   *Yes, of course.*

0.11 Fill in the blanks to complete the following conversations. Then practice them aloud with a partner.

a. ● ¿Qué .... "carpeta"?
   ● Carpeta" es *folder* o *binder* en inglés.

b. ● ¿Cómo ...... *wastepaper basket* en español?
   ● Papelera.
   ● ...., por favor.
   ● Pa-pe-le-ra.

c. ● ¿Cómo .... *backpack* en español?
   ● Mochila.
   ● ¿.............. en la pizarra?
   ● Sí, claro.

d. ● ¿Cómo .... *bulletin board* en español?
   ● Tablero de anuncios.
   ● ¿Puede ...., por favor?
   ● Sí, ... Tablero de anuncios.

0.12 What would you say or do in the following situations? Work with a partner and take turns responding.

What would you say?	What would you do if your professor says…?
1. You don't understand the word "ventana".	**4.** Escuchen con atención la conversación entre Luis y Marta.
2. Your professor is talking too fast.	**5.** Abran los libros en la página 28 y trabajen en parejas.
3. You need to hear something again.	**6.** Miren el mapa.

0.13 With a partner, create your own conversations using the expressions above and the vocabulary from activity 0.7.

GRAMÁTICA

1. EL ALFABETO ESPAÑOL

0.1 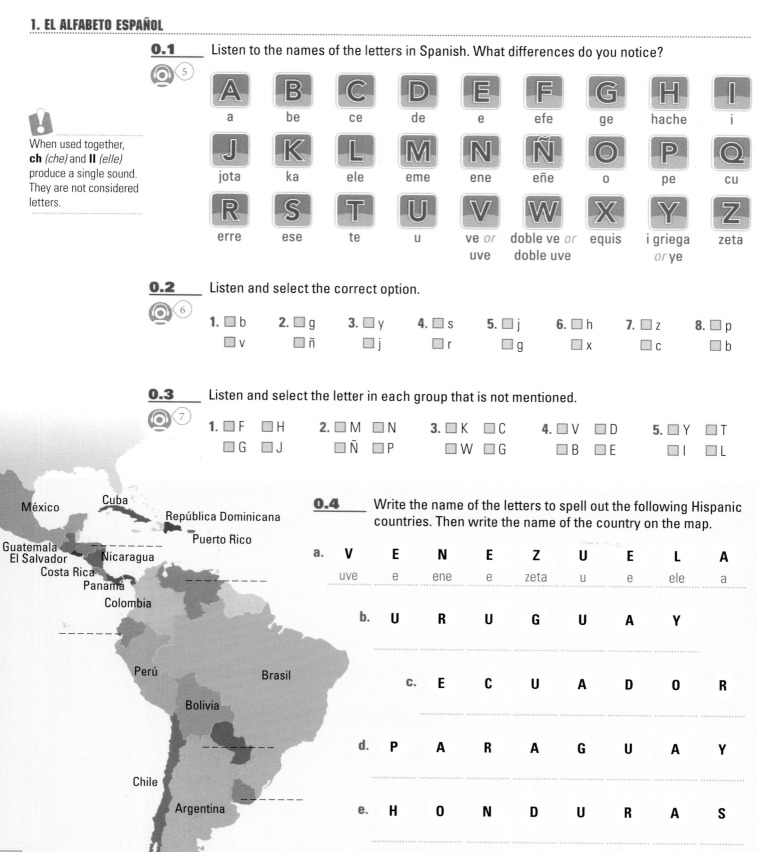 Listen to the names of the letters in Spanish. What differences do you notice?

A	B	C	D	E	F	G	H	I
a	be	ce	de	e	efe	ge	hache	i

J	K	L	M	N	Ñ	O	P	Q
jota	ka	ele	eme	ene	eñe	o	pe	cu

R	S	T	U	V	W	X	Y	Z
erre	ese	te	u	ve *or* uve	doble ve *or* doble uve	equis	i griega *or* ye	zeta

> When used together, **ch** *(che)* and **ll** *(elle)* produce a single sound. They are not considered letters.

0.2 Listen and select the correct option.

1. ☐ b
   ☐ v
2. ☐ g
   ☐ ñ
3. ☐ y
   ☐ j
4. ☐ s
   ☐ r
5. ☐ j
   ☐ g
6. ☐ h
   ☐ x
7. ☐ z
   ☐ c
8. ☐ p
   ☐ b

0.3 Listen and select the letter in each group that is not mentioned.

1. ☐ F ☐ H
   ☐ G ☐ J
2. ☐ M ☐ N
   ☐ Ñ ☐ P
3. ☐ K ☐ C
   ☐ W ☐ G
4. ☐ V ☐ D
   ☐ B ☐ E
5. ☐ Y ☐ T
   ☐ I ☐ L

México
Cuba
República Dominicana
Puerto Rico
Guatemala
El Salvador Nicaragua
Costa Rica
Panamá
Colombia
Perú
Brasil
Bolivia
Chile
Argentina

0.4 Write the name of the letters to spell out the following Hispanic countries. Then write the name of the country on the map.

a. **V   E   N   E   Z   U   E   L   A**
   uve   e   ene   e   zeta   u   e   ele   a

b. **U   R   U   G   U   A   Y**

c. **E   C   U   A   D   O   R**

d. **P   A   R   A   G   U   A   Y**

e. **H   O   N   D   U   R   A   S**

0.5 Write out the names of the following countries where Spanish is spoken.

    a. Pe - a - ene - a - eme - a ....

    b. E - ese - pe - a - eñe - a ....

    c. Eme - e - equis - i - ce - o ....

    d. Be - o - ele - i - uve - i - a ....

    e. A - erre - ge - e - ene - te - i - ene - a ....

    f. Ce -hache - i - ele - e ....

0.6 Write out the letters of your name in Spanish in the name tag below. Then, in groups of three or four, take turns spelling your name out to each other.

    (Modelo:) E1: Hola, mi nombre es "ese – te – e – pe – hache".

            E2: Hola, Steph.

HOLA
mi nombre es

0.7 Practice saying and spelling new vocabulary words in Spanish with your group. Ask each about the words you have learned so far.

    (Modelo:) E1: ¿Cómo se dice *table* en español y cómo se escribe?

            E2: Mesa, eme - e - ese - a.

            E1: Sí, está bien.

PRONUNCIACIÓN

THE SPANISH VOWELS

In Spanish, each vowel has only one sound and is pronounced the same way in almost every case.

Vowel	Sound like	Examples
a	*a* in f*a*ther, but shorter	*ma*rca, *ca*rpeta, *ha*bla
e	*e* in th*e*y, but shorter	*me*sa, *e*studiante, *cla*se
i	*i* in mach*i*ne, but shorter	s*í*, escr*i*be, am*i*go
o	*o* in z*o*ne, but shorter	*no*mbre, *pro*fesora, *go*ma
u	*u* in r*u*le, but shorter	an*u*ncio, preg*u*nta, esc*u*cha

0.1 Listen and repeat after the speaker.

    8

0.2 List the words you hear in the appropriate column according to their vowel sound.

    9

a	e	i	o	u

SABOR LATINO

YO HABLO ESPAÑOL, ¿Y TÚ?

El español es la segunda lengua más hablada en el mundo. Se habla en casi toda América Latina y España. Se habla en Filipinas y en algunas partes de África. ¡Apréndelo!

México
Habana
Cuba
República Dominicana
México D.F.
Santo Domingo
San Juan
Puerto Rico
Guatemala
mala
Honduras
vador
Tegucigalpa
San Salvador
Nicaragua
Managua
Costa Rica
San José
Panamá
Panamá
Caracas
Venezuela
Bogotá
Colombia
Quito
Ecuador
Perú
Lima
Bolivia
La Paz
Paraguay
Asunción
Chile
Uruguay
Santiago
Buenos Aires
Montevideo
Argentina

Catedral Metropolitana en el Zócalo de la capital mexicana, México D.F.

Bosque tropical en Costa Rica

Playa Flamenco en la Isla de Culebra, Puerto Rico

Machu Picchu en Perú

Barrio de La Boca en Buenos Aires, Argentina

¿SABES QUE....? (DO YOU KNOW THAT...?)

✓ Spanish is the second most widely spoken language in the world. (Mandarin is first and English is third).

✓ Spanish is the third language with the highest number of Internet users (8% of the total number of users).

✓ Another name for Spanish is Castilian (*castellano*), named after the region in Spain where it originated.

✓ The letter ñ only exists in Spanish.

24

SELECT THE CORRECT OPTION TO COMPLETE EACH SENTENCE.

a Spanish is the **first / second** most widely spoken language in the world.

b The letter **q / ñ** is unique to Spanish.

c The majority of students in the United States study **Spanish / Japanese**.

d **Many / Not many** people speak Spanish.

e Another name for Spanish is **Castilian / European Spanish**.

f Spanish is the **second / third** language with the highest number of Internet users.

España

Barcelona

• Madrid

Valencia •

• Sevilla

Molinos de viento
en Castilla, España

Parque Güell en Barcelona,
España

La Alhambra en Granada, España

QUICK FACTS!

✓ In the United States, Spanish is the second most widely spoken language.

✓ Spanish is the second most studied language among students in the United States.

✓ According to a study from the University of Lyon, France, Spanish speakers can pronounce 7.8 syllables per second. (Only Japanese has a higher number of syllables per second).

Fuentes: Institute of Latin American Studies, Pew Research, World Bank, , BBC Worldwide, Cambio Climático Global, Procisur, United Nations.

DESTREZAS

In this section of every unit, you will practice three of the four communication skills: reading, writing, and speaking. Specific strategies are presented to guide you as you complete the activities. Use the strategies in *Destrezas* to become a better learner.

1. COMPRENSIÓN DE VOCABULARIO

Learning vocabulary is one of the basic building blocks you need to begin communicating in Spanish. Experiment to find your own learning style and use what works best for you. Here are some strategies.

Making flashcards

Make traditional flashcards with Spanish on one side and English on the other. Quiz yourself or have other quiz you.

Making visual flashcards

Draw a picture of a word or action on one side of a card and the Spanish word on the other. You don't have to be a great artist, as you are the only one that needs to know what the drawing represents. Use them to quiz yourself or have others use the cards to quiz you.

Grouping words into categories

Group words into categories that make sense to you. These categories can be based on meaning, parts of speech, common properties, topic, etc. Label the list according to your reasoning for the grouping.

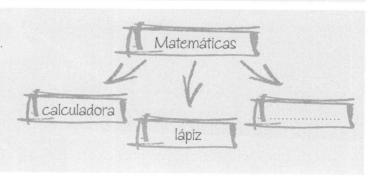

0.1 Apply one of the strategies presented above to this list of vocabulary words. Use a dictionary for any words you don't know.

afiche	mesa	mochila	tableta
marcador	silla	carpeta	computadora portátil
bolígrafo	borrador	lápiz	pizarra digital interactiva
cuaderno	diccionario	papelera	tablero de anuncios

0.2 Choose a partner who selected a different strategy from yours and practice quizzing each other. Which one of you did better recalling the words?

I learn vocabulary better using:	
☐ images	☐ word associations
☐ a dictionary	☐ translations
☐ drawings	☐ ....

LISTA DE VOCABULARIO

En la clase In class

el bolígrafo pen
el borrador eraser
la carpeta folder
la computadora computer
el cuaderno notebook
el diccionario dictionary
el estudiante student (male)
la estudiante student (female)
el lápiz pencil
el marcador marker
la mesa table, desk
la mochila backpack
la papelera wastepaper basket
el pizarrón blackboard
el profesor teacher (male)
la profesora teacher (female)
la puerta door
la silla chair
el tablero de anuncios bulletin board
la tableta tablet
la ventana window

Para comunicarte con tu profesor / profesora
To communicate with your teacher

¿Cómo se dice… en español? How do you say… in Spanish?
¿Cómo se escribe… en español? How do you spell… in Spanish?
¿Está bien así? Is this right?
Hola, mi nombre es… Hi, my name is…
No comprendo. I don't understand.
¿Puede escribirlo en la pizarra? Can you write it on the blackboard?
¿Puede repetir, por favor? Can you please repeat?
¿Qué significa…? What does… mean?

Expresiones que usa el profesor / la profesora en la clase
Expressions used by the teacher in the classroom

Abran los libros (en la página…), por favor. Open your books (to page …), please.
Cierren los libros. Close your books.
¿Comprenden? Do you understand?
Escuchen con atención. Listen carefully.
Miren la pizarra. Look at the board.
¿Tienen preguntas? Do you have any questions?
Trabajen en parejas. Work in pairs.
Sí, está bien. Yes, it's fine.
Sí, claro. Yes, of course.

Otras palabras y expresiones útiles
Other useful words and expressions

bienvenidos welcome
está /están is/are located
el mundo hispano Hispanic world
Hola, mi nombre es… Hi, my name is…
los países countries

¡BIENVENIDOS!

Hablamos de	Vocabulario y comunicación	¡En vivo!	Gramática	Destrezas	Sabor Latino	En resumen
• Los compañeros de clase	• **Saludos y presentaciones:** Greeting people, making introductions, and saying good-bye • **Nacionalidades y profesiones:** Asking and giving information about yourself and others • **Los números del 0 al 31, los meses y la fecha:** Sharing other personal information **Pronunciación** • The sounds of **ch** and **ñ**	• **Episodio 1 Saludos y mochilas:** Anticipating content	• Definite and indefinite articles • Subject pronouns and the verb *ser* • *Tú* y *usted* • Present tense of verbs *llamarse* and *tener*	• **Asociación Hispánica** – **Comprensión de lectura:** Guessing meaning from context – **Expresión escrita:** Brainstorming ideas – **Interacción oral:** Using notes	• **España y América Latina** Hispanos en EE.UU.	• **Situación:** En el centro de estudiantes internacionales • Vocabulario

LEARNING OUTCOMES

By the end of this unit you will be able to:

- Say hello, good-bye, and make introductions
- Give your age and say where you are from
- Ask others about themselves
- Identify some common professions
- Express dates and phone numbers

- ¿Dónde están las personas? ¿Están en la universidad o en la calle?
- ¿Son estudiantes o amigos?
- Y tú, ¿estás en clase con tus amigos?
- ¿Está la bandera de tu país en la foto?

1.1 Look at the image below of students on their way to class. Then choose the correct answer based on what you see or can infer from the image.

1. La imagen representa...
   a. una foto de familia.
   b. una foto de compañeros de clase.
   c. una foto de vacaciones.

2. Los muchachos están...
   a. en clase.
   b. en el campus universitario.
   c. en la cafetería.

3. En la imagen...
   a. hay 3 muchachos.
   b. hay 1 muchacho y 3 muchachas.
   c. hay 2 muchachos y 2 muchachas.

4. Los muchachos tienen...
   a. mochilas y cuadernos.
   b. carpetas y papeleras.
   c. bolígrafos y lápices.

1.2 Los compañeros se presentan

Follow along as you listen to a conversation between students meeting for the first time. Then choose the best option.

Nélida: Hola, ¿qué tal? Me llamo Nélida. Y ustedes, ¿cómo se llaman?
Alberto: Hola, yo soy Alberto y él es Miguel.
Miguel: ¿Qué tal? Ella es Cecilia. Es colombiana, de Bogotá.
Cecilia: Hola a todos, ¿qué tal? ¿De dónde eres, Alberto? ¿Eres norteamericano?
Alberto: No, soy argentino, de Buenos Aires, pero vivo aquí en Estados Unidos.

Nélida: Cecilia, ¿cuántos años tienes?
Cecilia: Tengo 20 años. ¿Y tú?
Nélida: Tengo 18 años.
Miguel: Bueno, muchachos, vamos a clase. ¡Hasta luego!
Alberto: Sí, es verdad, ¡hasta luego!
Nélida y Cecilia: ¡Adiós!

a. Alberto no es **norteamericano** / **argentino**.

b. Cecilia tiene **20** / **18** años.

c. La muchacha colombiana se llama **Nélida** / **Cecilia**.

d. Alberto es de **Bogotá** / **Buenos Aires**.

e. Alberto, Nélida, Cecilia y Miguel son **estudiantes** / **profesores** en la universidad.

1.3 Listen to Miguel, Nélida, Cecilia, and Alberto talk about where they are from. Then fill in the missing words in the sentences below.

a. Miguel es de Los Ángeles, él es ....

b. Alberto es de Buenos Aires, él es ....

c. Nélida es de Madrid, ella ....

d. Cecilia es de Bogotá, ella es ....

1.4 Follow along as you listen to the conversations below. What is the difference between them? Then, in groups of three, practice the conversations aloud with each of you taking a part.

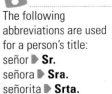

The following abbreviations are used for a person's title:
señor ▶ **Sr.**
señora ▶ **Sra.**
señorita ▶ **Srta.**

Victoria: ¡Hola, Ana! ¿Qué tal estás?
Ana: Bien. Mira, esta es Susana, una amiga de clase.
Victoria: Hola, Susana.
Susana: ¡Hola! ¿Qué tal?

Patricia: Buenos días, Leonor. ¿Cómo está usted?
Leonor: Muy bien, gracias. Mire, le presento al señor Fernández.
Sr. Fernández: Encantado.
Patricia: Mucho gusto.

It is common practice in hispanic cultures to greet friends with a hug and a kiss. In many countries such as in Argentina, Spain, and Uruguay, kissing on both cheeks between a man and a woman or two woman is standard practice. Kisses are often a brief touching of the cheeks while making a kissing sound.

un abrazo   **un beso**

1.5 Read the following expressions and decide whether they would most likely be used in formal (F) or informal (I) situations. Then write what you think the expressions mean. Compare your answers with a partner.

	F	I	What do you think it means?
a. Hola, ¿qué tal?	☐	☐	
b. Buenos días, ¿cómo está?	☐	☐	
c. Encantado.	☐	☐	

1.6 In groups of three, take turns introducing each other in formal and informal situations using the conversations above as a model. *¡Atención!* Be sure to substitute your own information.

 APUNTES: El español en Estados Unidos

✓ En Estados Unidos hay más de 819,100 estudiantes internacionales en las universidades, un 4% de todos los estudiantes universitarios.

✓ Colombia, México y España son los países hispanohablantes que más estudiantes tienen en las universidades de Estados Unidos.

✓ Menos del 10% de los estudiantes de Estados Unidos estudian en el extranjero.

✓ Muchos jóvenes estudian en España, pero países como Costa Rica, Perú y Ecuador también son destinos populares.

Fuentes: Pew Research Center, 2013; Institute of International Education, 2013.

VOCABULARIO Y COMUNICACIÓN

1.A VOCABULARIO: SALUDOS Y PRESENTACIONES

1.1

A group of students met in the library after class to start work on their first assignment for Spanish class. Listen as they introduce themselves and say where they are from. Complete the sentences with the information from the list based on what you hear. Then listen again to check your answers.

Puerto Rico • Chile
India • República Dominicana
Canadá • China

Nombre	País
a. .... / ....
b. .... / ....
c. .... / ....
d. .... / ....
e. .... / ....

To ask about another person's name, say:
- ¿Cómo se llama él? (for a male)
- ¿Cómo se llama ella? (for a female)

1.2

With a partner, point to one of the students in the image above and take turns asking each other for their names and places of origin.

Modelo: E1: ¿Cómo se llama él?   E1: ¿De dónde es?
E2: Se llama Eduardo.   E2: Es de Estados Unidos.

To ask about where another person is from, say:
- ¿De dónde es él (ella)?

1.3

In groups of three, take turns introducing yourselves and each other using the *Modelo* below.

Hola, me llamo Marta, ¿qué tal?

Hola, muy bien, gracias. Yo soy Eva y este es Carlos.

Hola, Carlos, ¿qué tal?

Muy bien, encantado. ¿Estudias aquí en la universidad?

Sí, estudio español.

1.B COMUNICACIÓN: GREETING PEOPLE, MAKING INTRODUCTIONS, AND SAYING GOOD-BYE

Informal	Formal

Para saludar *To say hello*

Hola, ¿qué tal? *Hi, what's up?* Hola, ¿qué tal estás? *Hi, how are you doing?*	Buenos días / tardes. *Good morning / afternoon.* Buenas noches. *Good evening, Good night.*

Para presentarse *To introduce yourself*

Hola, soy… *Hi, I'm…* Hola, me llamo… *Hi, my name is…*	Buenos días / tardes, Buenas noches, *soy / me llamo…*

Para presentar a alguien *To introduce someone*

Mira, este es Dan. *Hey, this is…* Mira, esta es Jenny. *Hey, this is…* Mira, estos son Dan y Bill. *Hey, these are…* Mira, estos son Dan y Jenny. Mira, estas son Jenny y Ana.	Mire, le presento al Sr. Pérez. *Look, I'd like to introduce you to Mr. Perez.* Mire, le presento a la Sra. Díaz. *Look, I'd like to introduce you to Mrs. Diaz.*

Para responder a una presentación *To respond to an introdution*

Hola, ¿qué tal? *Hi, what's up?*	Encantado. *Delighted (said by a male).* Encantada. *Delighted (said by a female).* ¿Cómo está? *How do you do?* Mucho gusto. *Pleased to meet you.*

Para despedirse *To say good-bye*

Adiós. *Good-bye.* Hasta luego / mañana / pronto. *See you later / tomorrow / soon.*

1.4 Look at the people below as they introduce themselves. Match the expressions to the appropriate image.

a. Buenas tardes. Yo soy el Sr. Martín.

b. Hola, ¿qué tal? Soy Melinda.

c. Hola, ¿qué tal estás? Me llamo Mario. ¿Y tú?

d. Hola, me llamo Felipe y esta es mi amiga María.

1.5 Introduce the people above to your partner using informal expressions. Your partner will respond appropriately.

2.A VOCABULARIO: NACIONALIDADES Y PROFESIONES

1.6 Match the countries from the list to their correct location on the map. Check your answers with a partner.

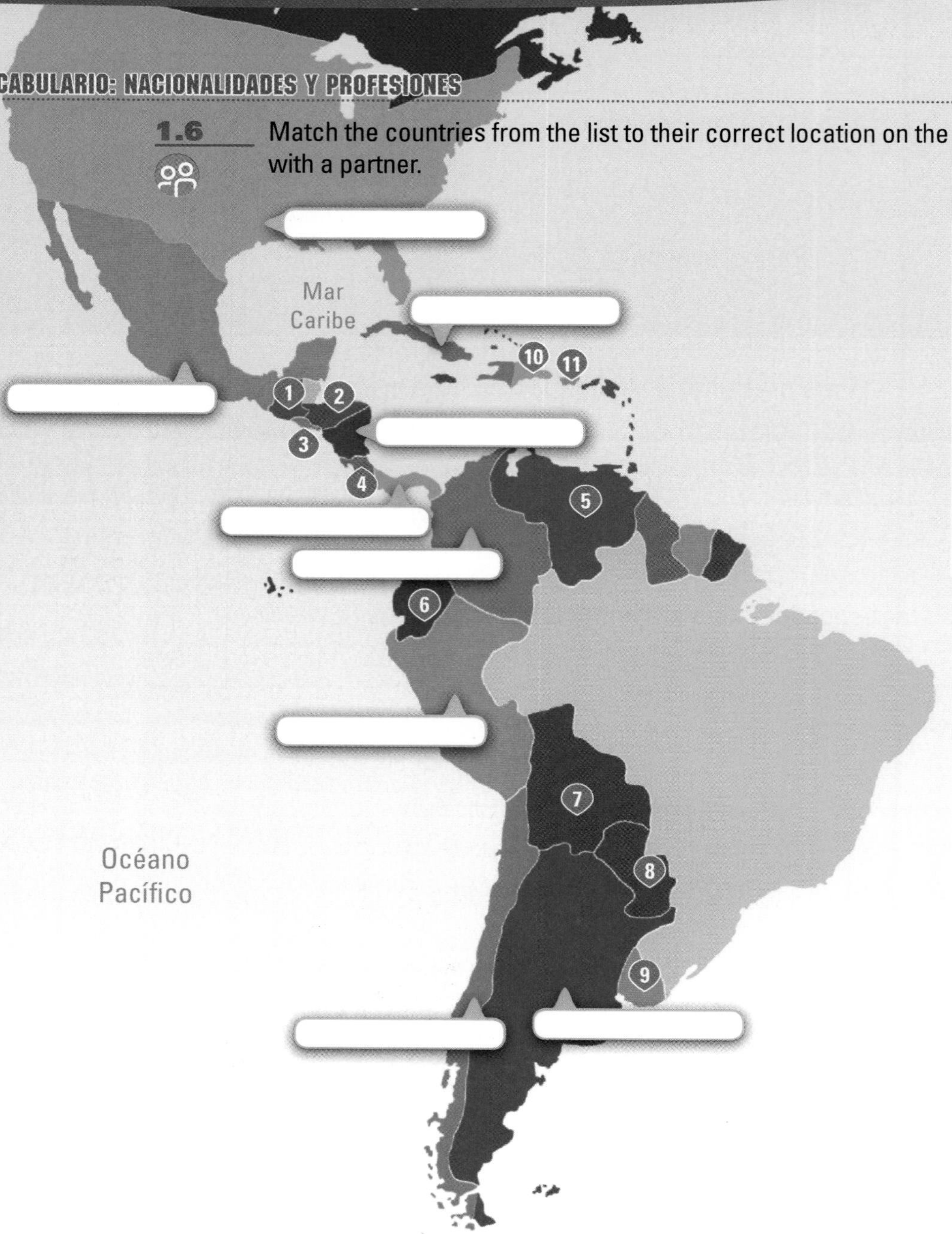

Mar
Caribe
Océano Atlántico
Océano
Pacífico
1
2
3
4
5
6
7
8
9
10
11

a. Argentina
b. Chile
c. Colombia
d. Cuba
e. Estados Unidos
f. México
g. Nicaragua
h. Panamá
i. Perú

1.7 With a partner, identify the countries marked with a number on the map above.

1. ....
2. ....
3. ....
4. ....
5. ....
6. ....
7. ....
8. ....
9. ....
10. ....
11. ....

¿Qué país hispanohablante no está representado en el mapa? ....

1.8

With a partner, fill in the missing nationalities from around the world. Use the clues already provided in the chart to help you with the forms. Can you recognize all the countries in Spanish?

País	Hombre	Mujer
Estados Unidos		norteamericana
Chile	chileno	
México		mexicana
Cuba	cubano	
China		china
Italia	italiano	
Corea		coreana
India	indio	
Ecuador		ecuatoriana
Perú	peruano	
Puerto Rico	puertorriqueño	
República Dominicana		dominicana
Francia	francés	
Japón	japonés	
Inglaterra		inglesa
España		española

- Nationalities in Spanish vary in form when referring to a man *(hombre)* or a woman *(mujer)*. Do you see a pattern in the way they are formed?
- Some nationalities have an accent in the masculine form only.
- Form plurals by adding **-s** or **-es**.

norteamericano= estadounidense, americano

1.9 ⑭

Listen to Olga introduce her friends Daniel and Susie. Then choose the correct nationality for each of them.

a. Daniel es...
- ☐ español.
- ☐ francés.
- ☐ dominicano.

b. Susie es...
- ☐ india.
- ☐ china.
- ☐ japonesa.

c. Olga es...
- ☐ cubana.
- ☐ italiana.
- ☐ puertorriqueña.

1.10

Look carefully at the following images of stamps honoring people from around the world. With a partner take turns asking who they are and where they are from.

Modelo: E1: ¿Cómo se llama?
E2: Se llama Shakespeare.

E1: ¿De dónde es?
E2: Es inglés.

1.11 With a partner, look at the photos of the following well-known figures. Do you know who they are and what they do? Choose the correct profession from the list for each of them. *¡Atención!* Be sure to use the correct form.

Some jobs and professions		
For males:	**For females:**	
ingeniero ▶	ingeniera	*engineer*
profesor ▶	profesora	*teacher*
futbolista ▶	futbolista	*soccer player*
médico ▶	médica	*doctor*
escritor ▶	escritora	*writer*
cantante ▶	cantante	*singer*
actor ▶	actriz	*actor/actress*
tenista ▶	tenista	*tennis player*
estudiante ▶	estudiante	*student*

1.12 Match the following information with each of the people above.

1. Es colombiana. .... a b c d
2. Es una escritora chilena. .... a b c d
3. Es argentino. .... a b c d
4. De origen español, nacionalizado estadounidense. .... a b c d
5. Es futbolista en el FC Barcelona. .... a b c d
6. Publica una novela al año. .... a b c d
7. Es actriz en una serie de televisión norteamericana. .... a b c d
8. Pasa 215 días en el espacio exterior. .... a b c d
9. Vive en España. .... a b c d
10. Es miembro de la Academia Estadounidense de las Artes y las Letras. ..... a b c d
11. Actualmente, está retirado. .... a b c d
12. Vive en Los Ángeles. .... a b c d

1.13 Read more about these people and fill in the blanks with the information from the previous activity and the answers you selected.

Lionel Messi es un futbolista .... que vive actualmente en .... porque juega en el ...., un equipo español.

Es un gran futbolista. Es jugador de la selección argentina de fútbol desde hace varios años.

Sofía Vergara es ...., famosa en Estados Unidos por su participación en la serie de televisión, *Modern Family*. Interpreta a Gloria Delgado en la serie, una mujer .... casada con un hombre norteamericano.

Actualmente vive en .... junto a su hijo, Manuel.

Miguel López-Alegría, nace *(is born)* en Madrid pero tiene nacionalidad .... Es el primer astronauta de origen español en llegar al espacio exterior. En una de sus misiones, ... en el espacio exterior. Actualmente, está ....

Isabel Allende nace accidentalmente en Perú, pero es chilena, es .... Es .... y publica .... al año. Vive en Estados Unidos y desde 2004 es miembro de la Academia ....

2.B COMUNICACIÓN: ASKING AND GIVING INFORMATION ABOUT YOURSELF AND OTHERS

- ¿Cómo te llamas? *What's your name?*
- Me llamo Francisca García Mejías. *My name is Francisca Garcia Mejias.*

- ¿De dónde eres? *Where are you from?*
- Soy de México. / Soy mexicana. *I'm from Mexico. / I'm Mexican.*

- ¿Dónde vives? *Where do you live?*
- Vivo en Puebla. / Vivo en la calle Reina. *I live in Puebla. / I live on Reina Street.*

- ¿Qué haces? *What do you do?*
- Soy estudiante. *I'm a student.*

Hola, soy Francisca García Mejías.

Los apellidos. People in Spanish-speaking countries often use two last names. In the case of Francisca García Mejías, García is Francisca's father's last name or *apellido* and Mejías is her mother's. In this way, both sides of the family are represented.

1.14

Listen to the following conversations and fill in the missing words. Then practice the conversation with a partner.

a. En un café…	b. En la biblioteca…	c. En la calle…

Carlos: Hola, buenas tardes. ¿Cómo te llamas?
Miranda: Me llamo Miranda.
Carlos: ¿............. haces, Miranda?
Miranda: Soy ....

Bibliotecaria: ¿Cómo te llamas?
Rolando: Me .... Rolando Castro Gómez.
Bibliotecaria: ¿............ vives?
Rolando: Vivo en la calle Molina.
Bibliotecaria: Muy bien, pues aquí tienes el libro.

Miguel: ¿De dónde...............?
Berto: .... puertorriqueño. ¿Y tú?
Miguel: Soy de...............
Berto: ¿Y qué...............?
Berto: ....profesor. ¿Y tú?
Miguel: Soy............... Estudio para ser...............

1.15 With a partner, take turns introducing yourself as one of the people in the images. Give your name, say where you are from, and what you do. Use your imagination and the cues in the images to help you create a profile.

3.A VOCABULARIO: LOS NÚMEROS DEL 0 AL 31, LOS MESES Y LA FECHA

1.16 Listen to the numbers from 0 to 31 and check off the numbers that refer to your age and birthdate as you hear them. What numbers did you choose?

0	cero	**8**	ocho	**16**	dieciséis	**24**	veinticuatro
1	uno	**9**	nueve	**17**	diecisiete	**25**	veinticinco
2	dos	**10**	diez	**18**	dieciocho	**26**	veintiséis
3	tres	**11**	once	**19**	diecinueve	**27**	veintisiete
4	cuatro	**12**	doce	**20**	veinte	**28**	veintiocho
5	cinco	**13**	trece	**21**	veintiuno	**29**	veintinueve
6	seis	**14**	catorce	**22**	veintidós	**30**	treinta
7	siete	**15**	quince	**23**	veintitrés	**31**	treinta y uno

1.17 Listen to the numbers and select the ones you hear.

☐ 3   ☐ 2   ☐ 16   ☐ 7   ☐ 12   ☐ 11   ☐ 25

☐ 15   ☐ 9   ☐ 14   ☐ 28   ☐ 18   ☐ 13   ☐ 20

The months in Spanish are not capitalized.

1.18   Listen to the names of the months in Spanish. Then list the months under the appropriate categories. Check your answers with a partner. Did you list the same months?

Los meses del año	
enero	julio
febrero	agosto
marzo	septiembre
abril	octubre
mayo	noviembre
junio	diciembre

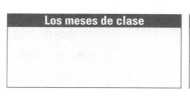

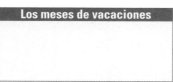

Los meses de clase	Los meses de vacaciones	El mes de mi cumpleaños *(birthay)*

To say the date, use:
- Es el 4 de junio. *It's June 4th.*

To ask for today's date, use:
- ¿Qué día es hoy?

To ask for a specific date, use:
- ¿Cuándo es el Día Internacional de la Mujer?
- Es el 8 de marzo.

1.19 Answer the following questions by writing out the correct date. Then compare your answers with a partner.

a. ¿Cuándo es el Día de la Independencia de Estados Unidos?

b. ¿Cuándo es el Día de San Valentín?

c. ¿Cuándo es la Navidad *(Christmas)*?

d. ¿Cuándo es el último *(last)* día del año?

e. ¿Cuándo es el primer *(first)* día del año?

3.B COMUNICACIÓN: SHARING OTHER PERSONAL INFORMATION

- ¿Cómo te llamas? *What's your name?*
- Me llamo Francisca García Mejías. *My name is Francisca García Mejías.*

- ¿Cuántos años tienes? *How old are you?*
- Tengo 20 años. *I'm 20 years old.*

- ¿Cuándo es tu cumpleaños? *When is your birthday?*
- Es el 11 de mayo. *It's May 11th.*

- ¿Cuál es tu número de teléfono? *What is your phone number?*
- Es el seis, tres, dos, uno, cinco, dos, cero, seis, ocho. *It's six, three, two, one, five, two, zero, six, eight.*

1.20 Look at the following people. How old do you think they are? Then, with a partner, take turns asking each other to see if you agree.

> Modelo: E1: ¿Cuántos años tiene Marcos?
> E2: Tiene… años.
> E1: Sí, es verdad. / No, creo que tiene… años.

Tomás   Encarna   Maribel   Marcos

1.21 Ask and exchange telephone numbers with three other classmates. *¡Atención!* It is not necessary to give your real number.

¿Cuál es tu número de celular?

Es el 223 446 728.

1.22 Introduce yourself to three classmates. Greet them and ask each one's name, age, and birthday. Then introduce one of them to the class. The class will ask him/her additional questions.

> Modelo: Este/Esta es…

PRONUNCIACIÓN

THE SOUNDS OF *CH* AND *Ñ*

» The **ch** sequence in Spanish produce a single sound similar to the *ch* sound in English: **Ch**ile, **ch**urch.

» The **ñ** exists only in the Spanish alphabet. The sound is similar to the *ny* in **cany**on.

1.1 19 Listen to the sounds of *ch* and *ñ* in the words below. Then listen again and repeat after the speaker.

a. mu**ch**acho, mu**ch**a cha, co**ch**e, diecio**ch**o, escu**ch**ar
b. ni**ñ**o, espa**ñ**ol, ense**ñ**ar, ma**ñ**ana, compa**ñ**ero

1.2 Underline the *ch* and *ñ* in the sentences below. Then take turns with a partner reading the sentences aloud.

El señor escucha música en el coche.

La niña española come chocolate. Es su cumpleaños.

La muchacha chilena dice: "Hasta mañana".

Saludos y mochilas

ANTES DEL VIDEO

1.1 In groups of three, look at Images 1 and 3. What is happening in the scenes? What expressions in Spanish would you use in a similar situation?

⚙ ESTRATEGIA

Anticipating content
Knowing what people are talking about or anticipating what they are going to say makes it much easier to understand another language. When listening to spoken Spanish, it always helps to anticipate what the conversation will be about before you listen. Use the images to help you predict the content.

1.2 With a partner, think of the expressions you would use in the following contexts and provide examples for each.

a. para saludar

b. para presentarse

c. para presentar a alguien

d. para responder a la presentación

e. para despedirse

f. para preguntar el número de teléfono

g. para preguntar la nacionalidad

h. para preguntar la edad

i. para preguntar el nombre

1.3 Take another look at the images and write a caption for each one. You can use the expressions you prepared in the previous activity.

Imagen 1:...

Imagen 2: ....

Imagen 3: ....

Imagen 4:...

Imagen 5: ....

Imagen 6: ....

DURANTE DEL VIDEO

00:00 - 01:50

1.4 Watch the following segment and answer the questions.

a. What do they want to buy?

b. What do they sell in the store?

c. List the items mentioned by the characters.

d. Can you think of any other items you can place in a backpack? List them in Spanish.

4   5   6

1.5 Watch the next segment and indicate the sentences that refer to Lorena (L) and the ones that refer to Eli (E).

01:50 – 02:51

a. ☐ Necesita una mochila y ropa.

b. ☐ Es estudiante.

c. ☐ Es venezolana.

d. ☐ Vive con sus padres.

e. ☐ Está aquí por trabajo.

f. ☐ Es colombiana.

g. ☐ Es su primera semana en la ciudad.

h. ☐ Vive aquí desde agosto del 2010.

i. ☐ Es su primer día de trabajo.

1.6 Watch the rest of the episode and fill in the missing words.

Eli: Muchachos, les presento a Lorena, es (a) .... Él es Alfonso y es (b) ....
Alfonso: (c) ...., Lorena.
Lorena: (d) ....
Juanjo: Yo me llamo Juanjo.
Lorena: Encantada. ¿(e) .... eres? Tu (f) .... no es de aquí...
Juanjo: Yo soy (g) .... (h) .... Madrid.
Eli: Lorena es (i) .... en la ciudad. Es

su primera semana aquí. ¿Quieres conocer la (j) ....?
Lorena: ¡Genial! No conozco a nadie aquí.
Juanjo: Pues ya nos conoces a (k) ....
Eli: ¿(l) .... es tu número de teléfono? Te llamo otro día y quedamos.
Lorena: ¡Estupendo! Apunta.
Lorena: (m) ....
....

1.7 Answer the following questions. If necessary, watch the episode again.

a. When are they going to show Lorena the city?

b. Did they buy the backpacks?

1.8 In groups of three, assign each member a role to play (A, B, or C). Then, prepare a conversation in which Students A and B are friends and Student C is new to the university. Include the following words.

número de teléfono • bienvenido/a • encantado/a • compañeros/as
fin de semana • ustedes • soy • aquí

1.9 Present your conversation to the class.

DESPUÉS
DEL VIDEO

GRAMÁTICA

1. DEFINITE AND INDEFINITE ARTICLES

» In Spanish, there are four definite articles that correspond to the English *the*.

	Masculine	Feminine
Singular	**el** cuaderno *the notebook*	**la** mochila *the backpack*
Plural	**los** cuadernos *some notebooks*	**las** mochilas *some backpacks*

» In both Spanish and English, the definite article is used to identify and talk about specific people, places, or things we know.

La pizarra es negra.   *The blackboard is black.*
La profesora es de Perú.   *The teacher is from Peru.*
Los estudiantes son peruanos.   *The students are Peruvian.*

» There are four indefinite articles in Spanish that correspond to the English *a*, *an*, and *some*.

	Masculine	Feminine
Singular	**un** cuaderno *a notebook*	**una** mochila *a backpack*
Plural	**unos** cuadernos *some notebooks*	**unas** mochilas *some backpacks*

» The indefinite article is used to talk about nonspecific people, places, or things.

Eduardo es un amigo.   *Eduardo is a friend.*
San Antonio es una ciudad bonita.   *San Antonio is a pretty city.*
Necesito unos marcadores.   *I need some markers.*

» In Spanish, definite and indefinite articles match nouns in number (singular / plural) and gender (masculine / feminine). Most nouns ending in **–o** are masculine and most ending in **–a** are feminine.

1.1 Write the indefinite and definite articles for the following people and things. Then with a partner, take turns saying the plural forms of each.

.........../..........teléfono   ..../..........profesora   ..../..........bolígrafo   ..../..........carpeta

.........../..........muchacha   ..../..........mesa   ..../........estudiante   ..../........diccionario

1.2 Select an image below and memorize what you see. Then, without looking, identify the objects using **un / una / unos / unas**. Your partner will take notes. Afterwards, compare your partner's answers with the actual image. Did you name all the objects? Switch roles and repeat with another image.

 Use **hay** to say *there is* or *there are*:

- **Hay** una mochila y unos lápices.

2. SUBJECT PRONOUNS AND THE VERB *SER*

» Subject pronouns refer to people and often come before the verb to show who is doing the action or is being described. The chart below lists the subject pronouns in Spanish with their meaning in English.

Singular	Plural
yo *I*	nosotros/nosotras *we*
tú *you (informal)*	vosotros/vosotras *you (plural, Spain)*
usted *you (formal)*	ustedes *you (plural)*
él *he*	ellos *they (all males or mixed)*
ella *she*	ellas *they (all females)*

» Both **tú** and **usted** are used when speaking directly to someone. Use **tú** when that person is a friend. Use **usted** when speaking to someone in a formal situation or to show respect.

» Use **ustedes** when speaking to a group of people. Your teacher, for example, will address the class as **ustedes**. The English equivalent would be *you all*.

» Use **nosotras** and **ellas** when referring to a group of all females.

» **Vosotros/vosotras** is used in Spain.

¿De dónde son ustedes?

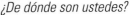

>> You have already been using the forms of the verb **ser** to make introductions and say where you and others are from. Here are all the forms of **ser** with the subject pronouns and meaning in English.

SER *(to be)*	
yo **soy** *I am*	nosotros/as **somos** *we are*
tú **eres** *you are*	vosotros/as **sois** *you are (plural, Spain)*
usted **es** *you are (formal)*	ustedes **son** *you are (plural)*
él/ella **es** *he/she is*	ellos/ellas **son** *they are*

>> Spanish speakers often omit the subject pronouns when using **yo**, **tú**, **nosotros/as**, and **vosotros/as** since the verb ending already carries that information.

Yo soy *de Madrid.* **Soy** *de Madrid.* (The form **soy** can only apply to **yo**)
Tú eres *de Santiago.* **Eres** *de Santiago.* (The form **eres** can only apply to **tú**)

>> **Usted**, **él** and **ella** use the same form of the verb: **es**.

>> **Ustedes**, **ellos** and **ellas** use the same form: **son**.

Vocabulario adicional:
también *also*
pero *but*

To say that something is not true for you, use **no** before the verb.

- Yo no soy de Bogotá, soy de Nueva York. *I'm not from Bogota, I'm from New York.*

1.3 Complete the sentences with the correct form of *ser* to describe the following people. Then check your answers with a partner.

Esta .... Pamela. No .... estudiante, ... profesora de inglés en México. .... de Estados Unidos. .... muy inteligente.

¡Hola! Nosotros .... amigos. .... estadounidenses pero .... de todas partes. Diego .... de Cuba. Jennifer .... de Chicago. Tomás y Elena .... de México.

1.4 With a partner, select the question you would use to ask the people above where they are from.
¿De dónde eres? • ¿De dónde es usted? • ¿De dónde son ustedes?

Vocabulario adicional:
interesantes,
inteligentes,
responsables,
independientes,
amigos, estudiantes,
estudiantes de español,
de todas partes, de…

1.5 Write a description about yourself, similar to the one in Actividad 1.3 and read it aloud to a partner. *¡Atención!* Be sure to take notes on what your partner says.

(Modelo:) ¡Hola! Yo soy…

1.6 Take turns telling the class what you have in common with your partner and what is different.

(Modelo:) E1: Nosotros somos estudiantes.

E2: También somos estudiantes, pero yo soy estudiante de español.

3. PRESENT TENSE OF *LLAMAR(SE)* AND *TENER*

» You have been using the expression **me llamo** to tell someone your name. The expression comes from the verb **llamar(se)**.

LLAMAR(SE) *(to be called)*	
yo me llamo *I am called*	nosotros/as nos llamamos *we are called*
tú te llamas *you are called*	vosotros/as os llamais *you are (plural, Spain) called*
usted se llama *you are called (formal)*	ustedes se llaman *you are (plural) called*
él/ella se llama *he/she is called*	ellos/ellas se llaman *they are called*

» The verb **llamar(se)** literally means *to be called* and not *my name is*. Its meaning in English may sound strange to you, but it is absolutely clear to all Spanish speakers.

● *¿Cómo* **te llamas**? *What's your name? / What are you called?*
● **Me llamo** Alberto. *My name is Alberto. / I'm called Alberto.*

● *¿Cómo* **se llama** *el profesor? What's the teacher's name? / What is the teacher called?*
● **Se llama** Sr. Estevez. *His name is Mr. Estevez. / He's called Mr. Estevez.*

» You have also been using the expression **tengo… años** to tell someone your age. This expression comes from the verb **tener**.

TENER…AÑOS *(to be… years old)*	
yo tengo…años *I am… years old*	nosotros/as tenemos… años *we are… years old*
tú tienes… años *you are… years old*	vosotros/as tenéis… años *you are… years old (plural, Spain)*
usted tiene… años *you are (for)… years old*	ustedes tienen… años *you are… years old (plural)*
él/ella tiene… años *he/she is… years old*	ellos/ellas tienen… años *they are… years old*

» Without **años**, the verb **tener** by itself means *to have*.

Yo **tengo** una computadora. *I have a computer.*
Los estudiantes **tienen** mochilas. *The students have backpacks.*

1.7 Choose the correct form of the question and answer from the options.

Pregunta *(Question)*	Respuesta *(Answer)*
a. ¿Cómo **te llamas / se llaman**?	▶ **Me llamo / Se llama** Isabel.
b. ¿Cuántos años **tienen / tengo** los estudiantes?	▶ **Tienen / Tengo** 15 años.
c. ¿**Tienes / Tiene** usted teléfono celular?	▶ Sí, **tengo / tenemos** teléfono celular.
d. ¿Cómo **me llamo / se llama** la bibliotecaria?	▶ **Te llamas / Se llama** Sra. Menéndez.
e. ¿Cuántos años **tengo / tiene** Luis?	▶ **Tiene / Tienes** 13 años.
f. ¿Cómo **se llaman / nos llamamos** ustedes?	▶ **Nos llamamos / Se llaman** Ana y Ricardo.

1.8 Prepare some questions to interview a classmate you have not spoken to yet. Ask your classmate his/her name, age, origin/nationality, what he/she does, and what's in his/her backpack. Use the chart to help you prepare your questions in Spanish. After the interview, introduce your classmate to the class using all the information you collected about him/her.

Modelo: Este/Esta es…

Pregunta en español	
name?	....
age?	....
origin?	....
do?	....
backpack?	....

VIDEOCLASES

1 Y 2

DESTREZAS

1.1 Fill in the missing information in the chart below.

Masculino	Femenino	País
		República Dominicana
español		
		Estados Unidos
	japonesa	
colombiano		

1.2 Andrea recently became the President of the Asociación Hispánica at his school. Read the e-mail she sent to her friend Michael telling him about the other officers in the club. Can you guess which one is Andrea in the accompanying photo?

⚙ ESTRATEGIA

Guess meaning from context

When you approach a text in Spanish, it is important to learn to use the context to guess possible meanings of unfamiliar words. Focus on the ideas and not on the meaning of every word. By focusing on what you understand and the accompanying visual clues, you will often be able to figure out the meanings of new words.

● ● ●	Asunto: Asociación Hispánica
De: Andrea	**Para:** Michael

Hola, Michael:

¿Qué tal? Mira, esta es una foto con unos compañeros de la Asociación Hispánica de mi universidad y la Sra. Pérez. Ella es la consejera *(advisor)* de la asociación y también es profesora de español. Es colombiana y habla perfectamente inglés y español. En el comité ejecutivo somos cuatro estudiantes: Mika, Steve, Óscar y yo. Mika es japonesa. Tiene dieciocho años y es estudiante. Mika habla muy bien español, pero a veces usa palabras en inglés.

Steve tiene diecinueve años y es de Baltimore. Comprende mucho español pero tiene dificultades para hablar. Todos los días habla con sus amigos por teléfono. Tiene un perro, se llama Chato. Tiene muchas fotos de Chato en su celular.

Óscar es estudiante. Es dominicano y tiene dieciocho años. Habla mucho en clase y siempre escucha música en su mp4. Quiere ser médico y trabajar en un hospital.

En las reuniones solo hablamos en español y es un poco difícil comprendernos, pero es muy divertido.

Hasta luego,

Andrea

1.3 Answer the following questions about Andrea's e-mail. Then check your answers with a partner.

a. ¿Quién *(Who)* tiene diecinueve años?

b. ¿Cómo se llama la muchacha japonesa?

c. ¿Qué hace la Sra. Pérez?

d. ¿Cómo se llama el muchacho que tiene dieciocho años?

e. ¿De dónde es Óscar?

f. ¿Cuántos años tiene Mika?

g. ¿Cómo se llama el perro de Steve?

2. EXPRESIÓN ESCRITA

1.4 The following people have just been selected to serve on the executive committee of the Spanish club at your school. Write an e-mail introducing them to the rest of the members of the club. Before you being to write, read the strategy and follow the suggestions provided.

⚙ **ESTRATEGIA**

Brainstorm ideas about what you are going to write

Make a list of words and structures you already know in Spanish and expect to use to write about the people in the photo. Create a chart, like the one below, to help you organize your ideas and information.

Nombre	Profesión	Nacionalidad	Edad
Vanessa	....	....	....
el Sr. Díaz	....	....	....
Alfonso	....	....	....
Jessica	....	....	....
Erin	....	....	....

Vanessa   Sr. Díaz   Alfonso

Jessica   Erin

1.5 Use the information you prepared to write your e-mail.

Asunto: Comité ejecutivo
De: Para: Los miembros de la Asociación Hispánica

¡Hola a todos!
¿Qué tal? Esta es una foto del nuevo comité ejecutivo de la Asociación Hispánica.
El Sr. Díaz es…

Hasta luego,
…

3. INTERACCIÓN ORAL

1.6 Introduce yourself to a group of Spanish professors looking for another candidate to add to the executive committee. Include the following information in your presentation.

⚙ **ESTRATEGIA**

Talk, don't read

Look at your notes only occasionally. Remember it is more important for you to present your information in a natural and relaxed way than it is to capture word for word what you have prepared.

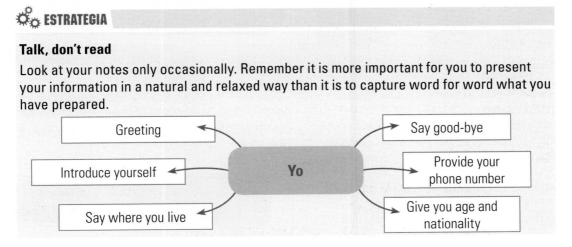

Greeting

Introduce yourself

Say where you live

Yo

Say good-bye

Provide your phone number

Give you age and nationality

HISPANOS en EE. UU.

Inmigrantes hispanos protestan contra la reforma de la ley de inmigración en 2006.

WE ARE AMERICANS

Los primeros hispanos **llegaron a Estados Unidos en el año 1513. Ahora representan casi un cuarto* de la población de este país. Son** jóvenes, influyentes y grandes consumidores**, pero, ¿qué más sabes de ellos?**

Ponce de León   USA 20c

Sello postal con el retrato de Juan Ponce de León

Jennifer Lopez, latina influyente y defensora de los hispanos en EE. UU.

«La comunidad hispana en EE. UU. es una de las de mayor crecimiento*. En 2025, uno de cada cuatro estadounidenses será hispano», dice Pablo A. Piccato, profesor de Historia en la Universidad de Columbia, Nueva York. «Unos 52 millones de hispanos viven ahora en Estados Unidos. Forman una comunidad diversa y joven, con una edad promedio* de 28 años. Además, tienen un peso* político importante», afirma Piccato.

¿Crees que la comunidad hispana es diversa? ¿Por qué?

LA INFLUENCIA HISPANA

Actualmente, más de 37 millones de personas hablan español en Estados Unidos.

El español es considerada la segunda lengua en este país y la influencia hispana se observa en las series de televisión, la comida, la música, los deportes, la moda, la política y la cultura popular.

El 78% de la población no hispana afirma que los hispanos tienen una gran influencia en la cultura norteamericana.

Jennifer López, una de las latinas más famosas, declaró en 2013: «Los hispanos nos estamos dando cuenta de nuestro poder, de que somos importantes. De que no somos solo las personas que trabajan detrás de la escena, en las cocinas, en los jardines o como plomeros».

¿Qué dos elementos de la cultura hispana conoces*?

Basílica de San Francisco de Asís en Nuevo México

EL VOTO HISPANO

En la política, los hispanos también tienen gran influencia. Por ejemplo, la jueza de la Corte Suprema, Sonia Sotomayor, hija de padres puertorriqueños, sería una candidata ideal a la presidencia de EE. UU., según la organización VotoLatino, que trabaja para crear conciencia cívica en los jóvenes hispanos. Ellos dicen que Sotomayor «representa las aspiraciones de los inmigrantes y americanos».

En las elecciones presidenciales de 2012, el voto hispano fue decisivo:

- El 10% de los votantes* fue hispano.
- Un 70% eligió a Barack Obama.
- Los votantes vivían en estados influyentes en el recuento* final como California, Texas, Florida y Nuevo México.

¿Conoces algún político de origen hispano?

LOS HISPANOS EN LA HISTORIA

- Después de los nativos americanos, los hispanos son la comunidad más antigua de EE. UU.
- El primer español llegó a la costa este de EE. UU. en 1513. Se llamaba Juan Ponce de León y llamó a esta zona 'La Florida'.
- Muchos nombres tienen origen español o latino: Florida, Nuevo México, Louisiana, Los Ángeles, Arizona, Nevada. En estas zonas se ve la influencia española en la arquitectura, especialmente en el estilo de las casas y las iglesias católicas.
- El español se hablaba en EE. UU. antes que el inglés.
- El español y el inglés han coexistido durante más de 400 años.

¿Qué otros lugares con nombre español conoces?

LOS HISPANOS, GRANDES CONSUMIDORES

En una reciente estadística de la empresa IBISworld, los hispanos aparecieron como grandes consumidores. Esto es un incentivo para los comerciantes, que han incorporado elementos de la cultura latinoamericana para atraer clientes. Por ejemplo, algunos centros comerciales como el Fiesta Mall (Mesa, Arizona) o la capilla* de Saint Francis en el centro comercial Prudential Center (Boston, Massachusetts) ofrecen misas el 12 de diciembre. Este es un día especial para la comunidad mexicana, ya que se celebra el día de la virgen de Guadalupe, protectora del país y muy querida por la gente.

La virgen de Guadalupe

Y tú, ¿consumes algún producto de carácter hispano?

DO A QUICK INTERNET SEARCH FOR THE FOLLOWING INFORMATION

1 ¿Cuál es el porcentaje de población hispana en tu estado?

2 ¿Cuál es el número de hispanos en tu universidad?

3 ¿Qué cinco personas de origen hispano tienen influencia en tu país? ¿Por qué?

VOCES LATINAS

Hispanos influyentes en EE.UU.

GLOSARIO	la capilla – chapel	el cuarto – fourth	el recuento – election returns
	conoces – do you know	el peso – weight	el votante – voter
	el crecimiento – growth	el promedio – average	

Fuentes: The Hispanic Council, Pew Research, Conill, Instituto Cervantes, BBC Worldwide, Census Bureau, PBS,

EN RESUMEN

Situación

En el centro de estudiantes internacionales

You have volunteered to take a group of international students on a campus tour during orientation week.

LEARNING OUTCOMES

ACTION

Give your age and say where you are from	**1.1** Introduce yourself to the group and tell them a little about yourself. Complete the following to use as a guide.

Greeting: .... Age: .... Other information: ....

Name: .... Origin/nationality: ....

Say hello, good-bye, and make introductions	**1.2** During your campus tour you come across Sr. Molina, your Spanish professor. Greet him appropriately. Then introduce each of the students in your group and say where they are from. Your partner will act as Sr. Molina. Switch roles.

Cuba   Estados Unidos   España   Francia   México

Raúl ....   Dan y Eve ....   Belén ....   Gaby y Marie ....   Arturo y Gus ....

Ask others about themselves	**1.3** As you walk through campus, you take time to talk to your group and ask them questions about themselves. Prepare five questions you could ask them. Take turns asking and answering the questions with a partner.

Identify some common professions	**1.4** Part of the tour includes visiting different buildings on campus. Say who the following people are or the profession students are studying for.

Él ....   Ella ....   Ella estudia para ser.........   Ella practica para ser ....   Él estudia para ser ....

Express dates and phone numbers	**1.5** At the end of your tour, tell students the date for the first day of class *(el primer día de clase)*, exchange phone numbers and say good-bye. Take turns with a partner.

LISTA DE VOCABULARIO

Saludos Greetings

Buenos días. Good morning.
Buenas tardes. Good afternoon.
Buenas noches. Good evening / night.
¿Qué tal? What's up?
¿Qué tal estás? How are you doing?

Presentaciones Introductions

Mire, le presento a (al)… Look, I'd like to introduce you to…
Mira, este / esta es… Hey, this is…
Mira, estos / estas son… Hey, these are…
Encantado/a. Delighted.
Mucho gusto. Pleased to meet you.
¿Cómo está? How do you do? (formal)

Despedidas Saying good-bye

Adiós. Good-bye.
Hasta luego. See you later.
Hasta pronto. See you soon.

Pedir información Asking questions

¿Cómo te llamas? What's your name?
¿Cuántos años tienes? How old are you?
¿De dónde eres? Where are you from?
¿Dónde vives? Where do you live?
¿Qué haces? What do you do?

Profesiones Professions

actor / actriz actor / actress
cantante singer
escritor/a writer
futbolista soccer player
ingeniero/a engineer
médico/a doctor
profesor/a teacher
tenista tennis player

Nacionalidades Nationalities

chino/a Chinese
cubano/a Cuban
chileno/a Chilean
coreano/a Korean
dominicano/a Dominican
ecuatoriano/a Ecuadorian
español/a Spanish
francés / francesa French
indio/a Indian
inglés / inglesa British
italiano/a Italian
japonés / japonesa Japanese
mexicano/a Mexican
peruano/a Peruvian
puertorriqueño/a Puerto Rican

Artículos Articles

el / la the
los / las some
un / una a, an
unos / unas some, a few

Pronombres de sujeto
Subject pronouns

yo I
tú you (informal)
usted you (formal)
él he
ella she
nosotros/as we
vosotros/as you (plural, Spain)
ustedes you, you all (plural)
ellos they (males or mixed)
ellas they (females)

Verbos Verbs

llamar(se) to be called
ser to be
tener to have
tener… años to be… years old

Palabras y expresiones útiles
Useful words and expressions

amigo/a friend
¿Cuándo es tu cumpleaños? When is your birthday?
pero but
perro dog
¿Qué día es hoy? What's today's date?
¿Quién? Who?
Señor (Sr.) Mr.
Señora (Sra.) Mrs.
Señorita (Srta.) Miss./Ms.
también also

2

EN CASA

Hablamos de	Vocabulario y comunicación	¡En vivo!	Gramática	Destrezas	Sabor Latino	En resumen
• Una ciudad española	• **La casa y los colores:** Talking about preferences • **Los muebles y los números del 32 al 101:** Expressing opinions **Pronunciación** • Sounds of **h**, **ll** and **y**	• **Episodio 2 Unos muebles ho-rri-bles:** Focusing on intonation	• Gender, number, and agreement of nouns and adjectives • Present tense of regular -ar verbs • Verb estar	• **¿Pueblo o ciudad?** – **Comprensión de lectura:** Guessing meaning from context – **Expresión escrita:** Using models – **Interacción oral:** Visualizing your topic	• **España Ser joven en España**	• **Situación:** Encuentra el apartamento ideal • Vocabulario

- ¿Cuántas personas hay en total?
- ¿Están en casa o en clase?
- ¿Cuántos años tienen las muchachas?
- Y tú, ¿estás en casa o en clase?

LEARNING OUTCOMES

By the end of this unit you will be able to:

- Express opinions and preferences
- Describe people, places, and things
- Talk about your home
- Talk about activities
- Say where you and others are

HABLAMOS DE...

Una ciudad española

2.1 Look at the image below of Isabel and her friends in Barcelona. Then choose the correct answer to complete the sentences based on what you see or can infer from the image.

1. ¿Quién es Isabel?
a. Una cantante.
b. Una profesora.
c. Una turista.

2. ¿Qué tiene Isabel en las manos?
a. Un mapa.
b. Una tableta.
c. Una cámara.

3. ¿En qué país están los amigos?
a. Argentina.
b. España.
c. Estados Unidos.

4. ¿Qué aparece en la foto?
a. Un monumento.
b. Un hospital.
c. Una escuela.

2.2 Read more about Isabel. Find out the name of the structure in the photo and who designed it.

Hola, me llamo Isabel. Tengo 24 años y soy de Valencia, una ciudad que está en la costa este de España. Estoy en Barcelona, mi ciudad *(city)* favorita. Tengo muchas fotos de la ciudad. Esta es de la Sagrada Familia, un monumento del arquitecto Gaudí, muy famoso en España. También tengo fotos del Parque Güell, otra de sus obras *(works)* más originales.

a. ¿Cómo se llama el edificio *(building)*?
b. ¿Quién es el arquitecto?
c. ¿Qué otra obra es del mismo *(same)* arquitecto?

APUNTES: Las ciudades españolas

✓ Madrid, la capital de España, es la ciudad más grande seguida por Barcelona y Valencia.

✓ El 78% de la gente española vive en ciudades. El 22% vive en zonas rurales.

✓ Antoni Gaudí (1852-1926) y Rafael Moneo (1937) son dos de los arquitectos más famosos. Entre las obras de Moneo está la nueva ampliación del Museo del Prado en Madrid (2007) y la Catedral de Nuestra Señora de los Ángeles en Los Ángeles (2002).

2.3

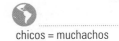

Listen to the conversation between Isabel and her friend Martín after her trip. Then decide whether the statements are true (T) or false (F) based on the conversation.

chicos = muchachos

Martín: Hola, Isabel, ¿qué tal el viaje? ¿Tienes las fotos de Barcelona?
Isabel: Sí, mira, aquí están.
Martín: En esta foto, estás en la Sagrada Familia, ¿verdad?
Isabel: Sí, es un lugar *(place)* muy bonito y conocido.
Martín: Para mí, esta foto es bellísima. ¿Dónde es?
Isabel: Es en el Parque Güell, otro lugar importante de la ciudad.
Martín: ¿Y cuál es tu foto favorita?
Isabel: Esta. Estoy con dos amigas en la Casa Milà, otro edificio conocido de Gaudí.
Martín: ¿Quiénes son estos chicos?
Isabel: Se llaman Karen y Mateo, son mexicanos, pero viven en Barcelona.
Martín: Para ti, ¿cómo es la gente *(people)* en Barcelona?
Isabel: Es muy simpática y amable.
Martín: Para mí, también.
Isabel: Mira, aquí tienes más fotos.

Parque Güell

	T	F
a. Isabel solo tiene tres fotos de Barcelona.	☐	☐
b. En una foto, Isabel está en la Casa Milà.	☐	☐
c. Para Martín, la Sagrada Familia es un lugar muy bonito.	☐	☐
d. Karen es una amiga mexicana.	☐	☐
e. Para Martín, la gente de Barcelona no es simpática.	☐	☐

Casa Milá

2.4

Here are some more of Isabel's photos of Barcelona. Choose the one you like best. With a partner, use the information in the photo and the *Modelo* to talk about your preference. Then switch roles.

Modelo: E1: Mira estas fotos de Barcelona.
E2: ¡Qué bonitas!
E1: ¿Cuál es tu favorita?
E2: Para mí, es esta de…
E1: ¿Qué es?
E2: Es…

Camp Nou, estadio de fútbol del equipo Barcelona F. C.

La Rambla, calle peatonal con tiendas

Monumento a Cristóbal Colón

1.A VOCABULARIO: LA CASA Y LOS COLORES

marrón = color café, castaño
naranja = anaranjado
rojo = colorado

Vocabulario adicional

rosado
morado

Colors in Spanish agree in number and gender with the noun.
- La mes**a** es amarill**a**.
- Los cuadern**os** son amarill**os**.

2.1 (21) Complete the sentences using the words you know for the items in the images. Then listen to the audio to check your answers.

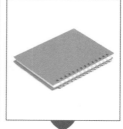

La .... es verde.

El .... es anaranjado.

La .... es azul.

La .... es marrón.

La .... es gris.

El .... es negro.

El .... de español es rojo y amarillo.

El .... es blanco.

2.2 Nieves is on her way home to her new apartment in Madrid after buying some new things for it. With a partner, take turns describing the colors of the items in the image.

el edificio

la bolsa pequeña

el vestido

la calle

el paso de peatones

el cielo

el sombrero

los árboles

la bolsa grande

las sandalias

2.3 Nieves sent some photos of the apartment she just decorated to the magazine *Mi casa*. Identify the rooms of her apartment according to the descriptions she provides.

....
el cuarto, la recámara
= el dormitorio
la sala de estar =
el salón
el apartamento =
el piso

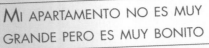

MI APARTAMENTO NO ES MUY GRANDE PERO ES MUY BONITO

1. ☐ Esta es la cocina. Es mi cuarto favorito porque aquí preparo comida para los amigos.

2. ☐ Este es el salón. Es pequeño pero hay espacio para un sofá, dos sillas y una mesa.

3. ☐ Este es el dormitorio. Aquí estudio y uso la computadora.

4. ☐ Este es el cuarto de baño. No es muy moderno pero es perfecto para mí.

2.4 Nieves uses a lot of color in her decorating style. Take turns asking each other about the color of each room in her apartment.

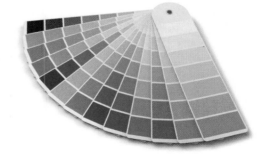

a. ¿De qué color es la cocina?

b. ¿De qué color es el dormitorio?

c. ¿De qué color es el cuarto de baño?

d. ¿De qué color es el salón?

2.5 Listen to another student talk about her favorite rooms and colors. Then match the room to the correct color.

22

1. el salón .... •	• **a.** verde ▮▮▮
2. la clase .... •	• **b.** amarillo ▮▮▮
3. la cocina .... •	• **c.** blanco ▯▯▯
4. el dormitorio .... •	• **d.** anaranjada ▮▮▮

2.6 Read the following ads for two different style homes on the market. Then with a partner, complete each card below with information from the ad. Include the piece of information you and your partner would consider to be an advantage *(ventaja)* and a disadvantage *(desventaja)*.

Piso céntrico en Madrid

Se vende un piso con tres habitaciones, una cocina completamente equipada y dos baños. El salón tiene balcón. Situado en el centro de la ciudad. Necesita reforma.

Teléfono de contacto: 91 590 34 16.

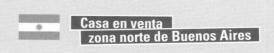

Casa en venta zona norte de Buenos Aires

Casa en venta tipo chalé en las afueras de la ciudad. Está en la zona norte de Buenos Aires, a 30 km del centro. La casa tiene tres dormitorios, cocina americana, living, comedor, baño, cochera para dos carros, jardín y parrilla.

– Tipo de vivienda: ....
– Habitaciones:.........................
– Localización: ....
– Ventaja:................................
– Desventaja:...........................

– Tipo de vivienda: ....
– Habitaciones:.........................
– Localización: ....
– Ventaja:................................
– Desventaja:...........................

2.7 Compare your answers with two other student pairs. Do you agree on the advantages and disadvantages?

1.B COMUNICACION: TALKING ABOUT PREFERENCES

Para preguntar	Para responder
¿Cuál es tu deporte favorito?	(Mi deporte favorito es) el tenis.
¿Cuál es tu animal favorito?	(Mi animal favorito es) el gato.
¿Cuál es tu comida *(food)* favorita?	(Mi comida favorita es) la pasta.
¿Cuál es tu asignatura favorita?	(Mi asignatura favorita es) Historia.

¿Cuál es tu animal favorito? ¿El perro o el gato?

2.8 With a partner, take turns asking and talking about the rooms in your house. Ask about colors and his/her preferences.

¿Cuál es tu habitación favorita en casa?

Para mí, es la cocina.

¿De qué color es?

Es blanca.

2.9 In groups of 4, take turns asking your classmates about their favorite things. Choose a classmate from the group to record the results.

Modelo: ¿Cuál es tu….favorito/a?

Here are some of the subjects you study in school and sports you play.
Can you guess what they are?

Which foods are your favorite?

Encuesta sobre gustos:

- asignatura
- deporte
- mascota *pet*
- comida
- ciudad

Asignaturas	Deportes *(sports)*	Comida
Arte	el baloncesto / el básquetbol	el pescado *fish*
Biología	el béisbol	la carne *meat*
Ciencias	el fútbol	el pollo *chicken*
Economía	el fútbol americano	la fruta *fruit*
Español	el golf	la verdura *vegetables*
Física	el tenis	el pan *bread*
Historia	el vóleibol	
Literatura		
Informática / Computación		
Matemáticas		
Música		

2.10 Share the results from your group with the class.

Modelo: Para mi grupo, la asignatura favorita es…

2.A VOCABULARIO: LOS MUEBLES Y LOS NÚMEROS DEL 32 AL 101

la bañera = la tina

2.11 Look at the list of words for furniture in Spanish and then with a partner, match the words to the appropriate image. Try to make your best guesses at unfamiliar words. Then listen to the audio to check your answers and fill in the ones you missed.

el armario • la estufa • la cama • el horno • la bañera • el lavabo • la ducha
la mesa • el espejo y la cómoda • la mesilla • la estantería • el sofá

....

....

....

Grouping related words into categories makes it easier to learn vocabulary.

2.12 Write the names of the furniture and household items in the appropriate column below. Then check your answers with a partner.

Modelo: E1: ¿Dónde pones *(put)* la estufa?

E2: En la cocina.

La cocina	El dormitorio	El cuarto de baño	El salón

2.13 Describe your room and the furniture in it to your partner. Include the color and size of the items. Your partner will try to recreate it on a separate piece of paper. If you don't have colored pencils, write the color of the item instead.

Modelo: Tengo un dormitorio muy bonito.

Tengo una cama azul.

Tengo dos mesillas y una silla anaranjada.

Tengo un armario marrón muy grande.

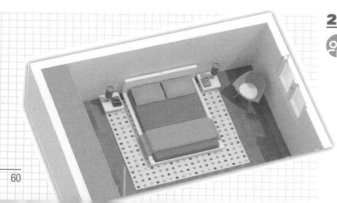

2.14 Follow along as you listen to the audio for the numbers below. Then write three new numbers (not listed) on separate pieces of paper. Hold up each one for your partner to say in Spanish.

32	treinta y dos	76	setenta y seis
40	cuarenta	80	ochenta
43	cuarenta y tres	87	ochenta y siete
50	cincuenta	90	noventa
54	cincuenta y cuatro	98	noventa y ocho
60	sesenta	99	noventa y nueve
65	sesenta y cinco	100	cien
70	setenta	101	ciento uno

Use **y** after the number 30.
- Veintinueve, treinta, treinta y uno…

Use **cien** for one hundred (100) and **ciento** for numbers higher than one hundred.
- Cien, ciento uno, ciento dos…

2.15 Write the words for the numbers you hear. Then check your answers with a partner.

a. .... c. .... e. ....

b. .... d. .... f. ....

2.16 Take turns with a partner asking and giving prices for the furniture and items at the yard sale below.

Estudiante 1:

1. la cómoda azul
2. la silla blanca
3. el espejo pequeño

Estudiante 2:

1. la silla anaranjada
2. la mesilla blanca
3. la cómoda amarilla

To talk about prices, use:

● ¿Cuánto cuesta la mochila? *How much is the backpack?*

○ Cuesta treinta dólares. *It's costs thirty dollars.*

2.17 You are looking for some inexpensive furniture for your room. With a budget of $100 to spend, ask your partner how much two items would cost at the yard sale. Negotiate to get the price you want.

 E1: ¿Cuánto cuestan la silla blanca y el armario azul?

E2: Cuestan ciento cuarenta y tres dólares.

E1: Solo tengo cien dólares.

E2: Lo siento *(Sorry)*. / Está bien. Trato hecho *(It's a deal)*.

Para mí, *For me,*		fantástico. *fantastic.*
Para ti, *For you,*		genial. *great.*
Para usted, *For you (formal),*		fácil. *easy.*
Para él/ella, *For him/her,*	el español es	divertido. *fun.*
Para nosotros/as, *For us,*	*Spanish is*	interesante. *interesting.*
Para vosotros/as, *For you (pl., Spain),*		importante. *important.*
Para ustedes, *For you (all),*		aburrido. *boring.*
Para ellos/ellas, *For them,*		difícil. *difficult.*

En mi opinión, *In my opinion,...*
Pienso / Creo / Opino que... *I think / I believe / My opinion is that...*

» **Showing agreement and disagreement with someone's opinion:**

?	**✓**	**✗**
¿Y para ti?	Para mí, también. *For me too.*	Para mí, no. *Not for me.*
¿Verdad?	Sí, es verdad. *Yes, that's true.*	No, no es verdad. *No, that's not true.*
¿Qué crees?	Creo que sí. *I believe so.*	Creo que no. *I don't believe so.*

2.18 Complete the conversations according to the cues in parenthesis. Then listen to the audio to check your answers.

a. Mateo: Para mí, España es un país muy bonito. ¿Y para ti?
Belén: ... *(Show agreement)*

b. Jesús: Para mí, el fútbol americano es fantástico. ¿Y para ustedes?
María y Daniel: ... *(Show disagreement)*

c. Pedro: Para ti, el español es un idioma muy fácil, ¿verdad?
Jorge: ... *(Show agreement)*

2.19 Listen to María and Juan as they are interviewed about their preferences. Decide if they agree or disagree about the following. Check your answers with a partner. Then tell him/her if you agree or disagree with the statements.

	✓	✗
a. La gente de Estados Unidos es abierta.	☐	☐
b. El fútbol es un deporte divertido.	☐	☐
c. El inglés es una lengua difícil.	☐	☐
d. Una ciudad pequeña es aburrida.	☐	☐
e. Es interesante leer *(to read)* todos los días.	☐	☐

2.20 With a partner, takes turns asking about and selecting the best room for each of the following objects. Then come up with two more objects to ask the class.

> **Modelo:** E1: ¿Qué habitación es mejor para poner…
>
> E2: Yo creo que la mejor habitación es…
>
> E1: No, para mí es…

…un microondas?

…un televisor?

…una foto de tu familia?

…una silla mecedora?

…un espejo pequeño?

…un televisor pequeño?

2.21 In groups of three or four, take turns expressing your preferences and asking your partner for his/her opinion about the following topics: *el fútbol, la comida china, la música rap, la clase de Ciencias.*

> **Modelo:** E1: Para mí / Creo que / En mi opinión, el fútbol es un deporte muy divertido.
>
> E2: ¿Sí? Pues para mí, no. Mi deporte favorito es el béisbol.

PRONUNCIACIÓN

THE SOUNDS OF *H, LL* AND *Y*

2.1 Read about the sounds these letters make. Then with a partner, practice reading aloud the sentences next to the explanations.

Letter	Sounds like:	Examples
h	The letter **h** in Spanish is silent.	– ***H**ablo inglés.* – ***H**ola, amigos.* – *A**h**ora son las tres de la tarde.* – *La enfermera está en el **h**ospital.*
ll	When used together **ll** makes the sound of the **y** in **yet**.	– *¿Cómo te **ll**amas?* – *Esta es la **ll**ave (key) de mi casa.* – *Tengo una mesi**ll**a amari**ll**a.* – *Vivo en la ca**ll**e Vi**ll**anueva.*
y	The letter **y** in Spanish is similar to the sound of **ll** or the English **y** in **yet**. When it stands alone to mean **and** or when it comes at the end of a word, **y** is pronounced like **ee** in the English **see**.	– ***Y**olanda tiene treinta y dos años.* – *Hoy es el treinta **y** uno de mayo.* – *Maya **y y**o somos amigos.* – *Esto**y** bien, ¿**y** tú?*

¡EN VIVO!

Episodio 2

Unos muebles ho-rri-bles

ANTES DEL VIDEO

2.1 Take turns with a partner describing the items you see in your classroom. Do you know the words for all the objects you see? List the items you can identify in Spanish and the items you don't know how to say.

Palabras que conozco *(I know)*: ....

Palabras que no conozco: ....

2.2 Look at the images and write what you think happens in the episode based on what you see. Work with a partner and make your best guesses.

....
....
....

2.3 In Image 1, Juanjo is measuring furniture to make sure it fits in the room. Watch the segment and write the expression he uses as he measures the table.

 `00:50 - 01:21`

....

⚙ ESTRATEGIA

Focusing on intonation

Listening to the intonation people use when speaking helps you understand the type of message being conveyed. Listen for the rise and fall of their voices to help you recognize questions, surprise, or whether they are making a positive or negative comment. Observing the gestures people use helps to complete the message and overall comprehension.

DURANTE DEL VIDEO

2.4 Before watching the next segment, look at Image 2 and identify the words from the list that appear in the image.

☐ mesa   ☐ habitación   ☐ armario
☐ silla   ☐ cama   ☐ libro
☐ muebles   ☐ puerta   ☐ mesilla
☐ lámpara   ☐ televisión   ☐ espejo
☐ estantería   ☐ alfombra   ☐ sofá

2.5 Now watch the segment and identify all the words from the list above you hear mentioned.

`00:00 - 02:16`

2.6 Write the three expressions Juanjo and Alfonso use to express their opinions about the furniture.

`01:50 - 02:32`

Expresar opinión:

1. .... **2.** .... **3.** ....

2.7 Listen for the ways Alfonso asks Eli for her opinion. What does he say?

`04:22 - 05:08` Pedir opinión:

1. .... **2.** .... **3.** ....

2.8 With a partner, take turns measuring the following items in your classroom (plus one of your own choosing) and taking down the information. If you don't have a ruler, make up your own units of measure!

mesa • silla • puerta • libro • otro: ....

2.9 In the episode, the three character used the following adjectives to describe the furniture. Use these adjectives and write your own sentence to describe objects or people in your class. Pay attention to the correct forms for number and gender.

`01:30 - 04:15`

a. blanca ....
b. verde ....
c. azul ....
d. feos ....
e. elegantes ....
f. modernos ....

g. antiguo ....
h. baratos ....
i. de segunda mano ....
j. horribles ....
k. grande ....
l. pequeña ....

> **DESPUÉS**
> **DEL VIDEO**

2.10 How would you describe Juanjo and Alfonso's furniture? Write what you think about it and then share your opinion with a partner. Do you have similar descriptions?

....

GRAMÁTICA

1. GENDER, NUMBER AND AGREEMENT OF NOUNS AND ADJECTIVES

Exceptions:
el problema, **el** día,
el mapa, **el** diploma,
la mano, **la** radio…

NOUNS

» In Spanish, words that name a person, place or thing (nouns) are grouped into two genders: masculine and feminine. All nouns (both persons and objects) fall into one of these groups. Most nouns that end in –**o** are masculine, and most nouns that end in –**a** are feminine.

> **el** bolígraf**o** (masc.)   the pen
> **la** cámar**a** (fem.)   the camera

Tiene un diploma en la mano.

ADJECTIVES

» Adjectives are words that describe nouns. The adjective must agree in gender (masculine or feminine) and number (singular or plural) with the noun it modifies. Look at the chart below to see how adjectives change to show agreement with feminine nouns.

	Masculine	Feminine
Adjectives that end in –**o** change to –**a**	bonit**o**	bonit**a**
Adjectives that end in –**e**, no change	grand**e**	grand**e**
Adjectives that end in a consonant, no change	azu**l**	azu**l**
Nationalites that end in a consonant, add –**a**	españo**l**	españo**la**

PLURALS OF NOUNS AND ADJECTIVES

» Look at the chart below to see how plurals are formed for both nouns and adjectives.

	Noums	Adjectives
Words that end in a vowel, add –**s**	mes**a** / mes**as**	grand**e** / grand**es**
Words that end in a consonant, add –**es**[1]	acto**r** / acto**res**	azu**l** / azu**les**

[1] Words that end in a –**z**, change –**z** to –**ces**: *lápiz / lápices*.

AGREEMENT

» In Spanish, articles and adjectives must agree in number and gender with the nouns they modify.

Masculine	Feminine
el carr**o** nuev**o** y azul	la sill**a** nuev**a** y azul
los carr**os** nuev**os** y azul**es**	las sill**as** nuev**as** y azul**es**

2.1 Write the feminine forms of the following adjectives. Then with a partner, take turns describing the images. Use the adjectives from the list and others that you know.

Modelo: aburrido ▶ aburrida

La clase es aburrida.

a. horrible ▶ ....
d. verde ▶ ....
f. grande ▶ ....

b. divertido ▶ ....
e. guapo ▶ ....
g. difícil ▶ ....

c. pequeño ▶ ....

la clase

la ducha

el sofá

la comida

la habitación / la cama

la mujer

el perro / la silla

2.2 Complete the sentences according to the information in parenthesis and your own preferences. *¡Atención!* Make sure to show agreement with the adjectives provided. Then take turns sharing your opinions with a partner. Report back to the class the answers you have in common.

Expressing opinions:
Para mí / Para nosotros,
En mi opinión…
Creo que…

Modelo: (actor) Ryan Gosling es guapo.

a. (actriz) .... es guapa.

b. (animal) .... son pequeños.

c. (color de carro) .... son bonitos.

d. (nombre de un deporte) .... es divertido.

e. (clase) .... no es interesante.

f. (nacionalidad) La comida .... es mi favorita.

g. (cantante) .... es mi cantante favorita.

2. PRESENT TENSE OF REGULAR —AR VERBS

» Spanish has three groups of verbs which are characterized by the ending of the infinitive. The largest group of Spanish infinitives end in —**ar**. You will learn about the other two groups in Unidad 3. First look at the following infinitives in Spanish and their meaning in English.

Spanish Infinitive	English Infinitive	Spanish Infinitive	English Infinitive
bailar	to dance	estudiar	to study
caminar	to walk	hablar	to speak
cantar	to sing	mandar	to send
comprar	to buy	pasear	to go for a walk
descansar	to rest	trabajar	to work
escuchar	to listen to	viajar	to travel

» In Spanish, we use a formula to conjugate verbs, that is, to show who is doing the action. To form the present tense of verbs ending in —**ar**, drop the —**ar** ending from the infinitive, and add the appropriate ending as shown in the chart below.

Subject pronoums	Hablar	Endings for -ar verbs		
yo	habl	**—o**	habl**o**	*I speak*
tú	habl	**—as**	habl**as**	*you (informal) speak*
usted / él / ella	habl	**—a**	habl**a**	*you (formal) speak / he speaks / she speaks*
nosotros/as	habl	**—amos**	habl**amos**	*we speak*
vosotros/as	habl	**—áis**	habl**áis**	*you (plural, Spain) speak*
ustedes	habl	**—an**	habl**an**	*you (plural) speak*
ellos / ellas	habl	**—an**	habl**an**	*they speak*

2.3 Listen to the verb forms and choose the correct subject pronoun for each verb.

(28) **Modelo:** You hear: cantamos   You write: nosotros

a. .... c. .... e. .... g. ....

b. .... d. .... f. .... h. ....

2.4 Read the following text about Juana and underline all the —*ar* verbs. Then identify the infinitive form each verb comes from. Check your answers with a partner.

Esta muchacha se llama Juana, no es de aquí. Es española y estudia francés. Habla inglés muy bien. Toca la guitarra en un grupo y canta. También escucha todo tipo de música en su mp4. Su mejor amigo se llama Mario. Estudia en Madrid, pero viaja mucho. Ahora está en Ecuador. Ellos siempre pasean por el parque del Retiro los fines de semana y visitan otras ciudades.

2.5 Complete the following sentences to describe what you and others do using the correct form of the verb and one of the options in parenthesis (or use one of your own). Then share your answers with a partner. What do you have in common?

a. En casa, yo (hablar) .... (mucho / español / inglés /…).

b. Yo (escuchar) .... música en (mi mp4 / mi computadora / mi teléfono celular /…).

c. Mi amigo (llamarse) .... (Bart / Paco / Jack /…).

d. Él (estudiar) .... (Matemáticas / Español / Biología /…).

e. Mi amigo y yo (pasear) .... por (el parque / la ciudad / la calle /…).

f. Yo normalmente (preparar) .... la comida (para mi amigo / mi perro / para mí /…).

2.6 Answer the following questions about yourself. Then interview your classmates to find at least two others with the same answers as you. Call out *¡Alto el fuego!* when your chart is complete. Report back to the class to confirm your answers.

	Yo	Compañero/a 1	Compañero/a 2
a. ¿Estudias más en casa o en la biblioteca?			
b. Generalmente, ¿qué día estudias más?			
c. ¿Cantas en la ducha, en el carro, en el espejo o no cantas?			
d. ¿Hablas más por teléfono o mandas mensajes de texto?			
e. ¿Compras los libros de clase por Internet o en la librería?			

Use **más** after the verb to say you do something *more*.

3. VERB *ESTAR*

» The verb **estar** also ends in –**ar**, but it is considered irregular because it does not follow the same formula as regular –**ar** verbs. Look at the forms below.

ESTAR			
yo	estoy	nosotros/as	estamos
tú	estás	vosotros/as	estáis
usted/él/ella	está	ustedes/ellos/ellas	están

» The verb **estar** is used to express where someone or something is located.
Yo **estoy en** clase. *I'm in class.*　　　　Juan **está en** Barcelona. *Juan is in Barcelona.*

» It is also used to express how you and others are feeling.
¿Cómo estás? *How are you?*　　Estoy bien. *I'm fine.*　　Estoy contento. *I'm happy.*

» Here are some adjectives that describe how someone is feeling.
　　bien *well*　　　contento/a *happy*　　　enfermo/a *sick*
Hoy estoy muy **contento** porque empiezan las vacaciones. *I'm very happy today because it's the start of vacation.*
Maria está **enferma**. Tiene gripe. *Maria is sick. She has the flu.*

2.7 Match the people to the correct form of the verb *estar* to complete the sentences.

_e_ **1.** Alberto
_d_ **2.** Me llamo Dani y
_b_ **3.** Los estudiantes
_c_ **4.** Luisa y tú
_a_ **5.** Tú

a. estás contenta.
b. están en España.
c. están tristes.
d. estoy en Internet.
e. está en la biblioteca.

2.8 With a partner, take turns asking each other where the people in the photos are and how they are feeling. Use *Dónde está(n)* and *Cómo está(n)* in your questions. *¡Atención!* Be sure to use the correct form of the adjective when describing these people.

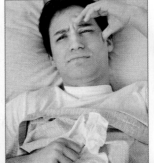

VIDEOCLASES
3 y 4

1. COMPRENSIÓN DE LECTURA

2.1 You are going to read about different types of rural and urban housing in Spain and Latin America. Match the names of the types of housing for each region with the correct image. Read the strategy below to improve reading and comprehension skills.

⚙ ESTRATEGIA

Guessing meaning from context
Use the context and accompanying visual clues to guess possible meanings of unfamiliar words. By focusing on what you understand you will often be able to figure out the meanings of new words in Spanish.

1. Los españoles viven en estos lugares *(places)*.
a. un chalé
b. casas adosadas
c. un estudio

2. Estos son algunos tipos de vivienda rural y urbana en Latinoamérica.
a. una hacienda
b. palafitos
c. condominios

2.2 Read more about these styles of homes and where they are typically located. As you read, underline the words and expressions used to describe the homes.

¿Pueblo o ciudad?

En España, mucha gente en las ciudades vive en pisos. En el centro, los pisos generalmente son antiguos. La gente joven prefiere vivir en el centro porque hay mucha vida nocturna. Normalmente viven en apartamentos o estudios. Para las familias es mejor vivir más lejos del centro, porque tienen más espacio y los pisos son más grandes.

Las ciudades tienen barrios *(neighborhoods)* en los que hay supermercados, parques, iglesias, un centro de salud *(health)*, tiendas y una vida muy animada. También tienen muchos medios de transporte como metro, autobuses y trenes.

En los pueblos españoles la gente vive en casas más grandes, chalés o adosados. Tienen tres o cuatro dormitorios, salón, comedor, cocina y patio. Pero los pueblos no tienen tantos servicios como las ciudades: medios de transporte, escuelas, centros de salud, etc.

Igual que en España, en Latinoamérica hay pisos o condominios en las ciudades, pero también hay casas muy originales. En Chile, Argentina, Venezuela, Panamá, Perú y Colombia hay palafitos al borde de los lagos *(lakes)*, las lagunas y los ríos tranquilos. Los palafitos son casas con pilares situados sobre el agua.

Otro tipo de casa es la hacienda, que es una vivienda y un lugar de trabajo. Es una gran extensión de terreno en el campo, que tiene una casa de estilo colonial con patio central y forma de "L" o "U", con jardines, establos y las casas de los trabajadores.

Y tú, ¿dónde vives?

2.3 Match the people to what they say about their homes. Then choose the type of housing each one lives in.

chalé • estudio • palafito • hacienda • piso o condominio

a
Mi apartamento está en el centro y es pequeño. Tengo todo en una habitación.

b
Descanso en mi jardín y no escucho ruido *(noise)* de la calle. Tengo mucho espacio y ¡mucha tranquilidad!

c
Tengo caballos en Argentina. Trabajo con ellos todo el día y a veces toda la noche también.

d
Mi casa de Colombia está en una de las lagunas del río Magdalena. Es una casa antigua pero muy original.

e
Mi familia y yo paseamos por las calles y compramos en las tiendas del barrio.

2. EXPRESIÓN ESCRITA

2.4 Choose one of the homes of the activity 2.1 and create an ad for it. Include its location, number of bedrooms and bathrooms, a description of the rooms and other pertinent information that will appeal to home buyers.

EN VENTA

La casa está en...............
Es ....
Tiene...............
También...............

⚙ ESTRATEGIA

Using models

Using models can guide you through the writing process. The information and expressions from **¿Pueblo o ciudad?** can serve as a model when you write your own description. Then think about what other information would be important to include in the ad.

3. INTERACCIÓN ORAL

2.5 Talk about your favorite room in the house. Describe the space, the furniture, and the colors of some of the objects. Talk about what you do there and why the room is your favorite.

⚙ ESTRATEGIA

Visualizing your topic

When speaking, it often helps to visualize what you are describing. Start by creating a plan of the room and label the furniture and colors. Then, think about what activities you do there and jot them down. Use the visual to guide you through the presentation.

SER JOVEN EN ESPAÑA

Unos amigos españoles charlan en una cafetería.

España comparte* el idioma y muchos aspectos culturales con los países de América Latina. También comparte historia y continente con los países de Europa. Pero, ¿cómo son los españoles? ¿Cómo viven?

LO MEJOR Y LO PEOR

Preguntamos a un grupo de muchachos entre 16 y 20 años: ¿Qué es lo mejor* de vivir en España? ¿Y qué es lo peor*? Todos respondieron que lo mejor es la gente, la vida social y la cultura. Sobre lo peor del país, todos coincidieron: "¡la economía!" exclamaron.

LA ECONOMÍA

La economía en España pasa por momentos difíciles. La crisis europea y mundial que comenzó en 2008, todavía afecta al país.

· Hay un fuerte desempleo (el 57.2% de jóvenes no tiene trabajo).
· Hay una crisis importante en el sector de la construcción.
· Tiene la mayor desigualdad* social de Europa.

«Muchos jóvenes con títulos universitarios nos tenemos que ir al extranjero*. Aquí no hay trabajo», dice Lucas González, de Valencia.

¿Cómo es la situación laboral en EE. UU.? ¿Es fácil encontrar trabajo?

LA GENTE

Como en muchos otros países con una historia rica y diversa, definir el carácter de la gente es una tarea* complicada. En el norte, por ejemplo, la gente tiene fama de* ser reservada y tranquila, en el sur, la gente tiende a ser abierta y algo más ruidosa*. También las personas que vienen del este, el oeste o el centro difieren en su personalidad. «Yo vivo en Londres, donde mucha gente piensa que los españoles somos ruidosos, alegres y que nos gustan la paella y el flamenco. Pero yo soy de Lugo, en el norte de España, donde somos muy tranquilos. Además, ¡allí no hay ni paella ni flamenco!», dice Silvia Castellón, una estudiante de Erasmus[1] en el Reino Unido.

Muchacho desempleado

Y en tu país, ¿hay varias formas de ser en distintas zonas geográficas? ¿Cómo es la gente donde tú vives?

¿VIDA SOCIAL O RED SOCIAL?

«España es un país de salir a la calle, de estar con los amigos, de charlar en los cafés. Ni Facebook ni Twitter pueden competir con eso», dice Carlos Esteban, un estudiante de segundo de Derecho* de Madrid.
«Yo sí tengo cuenta* en Facebook y la uso a diario. Cuelgo* mensajes o fotos. Pero para hablar prefiero estar con mis amigos», dice Marta González, de Valencia.
Según una reciente encuesta* del diario económico *Expansión*, los españoles prefieren Facebook, YouTube y Twitter para compartir mensajes o videos. Sin embargo, el 52% tiene cuenta en Facebook, en contraste con Suecia (92%), Islandia (97%) o Reino Unido (83%).
España es el séptimo país europeo en cuanto a* usuarios de Internet.

¿Cómo prefieres comunicarte con los amigos? ¿Piensas que las redes sociales sustituyen el contacto social? ¿Por qué?

Muchachos y muchachas en un barrio de tapas de Bilbao

LA CULTURA

A pesar de los recortes* de los últimos años, el cine, el teatro, la literatura y la música son las actividades favoritas de los jóvenes españoles. Según la Comisión Europea, España es uno de los seis países europeos con más participación cultural, por detrás de Suecia, Dinamarca, Holanda, Reino Unido y Francia.
Muchos escritores, directores de cine, arquitectos, diseñadores y pintores españoles tienen gran influencia en el mundo actualmente.

Y tú, ¿qué tipo de cultura consumes?

1. Erasmus: Programa que facilita* el intercambio de estudiantes en universidades europeas.

ANSWER THE FOLLOWING QUESTIONS

1. ¿Qué es lo mejor y lo peor de vivir en EE. UU.?
2. ¿Piensas que el porcentaje de usuarios de Facebook en EE. UU. es alto o bajo? Busca* en Internet para saber el resultado.
3. ¿Cuáles son tus actividades culturales favoritas?
4. ¿Qué iconos culturales estadounidenses piensas que han tenido influencia en el mundo?

La Gran Vía, una avenida importante de Madrid

GLOSARIO

busca – search
comparte – shares
cuelgo – (I) post
la cuenta – account
Derecho – law
la desigualdad – social inequality
en cuanto a – in terms of
la encuesta – survey
el extranjero – abroad
facilita – provides
lo mejor – the best thing
lo peor – the worse thing
los recortes – cutbacks
ruidoso – noisy
la tarea – task
tener fama de – to be known as

Fuentes: Facebook, Internet World Stats, *El País*, Nielsen online, *The Wall Street Journal*, *Público*, Eurostat, abc, Erasmus Programme, y entrevistas.

VOCES LATINAS
Vivir en España

EN RESUMEN

Situación

Encuentra el apartamento ideal
You are looking for an apartment to rent and
a housemate that shares your interests.

LEARNING OUTCOMES

ACTION

Talk about your home

2.1 You have found the following posting that interests you. Call a friend and describe the features of the apartment to him/her.

APARTAMENTO AMUEBLADO

- Salón, balcón
- Cocina (totalmente equipada)
- 2 habitaciones con armario
- Baño (ducha)

En Colonia, El Rosario, Zona 3, Cerca de las Universidades
Renta incluye: Energía Eléctrica, Cable y WIFI

Inf.: 7958691

Describe people, places, and things

2.2 After looking at the apartment, you realize it still needs some items, especially for your room. Prepare a list of the things you need to buy, for what rooms, and the colors you prefer.

Modelo: Para mi habitación, necesito...

Talk about activities

2.3 Your apartment is now fully furnished, but you have spent more money than you expected. You decide to look for a housemate and want someone with similar interests. Post an ad on the campus website describing what kinds of activities you usually do. Use the *Modelo* as a starting point.

Modelo: Busco compañero/a de apartamento para compartir la renta. Soy una persona muy activa...

Express opinions and preferences

2.4 Interview two possible housemates. Ask them about what they do, what their favorite things are and react to what they say with your own opinions and preferences.

Say where you and others are

2.5 Finally, you are all set. Write an email to your friend and tell him/her about your apartment and where it's located. Then write about your housemate, where he/she is now and what you do together.

● ● ●	Mensaje nuevo

Querido/a...

Hola, ¿cómo estás? Tengo un nuevo apartamento. ....

....

Saludos,

....

LISTA DE VOCABULARIO

Los lugares Places

la calle street
el centro downtown
la ciudad city
el edificio building
la escuela school
el parque park
el pueblo town

Los deportes Sports

el baloncesto / el básquetbol basketball
el béisbol baseball
el fútbol soccer
el fútbol americano football
el golf golf
el tenis tennis
el vóleibol volleyball

Las asignaturas School subjects

Arte art
Biología biology
Ciencias science
Computación computer science
Economía economics
Español Spanish
Física physics
Historia history
Informática computer science
Literatura literature
Matemáticas math
Música music

La comida Food

la carne meat
la fruta fruit
el pan bread
el pescado fish
el pollo chicken
la verdura vegetables

Descripciones Descriptions

aburrido/a boring
bonito/a beautiful, pretty

difícil difficult
divertido/a funny
fácil easy
fantástico/a fantastic
favorito/a favorite
genial great
grande big
guapo/a handsome / pretty
importante important
interesante interesting
pequeño/a small

Los colores Colors

amarillo yellow
anaranjado / naranja orange
azul blue
blanco white
gris grey
marrón brown
negro black
rojo red
verde green

La casa y los muebles
House and furniture

el armario closet
la bañera bathtub
la cama bed
la cocina kitchen
la cómoda chest of drawers
el cuarto de baño bathroom
el dormitorio bedroom
la ducha shower
el espejo mirror
la estantería shelf
la estufa stove
la foto (fotografía) photo
la habitación room
el horno oven
el lavabo sink
la mesa table
la mesilla bedside table
el microondas microwave
el sofá sofa
el salón living room

Verbos Verbs

amar to love
bailar to dance
caminar to walk
cantar to sing
comprar to buy
descansar to rest
escuchar to listen
estar to be
estar bien to be fine
estar contento/a to be happy
estar enfermo/a to be sick
estar triste to be sad
estudiar to study
hablar to speak
mandar to send
pasear to stroll, to walk around
trabajar to work
viajar to travel

Interrogativos Questions words

cómo how
cuál which one
cuánto how much
cuántos how many
de dónde from where
dónde where
por qué why
qué what

Palabras y expresiones útiles
Useful words and expressions

la cámara camera
el gato cat
la mascota pet
el perro dog

Creo que… I believe that…
¿Cuánto cuesta? How much does it cost?
En mi opinión… In my opinion…
Lo siento. I'm sorry.
Para mí, ti, él… For me, you, him,…
Pienso que… I think that…

3

MI FAMILIA

Hablamos de	Vocabulario y comunicación	¡En vivo!	Gramática	Destrezas	Sabor latino	En resumen
• Una familia mexicana	• **La familia:** Describing personality traits and physical conditions • **La ropa:** Describing physical characteristics **Pronunciación** • The sounds of **c** and **s**	• **Episodio 3 La chica más guapa del mundo:** Making inferences from non-verbal clues	• Present tense of –*er* and –*ir* verbs • Possessive adjectives • Demonstrative adjectives	• **La Nochebuena** – **Comprensión de lectura:** Identifying descriptive words – **Expresión escrita:** Making a chart – **Interacción oral:** Creating a graphic organizer	• **México** **Tradiciones familiares**	• **Situación:** Encuentra a la persona de tus sueños • Vocabulario

- ¿Cuántas personas hay en estas familias?
- ¿Dónde está cada una de ellas?
- ¿Qué hacen?
- ¿Quién es la persona favorita de tu familia?
- ¿Qué haces normalmente con él o ella?
- ¿Te identificas con alguna de estas familias? ¿Con cuál?

LEARNING OUTCOMES

By the end of this unit you will be able to:

- Describe family members
- Describe physical characteristics
- Describe personality traits and physical conditions
- Ask and say what people are like
- Express possession
- Talk about clothes and everyday activities

3.1 _____ Look at the image of Ramón and his family. Then select the sentences that are true based on what you see or can infer.

a. ☐ Esta es la familia de Ramón.

b. ☐ Hay diez personas en la foto.

c. ☐ La abuela de Ramón tiene el pelo blanco.

d. ☐ El señor con la camisa azul es el padre.

e. ☐ El abuelo tiene un perro negro en brazos.

f. ☐ El sobrino de Ramón tiene menos de cinco años. Es un bebé. Es pequeño.

g. ☐ Hoy celebran el cumpleaños de la madre.

h. ☐ Todos están tristes.

3.2 _____ Ramón is showing his friend María a cell phone picture of his family. Follow along as you listen to the conversation. Then choose the correct option in the sentences below.

Ramón: Mira, María, mi familia el día del cumpleaños de mi madre.

María: ¿Esta es tu madre?

Ramón: Sí, y ese hombre es mi padre. Es moreno, igual que todos nosotros. Mis abuelos ahora tienen el pelo blanco.

María: Sí, es verdad. Tu padre es muy alto, ¿no?

Ramón: Sí, y es muy simpático. Siempre está contento.

María: ¿Tu hermana es esta que tiene el pelo largo?

Ramón: Sí, tiene dos hijos. Este es Jorge y tiene tres años. El bebé se llama Roberto pero no está en la foto.

María: ¡Jorge es precioso! ¿Y cómo se llama el perro?

Ramón: Se llama Dante. Siempre tiene hambre. Bueno, y tú, ¿cuántos hermanos tienes?

María: No tengo hermanos. Soy hija única.

a. ☐ La madre de Ramón es **rubia** / **morena**.

b. ☐ El padre de Ramón es **bajo** / **alto**.

c. ☐ El padre de Ramón es **simpático** / **antipático**.

d. ☐ El abuelo de Ramón tiene el pelo **blanco** / **largo**.

e. ☐ La hermana de Ramón es la **madre** / **hermana** de Jorge.

f. ☐ María **tiene un hermano mayor** / **no tiene hermanos**.

3.3 Look at the pictures and read the descriptions for the people in Ramón's family. Then choose the correct option in the sentences below.

 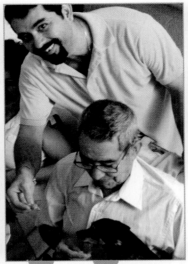 

Mi madre es morena y tiene el pelo rizado. Lleva una blusa blanca. Es muy divertida.

Mi padre es alto y tiene barba. Lleva una camisa azul.

Mi abuelo es delgado y tiene el pelo blanco. Lleva una camisa blanca y lentes.

Mi abuela tiene el pelo blanco y un poco rizado. Es mayor.

Mi hermana es pelirroja.

Mi sobrino Roberto es muy joven. Tiene el pelo corto y rizado.

a. Mi abuela **lleva / es** una blusa blanca.

b. Mi hermana es **morena / pelirroja** y tiene el pelo **rizado / liso**.

c. Mi padre no **es / lleva** lentes.

d. Mi abuelo tiene setenta y cinco años. Es **mayor / joven**.

e. Mi madre es **divertido / divertida**.

3.4 Work with a partner and take turns describing any three members of your family using the expressions above.

> **Modelo:** Mi madre es alta y tiene el pelo largo. Tiene cuarenta y cinco años. Es joven.

APUNTES: La familia mexicana

✓ En una comida familiar es normal ver a mucha gente: los abuelos, los tíos, los papás, los primos, los hijos, los nietos...

✓ En México, muchos hogares (homes) son familiares (90,5%) y el 97,3% de los mexicanos vive en familia.

✓ El 70,9% del núcleo de una familia mexicana moderna está formado por los papás y los hijos.

1.A VOCABULARIO: LA FAMILIA

3.1 Look at the image of Ramón's family. Follow along as you listen to the description of who everyone is. *¡Atención!* Not all the members of Ramón's family appear in this picture. Then with a partner, take turns asking and answering the questions.

Vocabulario adicional

medio hermano / hermana *half-brother / half-sister*
madrastra / padrastro *stepmother / stepfather*

papá = padre
mamá = madre
esposo = marido
esposa = mujer

La familia de Ramón es muy grande. Su **papá** se llama Víctor Martínez y su **mamá**, Carmen Serrano. Víctor y Carmen son **esposo** y **esposa**. Tienen dos **hijos**: Ramón tiene 20 años y su **hermana** Leticia tiene 30 años. Pablo es el esposo de Leticia y tienen dos hijos: Jorge tiene 3 años y Roberto, solo 3 meses.
Jorge y Roberto son los **nietos** de Víctor y Carmen, y los **sobrinos** de Ramón. Daniela es la **hermana** de Víctor y la **tía** de Leticia y Ramón. Daniela tiene un hijo mayor que se llama Antonio. Es el **primo** de Leticia y Ramón. Antonio no está casado y no tiene hijos.

a. ¿Cómo se llama el padre de Jorge y Roberto? ....

b. ¿Cómo se llama el tío de Jorge y Roberto? ....

c. ¿Quiénes no tienen hijos? ....

d. ¿Cómo se llaman los abuelos de Jorge y Roberto? ....

e. ¿Qué miembros de la familia no aparecen en la imagen? ....

3.2 Look at the family tree of another Mexican family. Complete the tree with the names of the missing family members using the clues provided. Then check your answers with a partner.

Pistas: Juan y María tienen tres hijos, Victoria, Pedro y Laura. Los hijos de Aníbal se llaman Marcos y Andrea. Matilde es prima de Marcos y Andrea. Marcos y Andrea tienen dos tías, Amalia y Laura.

> **Modelo:** E1: ¿Quién es la esposa de Juan?
> E2: Es…

3.3 Take turns asking your partner about the members of his/her family.

> **Modelo:** E1: ¿Tienes hermanos?   E1: ¿Cómo se llama?
> E2: Sí, tengo un hermano.   E2: Mi hermano se llama Jeff.

To ask about someone's family:
- ¿Tienes hermanos (abuelos, tíos…)?
- ¿Cuántos hermanos (abuelos, tíos…) tienes?

3.4 Sketch out a family tree similar to the one in Activity 3.2, leaving the names blank. Then in groups of three, share more information about your extended family including aunts and uncles, cousins, etc. As you talk about your family, the members in your group will create your family tree.

3.5 Give a definition in Spanish describing family relationships. Your partners will identify the relative you are referring to.

SER	TENER
soy	tengo
eres	tienes
es	tiene
somos	tenemos
sois	tenéis
son	tienen

» Use the verb **ser** to describe a person's characteristics.

Nuria es inteligente. Nuria is intelligent.

Marta es una muchacha muy amable. Marta is a very nice girl.

» Use **tener** to describe a person's physical condition.

Nicolás tiene calor. Nicolás is warm.

Here is a list of adjectives and expressions that describe personality traits and physical conditions:

Ser...

abierto/a *outgoing*	inteligente *intelligent*
aburrido/a *boring*	maleducado/a *rude*
amable *polite*	simpático/a *likeable*
antipático/a *disagreeable*	tímido/a *shy*
divertido/a *fun*	trabajador/a *hard-working*
hablador/a *talkative*	vago/a *lazy*

Tener...

hambre *to be hungry*
sed *to be thirsty*
calor *to be warm*
frío *to be cold*
sueño *to be sleepy*

 If you are describing a characteristic that may be perceived as negative, use **un poco** before the adjective.

*Es muy inteligente pero es **un poco** tímido.* He's very intelligent, but he's a little shy.

3.6 With a partner, select the appropriate adjective for each image from the options given. Can you guess what the new words mean? *¡Atención!* Adjective pairs are presented as opposites.

a. simpático
b. antipático

a. aburrida
b. interesante

a. tranquilo
b. nervioso

a. sincero
b. mentiroso

a. abierta
b. tímida

a. vaga
b. trabajadora

a. ignorante
b. inteligente

a. tacaño
b. generoso

3.7 Describe to your partner two positive aspects of your personality and a negative one. Use the *Modelo* as a guide.

Yo soy muy abierto y simpático, pero un poco nervioso.

Pues yo soy inteligente y trabajadora, pero un poco tacaña.

3.8 Listen to the conversations and fill in the missing words.

31

a. **Luis:** ¿Cómo es tu amiga Marta?
   Nuria: Es un poco .... Siempre tiene ....
   Luis: ¿Estudia mucho?
   Nuria: Bueno, sí, es muy ....

b. **Alberto:** El profesor de Ciencias es muy ....
   Luis: Sí, es verdad, y también es muy .... en clase.

c. **Juanjo:** Mi madre es divertida, ..., inteligente...
   Carlos: ¿No tiene defectos?
   Juanjo: Bueno, sí, es un poco ....

d. **Rosa:** ¿Cómo es tu ....?
   Miguel: Es muy .... pero es .... vago.
   Rosa: ¿Qué hace?
   Miguel: Por ejemplo, cuando tiene .... bebe agua del lavabo para no caminar a la cocina.

3.9 Practice the conversations with a partner. Then create similar conversations to talk about your own family and friends.

3.10 Marina loves to blog about clothes and what to wear. Match the sentences to the articles of clothing Marina recommends for different activities and occasions.

1. unas botas
2. unos jeans corte recto
3. un cárdigan y bufanda gris
4. una blusa rosa y falda gris
5. unos tenis

6. una camiseta roja y pantalones de entrenamiento
7. unas sandalias
8. una blusa verde, unos jeans corte skinny y unas balerinas
9. un vestido anaranjado
10. unos zapatos de tacón alto

3.11 Review the items in Martín's closet. Then with a partner select what Martín should wear for each of the situations listed below.

Para ir a clase	Para visitar a la familia de su novia	Para estar en casa

3.12 Think about what you would wear to an interview for an internship you are seeking. Then in groups of three, describe your outfit to the group. Each member will draw what you describe and identify the type of internship based on the clothing you describe. Compare drawings to see whose was most accurate. Give feedback to correct the other drawings.

SER	TENER
soy	**tengo**
eres	**tie**nes
es	**tie**ne
somos	tenemos
sois	tenéis
son	**tie**nen

LLEVAR *to wear*
llevo
llevas
lleva
llevamos
lleváis
llevan

Es...
moreno/a
rubio/a
pelirrojo/a
castaño/a
- Mi prima es rubia.

» Use the verb **ser** to describe a person's physical characteristics.
   *Isabel **es** guapa.* *Isabel is attractive.*

» Use the verb **tener** or **llevar** to describe a person's features or what he/she is wearing.
   *Él **tiene** los ojos azules.* *He has blue eyes.*
   ***Lleva** jeans todos los días.* *He wears jeans every day.*
   ***Lleva** el pelo corto.* *He wears his hair short. / He has short hair.*

Here are some ways to answer the question, **¿Cómo es?**

Es...	**Tiene los ojos** (eyes)**...**	**Tiene / Lleva el pelo** (hair)**...**
alto/a *tall*	azules *blue*	castaño *light brown*
bajo/a *short*	claros *light*	corto *short*
calvo *bald*	grandes *big*	largo *long*
delgado/a *thin*	marrones *brown*	liso *straight*
feo/a *unattractive*	negros *black*	moreno *dark brown*
fuerte *strong*	oscuros *dark*	pelirrojo *red*
gordo/a *overweight*	pequeños *little*	rizado *curly*
grande *big*	verdes *green*	rubio *blond*
guapo/a *attractive*	**Lleva...**	**Lleva...**
joven *young*	bigote *mustache*	una camisa blanca *a white shirt*
mayor *old*	barba *beard*	un vestido rosa *a pink dress*
pequeño/a *small*	gafas, lentes *glasses*	una chaqueta roja *a red jacket*

3.13 The following people have posted profiles online to meet new friends. Complete their profiles with the words from the list.

largo • claros • moreno • baja • bigote • pelirrojo
barba • liso • delgada • castaño • corto • tímida

La web de amigos

Hola a todos, soy Mark. Soy (a) .... y llevo el pelo muy (b) .... Soy alto, llevo (c) .... y tengo los ojos azules. Soy simpático y divertido.

Hola, me llamo Antonia: soy alta y (d) ...., tengo los ojos (e) .... Soy rubia y tengo el pelo (f) ....y rizado. Soy un poco (g) ....

Soy Jorge, tengo 25 años. Soy (h) ...., tengo el pelo corto, llevo barba y (i) .... Soy muy hablador.

Me llamo Marta, tengo el pelo (j) .... y (k) .... Soy un poco (l) .... Tengo 20 años y estudio arte.

3.14 Write a similar profile about one of your classmates to post on *La web de amigos*. Include physical and personality traits and what he/she will be wearing at the social *La web de amigos* is hosting on Saturday. Then, in groups of three, read aloud the profile without disclosing the person's name. Your classmates will guess who the person is.

3.15 In your group, discuss online profiles and exchange opinions using the following questions as a guide.

- ¿Qué piensas de los perfiles en línea?
- ¿Son auténticos? ¿Son exagerados?
- ¿Qué es más importante para ti, la foto o la información?
- ¿Tienes un perfil en línea? ¿Cómo es?
- ¿Qué información tienes en tu perfil?

Expressing opinions:
Para mí,...
Pienso que...
Creo que...
En mi opinión...

PRONUNCIACIÓN

THE SOUNDS OF *C* AND *S*

3.1 Listen to the pronunciation of the following words.

El sonido /k/	El sonido /s/
c + a ▶ **ca**lvo	c + e ▶ **ce**ro
c + o ▶ **co**rto	c + i ▶ **ci**nco
c + u ▶ **cu**rso	z + a ▶ ri**za**do
qu + e ▶ pe**que**ño	z + o ▶ **zo**rro
qu + i ▶ tran**qui**lo	z + u ▶ **zu**rdo

3.2 Read the following syllables aloud to your partner.

za-	que-	cu-	qui-	ca-
co-	ce-	zo-	ci-	zu-

3.3 Write the words you hear under the corresponding image.

....

....

....

....

....

....

La chica más guapa del mundo

ANTES DEL VIDEO

3.1 With a partner, look at the scenes from the episode and make your best guesses about what is happening. Then indicate which descriptions match each image.

a. Es la tía de Eli y Sebastián el día de su graduación.
b. Es el hermano de Eli.
c. Es Felipe, el amigo de Sebas.
d. Tiene el pelo negro, corto y muy rizado.
e. Lleva lentes y el pelo largo.
f. Está en una foto con el hermano pequeño de Eli.
g. Es el padre de Eli.
h. Para ellas, es una situación divertida.

i. Tiene el pelo muy corto, es guapo, simpático y un poco tímido.
j. Es alta, delgada y tiene el pelo largo y liso.
k. Llama a su amigo para hablar de Lorena.
l. Pregunta cómo es y qué ropa lleva.
m. Es la madre de Eli.
n. Está con Eli y la madre de Eli.

Imagen 1:................................. Imagen 3:................................. Imagen 5:.................................
Imagen 2:................................. Imagen 4:................................. Imagen 6:.................................

⚙ ESTRATEGIA

Making inferences from non-verbal clues
While listening to the conversations and watching the action, one can make inferences about the personality and/or the attitude of the person talking based on gestures, tone of voice, and eye contact. A speaker's body language can convey a message as well.

DURANTE DEL VIDEO

3.2 Watch the following scene from the episode and select de correct option.

00:30 - 02:46

a. Lorena visita a Eli para **hablar sobre su familia** / **ayudarle a elegir ropa**.
b. El apartamento de Lorena es **pequeño y bonito** / **grande y moderno**.
c. Lorena pregunta quiénes son las personas que están **en las fotos** / **en la casa**.
d. En las fotos están **sus padres y su hermano** / **sus padres, su tía y su hermano**.
e. **Sebas** / **Eli** está en una foto con su padre.
f. Las muchachas hablan de una foto de la graduación de su **prima** / **tía**.

3.3 Watch the following scene and answer the questions.

02:46 - 04:15

a. ¿Qué tipo de ropa prefiere Lorena para la primera cita?
b. ¿Cómo es la primera falda que muestra Eli?

c. ¿Cuántos vestidos saca Eli del armario?
d. ¿Qué tipo de calzado *(footwear)* prefiere Eli para combinar con el vestido?

3.4 Choose the statement that best describes the scene.

04:15 - 05:17

a. El hermano de Eli quiere tomar una foto de las muchachas para su amigo y las muchachas no quieren. También, su amigo pregunta si Eli tiene novio.

b. El hermano de Eli habla con su amigo de la amiga de su hermana. También, su amigo quiere saber si Lorena tiene novio.

c. El hermano de Eli llama a su amigo para hablar de una fiesta y presentarle a Lorena.

3.5 Before you watch the last scene of the episode, choose the ending you think is most likely to occur. Then watch the episode. Did you guess correctly?

a. El hermano de Eli no pregunta a Lorena si tiene novio porque es muy tímido y Lorena no tiene interés porque es muy joven.

b. El hermano de Eli le pregunta si tiene novio y Lorena le responde que sí y que está muy contenta con él.

c. El hermano de Eli le pregunta si tiene novio, Lorena no responde pero piensa que Sebas es un muchacho simpático.

3.6 With a partner, describe the physical characteristics of Eli, Lorena, Sebastián and Felipe and what each one is wearing in the episode.

3.7 What aspects of the episode do you identify with? Check the ones that apply and then share them with your group. Which one of you has the most in common with Eli?

	Sí	No
a. Mis amigos y yo hablamos de la ropa.	☐	☐
b. Hay muchas fotos de mi familia en mi casa.	☐	☐
c. Mi hermano es un poco tímido. / Mi hermana es un poco tímida.	☐	☐
d. Mi padre es calvo.	☐	☐
e. Mi madre lleva lentes.	☐	☐
f. El amigo de mi hermano es maleducado. / La amiga de mi hermana es maleducada.	☐	☐
g. Tengo un hermano pequeño que es simpático. / Tengo una hermana pequeña que es simpática.	☐	☐
h. Mi hermano / Mi hermana entra en mi cuarto sin *(without)* permiso.	☐	☐

DESPUÉS DEL VIDEO

GRAMÁTICA

1. PRESENT TENSE OF –*ER* AND –*IR* VERBS

» You have already learned the forms of verbs in Spanish end in –**ar**. There are two other groups of regular verbs, whose infinitives end in –**er** and –**ir**. To create the present tense forms of –**er** and –**ir** verbs, drop the endings from the infinitives, then add the verb endings as shown in the chart. Do –**er** and –**ir** verbs share the same endings?

COMER (to eat)			
yo	com**o**	nosotros/as	com**emos**
tú	com**es**	vosotros/as	com**éis**
usted/él/ella	com**e**	ustedes/ellos/ellas	com**en**

VIVIR (to live)			
yo	viv**o**	nosotros/as	viv**imos**
tú	viv**es**	vosotros/as	viv**ís**
usted/él/ella	viv**e**	ustedes/ellos/ellas	viv**en**

Yo **como** con mi familia. *I eat with my family.*
Mi familia **vive** en Buenos Aires. *My family lives in Buenos Aires.*

» Here are some useful –**er** and –**ir** verbs:

-ER		-IR	
aprender	*to learn*	abrir	*to open*
beber	*to drink*	asistir	*to attend*
leer	*to read*	discutir	*to argue*
ver	*to see*	escribir	*to write*
responder	*to answer*	recibir	*to receive*
creer	*to think*	subir	*to upload (to go up)*

» **Ver** is irregular in the *yo* form only:

VER	
veo	vemos
ves	veis
ve	ven

3.1 _____ Read the following text and fill in the blanks with the correct form of the verbs.

Enrique y Marta son hermanos, (a) .... (vivir) juntos, pero son muy diferentes. Él siempre (b) .... (comer) pasta y ella ensaladas. Él (c) .... (beber) café y ella té. Los dos (d) .... (leer) novelas, pero él (e) .... (leer) novelas de aventuras y ella novelas de amor.
Marta (f) .... (aprender) italiano y Enrique, inglés. Los amigos de Enrique y Marta siempre (g) .... (escribir) correos electrónicos para comunicarse con ellos. Marta (h) .... (abrir) los correos todos los días, pero Enrique no. Son diferentes, pero nunca (i) .... (discutir).

3.2 Think about you and your family and complete the following sentences with the correct form of the verbs adding a logical ending.

    a. Mi familia y yo (vivir) ....

    b. Normalmente yo (comer) ....

    c. Mi prima Julia (vivir) ....

    d. En un restaurante, nosotros (comer) ....

3.3 With your partner, take turns asking each other when you do the following activities. Respond with additional information about when or where you do them or why you don't.

> Modelo: subir fotos a los medios sociales
>
>   E1: ¿Subes fotos a los medios sociales?
>
>   E2: Sí, subo fotos a Facebook, ¿y tú?
>
>   E1: Yo no. Soy un poco vago.

    a. **comer** con tus amigos

    b. **asistir** a clase

    c. **ver** la televisión

    d. **leer** entradas en Facebook

    e. **recibir** mensajes de texto

¿Tomas autofotos cuando estás aburrido?

Other terms commonly used:
medios sociales = redes sociales
autofoto = *selfie*

2. POSSESSIVE ADJECTIVES

» Possessive adjectives tell you *whose* object or person is being referred to (*my car, his book, her mother*, etc.). In Spanish, possessive adjectives agree in number with the nouns that follow them. Here are the possessive adjectives in Spanish:

	Singular		Plural	
	Masculine	**Feminine**	**Masculine**	**Feminine**
my	**mi** carro	**mi** casa	**mis** carros	**mis** casas
your	**tu** carro	**tu** casa	**tus** carros	**tus** casas
his/her/your (for.)	**su** carro	**su** casa	**sus** carros	**sus** casas
our	**nuestro** carro	**nuestra** casa	**nuestros** carros	**nuestras** casas
your (pl., Spain)	**vuestro** carro	**vuestra** casa	**vuestros** carros	**vuestras** casas
their/your (pl.)	**su** carro	**su** casa	**sus** carros	**sus** casas

Mi teléfono es muy moderno. *My phone is very modern.*
Marisa tiene dos gatos. **Sus** gatos son negros. *Marisa has two cats. Her cats are black.*

» Possessive adjectives must agree in number (singular/plural) with the noun they modify. In addition to agreeing in number, **nuestro** and **vuestro** must also agree in gender.
Nuestr**o** tí**o** es divertido. *Our uncle is fun.*
Nuestr**a** tí**a** es rubia. *Our aunt is blond.*

3.4 Choose the correct option in each sentence. Then match the sentence to the person whose family is being described. Compare your answers with a partner.

	¿De quién?

1. **Mi / Nuestras / Tu** hermanas son amigas.
2. **Su / Sus / Nuestro** padres están contentos.
3. **Mi / Tu / Tus** abuelos son muy mayores.
4. Sr. Isidro, ¿Cómo es **tus / sus / su** familia? ¿Grande o pequeña?
5. **Mis / Nuestros / Tu** amigas son muy simpáticas.
6. **Mi / Nuestros / Su** primos estudian en México.

a. yo
b. nosotros/nosotras
c. tú y yo
d. él/ella/ellos/ellas
e. usted
f. tú

3.5 Underline the possessive adjectives in the following text. Then write a paragraph about your own family. Include a couple of sentences that are not true.

Tengo dos hermanos: Daniel y Ana. Nuestros padres se llaman Javier y Marisa. Vivimos en Valparaíso. Nuestro padre es alto y delgado, y nuestra madre es rubia. Mi hermano Daniel tiene 24 años y mi hermana Ana tiene 22. Ana es muy inteligente y alegre. Daniel es muy divertido y un poco vago. La hermana de mi padre tiene dos hijos gemelos. Está muy cansada porque sus hijos son pequeños. ¿Cómo es tu familia?

Tengo...

3.6 With a partner, take turns reading the paragraph you wrote about your family from the previous activity. Your partner should guess which of the sentences are false. When he/she guesses it, tell him/her the truth.

3. DEMONSTRATIVE ADJECTIVES

» Demonstrative adjectives point out people and objects and indicate how far away these people or objects are from the speaker. For example, for people or objects that are:

1. close to the speaker, use: **este**;
2. at an intermediate distance or between the speaker and the listener, use: **ese**;
3. far away from both, use: **aquel**.

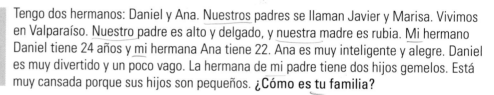

Location of speaker	Singular		Plural		
	Masculine	**Feminine**	**Masculine**	**Feminine**	
aquí *here*	este	esta	estos	estas	*this, these*
ahí *there*	ese	esa	esos	esas	*that, those*
allí *over there*	aquel	aquella	aquellos	aquellas	*that (over there), those (over there)*

» As with other adjectives, demonstratives agree in gender and number with the nouns that follow.
   este *zapato* this shoe / **estos** *zapatos* these shoes
» These forms can also be used as pronouns, but must still agree in number and gender with the noun(s) they are replacing.

Este es mi amigo Manuel. Es muy simpático.

Ese es mi profesor. Es muy divertido.

Aquellos son mis amigos. Son muy atléticos.

3.7 Change the sentences from singular to plural or vice versa.

    a. Esa mujer está muy nerviosa. ....

    b. Estos estudiantes son un poco habladores. ....

    c. Aquel hombre tiene los ojos azules. ....

    d. Aquellas señoras son muy jóvenes. ....

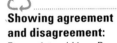

3.8 Take turns asking each other about your favorite people and things. Then, react to your partner's answer and explain whether or not you agree.

Showing agreement and disagreement:
Para mí, también ≠ Para mí, no.
Sí, es verdad. ≠ No, no es verdad.

    Modelo: Tu tienda favorita.

        E1: ¿Cuál es tu tienda favorita?

        E2: Para mí es Target. ¿Y para ti?

        E1: Para mí, también. Esa tienda tiene ropa bonita. / Para mí, no. Esa tienda tiene ropa horrible.

    a. Tu restaurante favorito.   **d.** Tu color favorito.

    b. Tu actriz favorita.   **e.** Tu ciudad favorita.

    c. Tu película favorita.   **f.** Tu programa de televisión favorito.

3.9 With a partner, take turns creating sentences for what the people in the images might say. Use demonstrative adjectives.

    Modelo: Creo que estos lentes son muy bonitos para mí.

VIDEOCLASES
5 y 6

DESTREZAS

1. COMPRENSIÓN DE LECTURA

3.1 With a partner, take turns asking each other the following questions.

a. ¿Cómo es tu familia?

b. ¿Cuántas personas hay en tu familia?

c. ¿Cómo se llaman?

d. ¿Se reúnen con frecuencia?

e. ¿Qué fiestas celebras con tu familia?

3.2 Read the following text about a Mexican family getting together to celebrate a traditional Christmas Eve en Oaxaca, Mexico.

⚙ ESTRATEGIA

Identifying descriptive words

While reading, focus on the words used to describe this family. Then underline those that refer to personality traits and circle those that refer to a physical aspect.

La Nochebuena

Todos los años el mismo problema. Mi madre no sabe cómo organizar a la familia en la mesa. En total, somos nueve. Siempre es un desastre porque todos somos muy diferentes.

La abuela Julia es muy nerviosa y habladora. Lleva siempre ropa muy oscura. Odia *(hate)* los teléfonos celulares y el pelo largo en los hombres. El tío Vicente, con corbata y traje negros, es muy pesimista y habla muy poco. Su mujer, Guadalupe, siempre habla por el celular. La prima Marta es muy alegre pero bastante supersticiosa. Es actriz. Lleva pantalones y vestidos de muchos colores.

Mi hermana Sara es muy tranquila e inteligente pero un poco tímida, siempre con sus jeans viejos y una playera donde está escrito: "Prohibido hablar por el celular, gracias". Óscar, el novio de Sara, lleva el pelo largo y rizado. No habla mucho.

Mi padre es muy hablador, optimista y sociable, pero sus ojos no soportan los colores claros ni los muy oscuros. La pobre mamá, que es muy buena, no sabe qué hacer ni dónde sentarnos para evitar conflictos.

3.3 Describe the following people with the information presented in the reading.

a. la abuela Julia

b. el tío Vicente

c. Sara

d. Óscar

e. la prima Marta

f. papá

g. mamá

h. la tía Guadalupe

3.4 With a partner, arrange the seating chart below for this family's dinner using the information you have learned about them.

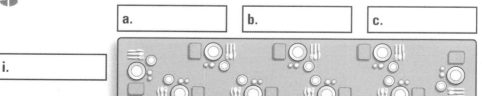

3.5 Tell the class about your own family celebration or tradition.

 Modelo: En mi familia, nosotros...

2. EXPRESIÓN ESCRITA

3.6 ____ Think about your own family and choose two members you would like to write about.

⚙ **ESTRATEGIA**

Making a chart
Make a chart showing information about the family members you have chosen.
This will help you write your description.

Categoría	Detalles
nombre	....
relación	....
descripción física	....
descripción de carácter	....
ropa que lleva normalmente	....
estado físico	....

3.7 ____ Write a description of this person using the notes you prepared.

(Modelo:) Este/Esta es mi...

3.8 ____ Take turns reading parts of your description to a partner without saying
who the person is. Your partner will try to guess the relationship based
on what you say.

(Modelo:) E1: Julia es muy nerviosa y habladora. Tiene el pelo blanco y lleva
siempre ropa muy oscura. Es bastante tradicional y no usa su
teléfono celular. ¿Quién es Julia?

E2: ¿Es tu abuela?

E1: No.

E2: ¿Es tu tía?

E1: Sí, es la hermana de mi abuela, es mi tía abuela.

3. INTERACCIÓN ORAL

3.9 ____ Prepare a talk to present to the class about you and your family. Describe the physical traits
and characteristics you share with members of your family and say who you are most like.
Talk about what you do with your family and which member is your favorite.

⚙ **ESTRATEGIA**

**To say you are like
someone else, use:**

- Soy más como mi
  abuelo. *(most like)*
- Soy igual que mi
  abuelo. *(the same as)*

(Modelo:) Soy más
como mi abuelo porque
los dos somos...

Creating a graphic organizer
Divide the topic into sections and create a web to organize your content. Use visual aids,
such as photos, to help your audience grasp the main points.

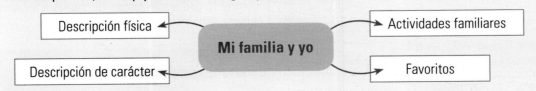

Descripción física → **Mi familia y yo** → Actividades familiares

Descripción de carácter ← **Mi familia y yo** → Favoritos

Celebración del Día de Muertos

Una familia mexicana se divierte con los videojuegos.

TRADICIONES FAMILIARES

Para los mexicanos, la familia es lo más importante. Además de aprender valores* y compartir* la vida diaria, las familias mexicanas celebran varios días especiales cada año. ¡Descúbrelos!

El Día de la Madre es una de las fiestas más respetadas.

QUÉ DICEN LOS MEXICANOS

El 98,6% de los mexicanos piensa que la familia es lo más importante, según una encuesta de 2014. Más aún: el 43% cree que «tener una familia unida» es la base para tener éxito* en la vida. Los valores, dicen, se aprenden en casa, y los más importantes son la solidaridad, la amistad, el respeto, la responsabilidad, la tolerancia y la libertad.

> ¿Compartes los mismos valores que los mexicanos? ¿Cuáles son los más importantes para ti?

EL DÍA MÁS CELEBRADO

La madre es el centro de la familia mexicana. Tan es así*, que los insultos más fuertes en este país consisten en decir algo negativo sobre la madre.

El Día de la Madre es la fiesta familiar más importante, y por eso, es un día feriado y no se trabaja en muchas oficinas. Se celebra desde 1922, cada 10 de mayo. Es tradicional reunirse a compartir la comida en un restaurante y regalar rosas a la mujer de la casa.

> Y en tu país, ¿cuándo y cómo se celebra el Día de la Madre? ¿Es también allí la fiesta familiar más importante?

LAS POSADAS

Nueve días antes de la Navidad, los mexicanos celebran Las Posadas, una fiesta popular que consiste en recordar el nacimiento* de Jesús. Es habitual celebrarla en familia, encontrarse con los vecinos* del barrio, cantar villancicos* y colgar piñatas hechas de barro y papel.

> Y tú, ¿conoces a tus vecinos? ¿Qué actividades o eventos compartes con ellos?

Dulces típicos del Día de Muertos

UNA TRADICIÓN DORADA

«**C**uando mi hermana se casó*, su novio le entregó las arras», dice Ric Segundo, un estudiante de la Universidad Autónoma de México. «Fue un momento especial, porque son un símbolo de la confianza entre los novios».
Las arras son 13 monedas de oro* que suelen pasar de generación en generación dentro de una familia. Esta tradición es muy antigua: ya existía en la antigua Roma y hoy está presente en las bodas católicas mexicanas. Las 13 monedas representan la abundancia en los 12 meses del año, más un mes en el que la riqueza* es compartida con los pobres.

Las arras son una tradición en las bodas.

¿Qué tradición curiosa se celebra en las bodas norteamericanas?

LOS ANTEPASADOS , PRESENTES

En México, la familia no solo está formada por quienes están presentes. Los antepasados, los familiares que han muerto, también tienen su lugar en la casa y las prácticas domésticas.
El Día de Muertos se celebra el 31 de octubre, y 1 y 2 de noviembre, y es una ocasión para recordar y rendir homenaje* a los seres queridos* que ya no están. Normalmente, las familias preparan un altar en casa con los objetos y los platos favoritos del difunto*. También es habitual visitar el cementerio y llevar flores a las tumbas. Otro aspecto de esta celebración son los dulces especiales que se comen, como un pan llamado «pan de muerto» y las calaveras* de azúcar.

¿Cómo se recuerda en EE. UU. a los seres queridos que ya no están? ¿Te resulta interesante la tradición del Día de Muertos? ¿Por qué?

ANSWER THE FOLLOWING QUESTIONS

a ¿Piensas que la familia es lo más importante? ¿Qué otras cosas son importantes para ti?

b Según los mexicanos, la familia es la base para tener éxito. ¿Y para ti?

c Mucha gente piensa que el Día de la Madre es una fiesta demasiado comercial. ¿Estás de acuerdo? ¿Por qué?

d ¿Qué fiesta similar al Día de Muertos hay en EE. UU.? ¿Cuál es su origen?

GLOSARIO

el antepasado	– ancestor
la calavera	– skull
compartir	– to share
el difunto	– deceased
el homenaje	– tribute
las monedas de oro	– gold coins
el nacimiento	– birth
la riqueza	– wealth
se casó	– (she) got married
los seres queridos	– loved ones
tan es así	– so much so
tener éxito	– to be successful
los valores	– values
los vecinos	– neighbors
los villancicos	– Christmas carols

VOCES LATINAS

Mi fiesta favorita

Fuentes: Consejo de la Comunicación del gobierno mexicano, *Diario de Yucatán*, Televisa.

EN RESUMEN

Situación

Encuentra a la persona de tus sueños
You just registered on Match.com and want to find the person of your dreams.

LEARNING OUTCOMES

ACTION

Describe physical characteristics and personality traits

3.1 Write a brief description of yourself including your physical characteristics and your personality traits.

> Mi nombre es...   Soy...

Ask and say what people are like

3.2 From all the people that have responded, one caught your attention. Call your best friend and describe this person to her/him.

Describe family members, express possession and talk about everyday activities

3.3 Your special person wrote back and asked you about your family and your interests. This person wants to know more about you before you two meet in person. Write to this person and explain what are your favorite things to do, and what is your family is like.

Adjuntar archivos	Adjuntar fotos	Enviar ☐ Responder
Escribe un comentario:		

Talk about clothes and talk about everyday activities

3.4 Your special person and you are going to meet tonight for the first time. Call your best friend and ask her/him for advice about what to wear, what to talk about, etc. Your partner will ask you questions about what you know of him/her so far. Use the following questions as a guide: *¿Cómo es? ¿De dónde es? ¿Cuántos años tiene? ¿Estudia o trabaja? ¿Qué llevo? ¿Por qué? ¿De qué hablo?*

> **Modelo:** E1: Tengo una cita con... y estoy nervioso/a.

LISTA DE VOCABULARIO

La familia Family

la abuela grandmother
el abuelo grandfather
el esposo husband
la esposa wife
la hermana sister
el hermano brother
los hermanos siblings
la hija daughter
el hijo son
los hijos children
la madrastra stepmother
la madre mother
la medio hermana half sister
el medio hermano half brother
la nieta granddaughter
el nieto grandson
el padrastro stepfather
el padre father
los padres parents
el/la primo/a cousin
la sobrina niece
el sobrino nephew
la tía aunt
el tío uncle

Verbos Verbs

abrir to open
aprender to learn
asistir to attend
beber to drink
comer to eat
discutir to argue
escribir to write
leer to read
llevar to wear
tener to have

tener… años to be… years old
tener calor to be warm
tener frío to be cold
tener hambre to be hungry
tener sed to be thirsty
tener sueño to be sleepy
ver to see
vivir to live

La ropa Clothes

el abrigo coat
la bota boot
la bufanda scarf
el calcetín sock
la camisa shirt
la camiseta t-shirt
la chaqueta jacket
el cinturón belt
la corbata tie
la falda skirt
la gorra baseball cap
el suéter sweater
los pantalones dress pants
la ropa interior underwear
las sandalias sandals
los tenis sneakers
el traje suit
los jeans jeans
el vestido dress
los zapatos de tacón high-heeled shoes

Las descripciones Descriptions

abierto/a outgoing
aburrido/a boring
amable polite
antipático/a disagreeable
alto/a tall

azules blue
bajo/a short
barba beard
bigote mustache
calvo bald
castaño/a light brown
claros light
corto short
delgado/a thin
divertido/a fun
feo/a unattractive
fuerte strong
gafas glasses
gordo/a overweight
grandes big
guapo/a attractive
hablador/a talkative
inteligente intelligent
joven young
largo long
liso straight
maleducado/a rude
mayor old
marrones brown
moreno/a dark brown
negros black
oscuros dark
pelirrojo/a red hair
pequeña small
pequeños little
rizado curly
rubio/a blonde
simpático/a likeable
tímido/a shy
trabajador/a hard-working
vago/a lazy
verdes green

EL DÍA A DÍA

Hablamos de	Vocabulario y comunicación	¡En vivo!	Gramática	Destrezas	Sabor Latino	En resumen
• Los planes	• **Los días de la semana:** Asking and giving the time • **Las profesiones:** Talking about everyday activities **Pronunciación** • The sound of **b** and **v**	• **Episodio 4 Problemas de horarios:** Observing details	• Stem-changing verbs *e → ie*, *o → ue*, and *e → i* • Verbs *hacer* and *salir* • Reflexive verbs	• **Los hispanos y su día a día** – **Comprensión de lectura:** Focusing on specific information – **Expresión escrita:** Collaborating with others – **Interacción oral:** Creating an activity chart	• **Argentina** Vivir en Argentina	• **Situación:** Crea un horario y administra el tiempo • Vocabulario

- ¿Dónde están estas personas?
- ¿Es por la mañana o por la noche?
- ¿Están tristes o contentos?
- Y tú, ¿estás más contento por la noche o por la mañana?

LEARNING OUTCOMES

By the end of this unit you will be able to:

- Ask and give the day and time
- Describe daily routines and everyday activities
- Talk about professions
- Make plans

Los planes

4.1 Look at the image below of friends making plans. Then choose the text that best describes the image.

Texto a
En la fotografía puedes ver a dos muchachos, uno rubio y otro moreno, y a dos muchachas morenas. Una de las muchachas lleva un vestido corto. La otra muchacha lleva unos tenis rojos.

Texto b
En la fotografía aparecen dos muchachas y dos muchachos. Los dos muchachos llevan camisetas y pantalones largos. El muchacho rubio lleva sandalias.

Texto c
La fotografía representa a unos amigos. Las dos muchachas llevan falda. El muchacho de la camiseta azul lleva barba. El otro muchacho lleva lentes.

4.2 Listen to the conversation. Then write the name of the person described in each of the statements below.

Daniel: ¿Qué les parece si hacemos un poco de deporte?
Lucía: Yo tengo mucho sueño. Me levanto todos los días a las 7 de la mañana.
Andrés: Yo no puedo ir. Los miércoles trabajo por la noche en la biblioteca y me acuesto muy tarde.
Candela: ¿A qué hora?
Andrés: A las 2 de la mañana. No es fácil, pero mi clase los jueves empieza a las 11.
Candela: Yo, en cambio, me despierto a las 9 y llego siempre tarde a clase.
Daniel: Muchachos... Parecemos cuatro abuelos. Mi abuelo, que es médico, trabaja todo el día y no se queja como ustedes.
Candela: Es verdad. Mi madre es profesora y siempre encuentra tiempo para hacer deporte.
Daniel: Entonces, ¿por qué no quedamos mañana?
Lucía: Está bien, no me quejo más. ¿Quedamos a las 4?
Daniel: Bárbaro. ¿Dónde quedamos?
Candela: Podemos quedar en la puerta de la residencia.
Andrés: Chévere. Entonces... quedamos a las 4 en la puerta.

a. Es médico. ....
b. Se despierta siempre muy temprano...........
c. Trabaja todos los miércoles.....................

d. Su clase empieza a las once...................
e. Es profesora ....
f. Llega tarde a clase...............................

4.3 Listen again to the conversation and focus on the use of the following two verbs that may look similar but have different meanings. Match each one to its correct meaning.

1. quejarse
2. quedar

a. used to set up a time or place for meeting up with friends
b. used to say that you can do something
c. means to complain

4.4 Match the image to the correct description. Then with a partner, write a description for the images that are not used.

Las partes del día:

la mañana   el mediodía

la tarde

la medianoche

la noche

In countries like Chile, Venezuela and Ecuador, *la tarde* begins at 12:01 p.m.

1. ☐ Se levanta a las seis en punto.
2. ☐ Estudia en la biblioteca hasta las dos.
3. ☐ Queda con amigos a las dos y media de la tarde.
4. ☐ Hace deporte a las cinco.
5. ☐ Mira la televisión a las ocho.
6. ☐ Se acuesta a las diez y diez.

Unas actividades:
 – caminar a
 – estudiar
 – comer
 – hablar con
 – descansar
 – pasear por
 – escuchar
 – ver la televisión

4.5 With a partner, take turns asking each other what you do at the following times.

Modelo: E1: ¿Qué haces a las 10 de la mañana?   E2: Estudio en la biblioteca.

a. 9 de la mañana   **b.** 12 de la tarde   **c.** 4 de la tarde   **d.** 9 de la noche

APUNTES: ¿Qué prefieren hacer algunos jóvenes argentinos en su tiempo libre?

✓ El 40% de las personas dedica entre 1 y 3 horas diarias al tiempo libre, según una encuesta realizada por la Universidad Argentina de la Empresa.

✓ El 40% prefiere pasar ese tiempo en familia. Solo el 10% dice mirar televisión.

✓ Las mujeres dedican más tiempo diario al ocio que los hombres.

✓ Los hombres muestran mayor preferencia que las mujeres a hacer deporte o mirar televisión.

✓ Los más jóvenes prefieren hacer salidas sociales o dedicar el tiempo libre a sus hobbies.

✓ Después de los 45 años y, en especial, de los 60 años, el tiempo dedicado al ocio aumenta.

Fuente: Observatorio de Opinión Pública del Instituto de Ciencias Sociales de la Universidad Argentina de la Empresa (UADE)

VOCABULARIO Y COMUNICACIÓN

1.A VOCABULARIO: LOS DÍAS DE LA SEMANA

4.1 Listen to the days of the week. What differences do you find?

marzo						
lunes	martes	miércoles	jueves	viernes	sábado	domingo
1	2	3	4	5	6	7
8	9	10	11	12	13	14
15	16	17	18	19	20	21
22	23	24	25	26	27	28
29	30	31				

» Most calendars in Spanish begin with Monday, not Sunday.

» The days of the week, like the months, are written in lower-case.

» Use the definite article, **el**, before the days of the week to say *on Monday, on Tuesday...*
  Mi cumpleaños es **el lunes**. *My birthday is on Monday.*

» In the plural, the days of the week express the idea of doing something regularly.
  Tengo clase de música **los sábados**. *I have music lessons on Saturdays.*

» The definite article, **el**, is not used when stating what day of the week it is.
  Hoy es **domingo**. *Today is Sunday.*

» Use el fin de semana to express weekend in Spanish.
  Los fines de semana estudio en casa. *On weekends, I study at home.*

4.2 Using the calendar above, practice saying a date to your partner. He/She will respond with the day of the week.

Modelo: E1: ¿Qué día de la semana es el 4 de marzo?   E2: Es jueves.

4.3 Read the conversation between Olga and her friend, Iván. Then complete the chart below with Ivan's activities.

Iván, ¿cuándo estudias español?

Los martes y los jueves por la mañana.

¿Cuándo ves televisión?

Normalmente los sábados por la tarde.

¿Cuándo navegas por Internet?

Por la tarde, todos los días.

¿Cuándo tienes clase de baile?

Por la tarde, los lunes y miércoles.

navegar por Internet • estudiar español • tener clase de baile • ver televisión

	L	M	X	J	V	S	D
9:00 - 2:00							
3:00 - 11:00							

In some Spanish calendars, **X** replaces **M** as the abbreviation for **miércoles**. Why do you think this is?

4.4 With a partner, ask each other where you are at the following days and times during the week.

> **Modelo:** E1: ¿Dónde estás los lunes a las 8 de la mañana?
>
> E2: Estoy en casa.

a. los viernes a las 4 de la tarde

b. los sábados a las 10 de la mañana

c. los jueves a las 11 de la mañana

d. los domingos por la mañana

e. los sábados por la noche

f. los martes a las 12 de la tarde

4.5 With a partner, answer the following questions. Then tell your partner when you do these things.

> **Modelo:** Estudio español los martes antes de clase, ¿y tú?

a. ¿Cuándo estudias español?

b. ¿Cuándo navegas por Internet?

c. ¿Cuándo ves televisión?

d. ¿Cuándo tienes clase de baile / música / zumba / *spinning*...?

4.6 Read the following conversation that takes place during a campus visit. Then with a partner, complete the chart with the expressions in boldface according to their use.

Guía: Hola a todos, gracias por venir a conocer nuestra universidad. Comenzamos en el centro del campus. Aquí tenemos la mayoría de los servicios: la cafetería, las tiendas, el banco, la secretaría universitaria y la biblioteca.

Alberto: ¿Y qué más hay?

Guía: Bueno, también hay un banco que abre **de lunes a viernes de ocho y cuarto de la mañana a dos de la tarde** y **los jueves por la tarde** en horario **de cuatro y media a ocho menos cuarto**. Está la cafetería, que abre **de lunes a domingo, desde las siete de la mañana hasta las once de la noche**. Y también tenemos un cine.

Inés: ¿Y **qué días** hay películas?

Guía: Solo **los viernes por la noche**.

Alberto: ¿La biblioteca dónde está? **¿Qué horario tiene?**

Guía: Es ese edificio blanco; abre **de lunes a viernes de ocho y cuarto de la mañana a doce de la noche** y **los sábados por la mañana**. Bueno, vamos a visitar la residencia universitaria...

Preguntar sobre horarios	Partes del día	Espacio de tiempo

4.7 With a partner, complete the schedule for the following buildings on your campus. Then compare your schedule with another pair. Did you have similar times?

	Días de la semana	Horarios	Parte del día
la biblioteca	de .... a	de .... a	de .... a ....
la cafetería			
la clínica			
las oficinas del decano			

The 24-hour clock is used for schedules and official timekeeping in most Spanish-speaking countries.

Son las 22h.

Es

la una.

la una **y** cinco.

la una **menos** veinte.

Son

After the hour

las tres (**en punto**).

las dos **y** cinco.

las dos **y cuarto**.

las dos **y media**.

Before the next hour

las tres **menos** veinticinco.

las tres **menos** cuarto.

las tres **menos** cinco.

» To ask the time, use:
- ¿**Qué hora es**?
- **Es la** una y cuarto. / **Son las** cinco.

» To ask at what time an activity takes place, use:
- ¿A qué hora cenas?
- A las siete.

4.8 Indicate the times shown on the digital clocks below.

4.9 Listen to the conversations and fill in the missing words.

 (36)

a.
Sara: ¿A qué .... te levantas?
Javier: Me levanto a las siete ....
Sara: Es muy pronto, ¿no?

b.
Jesús: ¿Quieres ir al cine Patio esta ....?
Marta: Sí, genial. ¿A qué hora quedamos?
Jorge: Quedamos a las ocho y .... en la puerta del cine.

c.
Cristina: ¿A qué hora quedamos?
Begoña: A .... una .... veinte.
Cristina: Vale.

4.10 With a partner, make plans to do some sightseeing in Buenos Aires. Prepare a conversation similar to the ones above and present it to the class. *¡Atención!* You must agree on a day and time to meet using the information in the guide.

(Modelo:) E1: ¿Quieres ir al Planetario Galileo Galilei el martes?

E2: Chévere. ¿A qué hora quedamos?

Planetario Galileo Galilei
Proyecciones:
MARTES A VIERNES: 13 y 16 hs.
SÁBADOS Y DOMINGOS: 14; 17.30 Y 18.30 hs.

ATENCIÓN 7 y 8 de noviembre Planetario cerrado al público

Museo de Arte Latinoamericano de Buenos Aires (MALBA)
Horario:
Jueves a lunes y feriados: 12:00 a 20:00
Martes: cerrado
Miércoles: 12:00 a 21:00

Teatro Colón
Horario de funciones:
De miércoles a viernes a las 20:30.
Sábados a las 18:00 y 20:00.
Domingos a las 14:30.

2.A VOCABULARIO: LAS PROFESIONES

4.11 Fill in the blanks under each image with the appropriate profession from the list. *¡Atención!* Remember to use the correct form of the noun to show agreement with the person in the image. Then listen to the audio to check your answers.

mesero/a • bombero/a • enfermero/a • profesor/a • médico/a • cocinero/a
mecánico/a • veterinario/a • programador/a

a ....

b ....

c ....

d ....

e ....

f ....

g ....

h ....

i ....

4.12 With a partner, guess at the words for the following professions in Spanish. Use the Modelo as a guide. What conclusions can you draw about the forms of these professions?

Modelo: tenis ▶ el/la tenista

fútbol ▶ .... piano ▶ ....

diente ▶ .... flor ▶ ....

taxi ▶ .... arte ▶ ....

4.13 Talk to your partner about the professions of people you know and the professions you are considering for the future.

Modelo: Mi hermano es bombero. Yo quiero ser…

4.14 Match the following professionals to their workplace. Then with a partner, take turns asking each other the questions to check your answers.

¿Dónde trabajan...?

a. los bomberos   **c.** los meseros   **e.** los veterinarios   **g.** los recepcionistas

b. los médicos   **d.** los cocineros   **f.** los actores / las actrices   **h.** los programadores

Trabajan *(work)* en...

① ☐ el hotel

② ☐ la cocina

③ ☐ el hospital

④ ☐ la clínica veterinaria

⑤ ☐ el departamento de bomberos

⑥ ☐ el teatro, el cine

⑦ ☐ la oficina

⑧ ☐ el restaurante

computadora = ordenador (España)
carro = coche (España)
mesero/a = camarero/a (España)

4.15 Look at the following list of activities that people have to do as part of their jobs. Then take turns with a partner asking each other who has to do each activity.

a. apagar fuegos *(fires)*

b. contestar el teléfono

c. cuidar *(care for)* a los enfermos / a los animales

d. crear programas en la computadora

e. hacer películas *(movies)*

f. servir cafés, refrescos…

g. preparar comidas

h. dar clases

Modelo: E1: ¿Quién tiene que apagar fuegos?

E2: El bombero o la bombera.

» Use the expression ***tener*** + ***que*** + **infinitive** to talk about the things you and others have to do.

Tengo que hacer deporte. *I have to play sports.*
Tienes que trabajar. *You have to work.*
Tenemos que estudiar. *We have to study.*

 Note that only the verb **tener** is conjugated.

4.16 Choose two of the following professions and role play with a partner. Take turns asking each other about your jobs. Use the following questions.

Modelo: E1: ¿A qué te dedicas?
E2: Soy médica.
E1: ¿Dónde trabajas?
E2: Trabajo en el hospital.
E1: ¿Qué tienes que hacer?
E2: Tengo que cuidar a los enfermos.

 ¿A qué te dedicas? / ¿En qué trabajas? / ¿Qué haces? *(job-related)*

4.17 Create an identity for one of the people above and complete his/her information card below. Include any interesting information about the person's life. Be creative.

Nombre ▶ ....
Apellidos ▶ ....
Edad ▶ ....
Nacionalidad ▶ ....
Ciudad de residencia ▶ ....

Profesión ▶ ....
Lugar de trabajo ▶ ....
Idioma ▶ ....
Más información ▶ ....

Asking personal information:
- **¿Cómo** te llamas?
- **¿En qué** trabajas?
- **¿Cuántos** años tienes?
- **¿De dónde** eres?
- **¿Dónde** vives?
- **¿Qué** lenguas hablas?
- **¿A qué** te dedicas?

4.18 Take turns interviewing your partner to discover his/her new identity. What did you learn? Write a brief summary about the person.

Todos los días... *Everyday...*

...me levanto a las ocho. *...I get up at eight o'clock.*

...desayuno. *...I have breakfast.*

...almuerzo en casa. *...I have lunch at home.*

...ceno con mis padres. *...I have dinner with my parents.*

Por la mañana... *In the morning...*

...me ducho antes de desayunar. *...I shower before having breakfast.*

...hago la cama. *...I make my bed.*

...estudio en la universidad. *...I study at school.*

Por la tarde... *In the afternoon...*

...hago deporte. *...I play sports.*

...hago la tarea. *...I do my homework.*

Por la noche... *At night...*

...ceno. *...I have dinner.*

...me acuesto tarde. *...I go to bed late.*

Use **por** or **en** to give an approximate time.

- **Por** la mañana.
  (Sometime) In the morning.
- **En** la mañana.

4.19 Look at what Jorge does most days. Then, match the actions to the correct images.

1. ☐ Cena con sus padres.
2. ☐ Se levanta pronto.
3. ☐ Hace deporte.
4. ☐ Se acuesta a las 10:00 de la noche.
5. ☐ Se viste.
6. ☐ Estudia en la universidad.

4.20 Listen to Jordi Labanda, a well-known Spanish illustrator, talk about a typical day for him. Indicate during what part of the day he does the following things.

	Por la mañana	Por la tarde	Por la noche
a. Escucha música.	☐	☐	☐
b. Hace sus dibujos en su estudio.	☐	☐	☐
c. Tiene reunión de trabajo.	☐	☐	☐
d. Almuerza muy tarde.	☐	☐	☐
e. Se acuesta.	☐	☐	☐
f. Desayuna y empieza a trabajar.	☐	☐	☐
g. Lee un poco.	☐	☐	☐
h. Cena en casa.	☐	☐	☐

4.21 Take turns asking each other about Jordi's day and check your answers to Activity 4.20. Remember to use *cuándo* to ask when.

4.22 Answer the following questions about yourself. Then, tell your partner what is typical for you.

a. ¿Qué haces por la mañana?

b. ¿Haces deporte todos los días?

c. ¿Dónde estudias, en casa, en la biblioteca…?

d. ¿Dónde almuerzas, en casa, en la universidad…?

e. ¿Con quién cenas, con tus padres, con tus amigos…?

PRONUNCIACIÓN

THE SOUNDS OF *B* AND *V*

4.1 Listen to the following words and repeat after the speaker.

a. **Ba**rcelona, sa**be**r, **bi**blioteca, **bo**lígrafo, **bu**eno.

b. **Va**lencia, **ve**inte, **vi**vir, **vo**sotros, **vu**estro.

In Spanish, the letters **b** and **v** have the same sound, as the **b** in *boy*.

4.2 Fill in the blanks with *b* or *v* to complete the spelling of these words you already know. Then practice saying them aloud with a partner.

a. be........er

b. vi........ir

c. e........aluación

d. escri........es

e. vol........emos

f. ....iblioteca

g. ha........lar

h. ....einte

i. ....ien

j. ....erde

4.3 Look at Daniel's after-school activities. Fill in the blanks with *b* or *v* to complete his schedule.

L	– Ir a clases de ....aile.
	– ....er mi serie de tele........isión fa........orita.
M	– Lle........ar al perro al ....eterinario.
	– Estudiar ....iología por la noche.
X	– Partido de ....aloncesto.
	– Escri........ir un correo a Tomás.
J	– Tra......ajar unas horas en la ......i.....lioteca.
	– Ir al cine con Ja........ier.
V	– Jugar al fút........ol.
	– Na........egar por Internet.

Problemas de horarios

ANTES
DEL VIDEO

4.1 In small groups, share and discuss your answers to the following questions.

a. ¿Cuáles son tus horarios de clase?

b. ¿A qué hora empiezas las clases todos los días?

c. ¿Crees que es muy pronto?

d. ¿Tienes las tardes libres o tienes alguna actividad o tarea?

e. ¿Cuántas tardes libres tienes a la semana?

f. ¿A qué hora se levanta tu familia?

g. ¿Practicas algún deporte? ¿Qué días de la semana y a qué hora?

4.2 Look at the images and select the best option according to what you think is going to occur.

a. La casa está bastante **ordenada / desordenada**.

b. Los muchachos están muy **contentos / un poco enfadados**.

c. Los muchachos tienen **unos papeles en las manos / sus celulares en las manos**.

d. Están **en su casa / en la cafetería de la universidad**.

e. Lo que leen es algo **muy agradable / muy aburrido**.

DURANTE
DEL VIDEO

4.3 Watch the entire episode and indicate the correct option for each of the characters.

Actividades de Juanjo

1. Empieza las clases…

a. todos los días a las 10:00.

b. los lunes, martes y jueves a las 10:00.

c. los lunes, miércoles y viernes a las 10:00.

2. Los miércoles y viernes…

a. se levanta a las 7:00.

b. se levanta a las 10:00.

c. se levanta a las 8:00.

3. Los martes por la tarde…

a. estudia.

b. juega al futbol.

c. va al gimnasio.

4. Queda con los amigos…

a. los sábados.

b. los lunes por la tarde.

c. los miércoles por la noche.

Actividades de Alfonso

1. Tiene clases…

a. de lunes a viernes a las 9:00.

b. de lunes a viernes a las 8:30.

c. de lunes a viernes a las 8:00.

2. Todos los días se levanta…

a. a las 7:00 de la mañana.

b. a las 8:00 de la mañana.

c. a las 7:30 de la mañana.

3. Por las tardes…

a. trabaja para ayudar a sus padres.

b. va al gimnasio.

c. estudia y hace las tareas.

4.4 Watch the episode again and fill in the missing words.

a. La madre de Juanjo es .... y trabaja en un hospital.

b. El padre de Alfonso es ....

c. El padre de Alfonso se despierta a las ....

d. La madre de Juanjo se levanta a las ....

4.5 Take another look at the images and match the sentences below to the appropriate image.

⚙ **ESTRATEGIA**

Observing details
Improve comprehension by observing the surroundings and other accompanying details of a scene. Watch the episode with the volume off and focus on the details you might otherwise miss. The details you observe will help you to understand the situation and the context in which it unfolds.

a. Juanjo lee los horarios de clase.

b. Alfonso se ríe porque Juanjo juega al "Mario Kart".

c. Juanjo le da un lápiz a Alfonso.

d. Hay una maleta encima de la cama.

e. Se ve una mesilla blanca.

f. Los muchachos leen sus horarios de clase.

4.6 Indicate what is true for you. Then share your responses with a partner. Which of you helps out more? Which one has the busier schedule?

a. Hago algunas tareas de la casa.

b. Algunas veces hago la compra.

c. Hago la cama todos los días.

d. Ayudo a mi familia en las tareas diarias.

e. Los horarios de clase son horribles.

f. Algunos días a la semana hago deporte.

4.7 Answer the questions and exchange opinions with a partner.

a. ¿Crees que los muchachos tienen realmente unos horarios horribles?

b. ¿Crees que los jóvenes actualmente tienen demasiadas obligaciones?

c. ¿Qué es más importante, tu vida académica y/o profesional o tu vida personal y tus aficiones?

DESPUÉS DEL VIDEO

GRAMÁTICA

1. STEM-CHANGING VERBS E ▶ IE, O ▶ UE, AND E ▶ I

» In Spanish, some verbs have an irregular stem in the present tense. The vowel in the last syllable of the stem changes from e ▶ ie, o ▶ ue, and e ▶ i in all forms except **nosotros/as** and **vosotros/as**. Look at the verb charts below to see examples of these types of verbs.

» **E ▶ IE.** The –e– in **empezar** changes to –ie– in all forms but **nosotros/as** and **vosotros/as**.

EMPEZAR (to start, beging)		
yo emp**ie**zo	nosotros/as	empezamos
tú emp**ie**zas	vosotros/as	empezáis
él emp**ie**za	ustedes/ellos/ellas	emp**ie**zan

Mis clases **empiezan** a las 8.
My classes start at 8.
¿A qué hora **empiezas** la tarea?
What time do you begin your homework?

» Other verbs that stem change from e ▶ ie:

cerrar *to close* — La tienda **cierra** a las 10. *The store closes at 10.*
entender *to understand* — Ustedes **entienden** español. *You (all) understand Spanish.*
pensar *to think* — Yo **pienso** que es verdad. *I think it's true.*
preferir *to prefer* — Tú **prefieres** el color azul. *You prefer the color blue.*
querer *to want (to do something)* — Los estudiantes **quieren** descansar. *The students want to rest.*

» **O ▶ UE.** The –o– in **volver** changes to –ue– in all forms but **nosotros/as** and **vosotros/as**.

VOLVER (to return)		
yo v**ue**lvo	nosotros/as	volvemos
tú v**ue**lves	vosotros/as	volvéis
él v**ue**lve	ustedes/ellos/ellas	v**ue**lven

Yo **vuelvo** a casa a las 4.
I return home at 4.
Mi padre **vuelve** a casa a las 6.
My father returns home at 6.

» Other verbs that stem change from o ▶ ue:

almorzar *to have lunch* — Yo **almuerzo** a las 12. *I have lunch at 12.*
dormir *to sleep* — Los estudiantes **duermen** mucho. *The students sleep a lot.*
encontrar *to find* — Ellos **encuentran** una excusa para dormir más. *They find an excuse to sleep more.*
poder *to be able to, can* — Nosotros **podemos** quedar a las 5. *We can meet up at 5.*

» **E ▶ I.** The –e– in **servir** changes to –i– in all forms but **nosotros/as** and **vosotros/as**.

SERVIR (to serve)		
yo s**i**rvo	nosotros/as	servimos
tú s**i**rves	vosotros/as	servís
él s**i**rve	ustedes/ellos/ellas	s**i**rven

● ¿Qué **sirven** en la cafetería?
What do they serve in the cafeteria?
● **Sirven** pizza.
They serve pizza.

» Other verbs that stem change from e ▶ i:

pedir *to ask for, to order* — **Pido** pizza por teléfono. *I order pizza on the phone.*
repetir *to repeat* — La profesora **repite** la tarea. *The teacher repeats the homework.*

4.1 Ask your partner about his/her preferences.

> **Modelo:** E1: ¿Qué prefieres, un café o un refresco?
> E2: Prefiero un refresco.

a. Matemáticas o Historia
b. el fútbol o el fútbol americano
c. un sofá o una silla
d. una casa o un apartamento
e. estudiar en casa o estudiar en la biblioteca
f. comer en McDonald's o comer en Taco Bell

4.2 Describe what the following people do using each of the verbs in parenthesis. Then take turns reading your sentences aloud to your partner.

> **Modelo:** Mi padre (volver a casa a las 3, almorzar en casa)
> Mi padre vuelve a casa a las 3. Almuerza en casa.

a. tú (empezar temprano, dormir poco por la mañana, pedir agua para beber)
b. nosotros (entender la tarea, almorzar en la cafetería, volver a casa a las 3)
c. Maribel (querer vivir en la ciudad, poder tener un perro en casa, preferir viajar en carro)
d. los estudiantes (poder bailar en clase, repetir después de la profesora, cerrar los libros)

4.3 Using the sentences in Activity 4.2, tell your partner whether you do the same things. If you don't do the activity, use *no* before the verb.

> **Modelo:** Yo vuelvo a casa a las 3. No almuerzo en casa.

2. VERBS *HACER* AND *SALIR*

» Some verbs in Spanish are irregular only in the **yo** form.

	HACER *(to do, to make)*	**SALIR** *(to go out, to leave)*
yo	**hago**	**salgo**
tú	haces	sales
él	hace	sale
nosotros/as	hacemos	salimos
vosotros/as	hacéis	salís
ustedes/ellos/ellas	hacen	salen

Siempre salgo tarde del trabajo.

*Yo **salgo** con mis amigos los sábados.*
I go out with my friends on Saturdays.

*¿Cuándo **sales** con tus amigos?*
When do you go out with your friends?

*Yo **hago** la cama todos los días.*
I make my bed every day.

4.4 Fill in the blanks with the correct form of *hacer* or *salir* to describe what the following people do.

a. Patricia .... con sus amigos.

b. Nosotros .... la cena todas las noches.

c. Los domingos yo .... a correr por el parque.

d. Yo .... con mi perro a pasear.

e. Roberto .... la tarea en su computadora.

f. El padre y el hijo .... la cama.

4.5 Take turns asking your partner if he/she does the activities shown in the images above. Use the correct form of *hacer* or *salir* in the questions below.

a. ¿.............. con tus amigos?

b. ¿.............. la cama?

c. ¿..............con tu perro a pasear?

d. ¿.............. la tarea en tu computadora?

e. ¿.............. a correr los domingos?

f. ¿.............. la cena todas las noches?

3. REFLEXIVE VERBS

» A reflexive verb requires a reflexive pronoun (**me**, **te**, **se**, **nos**, **os**, **se**) that refers the action of the verb back to the person doing the action, the subject. In Spanish, reflexive verbs are often verbs used to describe actions related to personal care and daily routines. That is, actions that you do for yourself.

Yo **me levanto**. *I get up (physically, by myself).*   Yo **me ducho**. *I shower (myself).*

» Reflexive verbs in Spanish have regular –**ar**, –**er** or –**ir** endings. Some verbs will have a stem change. Look at the forms of the following reflexive verbs.

	LEVANTARSE *(to get up)*	**DESPERTARSE** *(to wake up)*	**ACOSTARSE** *(to go to bed)*	**VESTIRSE** *(to get dressed)*
yo	me levanto	me desp**ie**rto	me ac**ue**sto	me v**i**sto
tú	te levantas	te desp**ie**rtas	te ac**ue**stas	te v**i**stes
él	se levanta	se desp**ie**rta	se ac**ue**sta	se v**i**ste
nosotros/as	nos levantamos	nos despertamos	nos acostamos	nos vestimos
vosotros/as	os levantáis	os despertáis	os acostáis	os vestís
ustedes/ellos/ellas	se levantan	se desp**ie**rtan	se ac**ue**stan	se v**i**sten

Mi madre **se acuesta** a las 12. *My mother goes to bed at 12.*
Me visto antes de desayunar. *I get dressed before having breakfast.*
Nos despertamos tarde. *We wake up late.*

» Other reflexive verbs:

ducharse *to shower*   **bañarse** *to take a bath*   **quejarse** *to complain*

4.6 Fill in the blank with the correct reflexive pronoun. *¡Atención!* Remember that the reflexive pronoun and the form of the verb refer to the same subject (or person).

a. ¿A qué hora .... despiertan?

b. ¿A qué hora .... levantas?

c. ¿A qué hora .... acostamos?

d. ¿A qué hora .... ducha tu hermana?

4.7 Write out the answers to the questions above. *¡Atención!* Remember to conjugate the infinitives and use the correct reflexive pronouns.

a. Yo / levantarse / a las 8:00. ....

b. Mi hermana / ducharse / a las 7:30. ....

c. María y tú / despertarse / a las 8:30. ....

d. Nosotros / acostarse / a las 10:30. ....

4.8 Look at Rosa's schedule for the day. With a partner, take turns saying what she does and when.

Modelo: Rosa se levanta a las siete y cuarto.

> Use **de... a...** to talk about a period of time.
> - Tiene clase **de dos a tres** de la tarde.

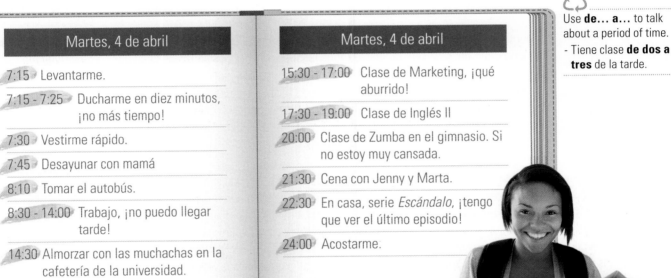

Martes, 4 de abril
7:15 Levantarme.
7:15 - 7:25 Ducharme en diez minutos, ¡no más tiempo!
7:30 Vestirme rápido.
7:45 Desayunar con mamá
8:10 Tomar el autobús.
8:30 - 14:00 Trabajo, ¡no puedo llegar tarde!
14:30 Almorzar con las muchachas en la cafetería de la universidad.
Important

Martes, 4 de abril
15:30 - 17:00 Clase de Marketing, ¡qué aburrido!
17:30 - 19:00 Clase de Inglés II
20:00 Clase de Zumba en el gimnasio. Si no estoy muy cansada.
21:30 Cena con Jenny y Marta.
22:30 En casa, serie *Escándalo*, ¡tengo que ver el último episodio!
24:00 Acostarme.
Important

4.9 Prepare a similar description about your day. Then take turns with a partner asking each other about what you do and when.

¿A qué hora te levantas?

Me levanto a las siete.

¿Qué haces después?

VIDEOCLASES
7 y 8

DESTREZAS

4.1 Look at the title of the article you will be reading. What do you think it's about?

4.2 Read the article. What type of information is presented and in what format?

⚙ ESTRATEGIA

Focusing on specific information

Familiarize yourself with the text by first reading the title and subtitle. Then glance at the text to see if there is a specific type of information presented. This will help you concentrate on the information you need to complete the task.

Los hispanos y su día a día

Según una encuesta del Centro Superior de Sociología, el 56% de los españoles se levanta pronto por la mañana. Solo un 32% sale de noche todos los días. Muy pocos españoles van a los toros *(bullfights)*, el 14%. El 62% ve la televisión por la noche.

Un 34% de los españoles va todas las semanas al cine. La siesta se practica en España, pero pocos españoles duermen todos los días la siesta, solo un 22%. Los españoles viajan bastante todos los fines de semana, un 58%, y un porcentaje similar practica algún deporte. Eso sí, nadie cena muy pronto, nunca antes de las 8 de la tarde, en eso no han cambiado las costumbres.

Por otra parte, los mexicanos destacan *(stand out)* entre los ciudadanos más felices, según otro estudio. De él se deduce que una de las claves *(keys)* de la felicidad es el contacto entre las personas. El 77% de las personas entrevistadas coincide en que el contacto diario con padres y familiares es una fuente *(source)* de felicidad. El 39% considera que una de las cosas más placenteras del día es salir en la tarde con algún ser querido *(loved one)*. El 22% come con la familia los domingos. El 17% habla con amigos y compañeros. El 14% de los participantes señala que ver la televisión en la noche es una fuente de felicidad. El mundo virtual es importante, pero pocos mexicanos chatean con otra persona, 5%. Y muy pocos mexicanos indican que recibir un mensaje en el celular les alegra, el 2%.

4.3 Read the first part of the article again and record the percentages gathered from the survey conducted in Spain for each of the following activities.

	%	La mayoría	Muchos	Pocos	Muy pocos	(Casi) nadie
a. Se levanta temprano.	☐	☐	☐	☐	☐	☐
b. Sale de noche todos los días.	☐	☐	☐	☐	☐	☐
c. Va a los toros.	☐	☐	☐	☐	☐	☐
d. Ve la televisión por la noche.	☐	☐	☐	☐	☐	☐
e. Va todas las semanas al cine.	☐	☐	☐	☐	☐	☐
f. Duerme todos los días la siesta.	☐	☐	☐	☐	☐	☐
g. Viaja todos los fines de semana.	☐	☐	☐	☐	☐	☐
h. Practica a menudo deporte.	☐	☐	☐	☐	☐	☐
i. Cena antes de las 8 de la tarde.	☐	☐	☐	☐	☐	☐

4.4 Look at the percentages you recorded in Activity 4.3 and decide what category (*la mayoría, muchos, pocos*, etc.) best describes the number of people who do the activity. Compare your answers with a partner.

4.5 Arrange the following activities in order of importance according to the information from the survey conducted in Mexico. Include the percentages. Then arrange the activities in order of importance for you. Discuss your answers in small groups.

%	Para los mexicanos	Para mí
	comer con la familia los domingos	
	tener contacto todos los días con padres y familiares	
	ver la televisión en la noche	
	recibir un mensaje en el celular	
	salir en la tarde con gente querida	
	hablar con amigos y compañeros	
	chatear con otra persona	

2. EXPRESIÓN ESCRITA

4.6 Think about where you live and the things people in your community do on average. You can focus on certain sectors such as families, students, workers, etc.

 ESTRATEGIA

Collaborating with others

Collaborating and cooperating with others allows you to jump start the writing process. Share ideas with classmates in Spanish to practice the language and target the content you would like to develop in your writing.

4.7 Write an e-mail to a friend in Mexico and tell him/her what a normal day is like for most people in your city or state. Be sure to include the following.

– saludo

– explica qué hace la gente un día normal

– habla de las rutinas diarias y las actividades de tiempo libre

– pregúntale algo sobre su vida

– despedida

Use de following expressions when writing an e-mail:

De: *From*
Para: *To*
Asunto: *Subject*
Querido/a: *Dear*
Chao / Adiós / Hasta luego: *Farewell (closing)*

3. INTERACCIÓN ORAL

4.8 Prepare a talk to present to the class about your own day. Choose three of the four topics to address in your presentation. Use the questions as a guide.

 **ESTRATEGIA**

Creating an activity chart

Preparing a list of information ahead of time about the things people do helps you organize your description and sequence activities effectively. Creating a chart provides the order you need to make the presentation flow more smoothly.

Mi vida diaria

– trabajos y estudios

– hábitos y costumbres

– tiempo libre

– comidas y horarios

– ¿Qué haces?

– ¿A qué hora?

– ¿Qué día?

– obligaciones

Teatro Colón, Buenos Aires

VIVIR EN
Argentina

Este país latinoamericano es famoso por el fútbol, el tango y sus hermosos paisajes*. Pero, ¿cómo son los muchachos que viven allí? Vamos a conocerlos...

Turistas en el glaciar Perito Moreno, en la Patagonia

Una muchacha tomando mate

LOS PORTEÑOS

Buenos Aires es la capital de Argentina. Está situada en la región centro-este del país. Tiene casi 3 millones de habitantes, y alrededor de* 12 si se tiene en cuenta el conurbano*. Como está junto al Río de la Plata y es un puerto importante, los habitantes de esta ciudad se llaman porteños. Debido a su arquitectura, se la conoce en el mundo como "La París de América".

UNA CIUDAD INTENSA

Buenos Aires ofrece una vida cultural intensa: es la ciudad con más teatros del mundo (más de 150), incluyendo el famoso teatro Colón, dedicado al ballet y a la música clásica. Pero también, como todas las grandes ciudades, impone* un ritmo rápido y a veces peligroso. Es la cuarta ciudad más ruidosa del mundo, en gran parte debido al* tráfico en sus calles. Y es, según la Organización de los Estados Americanos (OEA), una de las ciudades con más robos del continente. «Los muchachos porteños somos curiosos, creo que extrovertidos, pero también un poco desconfiados*», dice Tomás, un estudiante de informática de 18 años. «Tenemos cuidado al ir por la calle y estamos acostumbrados* a vivir con un poco de estrés», explica.

¿Cómo es la vida en tu ciudad? ¿Crees que hay mucho estrés en la ciudad donde vives? ¿Es similar o muy diferente al estrés en Buenos Aires?

La avenida 9 de Julio, en la capital del país

LOS «NINI»

Al igual que en otros países como España o México, un porcentaje cercano al 17% de los jóvenes argentinos no estudia ni trabaja. Son la generación «nini». En parte debido a la crisis económica, en parte debido a que todavía tienen mucho por aprender, la vida de los muchachos de entre 13 y 19 años no es fácil.

«Es uno de los grupos más vulnerable y frágil, al que le cuesta bastante conseguir empleo, a veces debido a que algunos tienen escasa* experiencia laboral, calificación y nivel de instrucción», dice Victoria Mazzeo, de la Dirección General de Censos y Estadísticas del Gobierno de Buenos Aires. Sin embargo, uno de cada diez jóvenes estudia y trabaja a la vez. «Antes de empezar a trabajar, yo era un desastre en el colegio. Ahora me volví más responsable», dice Tomás Arana, un joven argentino de 19 años. Tomás está estudiando periodismo y tiene dos trabajos: niñero* y mesero. «Así, me pago mis gastos* y ayudo un poco en casa», explica.

LA VIDA DIARIA

La tecnología es un aspecto importante en la vida de los jóvenes argentinos. Más de la mitad pasa cuatro horas diarias conectado a Internet. «Ni bien llego a casa, enciendo la computadora», dice Raúl, de 20 años. «Primero escribo correos, y actualizo* mis páginas en las redes sociales».

9 de cada 10 argentinos afirma que la amistad es un aspecto esencial en sus vidas. El 49% de los jóvenes celebra el Día del Amigo el 20 de julio. «Mis amigos y yo nos vemos dos veces por semana, normalmente nos reunimos a tomar mate[1]», dice Julia, una joven de la provincia de Mendoza.

¿Te parece difícil estudiar y trabajar al mismo tiempo? ¿Cuál es tu situación? ¿También estudias y trabajas?

¿Usas Internet de forma similar a los jóvenes argentinos? ¿Qué haces cuando te conectas?

¿Qué haces cuando te reúnes con tus amigos?

1. El mate es una infusión de hierbas típica de Argentina, Uruguay, Paraguay y Brasil. Se bebe en un recipiente hecho con una calabaza*, llamado mate, a través de una caña de metal, llamada bombilla.

ANSWER THE FOLLOWING QUESTIONS

a Después de leer este artículo, ¿te gustaría vivir en Buenos Aires? ¿Por qué?

b ¿Qué cosas tienes en común con los muchachos porteños que hablan en este artículo? ¿Y qué diferencias notas?

c ¿Estás acostumbrado a vivir con un poco de estrés? ¿Piensas que esto es algo positivo o negativo? ¿Por qué?

d Compara algunos aspectos de tu vida diaria con la de los argentinos.

VOCES LATINAS

Vivir en Buenos Aires

GLOSARIO			
acostumbrados – used to	**el conurbano** – metro area	**impone** – imposes	
actualizo – I update	**debido a** – due to	**los gastos** – expenses	
alrededor de – around	**desconfiados** – distrustful	**el paisaje** – landscape	
la calabaza – gourd	**escasa** – limited	**el niñero** – nanny	

Fuentes: *Clarín*, *La Nación*, TNS, Organización de los Estados Americanos (OEA), Unicef y entrevistas.

EN RESUMEN

> **Situación**
>
> **Crea un horario y administra el tiempo**
> You have some free time in your schedule
> and have decided to look for a part-time job.

LEARNING OUTCOMES

	ACTION
Talk about professions	**4.1** You would like to apply for a job as a veterinarian's assistant (or a mechanic's, a chef's, a teacher's, or a nurse's assistant). Write a brief cover letter explaining why you would be a good candidate for the job. Describe the things you want to do, can do, and prefer to do as they relate to the job. Be sure to include when you can start.
Ask and give the day and time	**4.2** Your prospective employer wants to meet with you to set up a work schedule, where you will work for a total of 15 hours a week. Map out your weekly schedule of classes and other activities. Then discuss what times and days you are available to work. Your partner will play the part of the employer. Then switch roles.
Describe daily routines and everyday activities	**4.3** Your mother (or father or any other family member) is worried about you and wants to know how you are doing. Write her an e-mail explaining what your day is like and what you do at work, school, and with friends. 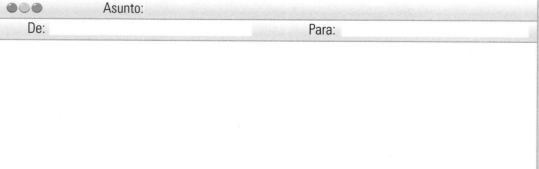
Make plans	**4.4** You and your friend have each been working at your new jobs for two weeks. Use the schedule each of you prepared in Activity 4.2 to make plans to get together. Agree on what you want to do and the day, time, and place to meet. Make a note on your calendar about your plans.

LISTA DE VOCABULARIO

Las profesiones *Professions*

¿En qué trabajas? *What is your profession?*
bombero/a firefighter
cocinero/a cook
mecánico/a mechanic
médico/a doctor
mesero/a waiter/waitress
programador/a computer programmer
recepcionista receptionist
veterinario/a veterinarian

Decir la hora *Telling time*

¿A qué hora…? At what time…?
de la mañana a.m.
del mediodía noon
de la noche p.m.
de la medianoche midnight
de la tarde p.m.
en punto sharp
Es la una. It's one o'clock.
menos cuarto quarter to
¿Qué hora es? What time is it?

Expresiones de tiempo
Time expressions

fin de semana weekend
por la mañana in the morning
por la noche at night
por la tarde in the afternoon
todos los días everyday
temprano early

Los días de la semana
Days of the week

lunes Monday
martes Tuesday
miércoles Wednesday
jueves Thursday
viernes Friday
sábado Saturday
domingo Sunday
horario schedule
cine movies

Verbos *Verbs*

acostarse (o>ue) to go to bed
almorzar (o>ue) to have lunch
cenar to have dinner

cerrar (e>ie) to close
desayunar to have breakfast
despertarse (e>ie) to wake up
dormir (o>ue) to sleep
ducharse to shower
empezar (e>ie) to start, begin
entender (e>ie) to understand
hacer to do, to make
hacer deporte to play sports
hacer la tarea to do homework
levantarse to get up
navegar por Internet to go on the Internet
pedir (e>i) to ask for, to order
pensar (e>ie) to think
poder (o>ue) to be able, can
preferir (e>ie) to prefer
quedar to meet up with someone
quejarse to complain
querer (e>ie) to want (to do something)
repetir (e>i) to repeat
salir to go out, to leave
servir (e>i) to serve
tener que to have to (do something)
vestirse (e>i) to get dressed someone
volver (o>ue) to return
cuidar to take care of

5

¿TE GUSTA?

Hablamos de	Vocabulario y comunicación	¡En vivo!	Gramática	Destrezas	Sabor Latino	En resumen
• El tiempo libre	• **Actividades de ocio y tiempo libre:** Talking about free time and describing moods and feelings • **Los alimentos:** Ordering in a restaurant **Pronunciación** • Sounds of *r* and **rr**	• **Episodio 5 Un pelo en mi cena:** Using images to predict content	• *Gustar* and similar verbs • Using *también* and *tampoco* to agree and disagree • Verb *doler* and parts of the body	• **Las recomendaciones de Mónica** – **Comprensión de lectura:** Making inferences about personality and attitude – **Expresión escrita:** Using supporting examples – **Interacción oral:** Using models	• **México, El Salvador, Guatemala, Nicaragua, Costa Rica:** Tradiciones gastronómicas	• **Situación:** Visita a una familia venezolana • Vocabulario

- ¿Comes en restaurantes con tus amigos?
- ¿Prefieres la comida de restaurantes o la comida de casa?
- ¿Qué pides en tu restaurante favorito?

LEARNING OUTCOMES

By the end of this unit you will be able to:

- Talk about what you do in your free time
- Describe likes and dislikes
- Express agreement and disagreement
- Order in a restaurant
- Explain what part of the body hurts
- Describe how you are feeling

5.1 Look at the image of students studying before going to class. Then complete the sentences according to the image.

a. La imagen representa a unos ....
   ....

b. Ellos están en ....
   ....

c. Los amigos estudian antes de ....
   ....

d. Según la imagen, la escena tiene lugar
   por la ....

5.2 Listen to the conversation. Then decide whether the following statements are true (T) or false (F).

Quique: ¿Qué tal, muchachos? ¿Qué tal llevan el examen?
Germán: Yo no muy bien, estoy un poco preocupado.
Carmen: Pero si tú estudias mucho, ¡seguro que te sale bien! ¿A que sí, Noelia?
Noelia: Pues claro. Yo creo que va a ser bastante fácil. Además, esta tarde ya no tenemos que estudiar.
Quique: Es verdad. ¿Qué quieren hacer? ¡Ah!, podemos jugar a videojuegos. ¡Me encantan los videojuegos!
Germán: Es que estoy cansado de jugar siempre con los videojuegos.
Carmen: Vale, ¿y qué tal si hacemos deporte?
Germán: No sé, es que me duele *(hurts)* la

pierna por el partido de fútbol del domingo.
Noelia: Podemos ir a comer algo. Germán, tú siempre tienes hambre, ¿no?
Germán: Vale, pero no quiero ir a un restaurante con mucha gente, que seguro que tenemos que esperar *(wait)* mucho para sentarnos *(to sit)* y estoy de mal humor por lo del examen.
Quique: ¿Qué? ¡Pero si siempre estás contento!
Carmen: Chévere, pues más tarde decidimos. Después del examen seguro que estás más contento.
Germán: Es verdad, chicos. ¿Vemos una película? Me gusta la nueva de ciencia ficción.
Quique: A mí también.
Carmen: Sí, de acuerdo.

	T	F
a. Germán cree que el examen le va a salir mal.	☐	☐
b. Tienen clase por la tarde.	☐	☐
c. Quique está de mal humor.	☐	☐
d. Noelia piensa que el examen va a ser bastante fácil.	☐	☐
e. Carmen y Quique están de acuerdo con Germán.	☐	☐

5.3 _____ Answer the following questions about the conversation.

a. ¿Cuántos planes proponen *(suggest)* los amigos para hacer esta tarde?

b. ¿Qué plan deciden hacer finalmente?

c. ¿A quién le duele la pierna?

d. ¿Por qué Germán no quiere ir a comer?

e. ¿Por qué no quiere jugar a videojuegos?

5.4 _____ Match the caption to the image.

1. ☐ A Mario y a Graciela les gusta la montaña y montar en bici. Ahora están cansados.

2. ☐ A Ana le encanta chatear con sus amigos de Argentina. Es muy abierta.

3. ☐ A Andrea le gusta hacer fotos, también le gustan los perros. Es muy simpática.

4. ☐ A Pablo le encanta ir de compras y comprar zapatos. Está muy contento.

5.5 _____ With a partner, take turns saying which of the following activities you like to do in your free time.

(Modelo:) Me gusta ir de compras y comprar bolsos.

– chatear con amigos
– ir de compras y comprar...
– escuchar música en mi mp4
– jugar a videojuegos

– hacer deporte
– montar en bici
– hacer fotos
– ver una película

5.6 _____ Compare sentences with *encantar* and *gustar* used in Activity 5.4. What do you think is the difference between the two expressions? Discuss with a partner. Then write your own sentences using *me encanta* and *me gusta* to share with the class.

¡A Quique le encanta jugar a videojuegos!

📋
APUNTES: Colombia, un país lleno de gente alegre

✓ Según una reciente encuesta, 7 de cada 10 colombianos declaran estar alegres la mayor parte del tiempo. Muy pocos, solo un 3%, dicen que están tristes.

✓ Igualmente, 7 de cada 10 colombianos se ríen para expresar que están contentos.

✓ Los colombianos reaccionan de maneras diferentes cuando están alegres. En Barranquilla se expresa a través del baile y del canto.

✓ También varía por edad. A los jóvenes entre los 18 y 24 años estar con los amigos les genera alegría mientras que para los adultos entre los 25 y 34 años la alegría está relacionada con el bienestar económico.

✓ Al 24% de los encuestados estar con la familia les produce alegría.

Fuente: Centro Nacional del Consultoría (CNC)

VOCABULARIO Y COMUNICACIÓN

1.A VOCABULARIO: ACTIVIDADES DE OCIO Y TIEMPO LIBRE

5.1 Look at the images below. What type of activities do they all represent?

a. .... los bolos

b. .... los videojuegos

c. .... al fútbol

d. .... una película

e. .... natación

f. .... esquí

g. .... judo

h. .... ciclismo

i. .... un refresco

j. .... deporte

k. .... la televisión

l. .... un concierto

m. .... una exposición

n. .... Internet

ñ. .... unas tapas o botanas

o. .... el mar

p. .... yoga

q. .... el sol

5.2 Complete the captions above with one of the following verbs. Then listen to the audio to check your answers.

ver • tomar • hacer
jugar a • navegar por

5.3 With a partner, place the activities in the appropriate category and add two more examples to each category.

TOMAR	VER	JUGAR A	HACER	NAVEGAR POR
a. *unas tapas o botanas*	a.	a.	a.	a.
b. *el sol*	b.	b.	b.	b.
c.	c.	c.	c.	
	d.		d.	
			e.	
			f.	

5.4 Think about the activities you would like to do this weekend. Then in groups of three, take turns offering suggestions for what to do together until you have completed the agenda below.

Modelo: E1: El viernes por la tarde, ¿quieren ver una película?

E2: Sí, buena idea. / Realmente no. ¿Qué tal si vamos a tomar unas tapas?

E3: Chévere. / Sí, perfecto.

	Mañana	Tarde	Noche
Viernes			
Sábado			
Domingo			

5.5 Make one or two recommendations for each of the following people based on their moods, personalities, and circumstances as described below. Then take turns with a partner exchanging your suggestions. Record all the suggestions provided.

Modelo: E1: ¿Qué puede hacer Isabel?

E2: Isabel puede ver la televisión.

¿Qué puede(n) hacer?	Puede(n)...
a. Isabel es muy tranquila. A ella no le gusta salir. Prefiere estar en casa.	
b. Violeta vive cerca de la playa *(beach)*. La temperatura hoy es de 95 grados y ella tiene calor.	
c. Paco y sus amigos tienen mucha energía y son muy activos. A ellos les gusta competir.	
d. Iván está aburrido. Le gusta mucho el arte y la música. A sus amigos también.	

5.6 Select from the options you and your partner prepared in Activity 5.3 and say which one you would prefer to do in each case.

a. Cuando estoy en casa, me gusta…

b. Cuando tengo calor,…

c. Si tengo que competir con mis amigos,…

d. Si paso tiempo con mis amigos,…

5.7 Look at the image of Miguel and try to guess what four activities he likes to do in his free time. Then listen to the audio to check your answers.

☐ viajar con amigos
☐ escuchar música
☐ tomar tapas con los amigos
☐ ver conciertos en directo
☐ ver la televisión
☐ hacer deporte
☐ navegar por Internet
☐ viajar solo

5.8 What can you guess about Inés and the things she likes to do in her free time based on the image of her below? Discuss with a partner.

5.9 Write a short description about Inés. Include the following:

– two personality traits
– how she is feeling today
– three activities she likes to do in her free time
– one activity she doesn't like to do

Inés es…

Hoy está…

A ella le gusta…

A ella no le gusta…

5.10 Prepare a similar description about yourself. Then share the information you wrote about yourself and Inés with the class. *¡Atención!* To say what you like (and don't like) use *A mí me gusta… / A mí no me gusta…*

1.B COMUNICACION: TALKING ABOUT FREE TIME AND DESCRIBING MOODS AND FEELINGS

Use **ser** to describe personality traits and characteristics with:
- aburrido/a *boring*
- alegre, divertido/a *fun, lively*
- antipático/a *disagreeable*
- inteligente *intelligent*
- simpático/a *likeable*
- tranquilo/a *quiet*

ESTAR

» Use **estar** to describe a person's mood or feelings at a particular moment.

Germán **está** preocupado por el examen.   *Germán is (feeling) worried about the test.*

» Adjectives commonly used with **estar**:

tranquilo/a *(feeling) relaxed*	alegre, contento/a *(feeling) happy*
de buen/mal humor *in a good/bad mood*	cansado/a *(feeling) tired*
preocupado/a *(feeling) worried*	triste *(feeling) sad*
bien, perfecto *(feeling) fine*	enfadado/a *(feeling) angry*

5.11   Look at the following people and describe their mood using *estar* and the expressions above. Check your answers with a partner. More than one answer is possible.

5.12   Take turns with a partner saying whether you are feeling the same as the people above.

5.13  Listen to the conversation and fill in the blanks with the missing words.

Carlos: ¿Qué te pasa, Rafael? Hoy no .... muy ....
Rafael: Bueno, es que .... un poco ....
Carlos: ¡Pero qué dices! Si tú .... muy .... Venga, vamos a dar un paseo.
Rafael: Bueno, vale.

5.14 Complete the questions with *ser* or *estar*.

a. ¿Cómo .... tu mejor amigo/a? ¿Cómo .... ustedes cuando están juntos?

b. Cuando .... enfadado, ¿qué haces?

c. Normalmente, ¿ .... una persona tranquila o nerviosa? ¿Cómo .... ahora? ¿Por qué?

d. ¿Cómo............... tus padres? ¿Estrictos? ¿Generosos? ¿Cuándo .... preocupados?

e. ¿Tienes hermanos? ¿ .... mayores o menores que tú? Cuando estás en la universidad,
¿ .... tristes cuando no estás con ellos? ¿Por qué?

5.15   Now use the questions you prepared to interview a partner. What do you have in common?

5.16 Using the list of foods below, complete the words under each image to identify the food in Spanish. Then listen to the audio to check your answers.

carne • huevos • naranjas • queso • cebollas • leche
pimientos • tomates • frijoles • marisco • pollo • zanahorias

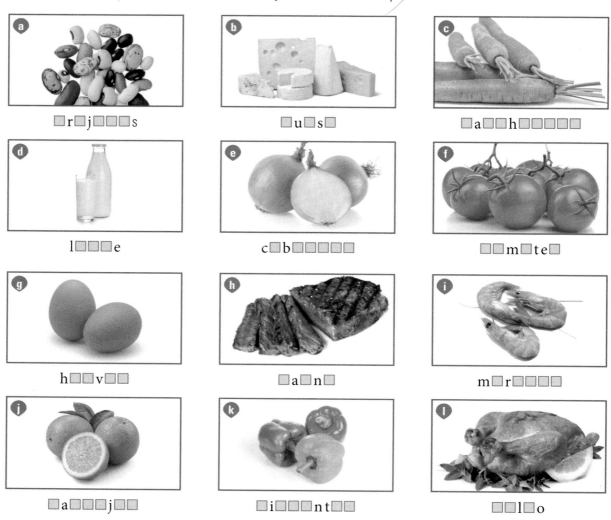

a. □r□j□□□s

b. □u□s□

c. □a□□h□□□□□

d. l□□□e

e. c□b□□□□□

f. □□m□te□

g. h□□v□□

h. □a□n□

i. m□r□□□□

j. □a□□□j□□

k. □i□□□nt□□

l. □□l□o

5.17 Read the descriptions about two famous celebrities and their lifestyles. Cross out the foods each one dislikes.

A Gael le gusta mucho estar con sus amigos e ir a fiestas y estrenos de películas. Con su horario de trabajo, no pasa mucho tiempo en casa y come casi siempre en restaurantes. Gael es amante de la comida rápida, sobre todo las hamburguesas con papas fritas. También le gustan los postres como el helado y la tarta de chocolate. No le gusta nada la verdura ni la fruta.

A Liliana le gusta cuidarse. Va al gimnasio tres veces por semana y los fines de semana practica la natación, pilates y también le gusta el *spinning*. Para comer, a Liliana le gustan las ensaladas y todo tipo de pescado y fruta. No le gusta la comida grasosa *(greasy)* y toma mucha agua. Su estómago no tolera los productos lácteos como el yogur.

5.18 Choose from the list below the snack foods you think Gael and Liliana most likely eat. Exchange opinions with your partner.

palomitas de maíz

papitas fritas

manzanas

♻ ....
Showing agreement and disagreement with someone's opinion:
- Creo que / Pienso que...
- Creo / Pienso que sí.
- Creo / Pienso que no.
....

dulces

tarta o pastel de chocolate

refrescos

Primer plato:

Segundo plato:

Postre:

5.19 You and your partner have been hired to plan a dinner party for Gael and Liliana. Create a menu that will appeal to both of the celebrities and their guests.

To combine foods, use **con**.
- Arroz con pollo. *Rice with chicken.*
....

5.20 Take turns asking your partner what foods he/she prefers.
a. ¿Qué comida no te gusta?
b. Cuando tienes mucha hambre, ¿qué prefieres comer?
c. ¿Qué te gusta comer por la tarde después de clase?
d. ¿Cuál es tu postre favorito?

5.21 Read the following conversation in a restaurant between the waiter and his customers. Then match the items ordered to the correct images.

Mesero: Hola, buenas tardes. ¿Qué desean ordenar?

Cliente 1: Yo, una **sopa de verdura** (a) y una **limonada** (b).

Cliente 2: Para mí, un **refresco de naranja** (c).

Mesero: ¿Quiere algo de comer?

Cliente 2: Sí, ¿me puede traer un **sándwich de jamón y queso** (d), por favor?

Mesero: ¿Algo más?

Cliente 2: No, nada más, gracias.

Cliente 1: ¿Nos trae agua, por favor?

Mesero: Tomen, aquí tienen.

Cliente 1: La cuenta, por favor.

Mesero: Sí, son 17 dólares.

5.22 Look at the different questions and answers commonly used when ordering in a restaurant. Fill in the blanks with the missing words used in the conversation above.

Mesero	Cliente
– ¿Qué desea/desean ....?	– ...., una sopa de verdura.
– ¿Qué quiere/n beber?	– .... un refresco de naranja.
– ¿Quiere/n algo de ....?	– ¿............... un sándwich de jamón y queso, por favor?
– ¿Quieren algo más?	– No, ..., gracias.
– ¿...............?	– ¿............... agua, por favor?
	– ...., por favor.

5.23 Listen to the following conversation that takes place at a Mexican restaurant. Then answer the questions.

 45

a. ¿Desean ordenar los clientes?

b. ¿Qué comen?

c. ¿Qué parte del día es?

d. ¿Quién paga?

5.24 Listen again and answer the questions.

45

a. ¿Qué se pide primero en México, la bebida, la comida o todo junto?

b. ¿Qué verbo utilizan los meseros para hablar de forma general de la bebida y la comida?

c. ¿Qué forma de tratamiento utilizan los meseros y clientes?

d. ¿Estos diálogos son parecidos a los que hay en un bar o restaurante de tu país? ¿Por qué?

e. Fíjate en la imagen. ¿Qué hace el joven? ¿Es normal en tu país este gesto? ¿Cómo se llama la atención del mesero/a?

5.25 Listen to another conversation in the same restaurant and complete the chart with their order.

	Ella	Él
Entrada ▶		
Plato fuerte ▶		
Para beber ▶		
¿Necesita algo? ▶		
De postre ▶		

5.26 With a partner, take turns playing the roles of waiter / waitress and customer. Use the expressions in activity 5.24 and the menu as a guide. Then present your conversation to the class.

LOS DOS PANZONES

~ Menú del día ~

Entrada
Ensalada de nopales
Arroz a la mexicana
Frijoles charros
Sopa azteca
Consomé de pollo

Plato fuerte
Bistec a la mexicana
Pollo en salsa verde
Enchiladas rellenas
Chiles rellenos
Pescado a la diabla

Postres
Arroz con leche
Pastel
Flan

PRONUNCIACIÓN

THE SOUNDS OF *R* AND *RR*

In Spanish, the letter **r** has two sounds.

» **Sound /r/** ▶ Sound is equivalent to the English pronunciation of *tt* in *butter* or *dd* in *ladder*.
naranja, mariscos, ahora

» **Sound /rr/** ▶ Sound is equivalent to someone imitating a motor sound (*brrrrrrrr*). This is known as a trill and occurs in words:
-beginning with the letter **r** ▶ *repetir*
-with an **r** after the letters **n, s, l** ▶ *Enrique; Israel; alrededor*
-written with **rr** ▶ *arroz, aburrido*

5.1 You will hear ten words in Spanish with either the /r/ or /rr/ sounds. Listen carefully and write the number of the word in the appropriate column based on the sound of /r/ you hear in each.

Sound /r/	Sound /rr/

5.2 Fill in the blanks with *r* o *rr* to spell out these words. Then practice saying them aloud to a partner focusing on the correct pronunciation of /r/ and /rr/.

a. favo.........ito **c.** bo.........ador **e.** papele.........a **g.** go.........a **i.** enfe.........mera

b. mo.........eno **d.** abu.........ido **f.** a.........oz **h.** ma.........ón **j.** prefe.........imos

¡EN VIVO!

Episodio 5

Un pelo en mi cena

ANTES DEL VIDEO

5.1 Answer the questions and share your responses with a partner.

a. ¿Conoces algún restaurante español?

b. ¿Conoces el nombre de algún plato típico español?

c. ¿Te gusta la comida española?

5.2 Base your answers to the following questions on what you know and what you think is going to happen in the episode. Use the images and your imagination.

a. ¿Sabes qué es el gazpacho? ¿De dónde es típico?

b. Para hacer una tortilla de patatas, ¿qué ingredientes necesitas?

c. ¿Cómo es la decoración del restaurante? Mira las imágenes 1 y 5.

d. ¿Por qué se ríe Eli (imagen 2)?

e. Mira la imagen 4. ¿Qué problema tiene Lorena con el cuchillo en ese momento?

f. ¿Qué crees que piensa el hombre que aparece en la imagen 3?

g. ¿Qué encuentra Eli en su sopa? Mira la imagen 6.

⚙ ESTRATEGIA

Using images to predict content
Before you watch the video, focus on the images and the questions in the pre-viewing activities to help you anticipate what the episode will be about. Knowing what to expect will prepare you for the types of reactions the characters in the video might display.

DURANTE DEL VIDEO

5.3 Watch the entire episode and check your answers to Activity 5.2.

5.4 Answer the following questions.

a. ¿Lorena y Eli van al restaurante de día o de noche? ¿Por qué lo sabes?

b. ¿Es caro el restaurante?

c. ¿Tiene Juanjo experiencia como mesero?

d. ¿Qué piensan las muchachas sobre el comportamiento de Juanjo como mesero?

5.5 Juanjo makes mistakes when repeating back the girls' orders. Correct the errors below. Watch the espisode again if necessary.

	Lorena	Eli
De primero	gazpacho ▶	sopa de jamón ▶
De segundo	arroz con verdura ▶	arroz con verdura ▶
Para beber	un refresco de naranja ▶	una limonada ▶

5.6 Indicate whether the following statements refer to Lorena (L), Eli (E) or Juanjo (J).

a. ☐ Es la primera vez que cena en ese restaurante.

b. ☐ Piensa que Juanjo está muy guapo vestido de mesero.

c. ☐ Piensa que Juanjo habla muy alto porque es español.

d. ☐ Explica qué es el gazpacho y la tortilla española.

e. ☐ Dice que el restaurante es bonito.

f. ☐ Le encanta la comida española.

g. ☐ A veces ayuda a su tío en su trabajo.

h. ☐ Le gusta mucho el pollo.

5.7 Answer the questions.

a. Después de ver el episodio, ¿crees que Juanjo es un buen mesero? ¿Por qué?

....

b. Mira la imagen 6. ¿Crees que las muchachas van a volver a ese restaurante otra vez? ¿Por qué?

....

c. Si vas a un restaurante y el mesero actúa como Juanjo, ¿qué haces?

....

5.8 In small groups, list five qualities you think a good waiter or waitress should have.

> Las cualidades del buen mesero
> ....
> ....
> ....

DESPUÉS
DEL VIDEO

5.9 Take turns sharing your list with the rest of the class and decide which five you all agree are the most important.

5.10 With a partner, prepare a brief conversation between a waiter/waitress and a customer and present it to the class. Afterwards your classmates will guess the type of restaurant you are in.

GRAMÁTICA

1. *GUSTAR* AND SIMILAR VERBS

>> To express likes and dislikes, the verb **gustar** is used in Spanish. The verb endings for **gustar** always agree with what is liked. The indirect object pronouns always precede the verb forms.

Optional (Used to show emphasis)	Indirect object pronoum	Verb forms	What is liked
A mí	me		
A ti	te	gusta	la leche, cantar (singular)
A usted/él/ella	le		
A nosotros/as	nos	gustan	los videojuegos (plural)
A vosotros/as	os		
A ustedes/ellos/ellas	les		

Nos gusta salir a cenar. We like to go out for dinner.
No **me gusta** la carne. I don't like meat.
¿**Te gustan** las palomitas? Do you like popcorn?

>> The verb **encantar** is used to talk about things you really like or love.
Me encantan los conciertos en directo. I love live concerts.

>> The expressions **a mí, a ti, a él**... are optional. They are used to show emphasis.
¿Te gusta el helado? **A mí** me encanta. Do you like ice cream? I love it (I really do).

5.1 Describe one thing in each of the categories below that you and your friends like and one thing you don't like. Share your preferences with a partner.

Modelo: clases ▶ A nosotros nos gusta la clase de español. / No nos gusta la clase de física.

a. deportes
b. música
c. programas de televisión
d. clases

5.2 List three activities you like to do. Then ask your partner if he likes to do the things you listed. Take turns asking and answering to see how many things you have in common.

Modelo: E1: ¿Te gusta la natación?

Sí, me gusta mucho.

No, no me gusta

Actividades
a. Me gusta(n)...
b.
c.

5.3 Conduct a class survey to find out which foods your classmates like most *(más)* and which ones they like least *(menos)*. Interview at least five students. Complete the chart with the information you gathered and report back to the class.

Modelo: ¿Qué alimentos te gustan más/menos?

Tabla de contenidos
Alimentos que gustan más: *A mis compañeros les gustan más/menos...*
Alimentos que gustan menos:

2. USING *TAMBIÉN* AND *TAMPOCO* TO AGREE AND DISAGREE

AGREEMENT (Same tastes/preferences)	DISAGREEMENT (Different tastes/preferences)

AGREEMENT (Same tastes/preferences)

Me gustan los gatos. — **A mí, también.**
Sí — Sí

No me gusta el café. — **A mí, tampoco.**
No — No

DISAGREEMENT (Different tastes/preferences)

Me gusta el fútbol. — **A mí, no.**
Sí — No

No me gustan las verduras. — **A mí, sí.**
No — Sí

» Use **también** when agreeing with an affirmative statement.
» Use **tampoco** when agreeing with a negative statement.
» To show that you don't agree with a statement, use **a mí, no**.
» To show that you don't agree with a negative statement, use **a mí, sí**.

5.4 Complete the conversations with *también* or *tampoco*. Use the icons to help you choose. Then practice the conversations aloud with a partner.

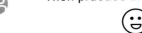

a. ● ¿Te gusta hacer deporte?
● Me encanta. ¿Y a ti?
● A mí, ...

b. ● ¿Te gustan los videojuegos?
● No. ¿Y a ti?
● A mí, ...

c. ● ¿Te gusta la música?
● Sí. ¿Y a ti?
● A mí, ...

5.5 Listen to a radio broadcast reporting on the latest survey about university students and the free time activities they like to do most and least. Complete the chart with the activities you hear.

	Porcentaje
a. Ir a conciertos de música moderna.	74%
b.	
c.	
d.	
e.	
f.	
g.	
h.	
i. Escuchar la radio para informarse.	

5.6 Listen again and indicate the percentages for each activity in 5.5.

5.7 Arrange the results in order of preference from the most to the least. Share your statistics with a partner and take turns saying whether you have similar or different preferences. What conclusions can you draw?

Modelo: 1. A los jóvenes les encanta ir a conciertos de música moderna. ¿Y a ti?
...
9. No les gusta nada escuchar la radio para informarse. ¿Y a ti?

Use the following to express degrees of intensity:
- mucho
- bastante *(well enough)*
- no…demasiado *(not much)*
- no…nada *(not at all)*

3. VERB *DOLER* AND PARTS OF THE BODY

» The verb **doler** is an **o>ue** stem-changing verb that is used to describe aches and pains. It follows the same patterns as **gustar**.

Me duele el estómago. *My stomach hurts.*   A María **le duelen** los pies. *Maria's feet hurt.*

DOLER (o>ue) *to hurt, ache*		
A mí	me	
A ti	te	
A usted/él/ella	le	**duele** el estómago
A nosotros/as	nos	
A vosotros/as	os	**duelen** los pies
A ustedes/ellos/ellas	les	

» Another way to describe what hurts you is with the expression **tener dolor de** + body part.
Tengo dolor de cabeza. *I have a headache.*

5.8 ___ Look at the image to learn the words in Spanish for parts of the body. Then complete the sentences with *doler* and the corresponding body part.

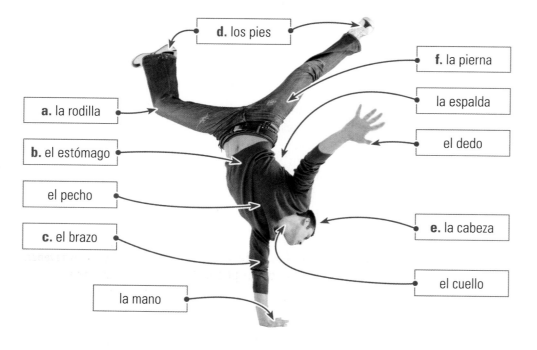

d. los pies
f. la pierna
la espalda
el dedo
a. la rodilla
b. el estómago
el pecho
c. el brazo
la mano
e. la cabeza
el cuello

a. (A mí) .....Me duele la rodilla.....
b. (A nosotros) ....
c. (A ti) ....
d. (A él) ....
e. (A ellos) ....
f. (A ustedes) ....

5.9 ___ With a partner, say what body parts you would use to do the following activities. Each of you should mention a different body part.

Modelo: E1: Para esquiar, uso las piernas.
E2: Y los brazos.
E1: Y…

a. para bailar   **c.** para hacer yoga
b. para montar en bici   **d.** para jugar al basquetbol

5.10 Look at the patients waiting to see the doctor. Match their symptoms to what ails them.

a. Tiene fiebre.   **b.** Está estresada.   **c.** Está cansado.   **d.** Tiene tos.   **e.** Tiene gripe.

1. ☐ Le duelen el cuello y la espalda y no duerme bien.
2. ☐ Le duele el pecho cuando tose mucho.
3. ☐ Le duele la cabeza y tiene 102 °F.
4. ☐ Le duele todo el cuerpo y necesita tomar muchos líquidos.
5. ☐ Tiene dolor de cabeza y está muy nerviosa.

5.11 Match the doctor's questions and comments to the patient's responses. Then arrange the conversation in the appropriate order and practice taking parts with a partner. Remember to conjugate the verbs as needed.

Modelo: Doctor: Buenos días, señor López.
Paciente: Buenos días, doctor.
. . .

1. Buenos días, señor López.
2. Dígame, ¿qué le ocurre?
3. Necesito ponerle el termómetro para ver si (tener) .... fiebre. ¿(Doler, a usted) .... la cabeza?
4. ¿(Tomar) .... medicamentos habitualmente?
5. Bueno... (Tener) .... un poco de fiebre y algo de congestión en el pecho. Creo que (tener) .... gripe.
6. Sí, (tener) .... que tomar un antibiótico cada ocho horas para la tos y la congestión.

a. ¿(Tener) .... que tomar algún medicamento?
b. Buenos días, doctor.
c. Muchas gracias, doctor.
d. (Tomar) .... una aspirina algunas veces.
e. (Estar) .... muy cansado y (tener) .... tos.
f. Sí, y también (doler) .... el pecho.

5.12 With a partner, describe how the following people are feeling. Use the verbs *estar* and *doler*, parts of the body, and expressions with *tener* to complete your description. Then present your versions to the class.

Modelo: A Estela le duele todo el cuerpo. Está cansada y tiene sueño. No puede trabajar. Tiene que tomar té.

Expressions with **tener**:
- tener hambre
- tener sed
- tener calor
- tener sueño
- tener frío
- tener que + infinitive

 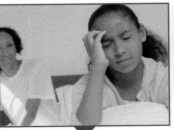  

Estela   Anita   Esteban   Rosa

VIDEOCLASES 9 Y 10

DESTREZAS

1. COMPRENSIÓN DE LECTURA

5.1 Read the introduction to the e-mail and list five activities you might suggest if you were writing to Marta.

1. .... 2. .... 3. .... 4. .... 5. ....

5.2 Read the text, and answer the questions below with *sí o no* according to the reading.

⚙ ESTRATEGIA

Making inferences about personality and attitude
When reading a personal message between friends, use the introduction for context and useful clues about the writer and his/her views. What does the introduction convey to you about the main characters? How would you describe each of them based on the introduction alone? And after reading the entire passage?

Las recomendaciones de Mónica

Todos los fines de semana Marta le manda un correo a su amiga Mónica para hablar sobre el fin de semana. Marta nunca sabe *(never knows)* qué quiere hacer y Mónica siempre tiene buenas ideas. Este es un resumen de las últimas recomendaciones de Mónica a su amiga.

● ● ● Asunto: Recomendaciones

De: Mónica　　　　　　　　**Para:** Marta

 Hola, Marta, pienso que estás contenta porque es viernes y este fin de semana hay muchísimas cosas que puedes hacer. Por ejemplo, si quieres ver una película en el cine, hay tres opciones interesantes: una comedia española con Penélope Cruz, un drama argentino y una película de animación. Por cierto, tengo una novela de un escritor venezolano. Si tienes tiempo, puedes leer la novela este fin de semana, está muy bien. Otra opción es comer en un restaurante. Yo te recomiendo un restaurante mexicano que tiene una comida muy buena y es bastante barato *(inexpensive)*. Lo mejor son los tamales y los tacos al pastor, ¡me encantan los tacos! Además, puedes escuchar rancheras, que son las canciones típicas de México. Si quieres hacer deporte, podemos montar juntas en bici el domingo. Yo tengo una bici nueva. Es el regalo *(gift)* de mis padres por mi cumpleaños. Por último, ¿te gusta cantar? Es que tengo un karaoke en casa y el domingo puedes venir a cantar con mi hermana y conmigo. ¿Te imaginas? Puede ser muy divertido. Además, mi padre todos los domingos hace asado, entonces puedes almorzar con nosotros también.

　　　　　　　　　　　　　　　　　　　　　　　　　　　　　　　　Sí　**No**

a. ¿El padre de Mónica hace asado los sábados? .... ☐ ☐
b. ¿A Mónica le gustan los tacos? .... ☐ ☐
c. ¿La bici de Mónica es nueva? .... ☐ ☐
d. ¿Mónica tiene una hermana? .... ☐ ☐
e La novela que tiene Mónica, ¿es de un escritor mexicano? .... ☐ ☐
f. ¿Las rancheras son mexicanas? .... ☐ ☐

5.3 With a partner, compare the activities you each suggested in Activity 5.1 with the ones Mónica recommended. Which of you had the most in common with Mónica? What adjectives would you use to describe Mónica? Exchange impressions with your partner. Do you both agree?

5.4 ___ Read Marta's response to Monica's suggestions and check the ones Marta likes.

Asunto: Re: Recomendadiones

De: Marta

Para: Mónica

Muchas gracias por tus recomendaciones, Mónica.
Me encanta el cine argentino, entonces la película argentina que me recomiendas es una buena opción. Para la novela, no tengo tiempo este fin de semana, pero gracias. Y otra cosa, no me gusta nada la comida mexicana. No puedo montar en bici porque me duele mucho la pierna; pero lo del karaoke sí, me gusta muchísimo cantar. Además, el asado es mi comida favorita.

a. ☐ ver la película argentina

b. ☐ montar en bici

c. ☐ leer la novela

d. ☐ cantar con el karaoke

e. ☐ comer comida mexicana

f. ☐ comer asado

2. EXPRESIÓN ESCRITA

5.5 ___ Make some recommendations to your classmates about what to do this weekend. Then exchange papers with another classmate.

 **ESTRATEGIA**

Using supporting examples

When preparing a persuasive argument, you should provide examples to state your position. Making a list of your arguments either in support of or in opposition to a suggestion will help you make a strong case.

> Hola, compañeros. Estas son mis recomendaciones para el fin de semana…

5.6 ___ Which suggestions do you like best? Why? Respond to the recommendations you received.

> Muchas gracias por tus recomendaciones…

3. INTERACCIÓN ORAL

5.7 ___ Prepare a talk to present to the class about your tastes and preferences relating to different foods. Talk about the following topics.

 **ESTRATEGIA**

Using models

It helps to go back and review models that prepare you for a task like this one. Prepare and practice examples with *gustar* and verbs like *gustar*. Reread the section about meals and parts of the day.

Hábitos alimenticios en tu familia		
Gustos y preferencias	Tú y la comida	Las costumbres horarias

TRADICIONES GASTRONÓMICAS

Una cocinera prepara pupusas en El Salvador.

¿QUÉ COMEMOS?

'Barriga llena, corazón contento', dice un conocido refrán en español. En Latinoamérica, la comida no solamente es sustento*: es tradición, comunicación e identidad. Te invitamos a la mesa de México, El Salvador, Guatemala, Nicaragua y Costa Rica.

DENOMINACIÓN DE ORIGEN

La denominación de origen es una forma de relacionar un producto con la región donde se crea. Es una indicación de calidad y una garantía* de que el producto es único.

Estos son algunos de los productos latinoamericanos con denominación de origen:

· Vainilla de Papantla, quesos de Oaxaca y tequila de Jalisco (México).

· Café Antigua (Guatemala).

· Quinua Real (Bolivia).

· Cacao de Chuao (Venezuela).

COCINA Y EMOCIONES

«En mi familia hay una gran tradición culinaria. Y, para mí, la cocina es un lugar donde pasan muchísimas cosas» dice la escritora mexicana Laura Esquivel.

Cacao y otros ingredientes de la cocina mexicana

Las recetas* y la cocina son protagonistas en *Como agua para chocolate*, la novela más famosa de la autora. Allí, Tita, una joven enamorada pero tímida, expresa sus sentimientos exclusivamente a través de los platos que prepara.
La novela, y la película que se hizo en base a ella, son un ejemplo de la conexión entre comida y emociones en Latinoamérica.

¿Hay conexión entre la comida y las emociones en tu país o región? Por ejemplo, ¿qué tipo de plato se prepara para celebrar fiestas en familia, como el Día de Acción de Gracias, los cumpleaños o la Navidad?

RESTAURANTES INFORMALES Y PLATOS TÍPICOS

Comer en la calle es una costumbre* muy extendida en Latinoamérica. Hay varios tipos de negocios donde venden comida en la calle, como mercados, puestos* informales o carritos de comida*.

Según un estudio reciente de la consultora McCann, al menos la mitad de los habitantes de Argentina, Puerto Rico, México, Guatemala y Chile come en la calle más de una vez a la semana.

Muchos platos típicos latinoamericanos son ideales para comer de paso*, por ejemplo, las tortillas rellenas con queso o carne. En Honduras se llaman «baleadas», «pupusas» en El Salvador y «gorditas» en México, y hay una versión similar llamada «empanada» en Argentina, Chile y otros países.

Otros, en cambio, se saborean* mejor en la mesa y con más tiempo. Por ejemplo, el gallo pinto, un plato a base de arroz y frijoles típico de Costa Rica y Nicaragua, o el *Kak'ik*, un tradicional guiso* guatemalteco de pavo.

Carrito de comida mexicana

> **Y en tu país o región, ¿es habitual comer en la calle? ¿Qué tipo de negocios venden comida en la calle y qué platos ofrecen?**

¿YA HAS PROBADO...

...la banana roja? Es una variedad de la fruta tropical muy apreciada en Centroamérica. La piel de estas bananas es roja o marrón, y su interior es rosado. Se come en pasteles, frita o tostada.

...los chapulines? Es una especialidad mexicana que consiste en saltamontes* tostados. Se comen con ajo*, lima y sal.

...la horchata? Es una bebida fresca que se prepara en muchos países latinoamericanos, a base de arroz, agua, canela y vainilla.

> **¿Cuál de estas especialidades te gustaría probar y por qué?**

ANSWER THE FOLLOWING QUESTIONS

a ¿Qué aspectos de la cocina o la comida están relacionados con la identidad estadounidense?

b Investiga: ¿qué productos gastronómicos de tu país tienen denominación de origen? ¿Qué productos no la tienen pero deberían tenerla, en tu opinión?

c ¿Qué plato estadounidense es delicioso para ti, pero piensas que es un poco raro para los extranjeros?

d Investiga alguno de los platos mencionados, busca una receta fácil y prepárala para la clase.

Bananas rojas de Costa Rica

GLOSARIO

el ajo – garlic	
de paso – in passing	
el carrito de comida – food truck	
la costumbre – habit	
la garantía – guarantee	
el guiso – stew	
el puesto – stall, stand	
el saltamonte – grasshopper	
la receta – recipe	
se saborean – are tasted	
el sustento – sustenance	

Fuentes: UNESCO, BBC Mundo, McCann, *El País*.

VOCES LATINAS

Mi comida preferida

EN RESUMEN

Situación

Visita a una familia venezolana

You have accepted your roommate's invitation to spend a long weekend with his/her family. The family is from Venezuela and only speaks Spanish.

LEARNING OUTCOMES

ACTION

Talk about what you do in your free time

5.1 Your host family wants to get to know you better. Explain to them what you do usually in your free time. Describe your hobbies, your favorite activities and sports and ask them about theirs. Take turns playing both roles with a partner.

Describe likes and dislikes

Express agreement and disagreement

5.2 Your host mother is preparing dinner and wants to know about the foods you like and don't like much. First tell her about your preferences and then respond to her questions about specific foods. Take turns playing both roles with a partner. Be sure to agree and disagree with each other's preferences.

Describe how you are feeling

5.3 You just received an e-mail from your parents; they ask you about your stay. Write an e-mail to your parents and explain to them how you are feeling and why.

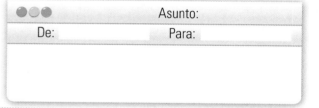

Asunto:
De: Para:

Order in a restaurant

5.4 On the last night you decide to invite the family to eat at a local Venezuelan restaurant. You want to show them how much you have learned about their culture. You insist on speaking only Spanish to the waiter and ordering in Spanish. With a partner, take turns playing the role of the waiter. Order from the following menu.

Restaurante Santa Ana de Coro			
Entradas		**Platos fuertes**	
Tequeños	11,20 $	Pabellón Criollo	14,50 $
Chupe de Gallina	8,60 $	Patacón relleno con carne	11,60 $
Ensalada de palmitos	9,50 $	Asado negro	12,60 $
Empanadas fritas	10,80 $		
Arepitas	12,30 $	**Postres**	
Cachapas	8,50 $	Tapioca con Coco y Maracuyá	6, 40 $
		Quesillo	5,90 $

Explain what part of the body hurts

5.5 Your visit is over and you are home. Unfortunately you are not feeling well. Tell the doctor what hurts and why you think that it does. With a partner, take turns playing the role of the doctor.

LISTA DE VOCABULARIO

Actividades de ocio y tiempo libre
Free time activities

chatear con amigos to chat (online) with friends
hacer ciclismo to bike
hacer esquí to ski
hacer fotos to take pictures
hacer judo to practice judo
hacer natación to practice swimming
hacer yoga to practice yoga
ir de compras to go shopping
jugar a los bolos to bowl, go bowling
jugar a videojuegos to play videogames
montar en bici to ride a bike
navegar por el mar to sail
navegar por Internet to go on the Internet
tomar el sol to sunbathe
tomar tapas to eat tapas (small dishes of food)
ver un concierto to go to a concert
ver una exposición to go to an exhibit
ver una película to see a movie

Estados de ánimo
Moods and feelings

alegre happy
contento/a cheerful
de buen humor in a good mood
de mal humor in a bad mood
nervioso/a nervous
preocupado/a worried
tranquilo/a quiet, calm
triste sad

Alimentos Foods

el arroz rice
la carne meat
las cebollas onions
los frijoles beans
la hamburguesa hamburger
el helado ice cream
los huevos eggs
la leche milk
la limonada lemonade
las manzanas apples
el marisco shellfish, seafood
las naranjas oranges
las palomitas popcorn
las papas fritas french fries
las papitas fritas potato chips
la sopa de verdura vegetable soup
el pescado fish
los pimientos peppers
el pollo chicken
el postre dessert
los dulces candies, sweets
el queso cheese
la tarta de chocolate chocolate cake
los tomates tomatoes
las verduras vegetables
el yogur yogurt
las zanahorias carrots

Verbos Verbs

doler (o>ue) to hurt
encantar to love
gustar to like

Partes del cuerpo Parts of the body

el brazo arm
la cabeza head
el cuello neck
el dedo finger
la espalda back
el estómago stomach
la mano hand
el pecho chest
el pie foot
la pierna leg
la rodilla knee

Palabras y expresiones útiles
Useful words and expressions

A mí, también. Me too.
A mí, tampoco. Me neither.
bastante well enough
muchísimo very much, a lot
no…demasiado not much
no…nada not at all

6
VAMOS DE VIAJE

Hablamos de	Vocabulario y comunicación	¡En vivo!	Gramática	Destrezas	Sabor Latino	En resumen
• El transporte en la ciudad	• **Los medios de transporte:** Stopping someone to ask for information • **Establecimientos de la ciudad:** Describing where things are located	• **Episodio 6 Un barrio interesante:** Retaining information	• Irregular verbs *ir, seguir, jugar,* and *conocer* • Prepositions *en, a, de* • Direct object pronouns • Adverbs of quantity	• **¡Ya estoy en México D.F.!** – **Comprensión de lectura:** Identifying keywords – **Expresión escrita:** Persuasion – **Interacción oral:** Seeking feedback	• **Turismo de aventuras**	• **Situación:** Recados y conversaciones • Vocabulario
	Pronunciación					
	• The sounds of **g**, **gu** and **j**					

- Fíjate en los muchachos de la imagen principal. ¿Qué llevan en la espalda? ¿Qué hacen? ¿Por qué?
- ¿Te gusta viajar a otros países?
- ¿Te gusta explorar las ciudades?
- ¿Qué ciudades quieres visitar?

LEARNING OUTCOMES

By the end of this unit you will be able to:

- Get around in a city
- Ask and give directions
- Describe where things are located
- Talk about means of transportation

El transporte
en la ciudad

6.1 Observa las imágenes y elige la opción correcta.

1. Las imágenes muestran una conversación entre...

a. un turista y un policía.
b. un médico y su paciente.
c. dos amigos.

2. En la primera imagen, el muchacho de la derecha tiene en las manos...

a. una guía.
b. un diario.
c. un mapa.

3. Parece que él está...

a. de buen humor.
b. triste.
c. preocupado.

4. En la segunda imagen, uno de los muchachos...

a. tiene que tomar un avión.
b. tiene que hacer deporte.
c. tiene que ir de compras.

5. ¿Dónde crees que va?

a. De vacaciones.
b. Al gimnasio.
c. A casa.

6. ¿Como crees que es el muchacho de la izquierda?

a. Es antipático porque no quiere ayudar al muchacho.
b. Es vago y no escucha al muchacho.
c. Es amable porque ayuda a su amigo.

6.2 **49** Escucha la siguiente conversación e indica si la frase se refiere a Óscar, a Paco o a la estación de autobuses.

Paco: ¿Qué buscas, Óscar?
Óscar: Ah, necesito tu ayuda. Voy a la estación de autobuses. ¿Está **cerca de** la universidad?
Paco: Bueno, depende. A estas horas es mejor ir en metro para evitar todo el tráfico en la ciudad.
Óscar: ¿Cómo voy desde aquí?
Paco: Mira, estamos en Ciudad Universitaria, **delante de** la universidad hay una estación de metro. Toma la línea 3 hasta Balderas. En Balderas haces transbordo a la línea 1 hasta Observatorio. Son unas siete paradas.

La estación de autobuses está justo **al lado de** la estación de metro.
Óscar: ¡Ándale! Está **lejos de** aquí. Bueno, ¿y sabes cuánto cuesta el boleto?
Paco: Tres pesos, pero es mejor comprar una tarjeta electrónica. Cuesta 10 pesos y luego la puedes recargar muchas veces.
Óscar: Está bien. ¿Y dónde la puedo comprar?
Paco: En las taquillas del metro.
Óscar: Ah, ya... Muchas gracias. Hasta luego.
Paco: No hay de qué, Óscar. Buen viaje... un momentito, ¿dónde vas, muchacho?

	Óscar	Paco	Estación de autobús
a. Conoce muy bien la ciudad.			
b. Piensa que hay mucho tráfico ahora.			
c. Quiere comprar una tarjeta electrónica.			
d. Está al lado de la estación de autobuses.			
e. Sale de viaje.			
f. Piensa que está lejos de la universidad.			
g. Está cerca de la universidad.			
h. Sabe el precio del boleto.			

6.3 ¿Dónde está Óscar? Fíjate en la situación de Óscar con respecto al edificio de la universidad y relaciona las frases y las imágenes.

1. ☐ cerca de la universidad
2. ☐ delante de la universidad
3. ☐ lejos de la universidad
4. ☐ al lado de la universidad

6.4 Contesta las preguntas. Después, habla con tu compañero/a sobre el campus de tu universidad. ¿Quién conoce mejor el campus?

a. ¿Vives cerca o lejos de la universidad?

b. ¿Qué edificio está al lado de la biblioteca?

c. ¿Qué edificio está más lejos para ti? ¿Qué estudias o haces allí?

d. ¿Qué hay delante de la universidad?

e. ¿Necesitas un mapa para encontrar los edificios y las clases?

f. ¿Tomas el autobús para moverte por el campus?

APUNTES: El transporte público en México

✓ La mayoría de los mexicanos usa el transporte público.

✓ El transporte colectivo en la Ciudad de México es bastante económico. Los menores de 5 años y los mayores de 60 viajan gratis.

✓ Desde el año 2010 existe el Eco Bus, un transporte menos contaminante.

✓ Algunos autobuses y vagones de metro son exclusivos para mujeres.

✓ Para transportarse dentro de las ciudades o entre los diferentes lugares de México, se usa más el servicio de autobuses.

✓ Solo hay trenes para pasajeros en tres rutas turísticas.

VOCABULARIO Y COMUNICACIÓN

1.A VOCABULARIO: LOS MEDIOS DE TRANSPORTE

autobús = el camión (México), el colectivo (Argentina), la guagua (Caribe), la chivita (Colombia)

metro = el subterráneo (el subte) (Argentina)

6.1 Relaciona los medios de transporte con su palabra en español. Después, escucha el audio para comprobar tus respuestas.

a. el tren

b. el taxi

c. el barco

d. el autobús

e. la moto

f. a pie

g. el avión

h. el metro

i. la bicicleta (la bici)

Fíjate:

Estación de metro / tren

Parada de autobús

6.2 Indica qué tipo de transporte prefieres tomar en las siguientes situaciones. Después, comparte las respuestas con tu compañero/a.

Modelo: para ir de tu casa a casa de un amigo ▶ Prefiero ir a pie.

Use **ir en** with transportation to express *to go by*.

a. para ir a la universidad

b. para viajar por el Caribe

c. para ir de vacaciones

d. para visitar a la familia

e. para viajar por la ciudad

f. para ir de una ciudad a otra

6.3 Lee el siguiente blog de una web de viajes de Puerto Rico y completa los espacios en blanco con el medio de transporte adecuado de la lista.

un barco • un carro • a pie • tren • metro • un taxi • el autobús

www.puertoricodelencanto.com

✈ *Puerto Rico*

¡Hola y bienvenidos a mi blog de Puerto Rico, la isla del encanto! Está más cerca de lo que piensas. Mira, sales de tu ciudad en (a) .... y llegas al aeropuerto de San Juan en poco tiempo. Después tomas (b) .... para ir al Hotel Paraíso. El hotel está cerca de la playa, puedes ir (c) .... todos los días, no necesitas carro. Para conocer el Viejo San Juan, tomas (d) .... que sale del hotel. En el Viejo San Juan no hay (e) ...., pero no es necesario porque el centro no es muy grande. Recomiendo

Calle en el viejo San Juan

visitar las cavernas de Camuy. Es muy popular alquilar *(rent)* (f) .... para ir hasta allí. Si quieres conocer la isla de Culebra, toma (g) .... pequeño desde Fajardo. El viaje es de solo 45 minutos y el mar es muy bonito. ¡Que pasen buenas vacaciones!

6.4 Estos son algunos adjetivos para describir los medios de transporte. Relaciona cada adjetivo con su definición. Después, compara con tu compañero/a.

1. rápido/a
2. caro/a
3. lento/a
4. barato/a
5. seguro/a
6. práctico/a
7. peligroso/a
8. cómodo/a
9. contaminante
10. ecológico/a

a. que es limpio y no contamina
b. que tarda *(takes)* poco tiempo
c. que produce polución
d. que tarda mucho tiempo
e. que tiene riesgo *(risk)*
f. que es confortable
g. que no tiene riesgo
h. que es útil
i. que cuesta poco dinero
j. que cuesta mucho dinero

6.5 Clasifica cada uno de los adjetivos de la actividad anterior como positivo o negativo en relación al transporte.

Positivos	Negativos

6.6 Describe los siguientes medios de transporte según tu clasificación de la actividad 6.5. Después, intercambia tus opiniones con un/a compañero/a. ¿Están de acuerdo?

a. Para mí, el carro es… ....
b. Para mí, el avión es… ....
c. Para mí, el tren es… ....

d. Para mí, el metro es… ....
e. Para mí, el barco es… ....
f. Para mí, la moto es… ....

♺ ....
To compare and contrast opinions, use:
- ¿Y para ti?
- Para mí, también.
- Para mí, no.
....

6.7 Piensa en el futuro del planeta y nuestras responsabilidades. ¿Qué tenemos que hacer, con respecto al transporte, para ser más responsables? Discútelo con tus compañeros y prepara una lista de ideas para presentar a la clase.

Hay	Está/Están
» Use **hay** to talk and ask about the existence of people or things. En mi clase **hay** un pizarrón. _In my class, there is a blackboard._ También **hay** muchos libros. _There are many books too._	» Use **está / están** to talk or ask about where someone or something is located. El pizarrón **está** detrás de la mesa. _The blackboard is behind the desk._ Los libros **están** en la estantería. _The books are in the bookshelf._

Formal	Informal

Para pedir información

Perdone / Oiga (usted), ¿**dónde hay** un parque? ¿**Sabe** (usted) **dónde está** la biblioteca?	**Perdona / Oye**, ¿dónde hay un parque? ¿**Sabes** dónde está la biblioteca?

Para responder

Sí, claro / Pues, mire…	Sí, claro / Pues, **mira**…
	(No), **No lo sé**, lo siento.

6.8 Lee el siguiente artículo sobre Santiago de Chile y subraya todos los _hay / está_ que aparecen en el texto.

Santiago de Chile

La capital de Chile está en el centro del país, entre la cordillera de los Andes y el océano Pacífico; es una de las ciudades más recomendadas para hacer turismo. Santiago tiene más de cinco millones de habitantes.

El lugar turístico más visitado es la Plaza de Armas; está en el centro de la ciudad y en ella hay muchos edificios conocidos, como la Catedral Metropolitana. Otro monumento nacional muy famoso es el Palacio de la Moneda, residencia del presidente de la República de Chile.

Los museos más visitados son el Museo Histórico Nacional y el Museo de Bellas Artes.

Santiago no tiene mar, pero sí un río que se llama Mapocho y que cruza toda la ciudad. En el centro hay un parque natural, el Cerro Santa Lucía, una pequeña montaña en el medio de la ciudad.

Plaza de Armas

To give directions, use:
- (⬆) Sigue/Siga todo recto.
- (➡) Gira/Gire a la derecha.
- (⬅) Gira/Gire a la izquierda.

6.9 Escucha la conversación y señala en el mapa el trayecto que necesita hacer Antonio para llegar al Cerro Santa Lucía.

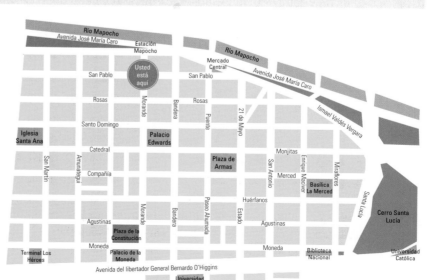

2.A VOCABULARIO: ESTABLECIMIENTOS DE LA CIUDAD

6.10 Estos son algunos de los lugares que normalmente encuentras en una ciudad. Escucha y escribe los que faltan. Son cognados.

Fíjate
Note that many of the words for places in Spanish are cognates, except for one. Which word from the list is a false cognate?

Fíjate
What ending or suffix is common to many of the names for stores in Spanish?
Combine the suffix with the noun to form the name of the store.

A store can also be identified by what it sells:
-la tienda de ropa
-la tienda de muebles

el ....

el ....

la farmacia

el ....

la zapatería

la librería

el ....

el ....

la ....

el centro comercial

el gimnasio

el ....

el ....

la cafetería / el ....

el ....

la panadería / la pastelería

6.11 Por turnos, pregunta a tu compañero/a dónde tienes que ir:

a. para ver una exposición
b. para comprar medicamentos
c. para comprar diferentes cosas
d. para hacer deporte
e. si estoy enfermo/a
f. para comprar zapatos
g. Otros: ....

Modelo: E1: ¿Dónde hay que ir para ver una exposición?
E2: A un museo.

Para expresar ubicación...

» To describe where people or objects are located, use:

delante de *in front of*	encima de *on top of*	lejos de *far from*
cerca de *close to, near*	a la izquierda de *to the left of*	dentro de *inside*
detrás de *behind*	debajo de *under, below*	entre... y... *between... and...*
al lado de *next to*	a la derecha de *to the right of*	

6.12 Escucha y ordena las imágenes.

 53

¿Dónde está el perro?

In Spanish the article **el** contracts with **de** to form **del** and with **a** to form **al**.

- La tienda de ropa está **al** lado **del** supermercado.

6.13 Ahora, mira otra vez las imágenes y completa. Sigue el modelo.

Imagen a: El perro está a la izquierda del televisor.

Imagen b: ....

Imagen c: ....

Imagen d: ....

Imagen e: ....

Imagen f: ....

Imagen g: ....

Imagen h: ....

Imagen i: ....

Imagen j: ....

Imagen k: ....

6.14 Umberto, un muchacho venezolano que vive en Caracas, explica cómo es su barrio *(neighborhood)*. Mira el plano y completa los espacios en blanco con expresiones de ubicación y establecimientos. Después, escucha y comprueba tus respuestas.

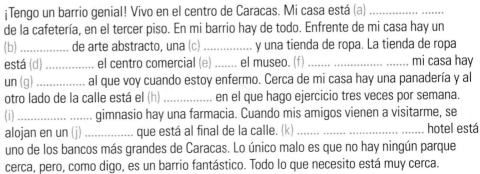

¡Tengo un barrio genial! Vivo en el centro de Caracas. Mi casa está (a) .... de la cafetería, en el tercer piso. En mi barrio hay de todo. Enfrente de mi casa hay un (b) .... de arte abstracto, una (c) .... y una tienda de ropa. La tienda de ropa está (d) .... el centro comercial (e) .... el museo. (f) .... mi casa hay un (g) .... al que voy cuando estoy enfermo. Cerca de mi casa hay una panadería y al otro lado de la calle está el (h) .... en el que hago ejercicio tres veces por semana. (i) .... gimnasio hay una farmacia. Cuando mis amigos vienen a visitarme, se alojan en un (j) .... que está al final de la calle. (k) .... hotel está uno de los bancos más grandes de Caracas. Lo único malo es que no hay ningún parque cerca, pero, como digo, es un barrio fantástico. Todo lo que necesito está muy cerca.

6.15 Almudena vive en una pequeña ciudad española. Escucha y ordena las imágenes, según se mencionan en el audio.

6.16 Imagina que este es tu barrio. Elige dónde vives y coloca estos establecimientos en el plano.

a. una cafetería

b. un hospital

c. un gimnasio

d. una farmacia

e. un centro comercial

f. un hotel

g. un banco

h. otro establecimiento de tu interés ....

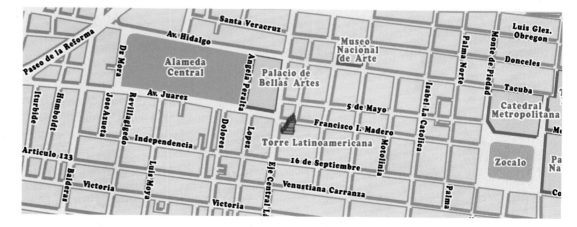

6.17 Por turnos, dile a tu compañero/a dónde están situados los establecimientos de tu barrio de la actividad anterior. Él/ella debe señalarlos. ¿Tiene el plano correcto?

6.18 Vuelve a leer y escuchar los textos de Umberto y Almudena y anota las ventajas *(advantages)* y desventajas *(disadvantages)* que tiene vivir en dos ciudades tan diferentes.

Vivir en una gran ciudad		Vivir en una ciudad pequeña	
Ventajas	Inconvenientes	Ventajas	Inconvenientes

6.19 En grupos de cuatro, comparen sus anotaciones anteriores y digan dónde prefieren vivir. ¿Están de acuerdo?

6.20 ¿Qué características tiene su barrio ideal? ¿Dónde debe estar situado? ¿Qué establecimientos y lugares debe tener? Sigan las instrucciones para hacer el cartel del barrio ideal.

a. En grupos de cuatro, elaboren una lista con siete características. Tomen nota.

b. Compartan sus ideas con la clase y elaboren una única lista en la pizarra.

c. Formen siete pequeños grupos. Cada uno se encarga de una característica anotada en la pizarra. Tienen que buscar imágenes para el cartel.

d. Pongan en común sus imágenes y elaboren el cartel.

PRONUNCIACIÓN

THE SOUNDS OF *G, GU* AND *J*

6.1 Escucha y repite.

ge ▶ **ge**nte	ja ▶ **ja**món	ga ▶ **ga**to	gui ▶ **gui**tarra
gi ▶ **gi**rar	jo ▶ **jo**ven	go ▶ **go**rdo	gue ▶ Mi**gue**l
	ju ▶ **ju**eves	gu ▶ **gu**apo	

6.2 Por turnos, pronuncien las siguientes palabras. Después, escuchen para comprobar su pronunciación.

gamba	agosto
jubilarse	guisante
ajo	guerra
girar	general
jabalí	girasol
agua	página

6.3 Completa los espacios en blanco con *g* o *j*. Después, repite las palabras en voz alta para practicar tu pronunciación.

a. ca.........ón

b. o.........o

c. má.........ico

d. ....untos

e. traba.........o

f. ima.........en

6.4 Completa los espacios en blanco con *g* o *gu*. Después, repite las palabras en voz alta para practicar su pronunciación.

a. ....ato

b. ....orra

c. hambur.........esa

d. ....afas

e. ....azpacho

f. se.........ir

Un barrio interesante

ANTES
DEL VIDEO

6.1 Observa las imágenes. Habla con tu compañero/a sobre el tipo de ciudad donde viven Lorena y Eli. ¿Cómo es? Basa tus respuestas en lo que crees que puede ocurrir. Usa tu imaginación.

6.2 Vuelve a mirar la imagen 1 y escribe al menos siete objetos o lugares que aparecen.

6.3 Mira una vez el episodio y marca los elementos que aparecen en la conversación entre Lorena y Eli. Compara con tu compañero/a. ¿Coinciden?

☐ estación de tren   ☐ fuente   ☐ tienda de ropa   ☐ supermercado

☐ banco   ☐ librería   ☐ paradas de bus   ☐ estación de metro

☐ cine   ☐ farmacia   ☐ estatua   ☐ centro comercial

☐ comisaría   ☐ papelería   ☐ museo   ☐ parque

☐ gimnasio   ☐ zapatería   ☐ restaurante

 ESTRATEGIA

Retaining information
When you listen to a video or conversation in Spanish, it is normal not to understand every word, but you should listen and watch for overall understanding. Pay special attention to the important words that provide context to the scene.

DURANTE
DEL VIDEO

6.4 Para ir de una parte a otra en una ciudad puedes usar diferentes medios de transporte. Completa los siguientes con la preposición que corresponde. ¿Qué medios de transporte aparecen en este segmento?

`02:25 - 04:18`

a. andar/montar .... bicicleta   **d.** montar .... metro   **g.** ir .... avión

b. ir .... pie   **e.** viajar .... tren   **h.** viajar .... barco

c. viajar .... autobús   **f.** montar .... caballo   **i.** ir .... tranvía

6.5 Vuelve a mirar el segmento anterior y elige la opción correcta.

a. Para ir al gimnasio Lorena puede ir **a pie** / **en metro** / **en bici**.

b. Para ir a la biblioteca es mejor **ir a pie** / **en metro** / **en bici**.

c. Para llegar al centro comercial es más rápido **ir a pie** / **en metro** / **en bici**.

6.6 Indica las frases que corresponden a lo que Eli y Lorena comentan en el segmento anterior.

a. ☐ Eli lleva poco tiempo en la ciudad.

b. ☐ Lorena quiere encontrar un gimnasio bueno pero no muy caro.

c. ☐ La biblioteca está un poco lejos de la casa de Lorena.

d. ☐ No es posible ir en bici en la ciudad donde viven Lorena y Eli.

e. ☐ El centro comercial está al sur de la ciudad.

f. ☐ Es posible ir a pie al centro comercial desde la casa de Lorena.

6.7 En este segmento Lorena está un poco perdida y pregunta a un hombre cómo ir al centro comercial (imagen 5). Mira el segmento y ordena las palabras para formar la frase que dice.

`04:28 - 04:41`

todo / Sigue / izquierda, / segunda / recto / calle / tu / y / vas / lo / gira / la / a / y / encontrar / frente./ de / a

Sigue…

6.8 Mira la imagen 6. Escribe cinco frases sobre la ubicación *(location)* de los siguientes elementos. Sigue el modelo.

Modelo: El bazar chino está al lado de la farmacia.

Los elementos	La ubicación
la estatua • Lorena • la muchacha desconocida • el restaurante la farmacia • Eli • el bazar	delante de • a la derecha de a la izquierda de • al lado de en frente de • encima de…

a. ....

b. ....

c. ....

d. ....

e. ....

DESPUÉS
DEL VIDEO

6.9 Trabaja con tu compañero/a para encontrar los elementos de la lista de la Actividad 6.3 que están en el barrio de tu universidad. ¿Es un barrio interesante? ¿Por qué?

En mi barrio hay…

6.10 Comenta con tu compañero/a qué medios de transporte usas tú habitualmente para moverte en tu ciudad. ¿Cuál no usas nunca? ¿Por qué?

GRAMÁTICA

1. IRREGULAR VERBS *IR*, *SEGUIR*, *JUGAR*, AND *CONOCER*

» You have already learned some irregular verbs in Spanish. Verbs such as **hacer** and **salir** that have irregular **yo** forms, verbs that stem change such as **pedir** and **poder**, and verbs that are completely irregular like **ser**. In this next group, we have examples of each of these types. Look at the forms carefully and see if you recognize the pattern.

	IR (to go)	**SEGUIR** (to follow, continue)	**JUGAR** (to play)	**CONOCER** (to know, be familiar with)
yo	**voy**	si**g**o	**jue**go	cono**zc**o
tú	**vas**	si**g**ues	**jue**gas	conoces
usted/él/ella	**va**	si**g**ue	**jue**ga	conoce
nosotros/as	**vamos**	seguimos	jugamos	conocemos
vosotros/as	**vais**	seguís	jugáis	conocéis
ustedes/ellos/ellas	**van**	si**g**uen	**jue**gan	conocen

» The verb **ir** is irregular because it does not follow any pattern. It is usually followed by **a**.
   ***Voy** al trabajo en autobús.* *I go to work by bus.*
   *Nosotros **vamos** al parque para jugar al básquetbol.* *We go to the park to play basketball.*

» The verb **seguir** has both an irregular yo form and a stem change, **e ▶ i**.
   ***Sigo** las direcciones del mapa.* *I follow the directions on the map.*
   *Si **sigues** todo recto, llegas a la estación.* *If you continue straight, you'll get to the station.*

» The verb **jugar** is the only verb in Spanish that stem changes **u ▶ ue**. It is usually followed by **a**.
   ***Jugamos** a los videojuegos en casa de Rafa.* *We play videogames at Rafa's house.*
   *Alejandro **juega** al tenis.* *Alejandro plays tennis.*

» The verb **conocer** is irregular only in the **yo** form. Use **a** after **conocer** when saying you know or are acquainted with a person.
   *¿**Conoces** bien la ciudad?* *Do you know the city well?*
   ***Conozco** a muchas personas de Cuba.* *I know (am acquainted with) many people from Cuba.*

6.1 Completa la conversación entre Graciela y Ángel con la forma correcta de *seguir*. Comprueba las respuestas con tu compañero/a.

Graciela: No conozco muy bien este centro comercial. ¿Dónde está la zapatería que me gusta?

Ángel: Mira, está ahí. (Nosotros) (a) .... todo recto y está a la derecha.

Graciela: ¿Hay una tienda de ropa cerca también?

Ángel: Creo que sí. Pero yo tengo que ir a la librería. Entonces tú (b) .... por aquí para ir a la tienda y yo (c) .... por la izquierda para ir a la librería.

Graciela: Está bien. Cada uno (d) .... su camino y después quedamos en la parada de autobús delante del centro.

6.2

Relaciona de manera lógica los verbos con las frases que están debajo. Después, forma preguntas para entrevistar a tu compañero/a.

1. seguir ▶ ....
3. conocer ▶ ....
2. ir ▶ ....
4. jugar ▶ ....

a. tu familia a tus amigos de la universidad
b. a alguien en twitter
c. tus amigos y tú a algún deporte normalmente
d. en autobús, en metro o en carro a la universidad
e. a tus vecinos

f. o paras cuando el semáforo está en amarillo
g. bien la ciudad más cerca de la universidad o necesitas un mapa
h. una dieta con muchas frutas y verduras
i. más al boliche o a las cartas

2. PREPOSITIONS *EN, A, DE*

» As you have seen, certain verbs of motion are often followed by prepositions **a**, **en**, or **de**.
  – Use **en** with modes of transportation.
    *Viajamos **en** coche.* *We travel by car.*
  – Use **a** to express destination.
    *Mis padres van **al** supermercado.* *My parents are going to the supermarket.*
  – Use **de** to express origin or point of departure.
    *Salgo **de** mi casa a las 9.* *I leave my house at 9.*

When **a** is followed by **el** it contracts to form **al**.

a + el = al

Remember:

Use **a** with people after the verb **conocer**.

Use **a** with sports after the verb **jugar**.

To go on vacation ▶ ir **de** vacaciones

To take a trip ▶ ir **de** viaje

6.3

Completa las oraciones con *a, al, en, de* o *del*. ¡Atención!, no todas las oraciones necesitan una preposición. Después, usa las preguntas para entrevistar a tu compañero/a.

a. ¿Conoces .... muchos estudiantes en tu clase de español?

b. ¿Te gusta jugar .... videojuegos en tu tiempo libre o prefieres montar .... bici?

c. ¿Vives cerca .... centro comercial más grande de tu pueblo o ciudad?

d. ¿Te gusta ir .... los partidos de fútbol americano?

e. ¿Vas .... gimnasio?

f. ¿Conoces .... la ciudad de Nueva York?

g. ¿Vas .... la universidad .... carro o............ pie?

6.4

Completa las siguientes conversaciones con los verbos y las preposiciones de la lista. Después practica las conversaciones con tu compañero/a y prepara una similar para presentar en clase.

jugamos • en • ir • a • conoces • de • voy • sigues • en • vas • vamos

a. ● ¿Cómo puedo (a) .... a la casa de tu hermano?
   ● Para ir (b) .... su casa (c) .... todo recto por la calle Real, giras *(turn)* a la derecha y caminas diez minutos aproximadamente. La casa está (d) .... la calle Paz. Si *(if)* vas (e) .... autobús, es mejor.

b. ● ¿(f) .... dónde es Juan?
   ● ¿(g) .... a Juan?
   ● Claro, todos los domingos (h) .... con él a jugar al tenis y en verano (i) .... de vacaciones juntos.

c. ● ¿Dónde (j) ....?
   ● Al campo de fútbol. Mis amigos y yo (k) .... al fútbol por la tarde.

3. DIRECT OBJECT PRONOUNS

» Just as we use subject pronouns to avoid repetition of names, we use direct object pronouns to refer to someone or something already mentioned.

*¿Dónde compras **los boletos**?*
*Where do you buy **the tickets**?* } Direct object of the sentence.

***Los** compro en la taquilla del metro.*
*I buy **them** at the subway ticket booth.* } Direct object pronoun replaces the noun.

*¿Conoces **a Pedro**?*
*Do you know **Pedro**?* } Direct objects can be people or things. Remember to use **a** before direct objects that are people.

*Sí, **lo** conozco de la universidad.*
*Yes, I know **him** from school.* } Direct object pronouns must agree with the noun they replace.

» Here are the direct object pronouns in Spanish:

me	nos
te	os
lo / la	los / las

» In Spanish, direct object pronouns are placed before the conjugated verbs.

*Uso **la computadora** todos los días.* ▶ ***La** uso todos los días.*
*Pongo **el mapa** en la mochila.* ▶ ***Lo** pongo en la mochila.*
*Llamo **a mis amigas** por teléfono.* ▶ ***Las** llamo por teléfono.*

6.5 Relaciona cada descripción con el medio de transporte que le corresponde. Después, prepara descripciones para los medios que no las tienen y compártelas con tu compañero/a.

> **Modelo:** E1: Lo necesitamos cuando el autobús no llega. ¿Qué es?
> E2: El taxi.

1. Lo usamos para viajar por el Mediterráneo.
2. Muchos jóvenes la usan para no gastar gasolina.
3. Los estudiantes los toman para ir a la escuela.
4. Mi hermano la usa porque es más rápida que la bici.
5. Los usan las personas que viven en las ciudades.
6. Lo usa la gente que tiene que viajar largas distancias en poco tiempo.
7. ¿...?
8. ¿...?
9. ¿...?

a. el tren
b. la moto
c. el barco
d. la bicicleta
e. los autobuses
f. el carro
g. el metro y el taxi
h. el avión
i. el taxi

6.6 Escucha las siguientes conversaciones y señala de qué hablan.

58

Diálogo 1
☐ unos zapatos
☐ unas botas

Diálogo 2
☐ una colonia
☐ un perfume

Diálogo 3
☐ unas revistas
☐ unos periódicos
☐ unos libros

Diálogo 4
☐ unas papas
☐ unas plantas
☐ unos tomates

6.7 Identifica los siguientes establecimientos y personas según tus preferencias. Después, pregúntale a tu compañero/a si los conoce también. Añade más información para continuar la conversación.

> Modelo: tu restaurante favorito
> E1: Mi restaurante favorito es El Quijote. ¿Lo conoces?
> E2: Sí, lo conozco. / No, no lo conozco.
> E1: ¿Y te gusta?
> E2: . . .

a. tu museo favorito   **d.** tu supermercado favorito   **g.** tu deportista favorito

b. tu actriz favorita   **e.** tu tienda de ropa favorita   **h.** tu profesor/a favorito/a

c. tu ciudad favorita   **f.** tu parque favorito   **i.** tu película favorita

4. ADVERBS OF QUANTITY

» Adverbs of quantity tell how much something is done.

demasiado *too much*	Luis trabaja **demasiado**.
mucho *very much, a lot*	Ana viaja **mucho**.
bastante *enough*	Pedro estudia **bastante**.
poco *very little, not much*	Rosa estudia **poco**.

» **Muy** can be used to intensify how an action is done (adverb) and a description (adjective).
> Olivia habla **muy** bien. *Olivia speaks very well.*
> Es **muy** inteligente. *She is very intelligent.*

» **Mucho**, when used after a verb, means *very much* or *a lot*. Before a noun, **mucho** expresses quantity and functions as an adjective. Note that, as an adjective, **mucho** must agree with the noun in number and gender.

> **Adverb:** Juana come **mucho**. *Juana eats a lot.*
> **Adjective:** Juana come **muchas palomitas**. *Juana eats a lot of popcorn.*
> Creo que compras **muchos zapatos**. *I think you buy a lot of (many) shoes.*

6.8 Elige la opción correcta.

a. Mi hermano nunca *(never)* va al gimnasio. No le gusta **poco** / **mucho** hacer deporte.

b. Jaime come **demasiado** / **poco**. Solo una ensalada para comer y fruta para cenar.

c. Todos los días leo el periódico y una revista. Leo **poco** / **bastante**.

d. Mi padre trabaja doce horas al día. Trabaja **demasiado** / **bastante**.

6.9 Clasifica las palabras según se usen con *muy* o *mucho/a* y escribe un ejemplo para cada una. Compara tus frases con un compañero/a. ¿Están de acuerdo?

	Muy	Mucho/a
a. guapa		
b. sueño		
c. frío		
d. trabajador		
e. divertido		
f. paciencia		
g. simpática		
h. alegría		

VIDEOCLASES
11 y 12

DESTREZAS

1. COMPRENSIÓN DE LECTURA

6.1 ____ Juan Carlos es de Santiago de Chile y Ana de Madrid, pero viven en Barcelona y México D.F., respectivamente. Observa las fotos y lee los correos que se escriben. Después, elige las dos imágenes de los transportes que se mencionan y la ciudad a la que pertenecen.

6.2 ____ Lee los correos otra vez y elije las palabras clave (conocidas o no) de los textos.

⚙ ESTRATEGIA

Identifying keywords

A keyword is a word that serves as the key to the meaning of a sentence or passage. Skim the text to determine the focus of the reading. Then skim the text again by sections and identify the targeted information or keywords. Try to guess the meaning of unfamiliar keywords. Is it a cognate? Is it similar to another word you know in Spanish? Is it part of a word family you recognize?

●●●	Asunto: ¡Ya estoy en México D. F.!
De: Ana	**Para:** Juan Carlos

Hola, Juan Carlos. ¿Cómo estás?
Yo estoy muy contenta en México D.F. Es una ciudad muy bonita y muy grande. Vivo muy lejos de mi trabajo y todos los días tomo varios autobuses.
Aquí hay muchos medios de transporte: el metro, el tren ligero, el metrobús, el trolebús, el microbús, los camiones y el ecobús, un transporte menos contaminante.
Pero lo más extraño para mí son unos autobuses rosas, solo para mujeres. Pertenecen al "Programa Atenea", y son gratis para las mujeres embarazadas y las de la tercera edad. ¡Qué curioso!, ¿verdad?
¿Y tú? ¿Qué tal en Barcelona?, ¿y en el hospital?
Un abrazo, Ana

●●●	Asunto: RE: ¡Ya estoy en México D.F.!
De: Juan Carlos	**Para:** Ana

¡Hola, Ana!
¡Qué curioso el Programa Atenea! Aquí en Barcelona no hay nada similar...
Yo voy al hospital en bicicleta. En Barcelona no tenemos ecobús, pero sí tenemos Bicing, es un medio de transporte público que permite ir por la ciudad en bicicleta. ¡Es genial! No contamina y además es bastante económico. Hay muchas estaciones Bicing por toda la ciudad, la mayoría está muy cerca de las estaciones del metro, de tren y de los aparcamientos públicos.
Increíble, ¿no? ¡Yo practicando deporte!
Bueno, Ana, me despido ya, que me voy al hospital.
Un beso, Juan Carlos

6.3 ____ Lee las siguientes afirmaciones y di a qué ciudad pertenecen, según la información de los correos.

	Ciudad
a. El ecobús es uno de los transportes menos contaminantes de la ciudad.	
b. No existe el Programa Atenea ni nada similar.	
c. Hay muchas estaciones de Bicing por toda la ciudad.	
d. Hay autobuses solo para mujeres.	

6.4 ____ ¿Hay alguna palabra clave que todavía no entiendes?

2. EXPRESIÓN ESCRITA

6.5 Lee la información sobre las siguientes personas. Piensa en los lugares de tu ciudad o región que les pueden interesar. Prepara una lista.

Elena y Diego
"Nos encanta la aventura y la naturaleza. Siempre vamos de vacaciones a lugares con muchos árboles, flores, ríos y lagos".

Daniela
" A mí me encanta tomar el sol y descansar".

Macarena
"Prefiero visitar ciudades y lugares donde puedo aprender sobre la historia y la cultura de esa región".

Enrique y Marta
"Estamos muy enamorados y queremos un lugar especial y romántico".

6.6 Escribe un correo a una de las personas anteriores explicándole qué hay en tu ciudad o pueblo que le va a gustar.

⚙ ESTRATEGIA

Persuasion

Give specific information and concrete examples to persuade your readers. Think about the necessary information beforehand and organize it in a way that is easy for you to reference as you write. Creating a chart with categories such as **lugar**, **descripción (qué hay)**, **actividades** , and **opiniones,** will help you create a stronger argument.

3. INTERACCIÓN ORAL

6.7 Cuéntale a tu compañero/a qué lugar es el mejor para ti y explícale por qué.

Para las vacaciones... ¡elige tu destino favorito!

a. Teotihuacán, es una zona arqueológica a 40 kilómetros de la capital. Tiene muchos restos arqueológicos y puedes aprender mucho sobre la antigua historia de México. Hay edificios estupendos como las pirámides del Sol y la Luna.

b. Guanajuato es un lugar romántico, donde las leyendas y la tradición son los ingredientes principales. Tiene calles tranquilas para caminar durante horas y restaurantes muy íntimos.

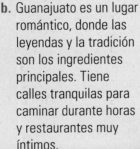

c. En Playa del Carmen hay hermosas playas, con aguas de color turquesa del mar Caribe. Puedes descansar y tomar el sol mientras escuchas el relajante sonido del mar.

d. En Chihuahua, las Barrancas del Cobre son un gran espectáculo. Hay grandes montañas y puedes admirar paisajes fantásticos además de observar la naturaleza. Es posible viajar en tren, a caballo, en bicicleta, a pie o en kayak. En la ciudad, la catedral es una de las más importantes del norte de México.

⚙ ESTRATEGIA

Seeking feedback

As you practice with a partner, seek his or her feedback to correct errors you have made and to improve your overall performance. Remember to use correct intonation and to pronounce words clearly.

TURISMO DE AVENTURAS

La Ruta Quetzal es un viaje de España a América Latina. En la ruta participan 350 jóvenes de 50 países. En América Latina estudian historia y cultura, ¿te interesa? Descubre cómo ser monitor y vive la aventura de tu vida.

LA RUTA QUETZAL, ¿QUÉ ES?

La Ruta Quetzal es una expedición de España a América Latina en la que participan más de 300 muchachos y muchachas de 16 y 17 años de todo el mundo. El viaje se hace en barco desde España y, al llegar al país de destino, se estudian aspectos de su naturaleza, historia o geografía.

Este viaje combina el intercambio* cultural y la aventura. Desde su creación, más de 9.000 jóvenes de todo el mundo han viajado y descubierto la geografía, cultura, historia y sociedad de más de 29 países o zonas geográficas de toda América Latina.

> ¿Has participado* alguna vez en una expedición, aventura o intercambio cultural? ¿En qué tipo de expedición te gustaría participar?

HISTORIA DE LA RUTA

En 1979, el entonces Rey* de España Juan Carlos I, pidió al reportero y aventurero Miguel de la Quadra-Salcedo la creación de un programa de intercambio cultural entre los países de habla hispana.

«El mensaje* estaba claro», dice De la Quadra-Salcedo, «los jóvenes participantes debían aprender y reflexionar sobre el pasado, sobre la historia de los países de América Latina, y también sobre el futuro desde un punto de vista antropológico y medioambiental*».

La expedición es, desde 1990, un programa cultural declarado de Interés Universal por la Unesco.

> ¿Qué crees que aportan los intercambios culturales de este tipo? ¿Por qué?

CUBA

«Yo trabajé de monitor en la ruta que siguió los pasos de Cristóbal Colón en su segundo viaje, en 1493», dice Federico Pérez.

«Viajamos desde las islas Canarias, España, hacia Puerto Rico y República Dominicana. Después visitamos Cuba. En La Habana comimos el congrí, un plato típico de arroz con frijoles, visitamos edificios de estilo colonial, y aprendimos sobre la cultura de los taínos, los primeros habitantes de la isla».

> ¿Qué aspectos definen la identidad de un país? (Por ejemplo, la historia, la gastronomía, las costumbres sociales, etc.). ¿Por qué?

Grupo realizando una de sus expediciones.

Ilustración de los españoles colonizadores en Cuba

REPÚBLICA DOMINICANA Y PUERTO RICO

Marta Velázquez, monitora de la ruta, dice: «Yo participé en la ruta cuando tenía 16 años. Fue una gran experiencia. Durante mi primera expedición visitamos las montañas de República Dominicana para conmemorar el quinto centenario de la Carta de Jamaica, un documento que escribió Cristóbal Colón en 1503, durante su cuarto viaje al Caribe.

Colón buscaba el 'paraíso' y pensaba que este estaba en las montañas próximas a Santo Domingo, capital de República Dominicana. En aquella época, la isla se llamaba La Española. Después fuimos en barco hasta el puerto de Mayagüez, en la isla de Puerto Rico. Allí visitamos el observatorio astronómico de Arecibo, recorrimos la montaña del Yunque dentro del Parque Nacional de Estados Unidos… en fin, la experiencia me gustó mucho y me convertí en monitora de la expedición. He visitado varios países latinoamericanos desde entonces».

CÓMO SER MONITOR

Cada año, la Ruta Quetzal busca gente entre 24 y 28 años para acompañar a los jóvenes aventureros durante su expedición. «Los monitores deben tener título universitario, licenciado, máster o doctor, y una titulación específica de socorrista* acuático y terrestre. Además, es importante tener conocimientos* sobre la cultura, historia y geografía de América Latina», dice un organizador de la ruta.

«Si te interesa la aventura, las expediciones y otras culturas, esta experiencia es para ti», dice José Pablo García Báez, exmonitor de la ruta y autor del libro *Mentores de la Aventura: diario de un monitor de la Ruta Quetzal*».

¿Qué habilidades piensas que se necesitan para ser monitor de una expedición internacional?

REALIZA UNA INVESTIGACIÓN RÁPIDA PARA ENCONTRAR LOS DATOS SIGUIENTES:

a ¿Qué países visitó la expedición de la Ruta Quetzal el pasado año?

b ¿Cuántos días dura la expedición?

c ¿Qué es un quetzal?

Fuentes: Ruta Quetzal, BBVA, José Pablo García Báez, Universidad Complutense de Madrid y entrevistas.

¿Has visitado algún país latinoamericano? ¿Te gustaría visitar América Latina? ¿Qué países te gustaría visitar? ¿Por qué?

GLOSARIO

aportan	(they) bring
me convertí	(I) became
el entonces Rey	the then king
el intercambio	exchange
medioambiental	environmental
el mensaje	message
has participado	have you ever taken part
pensaba	(he) thought
el quinto centenario	500 year anniversary
recorrimos	(we) went all over
el socorrista	first responder
tener conocimientos	
	to have some knowledge

VOCES LATINAS

Turismo de aventura

EN RESUMEN

¿QUÉ HAS APRENDIDO?

> **Situación**
>
> **Recados y conversaciones**
> You are out and about the city running errands, doing some
> window shopping, and stopping to talk to people.

LEARNING OUTCOMES

ACTION

Get around in a city

6.1 Tienes una lista de cosas para hacer hoy por la ciudad, pero solo puedes leer el nombre de las tiendas y no qué tienes que hacer o comprar allí. Completa la lista de manera lógica.

la librería	estación de metro	tienda de ropa	la pastelería
buscar ▶			
comprar ▶			

Ask and give directions

6.2 Hay muchos turistas hoy en el centro y necesitan tu ayuda. Haz turnos con tu compañero/a para hacer el papel de turista y usa el mapa para indicarle cómo puede ir a los diferentes lugares. Practiquen con las expresiones para pedir y dar información.

Estudiante A:
a. centro comercial
b. hospital
c. museo

Estudiante B:
a. cine
b. supermercado
c. parque

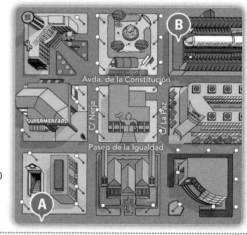

Describe where things are located

6.3 Al pasar por unos escaparates *(shop windows)* ves algunas cosas que te gustan y decides entrar a comprarlas. Explica al dependiente dónde están situadas esas cosas. Después, comparte tus descripciones con tu compañero/a. ¿Son similares?

Talk about means of transportation

6.4 Ahora estás en la parada de autobús para volver a casa, pero el autobús no llega. Mientras esperas, hablas con una de las personas en la parada sobre los medios de transporte en la ciudad: cómo son, cuáles prefieres, por qué, etc.

LISTA DE VOCABULARIO

Expresiones de lugar
Adverbs of place

a la derecha de to the right of
a la izquierda de to the left of
al lado de next to
cerca de close to, near
debajo de under, below
delante de in front of
dentro de inside
detrás de behind
encima de on top of
entre between
lejos de far from

Verbos Verbs

conocer to know, to be familiar with
girar to turn
hay there is, there are
ir to go
ir a pie to go on foot
ir de vacaciones to go on vacation
ir de viaje to go on a trip
jugar to play
seguir to follow

Medios de transporte
Means of transportation

el autobús bus
el avión airplane
el barco ship
el metro subway
la moto motorcycle
el taxi taxi
el tren train

Descripciones Descriptions

barato/a inexpensive
caro/a expensive
cómodo/a comfortable
contaminante contaminant, pollutant
ecológico/a ecological
incómodo/a uncomfortable
lento/a slow
peligroso/a dangerous
rápido/a fast
seguro/a safe, certain
el centro comercial shopping center, mall
el banco bank
el cine movie theater
la estación de metro subway station
la estación de tren train station

la farmacia pharmacy
el gimnasio gym
el hospital hospital
el hotel hotel
la librería bookstore
el museo museum
la panadería bread shop
la parada de autobús bus stop
la pastelería bakery
el supermercado supermarket
el teatro theater
la tienda de ropa clothing store
la zapatería shoe store

Preposiciones Prepositions

a, al to, to the (masculine)
de, del from, from the (masculine)
en on

Adverbios de cantidad
Adverbs of quantity

bastante enough
demasiado too much
mucho very much, a lot
muy very
poco very little, not much

7

¿QUÉ TIEMPO VA A HACER?

Hablamos de	Vocabulario y comunicación	¡En vivo!	Gramática	Destrezas	Sabor Latino	En resumen
• Las excursiones	• **El tiempo atmosférico:** Describing and talking about the weather • **Las estaciones del año:** Making comparisons	• **Episodio 7 30 grados:** Focusing on the task	• *Ir a* + infinitive • *Hay que, tener que, deber* + infinitive	• **Un fin de semana diferente** – **Comprensión de lectura:** Recognizing synonyms – **Expresión escrita:** Using transition words – **Interacción oral:** Interacting with the speaker	• **El cambio climático**	• **Situación:** Planes y proyectos • Vocabulario
	Pronunciación					
	• Word stress and the written accent					

Descanso frente a un glaciar, Chile

- ¿Dónde están los muchachos? ¿Conoces ese lugar?
- ¿Te gusta más la lluvia o la nieve?
- ¿Qué te gusta hacer cuando hay nieve? ¿Y lluvia?

LEARNING OUTCOMES

By the end of this unit you will be able to:

- Express obligation, needs, and give advice
- Make plans about what you are going to do and when
- Talk about the weather and the seasons

7.1 Observa la imagen de estas personas que están de excursión en la Patagonia, Chile. Después, responde las preguntas basándote en lo que ves o puedes deducir de la imagen. Compara tus respuestas con tu compañero/a.

a. ¿Cuántas personas hay en la foto?

b. ¿Crees que son amigos, familia…?

c. ¿Qué hacen?

d. ¿Qué ropa llevan?

e. ¿Qué crees que llevan en las mochilas?

f. ¿Por qué están allí?

7.2 Lee la conversación entre Pedro y su compañero de cuarto en la residencia y completa con las palabras del cuadro. Después, escucha y comprueba.

frío • cien dólares • celular • pronto • gorro
comida • visitar • viaje • siete • panfleto

Pedro: ¡Hola, Luis!

Luis: Hola, Pedro, ¿qué tal las clases en la universidad?

Pedro: Pues, bien, como siempre.

Luis: Y ese papel, ¿qué es?

Pedro: Ah, es para el (a) .... de fin de curso. Vamos todos los compañeros de clase, ¿quieres venir?

Luis: ¡Sí! ¿Y adónde van, Pedro?

Pedro: Pues, vamos a (b) .... la Patagonia chilena.

Luis: Muy bien. Y, ¿qué necesitamos?

Pedro: El (c) .... dice que tenemos que llevar (d) .... y bebidas para una semana.

Luis: Y en la montaña normalmente hace (e) .... Yo creo que debemos llevar ropa para el frío, como un parka, los guantes y el (f) ....

Pedro: Tienes razón, Luis. También quiero hacer fotos para mi blog.

Luis: Bueno, podemos usar mi (g) ...., que hace buenas fotos.

Pedro: ¡Fenomenal! Muchas gracias.

Luis: ¿Cuánto hay que pagar por la excursión?

Pedro: Pues (h) .... más el vuelo. ¡Ah! El vuelo es el 24 de junio a las (i) .... de la mañana.

Luis: Entonces, esa noche tenemos que acostarnos (j) ....

7.3 Relaciona las frases de las dos columnas para completar las oraciones. Compara tus respuestas con un/a compañero/a.

1. Para hacer el viaje...
2. Luis dice que en la montaña hace frío y que
3. El panfleto dice que todos los estudiantes
4. El vuelo es a las siete de la mañana.

a. tienen que llevar comida y bebidas.
b. tienen que ir a dormir pronto el viernes.
c. deben llevar parka, guantes y gorro.
d. hay que pagar cien dólares.

7.4 Con la información que ya sabes después de leer la conversación, contesta otra vez las preguntas de la actividad 7.1.

7.5 Con tu compañero/a, contesta las siguientes preguntas.

a. ¿Hacen viajes con sus compañeros de clase o con sus amigos?
b. ¿Qué lugares visitan habitualmente?
c. ¿Son lugares de costa o de montaña?
d. ¿Dónde van a ir la próxima vez?

7.6 En grupos de tres, preparen una excursión al Parque Provincial Aconcagua. Usen las imágenes y completen cada uno su lista de las cosas que necesitan. Después, intercambien sus listas según el modelo.

Modelo: E1: ¿Qué ropa vas a llevar?
E2: Voy a llevar... ¿Y tú?
E3: ...

- ¿Qué ropa vas a llevar?
- ¿Y qué comida?
- ¿Cuál es el equipo necesario?
- ¿Algo más?

El verbo **llevar** significa *to wear or to carry, take along.*

APUNTES: Excursiones en el Aconcagua (Argentina)

✓ El Aconcagua es la montaña más alta de América del Sur y uno de los mayores atractivos de los Andes para los escaladores *(climbers)*. En la zona de Mendoza existen múltiples compañías que organizan caminatas de uno o más días por la zona.

✓ Estas caminatas incluyen porteadores *(porters)* para el equipo, todas las comidas, guía de montaña, etc.

✓ Una de las más populares es la caminata de 3 días y 2 noches hasta Plaza Francia.

✓ En verano las temperaturas en el campamento base son de 30 °C durante el día y de 10 °C en invierno. Hace más frío por la noche. A veces baja hasta -20 °C en verano.

VOCABULARIO Y COMUNICACIÓN

1.A VOCABULARIO: EL TIEMPO ATMOSFÉRICO

7.1 Con tu compañero/a, relaciona estas palabras con su imagen correspondiente. Hay dos palabras para cada imagen.

calor • frío • sol • viento • lluvia • nieve

7.2 Mira el cuadro y comprueba tus respuestas anteriores.

Hace...

calor / frío	sol	buen tiempo	mal tiempo
It's hot. / It's cold.	*It's sunny.*	*The weather is good.*	*The weather is bad.*

Hay...

nieve	niebla	tormenta
There's snow. (It's snowy)	*There's fog. (It's foggy)*	*There's a storm. (It's stormy)*

Está nublado.	**Llueve** mucho.	**Nieva** mucho.	**Hace / hay** mucho viento.
It's cloudy.	*It rains a lot.*	*It snows a lot.*	*It's windy. / There'a a lot of wind.*

7.3 Relaciona las palabras con su definición. Después, comprueba las respuestas con tu compañero/a.

1. inestable
2. bajo cero
3. el rayo
4. el trueno
5. caluroso/a
6. el hielo
7. nublado
8. templado

a. Nubes, sin sol.
b. El ruido que se escucha durante una tormenta.
c. Mucho calor.
d. Tiempo con lluvia, viento, nubes…
e. Agua helada *(frozen)*.
f. El rayo de luz *(light)* que sale durante una tormenta.
g. Temperatura menos de cero grados.
h. Temperatura agradable, ni frío ni mucho calor.

7.4 Completa los espacios en blanco con una palabra de la actividad 7.3.

a. En verano el tiempo es ……………
b. En Tierra del Fuego están …………… porque está cerca de Antártica.
c. ¿Los ves? Hay muchos …………… con esta tormenta.
d. No puedo dormir con todos estos ……………
e. En esta época el tiempo es muy …………… Hoy llueve y mañana hace sol.
f. Debes llevar un paraguas *(umbrella)* porque el cielo *(sky)* está ……………
g. El clima de esta región es …………… No hace ni frío ni calor.

7.5 Formen grupos de cuatro. Elige una imagen y descríbela. Tus compañeros tienen que adivinar de qué imagen se trata.

Use **muy** before adjectives and adverbs:
- Hace **muy** buen tiempo.

Use **mucho**, **mucha**, **muchos**, **muchas** before nouns:
- Hace **mucho** calor.

Use **mucho** after the verb:
- Llueve **mucho**.

To convert degrees Celsius to Fahrenheit:
1. Multiply Celsius temperature by 1.8.
2. Add 32.

20 °C x 1.8 = 36 + 32 = 68 °F

» **Para describir el tiempo atmosférico se usa:**
Hace calor, sol, frío, viento / aire, buen tiempo, mal tiempo…
Llueve / Está lloviendo.
Nieva / Está nevando.
Hay tormenta, truenos, relámpagos, niebla, nubes…
Está nublado, despejado *(clear)*…
La temperatura es alta, baja, de 32 grados…
El clima/tiempo es frío, templado, seco, húmedo, estable, inestable…

» **Los verbos *llover* y *nevar* solo se usan con el verbo en tercera persona de singular.**

» **Para hablar del tiempo atmosférico puedes usar estas expresiones:**
¡Qué frío / calor (hace)! *It's so cold / hot!*
¡Qué frío / calor **tengo**! *I'm so cold / hot!*
¿Tienes frío / calor? *Are you cold / hot?*
Hace mucho (muchísimo) frío / calor. *It's (really) very cold / hot.*
¡Cuánto llueve! *It's really raining!*
¿Qué día / tiempo **hace**? *What's the day / weather like?*
Hace un día muy bueno / malo. *It's a nice / bad day.*
Estamos a 20 grados. *It's 20 degrees.*
No hace nada de frío / calor. *It's not cold / hot at all.*

7.6 Completa los espacios en blanco con el verbo correcto.

a. Mañana voy a la playa porque .... calor.

b. En esta época .... nieve en la montaña.

c. Cerca de la costa .... nublado.

d. Hoy necesito el paraguas porque ....

e. Es difícil jugar al tenis cuando .... viento.

7.7 Completa las siguientes oraciones para explicar qué haces en estas situaciones. Después, haz turnos para intercambiar la información con un/a compañero/a.

a. Cuando llueve, yo…

b. Cuando hace mal tiempo, yo…

c. Cuando está nevando,…

d. Cuando hace mucho calor, prefiero…

e. Cuando hay niebla, no puedo…

f. Cuando hace mucho sol, me gusta…

7.8 Con tu compañero/a, describe el tiempo que hace en tu región en estas fechas. ¿Qué ropa llevas normalmente cuando hace ese tiempo?

 ....
La ropa Unidad 3

a. hoy

b. julio

c. noviembre

d. abril

e. febrero

f. mayo

 ....
Otras palabras útiles:
gorro *knitted hat*
parka / anorak *down/ski jacket*
guantes *gloves*
chanclas *flip-flops*
impermeable *raincoat*
lentes de sol *sunglasses*
paraguas *umbrella*

Modelo: E1: En agosto hace mucho calor.
E2: Hay que llevar pantalones cortos y una camiseta.

7.9 (60) Escucha el informe del tiempo en Argentina. Después, escribe la letra del símbolo correcto que falta en el mapa, de acuerdo con el informe. ¡Atención! No tienen que usarse ni todas las casillas *(boxes)*, ni todos los símbolos.

a. lluvia

b. nieve

c. viento

d. tormenta

e. calor

f. nublado

g. sol

h. frío

7.10 ¿Qué tiempo hace? Pregúntale a tu compañero/a qué tiempo hace en las ciudades de tu tarjeta y completa la información.

Modelo: ¿Qué tiempo hace en…?

Estudiante A:

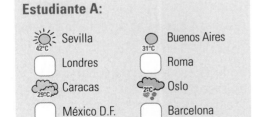

Estudiante B:

Salta
Formosa
Tucumán
Catamarca
Corrientes
Posadas
San Juan
Córdoba
Santa Fe
Paraná
Mendoza
Buenos Aires
Santa Rosa
Neuquén
Viedma
Rawson
Puerto Santa Cruz
Puerto Argentino
Río Gallegos
Ushuaia

7.11 Relaciona las estaciones del año con su imagen correspondiente. Escoge la mejor opción según tus conocimientos hasta el momento.

la primavera • el verano • el otoño • el invierno

7.12 Clasifica los meses del año en su estación correspondiente según el clima de tu país.

| enero | marzo | mayo | julio | septiembre | noviembre |
| febrero | abril | junio | agosto | octubre | diciembre |

Primavera	Verano	Otoño	Invierno

7.13 Escucha y completa con las palabras que faltan. ¿A qué estación del año se refiere cada descripción?

61

a. Es especialmente duro en la zona .... e interior, con temperaturas bajo cero y.............. frecuente. También son habituales otros fenómenos como el ...., la............. o el hielo. En el sur es más suave.

b. Es bastante inestable. Hace ...., frío, viento, pero también .... mucho y a veces .... Es una época perfecta para ver el campo verde y lleno de flores. Las temperaturas varían entre los 15 y los 25 ....

c. Es un periodo muy caluroso, especialmente en el sur y el interior. Hace muy .... tiempo con temperaturas entre los 35 y los 40 grados. También son frecuentes las ...., con rayos y truenos.

d. Normalmente hace ...., pero no demasiado. .... bastante y también nieva, especialmente en el .... Además, son frecuentes las nieblas. Las temperaturas están entre los 5 y los 20 grados.

7.14 Vas a escuchar a un uruguayo explicar el clima de su país. Antes de escuchar y completar las oraciones, habla con tu compañero/a sobre estas cuestiones:

Antes de escuchar:
¿Cómo creen ustedes que es el clima en Uruguay?
¿Cuántas estaciones del año creen que hay?

Después de escuchar:
a. El clima de Uruguay es ....
b. En verano la temperatura es de ....
c. Los meses de verano son ....
d. En invierno la temperatura es de ....
e. Los meses de invierno son ....
f. La primavera es ....

7.15 Asocia las estaciones del año con palabras significativas para ti y explica el porqué. Comparte tus sensaciones con tus compañeros en grupos de tres. ¿Qué tienen en común?

Modelo: Mi estación preferida es el invierno, yo asocio el invierno con una taza de chocolate caliente, porque, en mi casa, mi abuela siempre prepara un chocolate caliente cuando nieva.

Primavera	Verano	Otoño	Invierno
			chocolate caliente

7.16 En muchos países hispanohablantes la gente habla mucho del tiempo. Con un/a compañero/a, lee la conversación que transcurre en un elevador y elige la opción correcta. Después, preparen una conversación típica que transcurre en un elevador de su país o región. ¿Cómo varían?

● Buenas tardes, ¿a qué piso va?
● Al quinto.
● ¡Qué calor hace hoy!, ¿verdad?
● ¡Uf! Sí, es verdad, yo vengo de viaje y no puedo más…

● Es que aquí en verano ya se sabe... 35, 40 grados como poco...
● Sí, sí... insoportable.
● Bueno, pues nada, buenas tardes.
● Adiós, hasta luego.

a. Una de las personas necesita información sobre el tiempo para salir de viaje.
b. Las personas hablan del tiempo para mantener una conversación durante el trayecto en el elevador.
c. Las personas se saludan e intercambian sus experiencias sobre el tiempo atmosférico.

>> Para comparar objetos o personas o acciones, puedes usar:

– **más** + nombre / adjetivo / adverbio + **que** *more than*
En México hace **más** sol **que** en Chile.

– **menos** + nombre / adjetivo / adverbio + **que** *less than*
El campo es **menos** caluroso **que** la ciudad.

– **tanto/a/os/as** + nombre + **como** *equal to*
En Ushuaia (Argentina) hay tanto viento como en Punta Arenas (Chile).

– **tan** + nombre / adjetivo / adverbio + **como** *equal to*
En Bogotá llueve tan frecuentemente como en Buenos Aires.

– verbo + **más que** / **menos que** / **tanto como**...
En Quito llueve **más que** en Lima.   En Portillo, Chile nieva **tanto como** en Aspen, Colorado.

7.17   Haz comparaciones entre los elementos siguiendo las indicaciones entre paréntesis.

> **Modelo:** norte / llover / sur (+)
> En el norte llueve más que en el sur.

a. mi ciudad / calor / tu ciudad (=) ....

b. verano / mucho sol / invierno (+) ....

c. interior del país / hacer viento / costa (-) ....

d. clima / mi país / cálido / tu país (=) ....

e otoño / lluvioso / invierno (+) ....

7.18   Escucha esta conversación telefónica entre dos mexicanos que hablan de sus ciudades, Puerto Vallarta y Guanajuato. Después, relaciona la ciudad (o ciudades) con la descripción.

	En Guanajuato	En Puerto Vallarta	En las dos
a. Llueve allí más en verano.	☐	☐	☐
b. Hace mucho calor ahora.	☐	☐	☐
c. Hay más contrastes entre las estaciones.	☐	☐	☐
d. Allí el calor es más seco.	☐	☐	☐
e. La temperatura es menos agradable en el centro de la ciudad.	☐	☐	☐

Guanajuato, México

Puerto Vallarta, México

7.19 Con tu compañero/a compara el clima y las estaciones de una de estas ciudades con las de tu país o región. ¿En qué se parecen? ¿En qué se diferencian?

> **Modelo:** Pues en mi país / región en verano, hace más / menos calor que / tanto calor como en Guanajuato.

7.20 Con tu compañero/a, busca información en Internet sobre el clima de un país de América Latina y sus estaciones. Tomen notas sobre los siguientes aspectos:

a. país y capital ....

b. ubicación *(location)* ....

c. montañas y ríos.....................................

d. estaciones ....

e. clima ....

f. contrastes y comparaciones entre ciudades, norte / sur, este / oeste..............

g. actividades al aire libre...........................

7.21 Expongan el clima del país que han elegido en la actividad anterior y respondan a las posibles preguntas de sus compañeros. Usen ayudas visuales como mapas y fotos para hacer la presentación más interesante.

PRONUNCIACIÓN

WORD STRESS AND THE WRITTEN ACCENT

» All words in Spanish have a syllable that is pronounced with more stress than the other syllables in the word. For most words, the stressed syllable is the second to the last syllable.

» In some cases, a written accent is needed to identify the stressed syllable. You will learn more about these later. For now, you should know to pronounce the syllable marked with an accent more strongly.

pe-rro	**ca**-sa	ar-**ma**-rio	as-pi-ra-**do**-ra
ár-bol	ja-**rrón**	bo-**lí**-gra-fo	fe-rro-ca-**rril**

7.1 Por turnos, lean en voz alta las siguientes palabras marcando en la pronunciación la sílaba acentuada.

jarrón   cuaderno   estantería   español   planta   silla

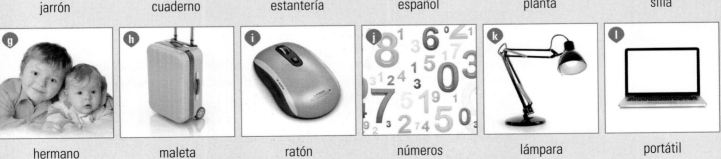

hermano   maleta   ratón   números   lámpara   portátil

7.2 ¿Qué otras palabras has aprendido con acentos escritos? Enuméralas y compara tu lista con tu compañero/a.

30 Grados

ANTES DEL VIDEO

7.1 Relaciona las siguientes frases con las imágenes 1 a 4.

a. ☐ ¡Hombres! Siempre igual... Voy a darles una pequeña lección.

b. ☐ ¡Qué calor! ¡No es normal este calor en esta época del año!

c. ☐ ¡Me encanta el básquetbol! ¿Puedo jugar?

d. ☐ ¡Bah! ¡Eso no es calor! En mi país, durante el verano, la gente no puede salir a la calle. ¡Si sales a la calle, te mueres!

7.2 Ordena las 6 imágenes cronológicamente. Basa el orden en lo que crees que puede ocurrir. Usa tu imaginación. Después, compara las respuesta con tu compañero/a.

☐ imagen 1   ☐ imagen 2   ☐ imagen 3   ☐ imagen 4   ☐ imagen 5   ☐ imagen 6

7.3 00:45 - 03:25 Mira el segmento y ordena estas frases en el orden en que las dicen los personajes. Después, compara las respuestas con tu compañero/a.

☐ Hoy parece que estamos en verano.

☐ Sí, y es otoño... ¿Qué temperatura tenemos?

☐ Pues a nosotros en verano nos sale humo por las orejas.

☐ En mi país hace mucho más calor. No podemos comparar este calor con el que hay en mi país.

☐ En tu país no hace más calor que aquí en verano, seguro. A veces llegamos a los 40 grados...

☐ Estamos a 30 grados centígrados.

☐ ¿Imposible? Pues es verdad. ¡El clima de mi país es muy extremo! ¡En verano hace mucho calor y, en invierno, siempre hay viento y nieve!

☐ ¡Que sí! ¡Que sí! Durante el invierno cae mucha nieve, hay terribles tormentas, hace mucho viento y el cielo siempre está nublado.

☐ No te creo.

⚙ ESTRATEGIA

Focusing attention on the task

Before you watch the episode, look through the questions and types of activities you will be asked to complete. Knowing what to focus your attention on will improve your comprehension and ability to complete the task.

DURANTE DEL VIDEO

7.4 Mira el segmento otra vez y contesta las preguntas.

a. ¿Qué ropa lleva Felipe todo el día en su país en invierno?..

b. ¿Qué piensa Sebas de lo que dice Felipe? ....

c. ¿Cómo reacciona Sebas? ....

4

5

6

7.5 Relaciona cada personaje con sus frases. Compara con tu compañero/a.

1. Lorena
2. Sebas
3. Eli
4. Felipe

a. Papá dice que tienes que ir luego a casa para ayudar a organizar el garaje.

b. ¿Yo? ¡Yo ya le ayudo a lavar el carro! ¡También debo ir a organizar el garaje?

c. ¿Por qué no vas tú a ayudarle?

d. Chicos, ¿están ustedes jugando al básquetbol?

e. Yo no juego al básquetbol con chicas. Mejor se quedan acá sentadas y nos ven jugar a nosotros.

f. ¡A ver cómo juegan ustedes!

g. ¡Hombres! Siempre igual… Voy a darles una pequeña lección…

h. Y no te olvides de ir luego a casa a ayudar a papá.

7.6 Elige la opción correcta.

a. Sebas está **enfadado** / **contento** / **tranquilo** porque tiene que organizar el garaje.

b. Lorena está **indiferente** / **entusiasmada** / **aburrida** porque quiere jugar al básquetbol con los muchachos.

c. Felipe piensa **que las muchachas juegan mejor con las muchachas al básquetbol** / **que juegan mejor con los muchachos** / **que no juegan bien**.

d. Eli está **molesta** / **enfadada** / **divertida** con lo que dicen los muchachos.

7.7 Completa las frases. Habla con tu compañero/a.

a. Tus responsabilidades en casa

Tengo que…

Debo…

b. Responsabilidades de tu familia

Mi padre/madre tiene que…

Mi padre/madre debe…

7.8 Contesta las preguntas. Habla con tu compañero/a.

Estudiante 1:

a. ¿Cómo es el tiempo en julio en tu ciudad?

b. ¿Qué planes tienes para el próximo verano?

c. ¿Qué deporte se te da bien?

Estudiante 2:

a. ¿Cómo es el tiempo en enero en tu ciudad?

b. ¿Qué planes tienes para las próximas vacaciones?

c. ¿Qué deporte se te da mal?

DESPUÉS
DEL VIDEO

GRAMÁTICA

1. *IR A* + INFINITIVE

» **Ir a** + infinitive is used to talk about future plans and what you are going to do.

Hace mucho frío. Creo que **va a nevar**. *It's very cold. I think it's going to snow.*
Esta tarde **voy a ver** *la película Frozen.* *This afternoon, I am going to watch the movie Frozen.*

yo	**voy**
tú	**vas**
usted/él/ella	**va**
nosotros/as	**vamos**
vosotros/as	**vais**
ustedes/ellos/ellas	**van**

> + a + infinitive

Use the following time expressions to talk about the future:
hoy, **mañana**, **ahora**
esta mañana / tarde / noche / semana…
este lunes / mes / año…
la semana / el año **que viene** (*upcoming*)
la próxima (*next*) semana
el próximo jueves / invierno / año

El mes que viene voy a correr en un maratón. *This month coming up, I'm going to run in a marathon.*
Esta tarde voy a jugar al tenis. *This afternoon, I'm going to play tennis.*
El próximo año voy a estudiar francés. *Next year, I'm going to study French.*
Son las doce, ahora voy a comer. *It's twelve o'clock. I'm going to eat now.*

7.1 Relaciona las oraciones para describir qué va a hacer la gente en cada situación.

Modelo: Mañana es domingo. ▶ Mi familia y yo vamos a visitar a mis abuelos.

1. La próxima semana no tenemos clase.
2. Este viernes es el cumpleaños de Dani.
3. A mi padre le encanta cocinar.
4. Estoy de mal humor.
5. Julia tiene dolor de cabeza.
6. Va a hacer buen tiempo este fin de semana.

a. Va a invitar a unos amigos a casa para celebrarlo.
b. Va a tomar una aspirina.
c. Pero el lunes va a llover.
d. Esta noche va a preparar arepas de carne.
e. Vamos a ir de excursión de martes a jueves.
f. No voy a salir con mis amigos.

7.2 Aquí tienes la agenda de María para el fin de semana. La información no está muy clara, así que pregunta a tu compañero/a lo que no entiendas. ¿Qué va a hacer…?

Estudiante 1:

Viernes	Sábado	Domingo
› De 10:30 a 12:00, clase de baile latino	› Limpieza en casa y la compra	› ▨▨▨▨▨▨ con Andrés en La Cantina
› A las 17:00, ▨▨▨▨▨▨	› En la tarde, compras con mamá	› A las 21:00, cena con Marta
› Cumpleaños de Pepe	› A las 22:30 ▨▨▨▨▨▨	

Estudiante 2:

Viernes	Sábado	Domingo
› De 10:30 a 12:00, clase de ▨▨▨▨▨▨	› Limpieza en casa y la compra	› Botana y ver partido con Andrés en La Cantina
› A las 17:00, partido de fútbol	› En la tarde, ▨▨▨▨▨▨	› A las 21:00, ▨▨▨▨▨▨
› Cumpleaños de Pepe	› A las 22:30, teatro (Pancho Villa y los niños de la bola)	

7.3 Ahora que tienes la agenda completa, escribe qué va a hacer María el fin de semana que viene.

Modelo: María, el viernes en la mañana,…

7.4 Haz un calendario con cuatro actividades que quieres hacer la semana que viene. Después, invita a un/a compañero/a a hacer algo contigo. Si no puede ir, tu compañero/a tiene que decirte qué va a hacer. Finalmente, comparte con la clase los planes que van a hacer juntos.

conmigo *with me*
contigo *with you*

Modelo: E1: ¿Quieres ver *Juego de tronos* conmigo el lunes?

E2: No puedo. El lunes voy a cenar con mi familia.

L	M	X	J	V
E1: Ver *Juego de tronos.* E2: Cenar con mi familia.				

7.5 En grupos de tres o cuatro, hagan turnos para decir a dónde van las personas en las imágenes y qué van a hacer allí. Usen su imaginación y creatividad para continuar en cadena. Si alguno no puede continuar, tiene que empezar con una nueva imagen.

Modelo: E1: El muchacho va al parque.

E2: Va a jugar al fútbol.

E3: Después…

E1: Y también…

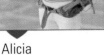
Alicia

Raúl y Jorge

el cocinero

la familia

la Sra. Estévez

los estudiantes

2. *HAY QUE, TENER QUE* AND *DEBER* + INFINITIVE

>> To express obligation or what is necessary for all, use **hay que** + infinitive.
   *Cuando hace calor **hay que llevar** ropa ligera.*
   When it's hot, it's necessary to wear light clothing.
   *En la clase de español **hay que hablar** español.*
   In Spanish class, everyone needs to speak Spanish.

>> To express obligation or what is necessary for a particular person, use
   tener que + infinitive.
   *Para mis exámenes **tengo que** estudiar mucho.*
   I have to study a lot for my tests.
   *Tienes **que ser** más paciente.* *You need to be more patient.*

>> To express obligation in terms of making a recommendation or giving someone advice, use **deber** + infinitive.
   *Si estás muy cansado, **debes dormir** más.* *If you are very tired, you should sleep more.*
   *No **debes fumar**.* *You shouldn't smoke.*

7.6 Lee el texto y busca ejemplos de frases que expresan obligación o recomendación, obligación impersonal, planes y proyectos. Clasifícalas en la columna correspondiente.

> ¡Qué bien, hoy es viernes! Hay que celebrar el fin de semana. Para empezar, hoy en la noche vamos a cenar en ese restaurante tan bonito junto a la playa. Después, vamos a ir al Club Musiteca, un ratito, no toda la noche, claro. El sábado tenemos que levantarnos pronto, vamos a hacer una excursión a la montaña. Hay que llevar ropa cómoda y botas adecuadas para el campo. Ahora que lo pienso, tengo que buscar las mías. Creo que las tiene Ángela. Por cierto, no sé si Ángela puede venir. Debo llamarla para confirmar. El domingo voy a dormir hasta las diez, pero luego hay que estudiar un poco. Carla y yo tenemos que preparar una presentación para clase sobre nuestras actividades del fin de semana. ¡Va a ser fácil!

Obligación o recomendación	Obligación impersonal	Planes y proyectos

7.7 Elige una de las dos opciones (a o b) y pídele a tu compañero/a sus recomendaciones. Utiliza las expresiones del cuadro de la página siguiente en tus respuestas.

a. Para ir a la montaña

E1: ¿Qué necesito para ir a la montaña?

E2: Para ir a la montaña debes llevar botas.

b. Para ir a la playa

E1: ¿Qué necesito para ir a la playa?

E2: Para ir a la playa tienes que usar protector solar.

usar protector solar

tomar el sol con precaución

ir en chanclas

(No) debes…
(No) tienes que…
(No) hay que…

llevar botas

ponerse lentes de sol

llevar dinero

llevar bocadillos

llevar una mochila

usar vasos de cristal

7.8 ¿Qué tienen que hacer las personas en las siguientes situaciones y qué no deben hacer? Comparte tus respuestas con la clase. ¿Quién ha dado las mejores recomendaciones?

> Modelo: – Tu hermana necesita un teléfono celular nuevo.
>
> – Tiene que ir a una tienda especializada.
>
> – No debe comprar un teléfono caro.

a. ● Tu amigo tiene una cita con una muchacha que le gusta mucho.
   ● Él .... No ....

b. ● No hay comida en casa.
   ● Tú .... No ....

c. ● Tus padres vienen a visitarte y la casa está completamente desordenada.
   ● Todos .... No ....

d. ● Vamos de excursión al Gran Cañón del Colorado.
   ● Nosotros .... No ....

¡Hay que comer más fruta!

7.9 Como un proyecto de servicio a la comunidad tienen que preparar un póster de hábitos saludables para presentar a estudiantes de escuela primaria. Con un/a compañero/a, prepara una lista de cinco o seis hábitos que todos deben seguir. Después, comparte tus ideas con la clase.

VIDEOCLASES
13 Y **14**

DESTREZAS

1. COMPRENSIÓN DE LECTURA

7.1 ____ Observa las diferentes actividades que puedes hacer los fines de semana. Relaciona cada imagen con una actividad de la lista.

- **a.** escuchar música
- **b.** practicar deporte
- **c.** ir al cine
- **d.** ir a la biblioteca

- **e.** salir con amigos
- **f.** estudiar
- **g.** lavar el carro
- **h.** hacer turismo

- **i.** visitar a tu familia
- **j.** leer
- **k.** dormir
- **l.** trabajar

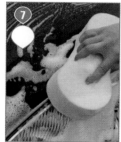     

7.2 ____ Lee lo que hacen normalmente los fines de semana Marta, Luisa y Carlos.

Un fin de semana diferente

Son las cinco de la tarde y, como todos los viernes, Marta, Luis y Carlos quedan en el campus de la universidad para planear el fin de semana. Pero esta vez va a ser diferente. No tienen mucho tiempo para salir a divertirse, porque la próxima semana tienen que hacer tres exámenes. La idea es reunirse para estudiar. Sin embargo, los jóvenes no se ponen de acuerdo, porque Carlos y Luis tienen algunas cosas que hacer. Carlos trabaja este sábado desde las 9 hasta la 1 y el muchacho tiene que levantarse bastante temprano.

Por su parte, Luis va a ir al dentista y, después, va a ir al supermercado. Marta es la única que tiene la mañana libre, pero quiere esperar a sus amigos porque le gusta estudiar mucho en equipo.

Además, a Marta le encantan las matemáticas y prefiere ayudar a sus compañeros. Así que los tres muchachos van a intentar verse el sábado por la tarde en la biblioteca de la universidad. Si todo va bien, el domingo van a tener tiempo para salir, después de una tarde de trabajo en equipo. ¡La unión hace la fuerza!

7.3 _____ Contesta las siguientes preguntas para confirmar que has entendido el texto.

a. ¿Qué hacen los muchachos habitualmente los viernes por la tarde?

b. ¿Cuál es su objetivo?

c. ¿Crees que es fácil ponerse de acuerdo para reunirse? ¿Por qué?

d. ¿Madruga Carlos el sábado? ¿Por qué? ¿Qué tiene que hacer?

e. ¿Cuál de los muchachos debe hacer la compra?

f. ¿Qué van a hacer finalmente para el sábado y el domingo?

2. EXPRESIÓN ESCRITA

7.4 _____ Completa la tabla con las cosas que Marta, Luis y Carlos tienen que hacer.

	Marta	Luis	Carlos
El sábado por la mañana			
El sábado por la tarde			

7.5 _____ Escribe un texto sobre tu fin de semana. Antes, para ayudarte a organizar el texto, puedes hacer una lista con tus planes y otra con las cosas que tienes que hacer.

Planes	Obligaciones

3. INTERACCIÓN ORAL

7.6 _____ En grupos de tres, hablen sobre qué actividades hacen normalmente los fines de semana.

EL CAMBIO CLIMÁTICO

Ciudades iluminadas en el Cono Sur

Sequías*, temperaturas altas y supertormentas. Estas son algunas de las consecuencias del cambio climático en América Latina. El Cono Sur tiene una gran biodiversidad pero ahora está en peligro.

EL MUNDO NECESITA LOS RECURSOS NATURALES DEL CONO SUR

Argentina, Uruguay, Paraguay y Chile tienen muchísimos recursos naturales: agua, tierra cultivable, petróleo, energías solar y eólica*, madera, minerales, metales, gas, carbón... Millones de personas viven de ellos. «Si estos recursos disminuyen, las poblaciones van a sufrir», dice Erik Fernández, asesor sobre cambio climático.

EL CONO SUR

El cono sur, desde un punto de vista* geopolítico, está formado por Argentina, Uruguay y Chile. A veces también incluye Paraguay, por su proximidad geográfica al resto de estos países.

«El cono tiene elementos geográficos importantes», dice Alessandra Colace, geóloga, «quizás los más importantes de América Latina en cuanto a* recursos naturales».

Efectivamente, en el Cono Sur están, por ejemplo, la cordillera* de los Andes, el desierto de Atacama, las pampas, así como* mares, montañas, cataratas, glaciares, archipiélagos, lagunas, islas...

¿Qué elementos geográficos importantes hay en tu país?

EL CAMBIO CLIMÁTICO

La Organización de las Naciones Unidas (ONU) define el cambio climático como la modificación del clima durante años debido a la actividad humana.

Las causas de este cambio son, entre otros, la quema de combustibles fósiles* y la destrucción de bosques.

«Estas actividades en países como Argentina, Chile y Uruguay, por ejemplo, nos preocupan mucho. Son países con muchos recursos naturales y es importante conservarlos o usarlos de una forma sustentable», dicen en Cambio Climático Global, el sitio de Internet que se ocupa de estos temas desde 1997.

¿Qué otras acciones pueden causar el cambio climático?

EL CAMBIO CLIMÁTICO Y EL CONO SUR

Según el Banco Mundial, América Latina es una de las regiones más castigadas* por el cambio climático.

«En la última década la temperatura en el Cono Sur ha aumentado el doble que en el resto de regiones del mundo. Por eso, sufre huracanes más frecuentemente y disminuye la superficie cultivable», dice un representante de la organización.

Las consecuencias de este cambio climático son el crecimiento del nivel* del mar, más sequía y tormentas más frecuentes.

«Desde 1998, por ejemplo, el deshielo* de la Patagonia ha hecho crecer en un 2% el nivel del mar», dice Erik Fernández.

¿Qué fenómenos meteorológicos imprevistos* han sucedido últimamente en EE.UU.? ¿Crees que son debidos al cambio climático?

Supertormenta en la Ruta 40, Argentina

EL CONO SUR, EN ACCIÓN

El Cono Sur es el grupo de países que más rápidamente ha reaccionado para disminuir el cambio climático.

Chile, por ejemplo, ha mejorado sus redes de autobús, metro y bicicleta para promover el uso de transporte público.

Argentina ha diseñado programas para la conservación de bosques.

Uruguay usa más energías renovables que hace cinco años.

¿Qué cosas haces a nivel personal para disminuir el cambio climático?

REALIZA UNA INVESTIGACIÓN EN INTERNET PARA ENCONTRAR LOS DATOS SIGUIENTES:

a De Argentina, Chile, Uruguay y Paraguay, ¿cuál crees que tiene el mayor número de habitantes?

b ¿Cuáles son las ciudades más importantes en estos países?

c ¿Qué cinco elementos geográficos importantes hay en el Cono Sur?

Contaminación en la ciudad de Santiago, Chile

GLOSARIO

así como	– as well as
castigadas	– damaged
los combustibles fósiles	– fossil fuels
la cordillera	– mountain range
el deshielo	– melting
en cuanto a	– as far as
eólica	- wind (energy)
imprevistos	– unexpected
el nivel	– level
el punto de vista	– point of view
la sequía	– drought

Fuentes: Institute of Latin American Studies, Pew Research, World Bank, , BBC Worldwide, Cambio Climático Global, Procisur, United Nations.

Naturaleza extrema en el Cono Sur

EN RESUMEN

¿QUÉ HAS APRENDIDO?

Situación

Planes y proyectos
You have agreed to host an international student from
Colombia for a year while he studies at your university.
He is very excited about his visit.

LEARNING OUTCOMES

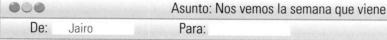

ACTION

Talk about the weather and the seasons

7.1 Jairo Escobar viene a vivir durante un año con tu familia por motivos de estudios.
Recibes este primer correo electrónico de él. Escríbele sobre las diferentes
estaciones del año y el tiempo que hace. Explícale el tipo de ropa que debe traer
para pasar un año en la ciudad o región donde vives.

> ● ● ●   Asunto: Nos vemos la semana que viene
>
> De: Jairo   Para:
>
> ¡Hola! ¿Cómo estás?
> La próxima semana voy a Estados Unidos a verte. Tengo muchas ganas de ir para conocer dónde
> vives, pasear por las calles, ver museos y visitar zonas turísticas. Pero tengo una pregunta: ¿qué
> tiempo hace ahí?
> Escríbeme pronto y cuéntame también dónde vamos a ir, porque tengo que hacer la maleta y no sé
> qué ropa llevar.
> Nos vemos pronto,
> Jairo

Express obligation, needs, and give advice

7.2 Jairo te manda el siguiente
WhatsApp. Antes de
contestar a Jairo, quieres
consultar con un/a
compañero/a. Habla con él/
ella sobre la información que
pide Jairo.

Make plans about what you are going to do and when

7.3 Jairo va a pasar una semana contigo antes de empezar las clases. Te llama
por Skype y te pregunta sobre los planes que tienes para esa primera semana.
Cuéntale las excursiones y actividades que vas a hacer con él durante esa
semana y coméntale tus planes. Haz turnos con un/a compañero/a para hacer el
papel de Jairo. Recuerda que a Jairo le gusta hacer muchas preguntas.

LISTA DE VOCABULARIO

Verbos Verbs

deber should / must
decir to say
ir de excursión to go on an excursion or an outing
lavar to wash
llevar to take, to carry, to wear
pagar to pay
traer to bring
venir to come

El tiempo atmosférico The weather

bajo cero below zero
está nublado it is cloudy
grados degrees
hace buen tiempo the weather is nice
hace calor it is hot
hace frío it is cold
hace mal tiempo the weather is bad
hace sol it is sunny
hace viento it is windy
el hielo ice
llueve (llover o>ue) it is raining
la lluvia rain
la niebla fog
nieva it is snowing
la nieve snow
el relámpago lightning

la temperatura temperature
la tormenta storm
el trueno thunder

Las estaciones del año
Seasons of the year

el invierno winter
el otoño autumn or fall
la primavera spring
el verano summer

Descripciones Descriptions

caluroso/a hot
inestable unstable
templado temperate, mild

Expresiones temporales
Expressions of time

ahora now
hoy today
mañana tomorrow, morning
próximo/a next
que viene upcoming, next

La ropa Clothes

las chanclas flip flops
el gorro knitted hat
los guantes gloves
el impermeable raincoat
las lentes de sol sunglasses
el paraguas umbrella
el parka ski jacket

Palabras y expresiones útiles
Useful words and expressions

panfleto pamphlet, brochure
¡Cuánto llueve! It's really raining!
Hace mucho frío / calor. It's very cold / hot.
Estamos a 20 grados. It's 20 degrees.
Hace muchísimo frío / calor. It's really very cold / hot.
Hace un día muy bueno / malo. It's a nice / bad day.
No hace nada de frío / calor. It's not at all cold / hot.
¡Qué frío hace! It's so cold!
¡Qué calor! It's so hot!
¡Qué frío / calor tengo! I'm so cold / hot!
¿Qué día / tiempo hace? What's the day / weather like?
¿Tienes frío / calor? Are you cold / hot?

8

LO PASÉ MUY BIEN

Hablamos de	Vocabulario y comunicación	¡En vivo!	Gramática	Destrezas	Sabor Latino	En resumen
• Las vacaciones	• **Antes de viajar:** Expressing needs and preferences • **Los viajes:** Describing an event in the past	• **Episodio 8 De nuevo juntos:** • Focusing on key information	• Preterit of regular verbs • Expressions used with the preterit	• **La ruta del lobo perdido** – **Comprensión de lectura:** Using semantic maps – **Expresión escrita:** Peer editing – **Interacción oral:** Turn-taking	• **Colombia y Panamá: La alianza hombre-naturaleza**	• **Situación:** ¿Eres un buen agente de viajes? • Vocabulario
	Pronunciación					
	• Las palabras agudas					

- ¿Dónde están las personas de la foto? ¿Qué hacen?
- ¿Crees que les gusta la ciudad? ¿Y a ti, qué destino te gusta más, playa, montaña o ciudad?
- ¿Haces alguna actividad como pintar o andar en la montaña en tus vacaciones?

LEARNING OUTCOMES

By the end of this unit you will be able to:

- Talk about past vacations
- Express past experiences and when they took place
- Describe how you felt about past events

Las vacaciones

8.1 Observa la imagen de Sonia y responde las preguntas según lo que se pueda ver o intuir en la imagen.

a. ¿Qué tiempo hace?

b. ¿Dónde está?

c. ¿Qué hace?

d. ¿Crees que lo pasa bien o mal?

e. ¿Qué ropa lleva?

f. ¿Quién crees que tomó la foto?

8.2 Lee la conversación entre Ramón y Carolina para deducir de qué están hablando. Después, completa la conversación con las palabras de la lista.

comí • pasaste • visitamos • monté • visité
viajaste • conocí • jugué • nadé • pasé

Ramón: Mira esta foto. ¿Te gusta?

Carolina: ¡Qué playa tan bonita! ¿Adónde (a) .... el verano pasado?

Ramón: Sonia, su hermano y yo (b) .... República Dominicana.

Carolina: ¿Y qué tal lo (c) ....?

Ramón: Muy bien. (d) .... mucho tiempo en la playa y (e) .... en aguas cristalinas.

Carolina: ¿Y qué más?

Ramón: Pues (f) .... el casco antiguo de

Santo Domingo, subí a un barco, (g) .... en una moto acuática, (h) .... mucho pescado y marisco, y (i) .... al voleibol de playa con Sonia y su hermano. ¡Ah! también (j) .... a mucha gente. La verdad es que la República Dominicana es un lugar inolvidable.

Carolina: ¡Qué bien! Quiero ir el verano que viene.

Ramón: Pues, te lo vas a pasar fenomenal también.

8.3 Ahora, escucha y comprueba tus respuestas.

8.4 En grupos de tres, comparen sus respuestas. ¿Conocen República Dominicana u otras playas del Caribe? Comenten qué lugares de habla hispana conocen.

Lugares que conozco	Lugares que conocen mi compañeros/as

8.5 ¿Qué actividades de vacaciones menciona Ramón en la conversación? Escribe una frase debajo de cada imagen, como en el ejemplo.

Visité el casco antiguo de la ciudad.

8.6 Observa el siguiente cuadro. Forma frases con las palabras de cada columna. Fíjate en las formas verbales que aparecen en la conversación de la actividad 8.2 para conjugar los verbos.

Verbo	Preposición	Sustantivo
nadar	en	aguas cristalinas
visitar	--	el casco antiguo
subir	a	un barco
montar	en	moto acuática
comer	--	mucho pescado
jugar	a	voleibol de playa

8.7 Haz una lista de cinco actividades que hiciste *(you did)* en tus últimas vacaciones de verano. Una de ellas debe ser falsa.

8.8 Comparte las frases con tu compañero/a. Deben intentar descubrir qué actividad de su compañero/a es la falsa.

APUNTES: Los destinos turísticos preferidos por los colombianos

✓ Miami es el destino turístico preferido en la actualidad por los colombianos. Su clima, sus playas y la posibilidad de hacer compras, son las causas principales de esta preferencia.

✓ En viajes al extranjero, Roma es la nueva ciudad favorita por los colombianos, debido a su riqueza histórica y artística.

✓ Dentro de Colombia, Cartagena de Indias es el destino preferido debido a su inmensa riqueza histórica y arquitectónica.

✓ Las islas del Rosario son la estrella para aquellos que quieren conocer las maravillas acuáticas del mar Caribe así como Playa Blanca, el paraíso para los que quieren unas vacaciones tranquilas para recuperar la paz y la serenidad.

1.A VOCABULARIO: ANTES DE VIAJAR

8.1 Relaciona las frases con las imágenes.

1. ☐ Preparar la maleta.
2. ☐ Comprar el billete de avión.
3. ☐ Tomar un taxi al aeropuerto.
4. ☐ Consultar blogs sobre las experiencias de otra gente.
5. ☐ Reservar habitación en el hotel.
6. ☐ Buscar *(look for)* un destino interesante en Internet.

boleto = billete, pasaje

8.2 Ordena cronológicamente qué hizo Isabel antes de irse de vacaciones.

a. ☐ Preparó la maleta.
b. ☐ Compró el billete de avión.
c. ☐ Consultó blogs sobre las experiencias de otra gente.
d. ☐ Reservó habitación en el hotel.
e. ☐ Tomó un taxi al aeropuerto.
f. ☐ Buscó un destino interesante en Internet.

8.3 Escucha y completa los espacios en blanco con las palabras que faltan.

.... de baño

caña de ....

saco de ....

toalla de ....

protector ....

.... de campaña

....
lentes de sol=gafas de sol

....

lentes de ....

....

....

....

.... digital

8.4 ¿Cómo se preparan tu familia y tú para las vacaciones? Contesta las preguntas y después, en grupos de cuatro, intercambien la información. ¿Coinciden?

a. En tu familia, ¿quién decide dónde van a ir de vacaciones? ¿Todos? ¿Tus padres? ¿Tú?

b. ¿Buscan información en Internet sobre el lugar o hablan con otras personas?

c. ¿Compran los boletos por Internet? ¿Reservan el hotel por Internet?

d. ¿Qué haces tú antes de viajar? ¿Preparas tu maleta?

e. Normalmente, ¿llevas una maleta grande, una maleta pequeña o solo una mochila?

f. ¿Qué cosas llevas siempre cuando vas de vacaciones?

(Modelo:) En mi familia, todos decidimos dónde vamos a ir de vacaciones...

QUERER	PREFERIR
quiero	prefiero
quieres	prefieres
quiere	prefiere
queremos	preferimos
queréis	preferís
quieren	prefieren

» Los verbos **querer** y **preferir** sirven para expresar deseos y pueden ir acompañados de un **infinitivo** o de un **sustantivo** *(noun)*.

– **Querer** + infinitivo / sustantivo

Quiero ir a esquiar este invierno.

Quiero un lugar tranquilo para mis vacaciones.

– **Preferir** + infinitivo / sustantivo

Yo **prefiero hacer** submarinismo.

Mis amigos **prefieren la playa** a la montaña.

» El verbo **necesitar** se usa para hablar de las cosas que son necesarias. También puede ir acompañado de un **infinitivo** o un **sustantivo**.

● Para viajar a la playa, **necesito llevar** un libro para leer y no aburrirme.

● Sí, y **necesitas crema** para protegerte del sol.

8.5 Elena (E) y Fran (F) quieren ir de vacaciones. Escucha la conversación
(66) y selecciona las actividades que quiere hacer cada uno.

	E	F
a. practicar submarinismo	☐	☐
b. ir a conciertos	☐	☐
c. salir de noche	☐	☐
d. pasear por las calles	☐	☐
e. conocer a mucha gente	☐	☐
f. ver un parque natural	☐	☐
g. estar en contacto con la naturaleza	☐	☐
h. ir a la playa	☐	☐
i. visitar museos	☐	☐

8.6 Estos son tres folletos turísticos de tres destinos diferentes en España. Con tu compañero/a, léanlos, observen las imágenes y decidan qué destino es mejor para Fran y Elena, según sus preferencias.

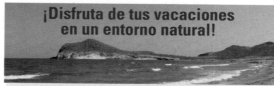

¡Disfruta de tus vacaciones en un entorno natural!

¿Quieres disfrutar de unos días de descanso en plena naturaleza?
¿Prefieres las playas grandes o las calas *(cove)*?
En Cabo de Gata hay playas grandes para disfrutar del mar, del sol y pasear, además de pequeñas calas de fina arena. ¿Quieres practicar submarinismo? Cabo de Gata te ofrece la oportunidad de explorar su maravilloso fondo marino.
¡Ven y repetirás!

La alegría del Mediterráneo

¿Quieres pasar unas vacaciones en una ciudad maravillosa a orillas del mar Mediterráneo? Entonces, tu destino es Málaga, Andalucía.
Si te gustan la playa y el mar, la ciudad te ofrece las bonitas playas de La Malagueta y La Caleta donde nadar y disfrutar del aire libre. Pero si prefieres un turismo más cultural, puedes visitar la casa del pintor malagueño Pablo Ruiz Picasso y el museo Picasso de Málaga, entre otros. También puedes disfrutar de un buen espectáculo de flamenco y de su gastronomía.

El encanto del norte

¿Quieres conocer el paisaje del norte de España?

San Sebastián, en el País Vasco, es una ciudad con muchas posibilidades de ocio y tiempo libre, y a la vez una ciudad tranquila y agradable. Tiene varias playas, la más conocida es La Concha, una de las más famosas de España.

Si prefieres ir a los numerosos espectáculos de la ciudad o disfrutar de su gastronomía, la ciudad cuenta con una amplia oferta cultural, entre otros, varios festivales de cine y música. Los más famosos son el Festival Internacional de Cine y el Festival de Jazz.

Y si, además, te gusta la buena comida, ven al barrio viejo de la ciudad y disfruta de sus famosos "pintxos", la tapa típica de esta ciudad.

8.7 Comparen con otros compañeros el destino que han elegido para Elena y Fran y expliquen por qué.

> **Modelo:** E1: ¿Es Málaga el destino ideal para Elena?
>
> E2: Sí, porque Elena quiere ir a la playa…
>
> E3: No, no lo es. Elena prefiere pasar sus vacaciones en un lugar tranquilo…

8.8 ¿Qué necesitan Elena y Fran para viajar? Miren las imágenes y preparen una lista de cosas necesarias para cada uno, según el destino elegido anteriormente. Pueden añadir otras cosas que no están en las imágenes.

> **Modelo:** Para ir a…, Elena necesita…

8.9 ¿Y tú? ¿Qué tipo de vacaciones prefieres? En grupos de cuatro, expresen sus deseos y necesidades para las próximas vacaciones. ¿Coinciden?

8.10 El año pasado, Silvia fue a esquiar con sus compañeros a Bariloche, Argentina. Escribió a su amigo Miguel para hablarle sobre su viaje. Lee su correo electrónico y complétalo con las palabras correctas del cuadro.

bañamos • bajaron • escuché • patinaron • esquié • inolvidable • tranquilo • avión • genial • mucho

● ● ●   Asunto: Mi viaje a Bariloche

De: silviaromero@email.com   Para: miguel22@email.com

Querido Miguel:
El invierno pasado yo (a) .... en Bariloche. ¡Lo pasé (b) ....! Viajé con todos mis compañeros del curso. El viaje en (c) .... fue largo, pero muy (d) ....
(e) .... mi mp4 todo el tiempo. Nos alojamos *(stayed)* en un hotel muy bonito que nos gustó (f) .... Todos hicimos algo diferente.
Laura y Sandra (g) .... sobre hielo y Manuel y Sergio (h) .... por las pistas *(slopes)* en snowboard. Por la tarde, nos (i) .... en la piscina del hotel. En fin, un viaje (j) .... Aquí te mando unas fotos.
Un beso,
Silvia

¡Qué bien nos lo pasamos!   Nuestro hotel en Bariloche, ¡un paraíso!

8.11 (67) Escucha a Jorge hablar sobre sus vacaciones. Indica qué imágenes corresponden a su viaje.

8.12 Con tu compañero/a, usa las imágenes que has seleccionado en la actividad anterior y escribe cinco frases sobre el viaje de Jorge a Cuba. Utiliza los verbos del cuadro.

viajó • llevó • fue a • visitó • se alojó en • le gustó • lo pasó…

Modelo: Jorge viajó a Cuba…

8.13 Con tu compañero/a, sustituyan las imágenes con la palabra o expresión adecuada que representa. ¡Atención! Puede haber más de una posibilidad. Usen su imaginación. Después, hagan turnos para leer en voz alta lo que hizo Lucía el verano pasado.

El verano pasado Lucía viajó a [México] en [avión] con sus [amigas]. Fue un viaje [bueno] porque visitó la capital, México D.F., una de las ciudades más [grandes] del mundo. Le [gustó] el Zócalo, la segunda plaza más grande del mundo. También habló [español] con mucha gente y ¡todos lo entendieron! Se alojó en un [hotel] moderno en el Paseo de la Reforma. Reservó la [habitación] por [internet]. Se lo pasó [bien], pero al regreso perdió su [maleta].

Use **encantar** to say you really liked something.

- Me **encantó** visitar el parque nacional. *I loved visiting the national park.*

» Para valorar acontecimientos del pasado:

- **¿Qué tal** tus vacaciones del año pasado? *How was your vacation last year?*
- **Lo pasé... fenomenal / genial / muy bien / bien / regular / mal / muy mal / fatal.** *I had a (an)... fantastic / awesome / very good / good / not so good / bad / very bad / awful... time.*
- ¿Montaste en una moto acuática? *Did you ride a jet ski?*
- **Sí, me gustó... mucho / bastante.** *Yes, I liked it... a lot / quite a lot.*
- **No, no me gustó... mucho / demasiado / nada.** *No, I didn't like it... a lot / too much / at all.*

- ¿Qué tal tu viaje a México? *How was your trip to Mexico?*
- **Fue... muy divertido / interesante / bonito / aburrido.** *It was... a lot of fun / interesting / beautiful / boring.*

8.14 Lee las siguientes oraciones y escoge la opción correcta.

1. Visité el centro comercial nuevo de mi barrio y me gustó ....
   a. regular   b. bastante   c. nada

2. La fiesta de Marcos .... porque no tocaron música moderna.
   a. no me gustó   b. lo pasé muy bien   c. me gustó

3. El libro que leí la semana pasada me gustó mucho. Fue ....
   a. un rollo   b. muy divertido   c. muy bien

4. En la excursión a la montaña lo pasé .... y me divertí mucho.
   a. fatal   b. bastante   c. fenomenal

5. Llegué tarde al cine y la película no me gustó ....
   a. mal   b. fenomenal   c. mucho

6. El partido de fútbol de ayer fue .... ¡No pasó nada, ningún equipo metió gol!
   a. interesante   b. un rollo   c. muy mal

8.15 Escucha estas conversaciones sobre las vacaciones de verano. Anota las expresiones que usan para describirlas y escríbelas en la columna adecuada.

(68)

Conversación	⊕ Positivas	⊖ Negativas
a		
b		
c		

8.16 Vuelve a escuchar la conversación. ¿Dónde pasó cada uno sus vacaciones?

(68) a. .... b. .... c. ....

8.17 Responde las siguientes preguntas sobre tus últimas vacaciones. Después, en grupos de cuatro, hagan turnos para preguntar y responder las preguntas.

   a. ¿Dónde pasaste tus vacaciones el verano pasado?

   b. ¿Con quién fuiste de vacaciones?

   c. ¿Cómo lo pasaste?

   d. ¿Qué te gustó mucho?

   e. ¿Qué no te gustó nada?

   f. ¿Qué fue interesante?

PRONUNCIACIÓN

LAS PALABRAS AGUDAS

» In Spanish, **palabras agudas** are words that have the stress on the last syllable.

8.1 Escucha las siguientes palabras. Fíjate cómo el acento cae en la última sílaba de cada palabra.

a. color	**d.** pastel	**g.** almacén	**j.** café	**m.** bebé
b. camión	**e.** comí	**h.** corazón	**k.** mamá	**n.** feliz
c. ratón	**f.** reloj	**i.** amor	**l.** salí	**ñ.** azul

8.2 Clasifica las palabras de la actividad 8.1 en su columna correspondiente.

A. Con tilde	B. Sin tilde
camión	color

De nuevo juntos

ANTES DEL VIDEO

8.1 Con tu compañero/a, miren las imágenes y contesten las preguntas.

a. ¿Dónde están los amigos? ¿Qué hacen? ¿Qué van a comer?

b. Observen las Imágenes 3 y 4. Describan a Juanjo y a Lorena usando una frase con *ser* y otra con *estar*.

c. Los muchachos hablan de sus vacaciones. ¿Pueden imaginar quién lo pasó bien y quién lo pasó mal?

d. ¿Con qué imagen relacionas esta frase?: *Trabajé mucho durante las vacaciones*.

e. Observa la Imagen 5. ¿Qué tal lo pasan los amigos?

8.2 Mira el episodio y comprueba tus respuestas anteriores.

⚙ ESTRATEGIA

Focusing on key information

Now that you know what the characters are talking about in the episode, reading the questions before viewing each individual segment will help you focus on key information.

8.3 Mira este segmento del episodio y completa las actividades de Alfonso durante sus vacaciones.

`00:00 - 03:10`

a. .... a su familia.

b. No .... mucho.

c. .... unos días con sus amigos del colegio.

d. .... a un concierto y .... como un loco.

e. .... un día con sus padres.

8.4 Mira el segmento otra vez y completa los cuadros con las actividades de Alfonso durante las vacaciones.

DURANTE DEL VIDEO

¿Dónde fue?	¿Con quién fue?	¿Cómo lo pasó?

4 5 6

8.5

`03:10 - 03:34`

Mira el siguiente segmento y escribe qué hizo Eli durante sus vacaciones y cómo lo pasó. ¿Qué opina Juanjo de las vacaciones de Eli?

....

....

8.6

`03:34 - 04:20`

En este segmento Juanjo habla de sus vacaciones. Completa las actividades con los verbos que faltan y ordena las frases. ¿Cómo lo pasó Juanjo en sus vacaciones?

a. ☐ .... los platos.

b. ☐ .... ensaladas.

c. ☐ .... comida.

d. ☐ .... mesas.

e. ☐ .... en el restaurante.

Lo pasó ....

8.7

`04:20 - 05:00`

Finalmente, mira el segmento en el que Lorena habla de sus vacaciones y marca la información correcta.

a. ☐ Paseó por la ciudad.

b. ☐ Paseó por la ciudad con unas amigas.

c. ☐ Vio una exposición de fotografía. No le gustó.

d. ☐ Vio una exposición de fotografía. Le gustó mucho.

e. ☐ Fue al cine.

f. ☐ Visitó a unas amigas.

g. ☐ Fue al museo.

h. ☐ Salió a bailar.

8.8 ¿Recuerdas quién dijo estas frases?

	Alfonso	Eli	Juanjo	Lorena
a. ¿Qué bandas tocaron?	☐	☐	☐	☐
b. Bailé como un loco.	☐	☐	☐	☐
c. Los conozco desde bebecitos.	☐	☐	☐	☐
d. ¡Mira qué manos tengo!	☐	☐	☐	☐
e. ¿Ya aprendiste bien a servir una mesa, señor mesero?	☐	☐	☐	☐
f. Mis clientes no protestaron.	☐	☐	☐	☐

8.9 En grupos de cuatro, comenten las siguientes cuestiones.

a. ¿Qué vacaciones de las que cuentan los muchachos te parecen más divertidas?

b. ¿Cuáles son las peores? ¿Por qué? ¿Están ustedes todos de acuerdo?

c. ¿Lo pasaste mal alguna vez durante las vacaciones? ¿Por qué? Cuéntaselo a tus compañeros.

DESPUÉS DEL VIDEO

GRAMÁTICA

1. PRETERIT OF REGULAR VERBS

» Use the preterit tense to talk about actions that were **completed in the past**.

*Yo **comí** en un restaurante con mis amigos.* I ate at a restaurant with my friends.
*Ustedes **salieron** de la casa tarde.* You left the house late.

» To form the preterit tense of a regular verb, add the preterit endings to the stem of the verb.

	VIAJAR	COMER	VIVIR
yo	viaj**é**	com**í**	viv**í**
tú	viaj**aste**	com**iste**	viv**iste**
él	viaj**ó**	com**ió**	viv**ió**
nosotros/as	viaj**amos**	com**imos**	viv**imos**
vosotros/as	viaj**asteis**	com**isteis**	viv**isteis**
ustedes/ellos/ellas	viaj**aron**	com**ieron**	viv**ieron**

VER
vi
viste
vio
vimos
visteis
vieron

» Except for **ver**, all regular verbs have accent marks in the **yo** and the **usted/él/ella** forms. Notice how they affect pronunciation.

*Jorge **viajó** a Colombia.* Jorge traveled to Colombia.
***Vio** muchas estatuas de Botero.* He/She saw many of Botero's statues.
***Comí** mucho pescado.* I ate a lot of fish.

Plaza de las esculturas en Medellín, Colombia

8.1 Antes de planear sus vacaciones, Carlos buscó la historia de Ibiza en Internet. Completa el artículo con la forma correcta de los verbos en el pretérito.

Ibiza

Ibiza es una de las islas más conocidas del Mediterráneo por ser el lugar de vacaciones de muchos turistas europeos. Los primeros visitantes de la isla (a) .... (empezar) a llegar en los años 80, y allí (b) .... (descubrir) una atractiva ciudad, un bello entorno natural y unas playas tranquilas de arenas blancas. Su fama (c) .... (extenderse) internacionalmente. En los años 60 y 70 su economía (d) .... (cambiar) la pesca y la agricultura por el turismo. Además de su increíble paisaje, la ciudad tiene una valiosa fortaleza y muralla *(wall)*. En 1999 la Unesco (e) .... (declarar) la ciudad Patrimonio de la Humanidad.

8.2 Completa las preguntas sobre Ibiza con la forma correcta de los verbos en pretérito. Después, hazle las preguntas a tu compañero/a.

a. ¿En qué época (llegar).............. los primeros turistas europeos?

b. ¿Qué (ver).............. en esta ciudad?

c. ¿Cuándo (aumentar).............. el turismo?

d. ¿Cuándo (nombrar, ellos).............. a esta ciudad Patrimonio de la Humanidad?

La fortaleza y muralla de Dalt Vila.

8.3 _____ El año pasado Alicia viajó con su familia a Perú. Combina elementos de cada columna para hacer oraciones sobre su viaje. ¡Atención! Usa la forma del pretérito para todos los verbos.

1. Yo

2. Mi hermano y yo

3. Mi hermano

4. Mis padres

- almorzar
- empezar
- enfadarse
- jugar
- llegar
- sacar
- ver

- el viaje en Cusco.
- tarde a todas las excursiones.
- a los videojuegos en el avión.
- ceviche con pescado.
- las impresionantes ruinas de Machu Picchu.
- muchas fotos.
- con nosotros cuando perdimos el autobús.

Some verbs will have a spelling change only in the **yo** form:

- empe**zar** ▶ empe**cé**, empezaste…
- almor**zar** ▶ almor**cé**, almorzaste…
- ju**gar** ▶ ju**gué**, jugaste…
- lle**gar** ▶ lle**gué**, llegaste…
- sa**car** ▶ sa**qué**, sacaste…
- bus**car** ▶ bus**qué**, buscaste…

Why do you think this is?

8.4 _____ En tus últimas vacaciones visitaste un país de América del Sur. Cuéntale a tu compañero/a qué hiciste _(you did)_ y él/ella tiene que adivinar qué país es.

Modelo: Recorrer _(go all over)_ la fortaleza de Kuelap. ▶ Recorrí la fortaleza de Kuelap.

Estudiante 1:

- Subir a las pirámides.
- Cantar rancheras con un grupo de mariachis.
- Recorrer el desierto.
- Comer enchiladas y tacos.
- Pasar cinco días en Acapulco.
- Por supuesto, visitar la capital, el D.F.
- Celebrar el Día de Muertos en el cementerio.

Estudiante 2:

- Visitar la Casa Rosada.
- Pagar con pesos.
- Ver los glaciares de Tierra de Fuego.
- Bailar un tango cantado por Carlos Gardel.
- Asistir a una ópera en el teatro Colón.
- Visitar las cataratas de Iguazú.
- Tomar el Viejo Expreso Patagónico, un precioso tren conocido como La Trochita.

8.5 _____ Hagan turnos en grupos de cuatro para preguntar sobre las vacaciones. Cada uno debe tomar nota de las vacaciones de un/a compañero/a.

a. ¿Dónde viajaste de vacaciones el verano pasado?

b. ¿Cómo lo pasaste?

c. ¿Qué hiciste _(did you do)_?

d. ¿Qué viste?

e. ¿Descubriste algo interesante? ¿El qué?

f. ¿Compraste algo interesante? ¿Qué?

Y tú, ¿dónde viajaste el verano pasado?

8.6 _____ Toma unos minutos para organizar tus notas sobre el viaje de tu compañero/a. Después, preséntalo a la clase.

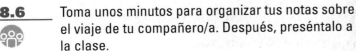

2. EXPRESSIONS USED WITH THE PRETERIT

» The preterit is often used with expressions that pinpoint a particular occasion or a specific point in time.

ayer *yesterday*

ayer por la mañana / tarde *yesterday morning / afternoon*
  Ayer por la mañana, caminé a la escuela. *Yesterday morning, I walked to school.*

anoche *last night*
  Anoche, visité a mi abuela. *Last night, I visited my grandmother.*

el mes / año pasado *last month / year*
  El año pasado, descubrí Puerto Rico. *Last year, I discovered Puerto Rico.*

el otro día *the other day*
  El otro día cené con mis abuelos. *The other day, I had dinner with my grandparents.*

hace dos días / años *two days / years ago*
  Hace dos años, viajé a España. *Two years ago, I traveled to Spain.*

en agosto / 2014 *in August / 2014*
  Mi hermano se casó en agosto. *My brother got married in August.*

8.7 Mira el muro de Ricardo en Facebook y lee los comentarios de sus amigas después de sus vacaciones en la nieve. ¿Con quién estás más de acuerdo? ¿Con Elena o con Ana?

Ricardo ha añadido una fotografía a su biografía
Fin de semana de esquí en Baqueira (Lleida).

Me gusta · Comentar · Compartir · 1 de noviembre, 23:25

Ana ¡Qué bonito! ¿Cuándo tomaste la foto?
Me gusta · Comentar · Compartir

Ricardo Hace dos semanas. Decidí ir en el último momento yo solo.
Me gusta · Comentar · Compartir

Ana ¿De verdad? ¿Por qué no me llamaste? Me encanta esquiar. El invierno pasado esquié allí también y lo pasé fenomenal.
Me gusta · Comentar · Compartir

Elena Pues a mí no me gustó mucho. Nevó todo el tiempo. Fue un desastre. Me enfermé y no salí del hotel.
Me gusta · Comentar · Compartir

Ana Claro, es normal. Siempre nieva mucho en enero. Tienes que ir otra vez.
Me gusta · Comentar · Compartir

Elena No creo. Prefiero las playas de Ibiza. Busqué un hotel económico por Internet. Leí los blogs y allí pasé una semana en agosto.
Me gusta · Comentar · Compartir

Ricardo Qué mala suerte, Elena. ¿Y qué tal el concierto anoche? Oí que fue genial.
Me gusta · Comentar · Compartir

Ana Totalmente. ¿Verdad, Elena?
Me gusta · Comentar · Compartir

Elena ¡Uf! Tienes que ver las fotos que subí a mi muro del concierto…
Me gusta · Comentar · Compartir

Escribe un comentario…

» Verbs whose stems end in a vowel change their endings in the **usted/él/ella** and **ustedes/ellos/ella** forms as follow:

	Oír		Leer	
-ió ▶ **yó**	oí	oímos	leí	leímos
-ieron ▶ **yeron**	oíste	oísteis	leíste	leísteis
	oyó	**oyeron**	**leyó**	**leyeron**

Note, all forms but **ustedes/ellos/ellas** have accents.
Other verbs: **creer**, **construir**, **destruir**, **caer**...

8.8 Completa las actividades de Ricardo y sus amigas e indica cuándo ocurrieron. Compara tus respuestas con un/a compañero/a. Después, ordenen las actividades cronológicamente.

¿Cuándo?

a. Ricardo .... ir a Baqueira. ....
b. El viaje de Elena a Baqueira .... un desastre. ....
c. Ana .... en Baqueira y lo .... fenomenal. ....
d. Elena .... su hotel en Ibiza por Internet y .... los blogs. ....
e. Elena .... fotos a su muro. ....
f. En Baqueira, Elena .... y no .... del hotel. ....
g. Ricardo .... una fotografía a su biografía. ....
h. Ricardo .... que el concierto fue muy bueno. ....

8.9 Escoge cinco de las siguientes actividades relacionadas con los medios sociales e indica cuándo las hiciste *(you did)* por última vez.

Modelo: subir una foto a Instagram ▶ Ayer subí una foto a Instagram.

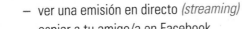

– mandar un wasap (WhatsApp)
– ver una emisión en directo *(streaming)*
– espiar a tu amigo/a en Facebook
– tuitear sobre las noticias
– agregar a amigos a Facebook *(friend)*
– actualizar estado *(status)* en Facebook
– cambiar tu foto de perfil en Facebook
– entrar en Linkedin
– consultar TripAdvisor

PALABRAS INTERROGATIVAS

¿A quién...?
¿Qué...?
¿Por qué...?

8.10 Habla con un/a compañero/a sobre tus actividades en los medios sociales. Él/Ella va a hacerte más preguntas.

Modelo: E1: Ayer subí una foto a Instagram.
E2: ¿Qué foto subiste?
E1: Una foto con mi perro.

VIDEOCLASES
15 Y 16

DESTREZAS

1. COMPRENSIÓN DE LECTURA

8.1 _____ Hace dos años, Adolfo fue a México de vacaciones con su empresa *(company)*. Con un/a compañero/a, ordena las palabras en la columna de la izquierda para formular una pregunta. Después, relaciona cada pregunta con su respuesta de la columna derecha.

1. ¿viajaste / adónde?
2. ¿viajaste / cuándo?
3. ¿viajaste / quién / con?
4. ¿gustó / te / experiencia / la?
5. ¿gente / mucha / conociste a?

a. Con mi familia.
b. Hace dos años.
c. Viajé a Sierra Nevada.
d. Sí, conocí gente fantástica.
e. Me encantó la experiencia.

8.2 _____ Lee la historia de Adolfo.

La ruta del lobo perdido

Hace dos años mi empresa organizó un viaje de equipo a Sierra Nevada. El primer día me enojé un poco. ¡Qué aburrido! Todo el día en el carro con mis colegas y mis jefes. Pero cuando llegamos a la casa rural, rápidamente cambié de opinión. «¡Qué padre!», pensé cuando vi aquel lugar. Nos alojamos en una casa antigua para turistas, en un pueblo rodeado de montañas y bosques. Mi habitación me gustó mucho porque estaba separada del resto de la casa. ¡Dormí en un antiguo **establo** convertido en dormitorio!

Al segundo día conocí a cuatro colegas nuevos, un grupo de otro departamento, pero fue genial. Lo más increíble es que nos permitieron hacer una excursión por el bosque sin guía. Decidimos hacer «la ruta del **lobo perdido**», una excursión muy famosa. Dicen que en el Bosque del Lobo Perdido hay un fantasma de un perro que se perdió hace muchos años. Cuenta la leyenda que su **amo**, un turista del norte, lo abandonó y el perro, desesperado, buscó durante años a su amo y se convirtió en lobo para sobrevivir en aquel **entorno** hostil. Un día, un cazador lo **mató** y desde entonces el lobo sale todas las noches para **vengarse** del turista que lo abandonó y del cazador que lo mató.

Comenzamos nuestra excursión por la mañana y caminamos durante dos horas hasta llegar a la cima de una montaña. Allí comimos y descansamos. Todos hablamos de nuestras vidas en la ciudad, de nuestro trabajo y de nuestras cosas; allí empezamos a conocernos mejor.

Después de un largo rato miré el reloj: «¡Oh, no!», dije yo, «son las siete de la tarde y tenemos que volver a la casa». Empezamos nuestro **regreso**. Caminamos durante una hora. Pasó otra hora y empezamos a preocuparnos. «Oye, muchachos, creo que nos hemos perdido, este camino es diferente al de antes», dije yo. «No creo», respondió Elena, «por la noche los bosques tienen otro aspecto».

De repente, escuchamos ruidos lejanos y nos **asustamos** un poco. Unos minutos después, oímos un **aullido**. Continuamos, caminamos media hora más y volvimos a escuchar el ruido; esta vez un **ladrido** más cerca. Volvimos a escuchar ladridos. Un **arbusto** se movió y todos **gritamos** a la vez. Un instante después vimos una luz y oímos: «Ron, ¿qué haces? ¡Ven aquí!». La luz se **acercó** y vi a mi jefe con una linterna y con su perro Ron. «Vamos, muchachos, que es muy tarde, ¿se perdieron? Yo salí a buscar a Ron, creo que se **peleó** con otro perro en el bosque. ¡Qué extraño!, en los bosques no hay perros», dijo mi jefe. Nadie pronunció una sola palabra.

ESTRATEGIA

Using semantic maps

Use diagrams and semantic maps to show the relationship between words to learn new vocabulary. Try to group words that are unfamiliar with words that are similar in meaning or are somehow related. For example, what do the following words from the text have in common, **lobo**, **aullido** and **ladrido**?

8.3 Responde las siguientes preguntas.

1. Adolfo y sus colegas se alojaron...
   a. en un hotel.
   b. en un albergue.
   c. en una casa rural.

2. Lo que más le gustó a Adolfo de la casa rural fue...
   a. su entorno.
   b. su habitación.
   c. el clima.

3. Cuando llegaron a la cima de la montaña...
   a. comieron y durmieron la siesta.
   b. descansaron media hora y continuaron su camino.
   c. comieron y charlaron de sus cosas durante mucho tiempo.

4. Adolfo y sus colegas...
   a. pasaron la noche en el bosque.
   b. se preocuparon porque por la noche es más difícil caminar por el bosque.
   c. llamaron al jefe de Adolfo para pedir ayuda.

5. La leyenda del lobo perdido...
   a. dice que hay un lobo que ataca a turistas y cazadores.
   b. asustó a Adolfo pero no a sus amigos.
   c. dice que hay un lobo que ataca a los muchachos por la noche.

2. EXPRESIÓN ESCRITA

8.4 Observa las palabras marcadas en negrita *(boldface)* en el texto y busca su significado en el diccionario.

8.5  Con tu compañero/a, usa estas palabras para escribir una nueva historia de misterio. Deben usar el máximo de palabras marcadas posible. El título deben dejarlo en blanco.

⚙ ESTRATEGIA

Peer editing

Working with a partner should be a rewarding experience. Listen to suggestions and accept corrections as needed. Take advantage of having two creative minds work together and let your imaginations run wild.

3. INTERACCIÓN ORAL

8.6  Cada pareja debe contar su historia de misterio a la clase. Los demás compañeros deben hacer tres preguntas sobre la historia de los otros compañeros y proponer un título.

8.7 Después de leer todas las historias de misterio de la clase, hagan un breve debate sobre si creen en los fantasmas. El profesor puede hacer de moderador.

⚙ ESTRATEGIA

Turn-taking

In a debate or other type of discourse, it is important to respect the speaker's turn. The role of the moderator, whether it is the professor or another student, is to encourage participation and ensure proper turn-taking.

COLOMBIA Y PANAMÁ:
LA ALIANZA HOMBRE-NATURALEZA

Colombia y Panamá (América de Sur y Central)

La alianza entre el ser humano y la naturaleza es de sustento* y preservación mutua. El ser humano necesita de la naturaleza para su alimentación y, al mismo tiempo, la naturaleza necesita del ser humano para ser preservada y para poder mantener o recuperar su equilibrio. Esta alianza hombre-naturaleza preocupa hoy a muchos debido al impacto negativo de la actuación humana sobre el ecosistema del planeta.

El canal de Panamá

CANAL de PANA

PROGRESO Y NATURALEZA

«El Canal de Panamá mantiene una alianza natural con su entorno. Desarrolla su actividad en medio de un país lleno de biodiversidad y situado en un valle hidrográfico donde el ser humano y la naturaleza trabajan unidos».

Otro ejemplo de esta comunión hombre-naturaleza es el santuario de las Lajas en Colombia, un bellísimo edificio perfectamente integrado en los riscos* de la cordillera de los Andes. Se suele describir como «un milagro* de Dios sobre el abismo».

¿Hay ejemplos de esta alianza hombre-naturaleza en tu país?

100 AÑOS DEL CANAL DE PANAMÁ

Culturas de todas partes del mundo aportaron su trabajo y talento para unir los océanos a través del istmo de Panamá. «Hoy Panamá es reflejo de ese legado multicultural de hombres y mujeres que llegaron a construir un sueño», dice su actual presidente, Rómulo Alberto Roux Moses.
Desde su apertura en 1914, el Canal de Panamá conecta el mundo, acortando* las distancias, tiempo y costos de transporte entre los centros de producción y consumo. Hoy, el Canal de Panamá es sinónimo de conectividad como lo reflejan las 144 rutas marítimas que cruzan la vía, llegando a 1.700 puertos en 160 países.

¿Qué sabes sobre la historia de la construcción del canal y el papel de EE. UU.?

ALIANZA GEO-POLÍTICA

¿**S**abías que durante más de 70 años Panamá y Colombia formaban un solo país?

Los españoles llamaron Nueva Granada a este territorio que hoy conocemos como Colombia y Panamá. Después de su independencia de España en 1830, pasó a ser la República de Colombia hasta 1903, cuando Panamá declaró su independencia.

Durante el siglo XIX, los conflictos políticos entre las dos regiones se hacían cada vez más evidentes. Sin embargo, fue el conflicto entre Colombia y EE.UU. sobre la construcción del canal lo que rompió definitivamente la unión. El Congreso colombiano no aceptaba las condiciones impuestas* por EE.UU. para la construcción del canal en el istmo de Panamá. Los panameños, que estaban en peligro de perder el canal a favor de Nicaragua, formaron la Junta Provisional del Gobierno de Panamá, declararon su independencia y firmaron el tratado con EE.UU. para construir el canal a través de su territorio.

¿Crees que Colombia perdió una oportunidad histórica desde el punto de vista económico?

EL SANTUARIO DE LAS LAJAS

El santuario de Las Lajas, en Ipiales, Colombia

El santuario de Las Lajas es un templo católico situado en Ipiales, Colombia. «Está en el cañón del río Guáitara. «La capilla* original es del siglo XVIII y el resto de la edificación es del siglo XIX. El santuario es una de las siete maravillas* de Colombia por ser un edificio histórico en un lugar singular», dice la oficina del turismo del país.

Otra maravilla de Colombia es el Caño Cristales, catalogado como uno de los ríos más bellos del mundo por sus algas submarinas: «Las algas son de todos los colores y el río cambia de tono durante el día», dice Mario Bravo, ecoturista colombiano.

¿Qué maravillas recomendarías de tu país?

Caño Cristales, uno de los ríos más bellos del mundo, en Colombia

GLOSARIO

acortando – shortening
la capilla – chapel
impuestas – imposed
las maravillas – wonders
el milagro – miracle
los riscos – cliffs
el sustento – sustenance

Fuentes: Unesco, Oficina de Turismo de Panamá, Oficina de Turismo de Colombia, CNN, *El Colombiano*, micanaldepanama.com/centenario/

VOCES LATINAS

El ecoturismo en Panamá y Colombia

EN RESUMEN

> ### Situación
> **¿Eres un buen agente de viajes?**
> You are world traveler and your friends love to hear about your trips. They also rely on you for travel advice. Use your past experiences to help them.

LEARNING OUTCOMES

ACTION

Describe how you felt about past events

8.1 ____ Un amigo quiere ir de vacaciones, pero no puede decidir adónde. Él sabe que viajas mucho y te hace varias preguntas sobre tus últimas vacaciones. Contesta sus preguntas. Después, cambia de papel con tu compañero/a.

- – ¿Dónde pasaste las vacaciones?
- – ¿Con quién fuiste?
- – ¿Cómo lo pasaste?

- – ¿Qué te gustó?
- – ¿Qué no te gustó nada?
- – ¿Qué fue interesante?

Express past experiences and when they took place

8.2 ____ Cuando viajas, siempre anotas tus experiencias en el calendario de tu celular. Mira tus actividades durante la semana que visitaste Cartagena de Indias (u otra ciudad con playa). Escribe una entrada al blog de viajeros sobre tu experiencia.

BLOG DE VIAJEROS

📅 5   5/08

23 llegar a ......, perder ......, acostarme temprano

24 pasear por ......, nadar en ......, comer ......, salir de noche a......

25 visitar......, ver......, conocer......, cenar......

26 otro día en la playa, montar en ......, jugar......, practicar......

27 comprar......, preparar......, encontrar......

Fecha: **1 de junio**
Estoy en casa después de mi viaje a...... Les cuento......

Talk about past vacations

8.3 ____ Por fin tu amigo decide pasar una semana en Acapulco. Él no viaja mucho y te pregunta que cómo planeaste tu último viaje. Cuéntale las cosas que hiciste *(you did)* antes de salir.

LISTA DE VOCABULARIO

Los viajes Trips

el albergue inn, hostel
el billete / boleto ticket
el billete de avión plane ticket
los binoculares binoculars
la cámara digital digital camera
la caña de pescar fishing pole
el casco antiguo old town
la excursión tour trip, outing
el impermeable raincoat
las lentes / gafas de sol sunglasses
la linterna lantern, lamp
la maleta suitcase
la naturaleza nature
la playa beach
el protector solar sunscreen
el saco de dormir sleeping bag
la sombrilla beach umbrella
la tienda de campaña tent
la toalla de playa beach towel
el traje de baño bathing suit

Expresiones temporales
Time expressions

anoche last night
ayer yesterday
ayer por la mañana / tarde yesterday
morning / afternoon

hace dos días / años two days / years ago
el mes / año pasado last month / year
el otro día the other day

Verbos Verbs

alojar(se) to stay (at a hotel)
aumentar to grow, to increase
bajar to go down
bañarse to take a bath, to go for a swim
buscar to look for
conocer to meet, to be familiar with
crecer to grow (things), to grow up (people)
descubrir to discover
disfrutar de to enjoy
empezar to begin
enojarse to get angry
extender(se) to spread
llevar to take, to wear
montar a caballo to go horseback riding
nadar to swim
pasar tiempo to spend time
pasear to go for a walk
patinar to skate
perder(se) to lose (to get lost)
preferir to prefer
querer to want
recorrer to go all over
regresar to return
subir to go up, to get on, to climb

Las redes sociales Social media

actualizar estado to update the status
agregar a un amigo a Facebook to add a
friend on Facebook
mandar un wasap to send a whatsapp
subir una foto to upload a photo
tuitear to tweet
ver una emisión en directo to watch an
emission in streaming

Palabras y expresiones útiles
Words and useful expressions

agradable nice, pleasant
me lo pasé bien …I had a good time
fatal awful
fenomenal fantastic
genial awesome
me gustó mucho /bastante I liked it a lot /
quite a lot
muy very
no me gustó nada I didn´t like it at all
practicar submarinismo to practice scuba
diving
regular not so good, okay

9

ESTUDIÉ MUCHO

Hablamos de	Vocabulario y comunicación	¡En vivo!	Gramática	Destrezas	Sabor latino	En resumen
• Estar ocupados	• **Las noticias de prensa:** Talking about actions in the past • **Los medios de comunicación:** Talking about doing something again **Pronunciación** • Las palabras llanas	• **Episodio 9 Taxi para cuatro:** Focusing on what is being said	• Preterit of irregular verbs: *ser, ir* and *dar* • Verbs with irregular preterit stems • Long form possessives	• **Mi profesor famoso** – **Comprensión de lectura:** Using context clues – **Expresión escrita:** Selecting appropriate vocabulary – **Interacción oral:** Practicing orderly conversation	• **La nueva educación latinoamericana**	• **Situación:** El último día del semestre • Vocabulario

Esta muchacha estudia mucho

- ¿Dónde está la muchacha? ¿Qué hace?
- ¿Crees que los medios de comunicación son una ventaja en la educación? ¿Tú los usas?
- ¿Para qué otras cosas usas los medios de comunicación?

LEARNING OUTCOMES

By the end of this unit you will be able to:

- Talk about actions in the past
- Use expressions of time
- Express ownership
- Newspapers and media

9.1 Estos son Sara y Ricardo, dos muchachos que van juntos a la universidad y a veces salen los fines de semana con el mismo grupo de amigos. Observa las imágenes y responde las preguntas.

a. ¿Dónde están estos muchachos?

b. ¿De qué crees que hablan? ¿De los exámenes? ¿De planes para salir?

c. ¿Con quién crees que vive la muchacha? ¿Y el muchacho?

d. ¿Cuál de ellos piensas que es más parecido a ti? ¿Por qué?

9.2 Ahora lee la conversación de Sara y Ricardo para saber de qué están hablando. Completa los espacios en blanco con las palabras de la lista. Después, compara tu respuesta con tu compañero/a. ¿Coinciden?

tengo • conocimos • hay • ayudar • gustó • quieres • levantaste
vienes • levanté • preparamos • ayudamos

Ricardo: Hola, Sara. (a) .... tres entradas para ir al cine esta tarde. ¿(b) .... venir?

Sara: Lo siento... pero estoy muy cansada.

R: Yo, también. Esta semana tuve demasiados exámenes y fui a la biblioteca todos los días. Pero, (c) .... que divertirse...

S.: Sí, pero... es que esta mañana me (d) .... bien temprano.

R: ¿Te (e) .... temprano? Pero... ¡si hoy es sábado!

S.: Es que tuve que (f) .... a mi nueva compañera de apartamento con la mudanza. Va a vivir ahora con nosotras. Nos (g) .... la semana pasada en la universidad y le

(h) .... este apartamento y las compañeras que vivimos aquí. Y como teníamos una habitación libre...

R: ¡Ah! Qué bien, ¿y es simpática?

S.: Sí, nos gustó a todas desde el primer momento. Y todas le (i) .... hoy a mudarse y después (j) .... juntas el almuerzo. Oye, ¿por qué no te (k) .... esta noche a tomar algo a casa y así la conoces?

R: Me encantaría pero, como te dije, tengo entradas para el cine... Si quieres nos vemos mañana y me la presentas.

S.: Buena idea, te esperamos mañana entonces.

9.3 Escucha y comprueba tus respuestas.

9.4 ¿Quién hizo qué? Relaciona las siguientes actividades con Sara o con Ricardo y escribe una frase para cada una de ellas.

a. estudiar mucho

b. comer en casa el sábado

c. examinarse

d. comprar entradas

e. levantarse muy temprano el sábado

f. enseñar su apartamento a alguien

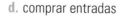

9.5 Sara y sus compañeras de apartamento preparan una lista con las tareas domésticas que hicieron la semana pasada. Relaciona cada verbo con la palabra más adecuada y escribe una frase.

pagar
limpiar
sacar
lavar
comprar
pasar
preparar

Sara: la basura y la aspiradora
Ramona: los platos y la cena
Pepita: la comida y la renta
Bea: el cuarto de baño

9.6 Observa estas fotos y comenta con tu compañero/a las diferencias. ¿Cuál de estas dos imágenes representa más la vida de Sara? ¿Por qué?

9.7 Hagan turnos y pregunten qué hicieron los siguientes muchachos para ayudar en casa.

Modelo: E1: ¿Qué hizo Manuel?
E2: Lavó la ropa.

Inés y Rafa   Marta   Bea   Mateo

9.8 ¿Y tú? ¿Qué tareas domésticas realizaste la semana pasada? Coméntalo con tu compañero/a.

📋 **APUNTES: Los jóvenes que todavía viven con sus padres**

✓ Los españoles dejan el hogar familiar más tarde que la media general en Europa. Casi un 40% de los jóvenes entre 25 y 34 años vive aún con sus padres.

✓ Esto no es solo por el precio de la vivienda, sino que se debe también a factores culturales.

✓ En Estados Unidos es muy frecuente vivir con otros estudiantes cuando estás en la Universidad. Solo un 14% de los jóvenes siguen viviendo con sus padres en esta época.

1.A VOCABULARIO: LAS NOTICIAS DE PRENSA

9.1 Observa los nombres para las diferentes partes de una noticia de periódico que aparecen de la lista. ¿Puedes colocarlas en su lugar correcto?

titular • entrada • cuerpo de la noticia • subtítulo

Más estudiantes latinoamericanos en universidades de EE.UU.

El Gobierno quiere promocionar el intercambio cultural y el aprendizaje de lenguas entre los jóvenes. Los programas de varios países latinoamericanos para enviar más estudiantes a las universidades de Estados Unidos están empezando a dar frutos.

Según un nuevo estudio del Instituto de Educación Internacional (IEI) hay 13.300 estudiantes de Brasil, 7.100 estudiantes de Colombia, 7.000 de Venezuela, 2.600 de Perú, 2.500 de Ecuador, 2.400 de Chile y 1.900 de Argentina.

A principios de este año México lanzó su plan "Proyecta 100.000" para aumentar drásticamente el número de sus estudiantes en universidades de Estados Unidos, Europa y otras partes del mundo, de los actuales 14.800 a 100.000 en los próximos cuatro años.

Sin embargo, el número de estudiantes de América Latina en las escuelas de educación superior estadounidenses sigue estando muy por debajo del número de estudiantes de China, India, Corea del Sur e, incluso, Vietnam. No obstante, el IEI dice que confía en que el número de estudiantes latinoamericanos en las universidades estadounidenses aumentará más rápido durante los próximos años hasta alcanzar 100.000 en el 2020.

9.2 ¿A qué parte de un artículo corresponden estas definiciones?

Parte de la noticia que…

a. presenta un resumen de la información. ....

b. desarrolla la información y aporta detalles y aspectos más completos de la noticia. ....

c. presenta la información esencial de la noticia y atrae la atención del lector. ....

d. añade algún detalle del titular pero no desarrolla la información. ....

9.3 Clasifica la información según donde aparece en el artículo.

a. Menciona la institución de dónde salió la información. .... entrada

b. Especifica el número de estudiantes que están estudiando en EE. UU. en la actualidad. ....

c. Identifica a qué se debe el aumento. ....

d. Indica el propósito de estos programas. ....

e. Establece el lugar de la noticia. ....

9.4 ¿Conocen alguno de estos periódicos? ¿Saben de dónde son? Búsquenlo en Internet e identifiquen de qué países son estas publicaciones.

9.5 En un periódico puedes encontrar diferentes noticias que aparecen en secciones para facilitar al lector la búsqueda de información. Clasifica las siguientes noticias en la sección apropiada.

a. noticias del propio país

b. noticias sobre personajes famosos

c. noticias del mundo empresarial

d. noticias de todo el mundo

e. noticias regionales o locales

f. noticias sobre cine, teatro, música...

g. noticias deportivas

h. noticias más importantes

Secciones de un periódico	Contenidos	Secciones de un periódico	Contenidos
portada		sociedad	
internacional		cultura	
nacional		deportes	
local		economía	

9.6 Lee estos titulares y escribe a qué sección del periódico pertenece cada uno. Después, compara tus respuestas con tu compañero/a.

a. ....

EL DEPARTAMENTO DE EDUCACIÓN CONCEDERÁ BECAS A TODOS LOS UNIVERSITARIOS EL PRÓXIMO AÑO

b. ....

ISLES, EL ATLETA INGLÉS QUE ASOMBRA AL MUNDO DEL RUGBY

c. ....

ACUERDO FINANCIERO ENTRE TODOS LOS PAÍSES DEL CONO SUR

d. ....

AUMENTAN LAS POLÍTICAS SOCIALES EN ESTADOS UNIDOS

e. ....

ÉXITO TOTAL DEL FESTIVAL DE LA CANCIÓN DE VIÑA DEL MAR

>> Para **relacionar dos acciones** en el pasado:

Antes de + llegar / salir / empezar... Al año / a la mañana + **siguiente**...
Al cabo de + un mes / dos años... Un día / mes / año + **después**...
Años / días / meses + **más tarde**...

> *Antes de* terminar la universidad, hice prácticas en un periódico.
> *Empecé a hacer las prácticas y al cabo de* (after) dos meses las terminé.
> *Años más tarde*, me contrataron en ese periódico.
> *Al día siguiente*, me encontré con algunos compañeros de la universidad.
> *Un mes después*, hicimos una reunión de antiguos alumnos.

>> Para expresar el **inicio** de una acción:

Desde el lunes / 2013 / marzo... *Estudio español **desde** 2012.*

>> Para expresar la **duración** de una acción:

De... a *Estudié español **de** cinco **a** ocho.*
Desde... hasta *Estudié español **desde** las cinco **hasta** las ocho.*
Durante *Estudié español **durante** tres horas.*

>> Para expresar el **final** de una acción:

Hasta (que)... *Estudié español **hasta que** me gradué y viajé a Chile.*

9.7 Completa las frases. Después, comparte tus respuestas con un/a compañero/a. ¿Qué tienen en común?

a. Estudio español desde ....
b. Estudio en la universidad desde .... hasta ....
c. Antes de venir a clase ....
d. .... hasta que empezó el curso.

9.8 Tu amigo no encuentra su tableta y después de leer el titular piensa que alguien se la robó. Completa el informe que presentó al agente de seguridad del campus de sus actividades e intenta descubrir dónde está su tableta.

> LA POLICÍA DICE QUE HAY QUE TENER CUIDADO CON LOS APARATOS ELECTRÓNICOS COMO CELULARES, TABLETAS Y PORTÁTILES DEBIDO A LOS ROBOS QUE SE ESTÁN PRODUCIENDO ÚLTIMAMENTE EN LA UNIVERSIDAD.

a. El lunes .... 5 .... 7 estuve bebiendo refrescos con Raquel y unos amigos. Saqué el dinero para pagar de la mochila y estoy seguro de que vi la tableta.

b. El día .... guardé la tableta en mi mochila .... salir de casa.

c. Tuve clase .... las 11, y .... fui a la biblioteca.

d. .... la clase estuve hablando con Raquel .... el profesor llegó y nos dijo: "¡Hoy hay examen!". ¡Fue horrible! Abrí la mochila y saqué mi tableta para estudiar unos minutos .... empezar el examen.

e. Estuve en la biblioteca .... las 4 .... las 6. .... una hora llegó mi amiga Raquel. ¡Raquel es tan simpática! Me acuerdo que sacamos fotos con la tableta, pero no me acuerdo de nada más.

9.9 Trabaja con un/a compañero/a y escribe frases sobre lo que pasó en tu campus estos días usando las expresiones anteriores. ¡Atención! Trata de no repetir ninguna.

lunes (9:00)

martes

The preterit form of **hay** is **hubo**.

- La semana pasada **hubo** un accidente de tren.
  Last week there was a train accident.

jueves (10:00)

jueves (17:00)

sábado

Modelo: Jueves (10:00)
Durante la conferencia, muchos estudiantes salieron a protestar.

9.10 Con un/a compañero/a, habla sobre noticias que ocurrieron ayer en tu país, cuándo tuvieron lugar y cuánto duraron. Pueden usar las siguientes ideas para ayudarles a pensar en una noticia.

– un accidente
– un incendio
– una tormenta u otro evento climático
– una huelga *(strike)*

– una rueda de prensa *(press conference)* de algún político
– una entrevista con algún actor o cantante

9.11 Escribe ahora tu propia noticia para una de las siguientes imágenes. Incluye alguna de las expresiones aprendidas.

– ¿De dónde son?
– ¿Dónde está(n)?
– ¿Cuándo?

– ¿Qué hicieron? / ¿Qué pasó?
– ¿Qué va(n) a hacer ahora?

2.A VOCABULARIO: LOS MEDIOS DE COMUNICACIÓN

9.12 Mira los nombres de los diferentes medios de comunicación en español y relaciónalos con sus imágenes.

1. ☐ Internet
2. ☐ la prensa
3. ☐ la radio
4. ☐ las redes sociales
5. ☐ la televisión

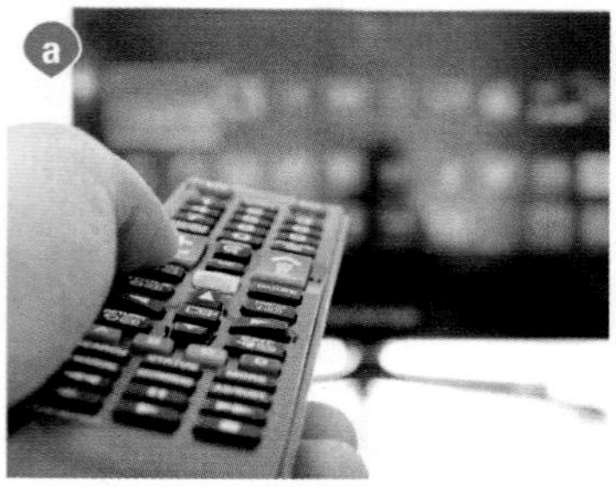

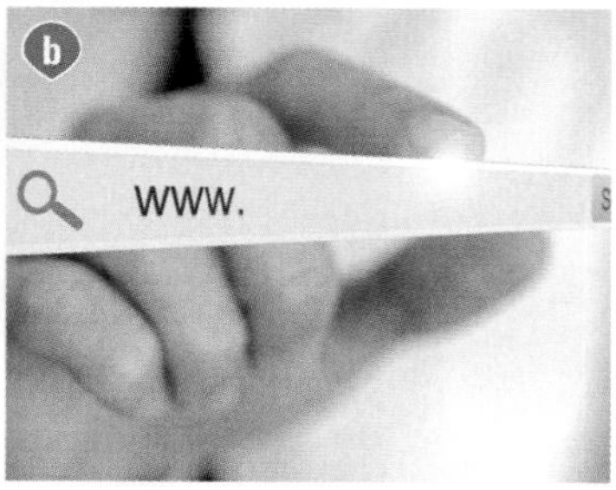

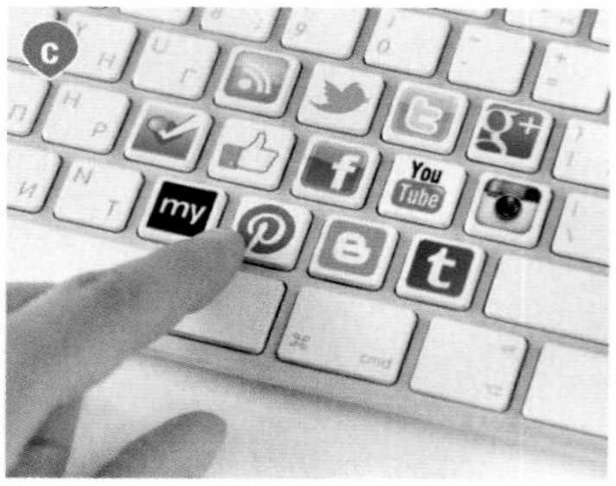

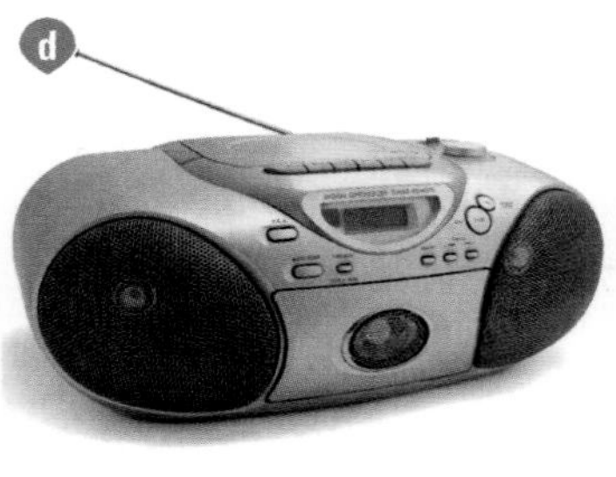

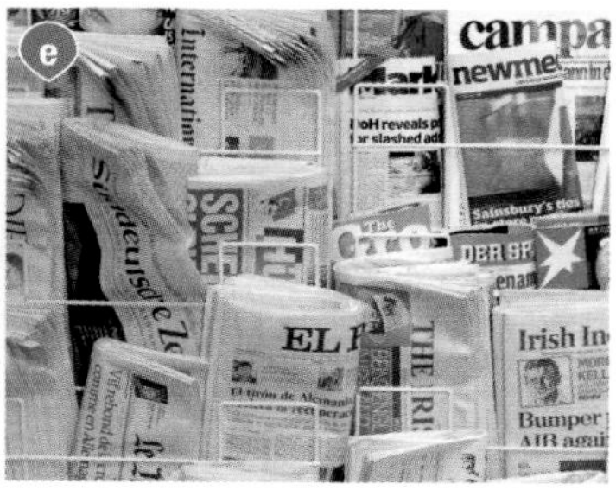

9.13 Escucha un informe sobre la frecuencia con la que son usados estos medios de comunicación y responde las preguntas.

(71)

Según el informe,...

- **a.** ¿Cuál es el medio de comunicación más utilizado?
- **b.** ¿Cuál es el medio más utilizado por los jóvenes?
- **c.** ¿Cuál es el menos utilizado?

9.14 Escribe palabras que asocias a estos dos medios de comunicación y, después, compáralas con tu compañero/a. ¿Coinciden?

Televisión: canal / .... / .... / .... / ....

Radio: .... / .... / .... / emisora / ....

9.15 Escucha la siguiente grabación sobre los latinos y su relación con los medios de comunicación y decide si las siguientes afirmaciones son verdaderas o falsas.

(72)

	V	F
a. El autor se despierta oyendo la radio.	☐	☐
b. En el coche, cuando va al trabajo, oye música.	☐	☐
c. Lee la prensa por la noche.	☐	☐
d. La revista semanal que compra tiene noticias diferentes.	☐	☐
e. Para el autor, la realidad es como una novela.	☐	☐
f. La información del mundo ocupa el tiempo de las personas e impide que piensen en su vida y su realidad.	☐	☐

9.16 Con un/a compañero/a, clasifica las palabras de la lista. Intenten averiguar el significado de las palabras que no conocen. ¡Atención! Algunas palabras pueden estar en las dos categorías y dos de ellas se refieren a personas.

anuncios = comerciales

artículo • programa • reportaje • documental • noticias • periódico digital
radio • entrevista • página • anuncios • periodista • presentador • informativo
revistas • lectores • telenovela • concurso • noticiero

Medios audiovisuales	Prensa escrita

9.17 ¿Cuáles son los medios de comunicación que utilizas con más frecuencia en español para informarte? Coméntalo con tu compañero/a.

9.18 Con tu compañero/a, encuentren un canal de televisión o una página web de noticias en español en su zona. Mírenlo durante 20 minutos o naveguen por su página web. Después, respondan las siguientes preguntas.

 Canal de televisión en español

a. ¿Cómo se llama el canal?
b. ¿Cómo se llama el programa y qué tipo de programa es?
c. ¿Qué día y a qué hora miraron el programa?
d. ¿Qué les gustó más del programa?
e. ¿Qué no les gustó del programa?

Página web en español

a. ¿Cómo se llama esta publicación de Internet?
b. ¿De dónde es?
c. ¿Qué tipo de artículos presenta?
d. ¿Qué les gustó más de esta publicación?
e. ¿Qué no les gustó de esta publicación?

9.19 Formen grupos de tres y comenten lo siguiente: ¿prefieren ver los informativos en la televisión o leer las noticias en la computadora? ¿Por qué?

>> Para expresar la repetición de una acción se usa la expresión **volver a** + infinitivo.
  *Ayer **volvieron a poner** el reportaje sobre las civilizaciones mesoamericanas.*
  *La próxima semana **vuelven a comentar** en su blog de Internet los programas de televisión más vistos.*

9.20 Completa los siguientes diálogos con la estructura *volver a* + infinitivo. Después, escucha las conversaciones y comprueba tus respuestas. ¡Atención! Recuerda usar la forma correcta del verbo *volver*.

Elisa: ¿Sabes que el otro día (hablar)............... en la radio de las universidades americanas?
Carlos: ¿Sí? ¿Y qué dijeron esta vez?
Elisa: Pues que el año pasado (aumentar) .... el número de latinoamericanos que decidieron estudiar en universidades de Estados Unidos, especialmente en las de California.
Carlos: Ah, qué curioso.

Ana: ¿Recuerdas la serie de televisión *Ugly Betty*?
Marta: Sí, era muy divertida. ¿Qué pasó con la serie, por qué ya no la emiten?
Ana: Pues ahora la (poner) .... pero en el canal 34 de televisión.
Marta: ¿En serio? Dicen que la última temporada (romper) .... récords de audiencia.

Jaime: Según este periódico digital, ¿sabes cuántas veces se interrumpió el metro de Nueva York estos días?
Karen: No, dime.
Jaime: El lunes lo interrumpieron una vez por un apagón de luz *(power outage)*, y el martes (suspender) .... el servicio por incendio.
Karen: Pues a ver qué pasa mañana.

Luisa: ¡Qué noticia más curiosa! Un norteamericano de Virginia tiene el récord Guinness por ser el hombre al que le han caído más rayos.
Mario: ¿Sí?
Luisa: Sí. En 1977 le alcanzó el primer rayo y después, a lo largo de los años, le (alcanzar) .... 6 rayos más.
Mario: ¿Y murió por eso?
Luisa: ¡Qué va! Murió en un accidente de carro. ¡Pobrecillo!

9.21 Mira las siguientes imágenes y las fechas. Después, elige los verbos adecuados y forma frases con *volver a* + infinitivo.

entrevistar • comprar • repetir • reelegir • emitir • votar • actualizar • actuar

a actor / marzo / julio

b página web / 1999 / 2009

c telenovela / martes / jueves

d político / 2006 / 2010

9.22 ¿Qué cosas has vuelto a hacer en tu vida? Piensa en tres acciones que has repetido alguna vez y coméntalo con tu compañero/a.

Modelo: Yo fui a Cartagena de Indias y, al año siguiente, volví a visitar esa ciudad. Es un lugar que me encanta.

PRONUNCIACIÓN

LAS PALABRAS LLANAS

Words that are stressed on the second-to-last syllabe are called **palabras llanas**.

9.1 Escucha las siguientes palabras. Fíjate cómo el acento cae en la penúltima sílaba de cada palabra.

(74)

a. azúcar **c.** árbol **e.** dibujo **g.** libro **i.** planta **k.** útil
b. cara **d.** difícil **f.** botella **h.** móvil **j.** brazo **l.** lápiz

9.2 Clasifica las palabras de la actividad 9.1 en su columna correspondiente.

A. Con tilde	B. Sin tilde

¡EN VIVO!

Episodio 9

Taxi para cuatro

ANTES DEL VIDEO

9.1 Piensa en ventajas *(advantages)* y desventajas *(disadvantages)* de los siguientes planes y habla con tus compañeros.

a. Ir de acampada al campo o a la montaña.

b. Ir a un festival de música.

c. Pasar unos días en la playa.

9.2 ¿Cuándo fue la última excursión o acampada que hiciste? ¿Hizo buen tiempo? Coméntalo con tu compañero/a.

9.3 Mira las imágenes y elige el resumen que crees que anticipa el contenido del episodio. Basa tus respuestas en lo que crees que puede ocurrir. Usa tu imaginación.

a. Sebas y Felipe vuelven después de unos días de acampada. Sus amigos Juanjo y Alfonso vuelven de un viaje a la playa. Se encuentran volviendo a casa y charlan de lo bien que se lo pasaron. Felipe, en particular, está muy feliz con la experiencia porque hizo muchas actividades en la naturaleza.

b. Sebas y Felipe vuelven de hacer una acampada y se encuentran por casualidad con Alfonso y Juanjo que vuelven de un viaje también. Felipe y Sebas comentan que no están muy satisfechos con la experiencia porque el tiempo fue horrible y no pudieron hacer muchas actividades.

c. Sebas y Felipe vuelven de un festival de música y sus amigos regresan de una acampada. Se encuentran a la salida de la estación y charlan de su experiencia, todos están encantados con sus viajes, el tiempo fue fantástico y pudieron hacer muchas actividades.

DURANTE DEL VIDEO

9.4 Mira el episodio y comprueba tus respuestas anteriores.

9.5 Ahora termina las frases que resumen el final del episodio. Puedes verlo otra vez, si es necesario.

a. Después de charlar…

b. En el taxi…

c. El taxi llega a casa de Sebas con todos dentro porque…

d. Eli los recibe y se tapa *(covers)* la nariz porque…

9.6 _____ Vuelve a ver el episodio y anota todas las expresiones y comentarios de los personajes que significan lo mismo que las que hay aquí o que refuerzan los enunciados.

⚙️ ESTRATEGIA

Focusing on what is being said
Often times people say things in ways that vary from how you learned how to say it in class. The trick is to catch the gist and then try to understand the message using a simpler version of the statement. Use the following steps to help you focus on what is being said.

1. Read the statements of each of the characters.
2. As you watch the episode, focus on listening more than on following the actions of the characters.
3. Jot down the expressions as you hear them and in no particular order.
4. Match the expression to the character who said it and find the alternate meaning from the list provided.

Felipe

- **a.** Llovió constantemente.
- **b.** No nos gustó la experiencia.
- **c.** No planeamos bien.
- **d.** ¿No escuchas bien?

Alfonso

- **j.** No eligieron el mejor fin de semana.
- **k.** ¿Vamos juntos en el taxi?
- **l.** Tuvimos el mismo tiempo.
- **m.** No escuchas bien.

Sebas

- **e.** Están un poco sucios.
- **f.** Para mí la experiencia no fue tan mala.
- **g.** Tengo mucho, mucho sueño.

Eli

- **n.** Encantada de recibiros.
- **ñ.** ¡Qué aspecto tan horrible tienen!

Juanjo

- **h.** Su aspecto tampoco es bueno.
- **i.** Solo quiero una ducha y dormir.

9.7 _____ Con tu compañero/a, escriban una conversación diferente entre Felipe y Alfonso. Imaginen que hizo buen tiempo y que la experiencia les encantó. Recuerden mencionar las actividades que hicieron y otros aspectos de la experiencia.

DESPUÉS DEL VIDEO

GRAMÁTICA

1. PRETERIT OF IRREGULAR VERBS *SER*, *IR*, AND *DAR*

Remember to use the preterit to talk about actions that were completed in the past.

» In Unit 8, you learned the preterit form of regular verbs. In this unit, you will learn the preterit forms of irregular verbs, some of which you have already seen and used.

	SER / IR	DAR *(to give)*
yo	**fui**	**di**
tú	**fuiste**	**diste**
él	**fue**	**dio**
nosotros/as	**fuimos**	**dimos**
vosotros/as	**fuisteis**	**disteis**
ustedes/ellos/ellas	**fueron**	**dieron**

» The preterit forms of **ser** and **ir** are identical. However, you will easily understand the meaning from context.

> *Nadia **fue** a Puerto Rico. Nadia went to Puerto Rico.*
> ***Fue** un viaje genial. It was a great trip.*
> *David **fue** campeón el año pasado. David was champion last year.*

Indirect object pronouns

me	nos
te	os
le	les

» The verb **dar** is often used with indirect object pronouns to indicate who receives the item given.
> *Yo **les di** las noticias. I gave them the news.*
> *Ellos **me dieron** su número de teléfono. They gave me their phone number.*

9.1 Completa las oraciones con la forma correcta de los verbos *ser*, *ir* y *dar* según el contexto. Compara tus respuestas con un/a compañero/a.

a. El otro día yo .... a casa de mi abuela y me .... un regalo.

b. Maradona .... un gran futbolista argentino.

c. Ayer .... el aniversario de casados de mis padres.

d. Mi hermana les .... el regalo en el restaurante.

e. Anoche nosotros .... en autobús a la ciudad.

f. La semana pasada los profesores .... camisetas gratis.

g. El fin de semana mis vecinos .... a Los Ángeles.

9.2 ¿Qué regalos les diste a las siguientes personas? Intercambia la información con un/a compañero/a. ¿Dieron ustedes los mismos regalos?

 Modelo: a mi padre E1: A mi padre le di una cámara digital.
E2: ¿Cuándo fue?
E1: Fue para las navidades.

a. a mi madre   c. a mis abuelos   e. a mi profesor/a

b. a mi perro / gato   d a mi mejor amigo/a   f. a mi hermano/a

2. VERBS WITH IRREGULAR PRETERIT STEMS

» Some verbs have an irregular stem in the preterit and use the same endings: **–e, –iste, –o, –imos, –isteis, –ieron**.

New stem [u]	Endings	
andar	anduv-	anduve, anduviste, anduvo, anduvimos, anduvisteis, anduvieron
estar	estuv-	estuve, estuviste, estuvo, estuvimos, estuvisteis, estuvieron
poder	pud-	pude, pudiste, pudo, pudimos, pudisteis, pudieron
poner	pus-	puse, pusiste, puso, pusimos, pusisteis, pusieron
tener	tuv-	tuve, tuviste, tuvo, tuvimos, tuvisteis, tuvieron

Endings: -e, -iste, -o, -imos, -isteis, -ieron

New stem [i]		
hacer	hic/z-	hice, hiciste, hizo, hicimos, hicisteis, hicieron
querer	quis-	quise, quisiste, quiso, quisimos, quisisteis, quisieron
venir	vin-	vine, viniste, vino, vinimos, vinisteis, vinieron
decir	dij-	dije, dijiste, dijo, dijimos, dijisteis, dijeron

DECIR
dije
dijiste
dijo
dijimos
dijísteis
dijeron

- ¿Dónde **pusiste** mi celular? *Where did you put my cell phone?*
- Lo **puse** en tu mochila. *I put it in your backpack.*
- ¿Qué **hiciste** el verano pasado? *What did you do last summer?*
- Nada. Mis primos **vinieron** a visitarnos. *Nothing. My cousins came to visit us.*

» Verbs with irregular preterit forms do not have an accent mark on the **yo** and **usted/él/ella** forms.
*Ayer **vine** de viaje y hoy estoy muy cansado. Yesterday I came back from a trip and today I´m very tired.*

9.3 Lee sobre el programa de estudios ERASMUS. Después, relaciona las preguntas con las respuestas correctas para obtener más información.

El Proyecto Erasmus
La beca ERASMUS es un dinero que se les dio a estudiantes y profesores universitarios de la Unión Europea para estudiar en los Estados miembros de la Unión Europea en los años entre 1987 y 2013. El programa ERASMUS es el acrónimo del nombre oficial en inglés: *European Region Action Scheme for the Mobility of University Students*. En enero de 2014 empezó el nuevo programa Eramus que sigue con el mismo objetivo de fomentar el aprendizaje y entendimiento de la cultura del país y crear un sentido de comunidad entre estudiantes de diversos países.

1. ¿Cuándo fue fundado?
2. ¿Cuántos estudiantes tuvieron la oportunidad de participar en el programa?
3. ¿Cuáles fueron los destinos más populares?
4. ¿De qué país vino el mayor número de estudiantes?
5. ¿Cuánto dinero al mes les dieron a los estudiantes?
6. ¿Cuántos estudiantes dijeron que gracias a la beca Eramus pudieron enriquecer *(enrich)* su vida profesional y personal?

a. Tres millones.
b. España, Francia y Alemania.
c. Todos.
d. En 1987.
e. Unos 250 EUR
f. De España.

9.4 Mila recibió una beca Erasmus el año pasado para estudiar en España. Lee lo que escribió en su blog y completa el texto con las formas correctas de los verbos en pretérito. Compara tus respuestas con un/a compañero/a.

¿Y SE PUEDE SABER QUÉ HAS HECHO HOY?

 Publicado por Mila Rodríguez
Blog Erasmus University of Manchester, Inglaterra

 Martes. Vaya, qué problemas con mi despertador. Ayer (a)........... (despertarme) tarde y (b)........... (tener) que ducharme y desayunar a toda prisa y ¡hoy también! Menos mal que (c)........... (yo, poder) llegar a tiempo a clase. Lo bueno (d)........... (ser) que en el autobús (e)........... (yo, conocer) a dos españoles. El único problema es que (f)........... (ser) tan rápido que no recuerdo sus nombres. Pero me (g)........... (invitar) a ver una exposición en el Instituto Cervantes el viernes. (h)........... (yo, estar) allí hace unas semanas pero no los (i)........... (yo, ver).

Anoche (j)........... (ir) a cenar con una muchacha colombiana que está estudiando inglés como yo. Se llama Valentina. (k)......... (nosotras, estar) en un pub muy popular cerca de la universidad e (l)........... (hacer) amigos con estudiantes de todas partes. Después (m)........... (andar) por las calles de los alrededores hasta las 12. Vamos a quedar para salir juntas otro día. Creo que la voy a invitar a ir conmigo al Instituto Cervantes el viernes.

9.5 Hoy es domingo y Mila está escribiendo sobre su experiencia el viernes en el Instituto Cervantes. Escribe, con un/a compañero/a, la página blog de Mila. Sigan *(follow)* las sugerencias del cuadro. Intenten usar los verbos indicados. Para mayor información, accedan a la página web del Instituto Cervantes de Mánchester.

Para escribir en colaboración:
– Preparar una lista de contenidos y en orden
– Hacer un borrador *(draft)*
– Revisar el borrador y hacer los cambios necesarios
– Escribir el texto definitivo

Sugerencias	
– ¿el tema de la exposición?	ser
– ¿quiénes?	ir
– ¿qué tal lo pasó?	ver
– ¿después?	conocer
	tener

Publicado por Mila Rodríguez
Blog Erasmus University of Manchester, Inglaterra

Viernes. ¡Por fin, tengo tiempo para contarles sobre la exposición en el Instituto Cervantes!

Instituto Cervantes

3. LONG FORM POSSESSIVES

» As you have learned, possessive adjectives (**mi**, **tu**, **su**…) express ownership and are placed before the noun in both Spanish and English.

» You can also show possession with the long form of adjectives and pronouns.

Singular		Plural		
Masculine	**Feminine**	**Masculine**	**Feminine**	
mío	mía	míos	mías	*mine*
tuyo	tuya	tuyos	tuyas	*yours*
suyo	suya	suyos	suyas	*your/his/hers*
nuestro	nuestra	nuestros	nuestras	*ours*
vuestro	vuestra	vuestros	vuestras	*yours (Spain)*
suyo	suya	suyos	suyas	*yours/theirs*

» Long form possessive adjectives are used for emphasis or contrast and correspond to the English expressions *of mine*, *of yours*, etc. They also follow the noun.

» As pronouns, they replace the noun.

Possessive adjective
Mi casa es blanca. *My house is white.*

Possessive pronoun
Y la **mía** es azul. *And mine is blue.*

» As both pronouns and adjectives, long form possessives must agree with the noun it modifies or replaces in number and gender.

● *Estos son libros **tuyos**.* (adjective)
● *¿**Míos**?* (pronoun)
● *Sí, **tuyos**.* (pronoun)

9.6

Pepita, una fan de la música de los años 90, escribe un blog sobre uno de sus grupos favoritos. Elige la opción correcta en el texto. Compara tus respuestas con un/a compañero/a. ¿Cuál es el uso de los posesivos pospuestos *(long form)* en estos ejemplos?

(a) **Mi / Mío** grupo favorito de esa época es un grupo de pop que con (b) **sus / suyas** canciones hicieron bailar y cantar a todos las muchachas de (c) **suya / nuestra** edad. Aprendimos (d) **suyas / sus** melodías en seguida. También copiamos (e) **su / suya** estilo de vestir y actuar. Por mucho tiempo tuve los pósteres de este grupo en (f) **mi / mío** cuarto. Mi

madre me dijo más de una vez: "¡Ese cuarto (g) **mío / tuyo** es un desastre!". Y cuando mi hermano dijo: "Esa música (h) **mía / tuya** es para niñas tontas", recuerdo que le dije, "¿y qué dices de la música (i) **tuya / nuestra** con esos muchachos que gritan y saltan y rompen guitarras? ¿Crees que es mejor que (j) la **mía / tuya**?". Mi madre puso paz y nos prohibió discutir más sobre (k) **nuestras / suyas** preferencias de música. Desde entonces cada uno escucha la música (l) **tuya / suya** y en paz, aunque mi madre me hizo quitar los pósteres de mi cuarto para poder pintarlo. Y tú, ¿tienes pósteres de tus grupos favoritos?

VIDEOCLASES
17 Y **18**

1. COMPRENSIÓN DE LECTURA

9.1 Las siguientes imágenes representan diferentes viajes de aventura. Piensa en otras aventuras que crees que Carlos, el profesor famoso de Sara, hizo en sus viajes.

9.2 Lee el siguiente texto sobre el profesor famoso de Sara.

⚙ ESTRATEGIA

Using context clues

Before looking words up in a dictionary, try to glean meaning from context so that you are able to understand most if not all of the content. This way you also avoid interrupting your reading to look up words.

Mi profesor famoso

Hay una persona a la que admiro muchísimo. Es mi profesor Carlos de la Llave, prestigioso oceanógrafo y explorador. Me gusta porque disfruta mucho con el trabajo que hace. Pero también lo admiro porque, aunque es una persona muy popular, él se comporta de una manera sencilla, sin aires de grandeza, ni de estrella. La verdad es que su vida es fascinante: trabajó en programas de televisión, escribió artículos en periódicos, lo vimos en reportajes en revistas, escuchamos sus entrevistas en la radio y seguimos sus aventuras en su blog de Internet.

Carlos estuvo en lugares tan exóticos como el Amazonas o el Polo Norte, vivió con tribus en África y habla muchos idiomas. Pero siempre que vuelve de sus viajes tiene un poco de tiempo para sus estudiantes. Nos reunimos en su casa y vemos sus últimas fotos y videos. Las preguntas son continuas: «¿Viste pingüinos? ¿Estuviste en peligro?». Pero él responde a todas con paciencia y afecto. Sabe que la fama no lo es todo y que los momentos felices son, a veces, los más simples: los que vives con aquellas personas que aprecias de verdad.

9.3 Responde las siguientes preguntas sobre el texto.

a. ¿Qué relación tiene la narradora con Carlos?

b. ¿En qué trabaja Carlos?

c. ¿Por qué lo admira tanto la narradora?

d. ¿Qué hacen los estudiantes con Carlos cuando vuelve de sus viajes?

e. ¿Con quién pasa Carlos sus mejores momentos?

9.4 Anota cuatro de las experiencias de Carlos que Sara menciona en el texto.

a. ....

b. ....

c. ....

d. ....

2. EXPRESIÓN ESCRITA

9.5 Ahora piensa en una persona que admiras y completa la siguiente tabla con algunos datos sobre él o ella.

Tu relación con la persona. ▶ ....

¿Cómo es? ▶ ....

¿Por qué la admiras? ¿Qué hizo? ▶ ....

⚙ ESTRATEGIA

Selecting appropriate vocabulary

Plan out the vocabulary you will need to complete the task. Use a dictionary to look for specialized vocabulary needed to express what you want to say. Draft two or three paragraphs and arrange them in a logical order to support your theme.

9.6 Ahora escribe un texto breve sobre esta persona, similar al que escribió Sara.

9.7 Intercambia con tu compañero/a el texto que escribiste y lee el suyo. Después, preparen algunas preguntas para saber más sobre esta persona y hablen durante unos minutos.

3. INTERACCIÓN ORAL

9.8 Piensa en alguna experiencia de tu vida que fue emocionante o peligrosa. Puedes completar la siguiente tabla para prepararte.

¿Dónde fuiste?	¿Qué viste?	¿Qué pasó?	¿Qué sentiste?

⚙ ESTRATEGIA

Practicing orderly conversation

Recounting an experience within a conversation is indicated by some kind of preface. This is a signal to the listener that for the duration of the story, there will be no turn-taking. Once the story has finished, the normal sequence of conversation can resume. As you listen, think ahead to the questions you would like to ask your partner to keep the conversation fluid.

9.9 Por turnos, cuéntale a tu compañero/a tu último viaje y responde sus preguntas sobre el mismo. Aquí tienes algunas ideas de preguntas:

¿Fue divertido?

¿Qué fue lo que más te gustó?

¿Y lo que menos?

¿Con quién fuiste?

¿Dónde te alojaste?

¿Te gustaría repetir?, etc...

Edificio de UDELAR en Montevideo, Uruguay

LA NUEVA EDUCACIÓN
LATINOAMERICANA

Una clase en una escuela de El Salvador, donde La Liga tiene varios proyectos.

¿Te gustaría asistir a clases a través de la computadora? ¿Piensas que es útil aprender en dos idiomas a la vez? ¿Ayuda la educación a crear una sociedad más justa? La nueva educación latinoamericana quiere responder a estas preguntas.

EDUCACIÓN PÚBLICA Y ENTORNOS VIRTUALES

La Universidad de la República, o UDELAR, fundada en 1849, es la más antigua y la más importante de Uruguay. Es pública, es decir, la financia el gobierno y los estudiantes no pagan por asistir a clase. La educación pública es muy importante en España y Latinoamérica. En Uruguay, el 29 de septiembre se celebra el Día de la Educación Pública, bajo el lema* «La educación pública es de todos», para crear conciencia* sobre la importancia de proteger y valorar este sistema educativo.

UDELAR es también una de las universidades más modernas de Latinoamérica: ofrece un entorno virtual de aprendizaje (EVA) a sus alumnos, donde pueden descargar materiales para la clase, hacer investigación e incluso asistir a clase a través de Internet. Por su cantidad de usuarios registrados (más de 100.000 entre alumnos y profesores), el entorno virtual de esta universidad se encuentra en cuarto lugar entre los EVA con mayor cantidad de usuarios en el mundo.

Además de adaptarse a las nuevas tecnologías, los estudiantes uruguayos son muy creativos. En 2013, Luciano Thoma, Facundo Genoud y Francisco Lanterna, de 18 y 19 años, alumnos del Instituto Tecnológico Superior de Paysandú, recibieron un premio en la Feria Internacional de Ciencia e Ingeniería de Phoenix, Estados Unidos. Los jóvenes inventaron un guante muy especial para traducir a voz el lenguaje de señas* de los sordomudos*.

Casi 70.000 estudiantes uruguayos utilizan el entorno virtual* para asistir a clases.

La calidad de la educación en Latinoamérica ha avanzado mucho en los últimos años. Actualmente*, casi todos los niños van a la escuela primaria, y tienen acceso a la escuela secundaria.

Hay mucho por mejorar: todavía hay regiones rurales con poco acceso a la educación, y escasez de* tecnología. Pero también hay proyectos importantes, como los que te presentamos a continuación: la educación virtual en Uruguay, la educación bilingüe en Paraguay o la educación para evitar la violencia callejera en El Salvador.

¿Qué aspectos por mejorar hay en la educación de Estados Unidos? ¿Por qué?

¿En qué situaciones podría ser útil este guante?

Integrante de una mara salvadoreña

LA EDUCACIÓN BILINGÜE

En Paraguay hay dos idiomas oficiales: el español y el guaraní. Este último es una lengua indígena con ocho millones de hablantes en Paraguay, Argentina y Brasil.

Hoy, la mitad de los paraguayos es bilingüe (es decir, habla los dos idiomas) y el 40% habla solamente guaraní. Desde 1992, la enseñanza* de los dos idiomas es obligatoria en las escuelas primarias y secundarias.

Pero queda mucho trabajo por hacer, dice Ladislao Alcaraz, Secretario de Políticas Lingüísticas de Paraguay. «En la universidad y en los medios de comunicación, este idioma se usa poco. Es importante usarlo porque es parte de nuestra identidad», explica.

Para muchos jóvenes, el guaraní es una forma de estar cerca de la familia. «Estoy orgulloso de ser paraguayo y de hablar guaraní», dice Diego, un alumno de la Universidad Católica de Asunción, una de las más antiguas del país. «El guaraní es el idioma que hablo en mi casa. Es la lengua de mis antepasados».

¿Piensas que es importante aprender un idioma que solamente se habla en una región? ¿Cuáles son las ventajas y desventajas?

REALIZA UNA INVESTIGACIÓN RÁPIDA PARA ENCONTRAR LOS DATOS SIGUIENTES:

a ¿Qué territorio asociado a EE. UU. es bilingüe?

b ¿Es el lenguaje de señas el mismo en todo el mundo?

c ¿Qué otros países centroamericanos, además de El Salvador, tienen problemas con las maras?

FÉLIX DE GUARANIA

Kuimba'e katupyry ño Quijote yvyũngua
El ingenioso hidalgo don Quijote de la Mancha

Portada del libro *Don Quijote* en idioma guaraní

EDUCACIÓN INTERCULTURAL

«La Liga trabaja desde hace años para la interculturalidad», dice Victorino Mayoral, presidente de la Liga Española de la Educación y la Cultura Popular. Un grupo de profesionales de la educación creó esta organización no gubernamental (ONG), independiente y laica* en 1986, con el objetivo de «crear una sociedad más justa, libre y solidaria».

Además de varios proyectos en España, como clases de español para inmigrantes y cursos de apoyo* para gente que busca trabajo, la Liga tiene proyectos de cooperación internacional.

Uno de ellos es en El Salvador y consiste en apoyar a los alumnos en clase, en colaboración con una organización local. Este apoyo incluye ayudas en las tareas y entrega de útiles escolares*. El objetivo es evitar que los niños abandonen la escuela y se unan a las maras, violentas pandillas* locales.

¿Piensas que este tipo de proyectos son efectivos para crear una sociedad más justa? ¿Por qué?

GLOSARIO

actualmente – nowadays

el apoyo – support

crear conciencia – to raise awareness

la enseñanza – teaching

el entorno virtual – virtual environment

la escasez de – lack of

laico – non-religious

el lema – slogan

el lenguaje de señas – sign language

la pandilla – gang

sordomudo – deaf-mute

los útiles escolares – school supplies

Fuentes: *Última hora*, Unesco, *El País de Uruguay*, La Liga, *El diario de hoy*, La Red 21.

VOCES LATINAS

La nueva educación latinoamericana

EN RESUMEN

¿QUÉ HAS APRENDIDO?

Situación

El último día del semestre

You and your friends / housemates / hall mates are packing up to return home at the end of the semester. You all gather in the common room to talk about the semester.

LEARNING OUTCOMES

ACTION

Talk about actions in the past

Use expressions of time

9.1 En grupos de tres, hablen sobre el semestre pasado y las actividades que hicieron juntos o por separado. Usen las preguntas para iniciar la conversación.

- ¿Qué clases o exámenes finales fueron los más difíciles?
- ¿Qué actividades hicieron juntos?
- ¿Fueron de excursion? ¿Dónde?
- ¿Hicieron muchos trabajos de investigación? ¿Sobre qué temas?
- ¿Qué quisieron hacer pero no pudieron? ¿Por qué?
- ¿Vieron alguna película buena?
- ¿Qué otras cosas tuvieron que hacer que no les gusto hacer?

Newspapers and media

9.2 En grupos de tres y por turnos, cuenten alguna noticia de la región, el país o el mundo que leyeron en el periódico o en Internet este semestre. Sus compañeros tienen que decir cuándo ocurrió.

Express ownership

9.3 Ya es hora de salir pero tu compañero/a y tú todavía *(still)* tienen que recoger el cuarto. El problema es que no recuerdan de quién son algunas cosas. Por turnos, pregunta a tu compañero/a si estas cosas son de él/ella.

Modelo: E1: ¿Es tuya esa chaqueta?

E2: No, no es mía. La mía es marrón.

Estudiante 1:	Estudiante 2:
calcetines negros	cepillo de dientes
gorra de béisbol de los Yankees	aspirinas
libro de física	toalla
camiseta de F. C. Barcelona	lentes de sol
revista *People* en español	DVD de lucha libre de la WWE

LISTA DE VOCABULARIO

Verbos Verbs

actuar to act, to play
actualizar to update
alcanzar to reach
andar to walk (around)
aumentar to grow
comprar to buy
dar o give
divertirse (e > ie) to have fun
emitir to broadcast
entrevistar to interview
estar ocupado/a to be busy
ponerse to put on
reelegir to reelect
repetir to repeat
romper to break
volver a + infinitivo to go back / return to +
infinitive
votar to vote

Los medios de comunicación
Means of communication

el artículo article
el anuncio ad / comercial
el canal channel / network
el concurso game show
el documental documentary
la entrevista interview
el informativo news brief
el mundo empresarial business world
las noticias news
las noticias de los famosos celebrity news
el noticiero newspaper, gazette
la página page, web page
el periódico newspaper
el periódico digital digital newspaper
la portada cover
la prensa press
la prensa deportiva sports publications
el programa program
la radio radio
la red social social network
el reportaje report
la revista magazine
la revista de información científica science
news magazine
la telenovela soap opera

Las noticias The news

el cuerpo de la noticia main body text
la entrada introduction
las noticias del día today's news
la primera página front page
el subtítulo lead or subhead
el titular headline

Las personas People

los famosos famous people
el lector reader
el / la periodista journalist
el personaje famoso celebrity
el / la presentador/a presenter /
broadcaster

Expresiones útiles
Useful expressions

antes de before
al cabo de after, after a while
de… a from…to
desde since, from
desde… a from…to
desde… hasta since, from… to
después after, later
durante during, for
la entrada ticket (for a movie, show)
el extranjero abroad
hasta (que) until, till
hubo there was
más tarde later
siguiente next

10

¿DÍGAME?

Hablamos de	Vocabulario y comunicación	¡En vivo!	Gramática	Destrezas	Sabor latino	En resumen
• Ir de compras	• **Las tiendas y los números (100-999):** Asking how much something costs • **El lenguaje telefónico:** Making emphatic statements **Pronunciación** • Las palabras esdrújulas	• **Episodio 10 Efectivo o tarjeta:** Identifying the keywords	• Verbs *ser* and *estar* • Adjectives with *ser* and *estar* • Present progressive tense • Informal commands	• **Las ventajas de Internet** — **Comprensión de lectura:** Recognizing words from the same family — **Expresión escrita:** Identifying your audience — **Interacción oral:** Preparing for an oral debate	• **Las redes sociales en México**	• **Situación:** ¡Feliz cumpleaños, Mar! • Vocabulario

- ¿Qué hacen las muchachas? ¿Dónde están?
- ¿Te gusta ir de compras? ¿Dónde vas normalmente?
- ¿Prefieres ir de compras solo/a o acompañado/a? ¿Alguna vez compras por Internet?

LEARNING OUTCOMES

By the end of this unit you will be able to:

- ■ Talk about stores and shopping for gifts
- ■ Ask for an item and how much it costs
- ■ Use typical phrases in a phone conversation
- ■ Talk about new technologies

10.1 Isabel y Patricia están de compras. Relaciona las imágenes con las frases correspondientes.

a. Compra desde casa.

b. Se puede probar la ropa que compra antes de pagarla.

c. Está mirando escaparates.

d. No puede pagar en efectivo.

e. No necesita bolsas.

10.2 Completa la conversación entre Isabel y Manuel con las palabras de la lista.

en efectivo • quién • cuánto cuesta • de rebajas • contestó • qué • aló • tan

Manuel: Mira, Isabel, ¡qué camiseta (a) .... bonita hay en esa tienda!

Isabel: Sí, es verdad. Me encanta ese color. ¿Entramos a ver?

M.: Sí, vamos...

(Entran en la tienda)

Dependiente: Hola, buenos días.

M.: Hola, buenos días. ¿(b) .... aquella camiseta roja de allí?

D.: 15 pesos.

I.: ¡(c) .... barata!

M.: Sí, me gusta para Elena. Nos la llevamos.

I.: También estamos buscando un cinturón del mismo color.

D.: Miren, allí están los cinturones y todos están (d) ....

I.: Manuel, mira este cinturón rojo oscuro. Es perfecto.

M.: Sí, sí, es verdad... Entonces, nos llevamos este cinturón y la camiseta. ¿Nos dice cuánto es?

D.: Son 35 pesos. ¿Van a pagar (e) ....?

I.: Sí. Aquí tiene.

D.: Muy bien, muchas gracias. Hasta luego.

I. y M.: Adiós.

(Ring ring)

M.: ¿(f) ....? Sí, dime... Sí, estamos aquí en el centro comercial. Encontramos el regalo de cumpleaños para Elena. Vamos a mandarte una foto de lo que compramos, ¿vale? Ya vamos para allá.

I.: ¿(g) .... es?

M.: Es Patricia. Dice que Elena va a llegar a las seis y que ella está preparando la cena. Mira, vamos a mandarle una foto de la camiseta y el cinturón para ver si le gustan.

(Bing –sonido de mensaje recibido)

I.: ¿Ya te (h) ....?

M.: Sí, dice que... ¡le encantan!

I.: Vámonos ya para casa, que Elena estará a punto de llegar.

10.3 Comparte tus respuestas con un/a compañero/a. Después, escucha la conversación y comprueba las respuestas. ¿Lo hicieron bien?

10.4 Responde las siguientes preguntas sobre la conversación.

1. En este momento Manuel e Isabel...
 a. ☐ están de compras.
 b. ☐ están en casa.

2. Hoy es...
 a. ☐ el día de Navidad.
 b. ☐ el cumpleaños de su amiga.

3. El cinturón cuesta...
 a. ☐ 20 pesos.
 b. ☐ 35 pesos.

4. Manuel y Patricia...
 a. ☐ están hablando por teléfono.
 b. ☐ están mandando textos.

5. Isabel paga...
 a. ☐ con dinero.
 b. ☐ con tarjeta.

6. Patricia llama para saber...
 a. ☐ qué tal están.
 b. ☐ cuándo vuelven.

10.5 Observa estas imágenes. ¿Qué están haciendo los muchachos?

1. ☐ Están bailando.
2. ☐ Está estudiando.
3. ☐ Están comiendo.
4. ☐ Está comprando.
5. ☐ Está escribiendo.

10.6 Habla con tu compañero/a sobre las personas de la actividad anterior. ¿Cómo son? ¿Dónde están? ¿Por qué crees que están haciendo esa actividad?

10.7 El muchacho, en la imagen c está comprando por Internet. Escribe algunas ventajas y desventajas de realizar tus compras online.

APUNTES: Tecnología en Latinoamérica

✓ La tecnología es, en la actualidad, una importante herramienta *(tool)* de comunicación. Los latinoamericanos quieren estar conectados con el resto del mundo: hay 255 millones de usuarios de Internet en la región (el 43% de la población).

✓ Hacer una llamada desde cualquier lugar es fácil en Latinoamérica: el 98% de la gente tiene acceso a la red *(network)* de teléfonos celulares.

✓ Las compras por Internet, sin embargo, no son muy populares en la región. Solo el 31% de los usuarios de Internet hace sus compras así. En Europa y Estados Unidos, en cambio, el 70% de la gente hace compras por Internet.

VOCABULARIO Y COMUNICACIÓN

1.A VOCABULARIO: LAS TIENDAS Y LOS NÚMEROS (100-999)

grandes almacenes = tienda departamental, tienda por departamentos, almacén

10.1 Fíjate en las siguientes tiendas y clasifícalas según el lugar donde crees que se encuentran. Después, compara tu clasificación con tu compañero/a. ¿Coinciden?

El centro comercial: _d_ .... El supermercado:..

| la librería | la pescadería | la tienda de electrónica | la perfumería |

la frutería   la tienda de ropa   la zapatería   la carnicería

la panadería   los grandes almacenes   la pastelería

10.2 Relaciona estas expresiones con su definición correspondiente.

1. hacer la compra
2. ir de compras
3. tienda de electrónica
4. tiendas especializadas
5. centro comercial

a. Comercios independientes que se dedican a vender productos específicos.
b. Comprar comida, bebida y otros productos de primera necesidad.
c. Conjunto de tiendas especializadas y uno o dos grandes almacenes dentro de un edificio.
d. Comprar ropa, electrónica u otros objetos.
e. Venden allí videojuegos, música, celulares y muchos otros aparatos.

10.3 Completa los espacios en blanco con el nombre de una tienda.

a. Los viernes por la tarde me reúno con mis amigos en el ....

b. Para el Día de los Enamorados, compré una colonia para mi novia en la ....

c. Me gusta ir al .... para hacer la compra.

d. En la .... de cerca de casa venden excelente carne.

e. Prefiero comprar manzanas en la .... de la esquina.

f. Las faldas en esa .... están de rebajas.

g. Los domingos compramos una tarta de chocolate en la ....

h. Después de clase, Carlos trabaja en una .... ordenando libros.

10.4 Escucha los números de la siguiente tabla.

100	cien	**400**	cuatrocientos	**700**	setecientos
101	ciento uno	**415**	cuatrocientos quince	**720**	setecientos veinte
200	doscientos	**500**	quinientos	**800**	ochocientos
202	doscientos dos	**526**	quinientos veintiséis	**897**	ochocientos noventa y siete
300	trescientos	**600**	seiscientos	**899**	ochocientos noventa y nueve
303	trescientos tres	**669**	seiscientos sesenta y nueve	**900**	novecientos

> Remember to use **y** only between the tens and ones, not after the hundreds.
> - 180 ▶ ciento ochenta
> - 183 ▶ ciento ochenta **y** tres

10.5 Escucha y escribe los números en las cajas. Después, escribe el número en letra.

a. ....   c. ....   e. ....   g. ....

b. ....   d. ....   f. ....   h. ....

> The hundreds agree in number and gender with the noun.
> - doscient**os** libros / doscient**as** sillas

10.6 Fíjate en los billetes de diferentes países de Hispanoamérica. Con tu compañero/a, haz turnos para hacer la cuenta y decir la cantidad total de dinero que se muestra en las imágenes.

> **Modelo:** Cien y cien son doscientos nuevos soles.

nuevos soles de Perú

pesos de México

euros de España

bolivianos de Bolivia

pesos de Argentina

dólares de Estados Unidos

nuevos Soles de Perú

dólares de Canadá

bolívares de Venezuela

10.7 Haz turnos con tu compañero/a, preguntado y respondiendo sobre lo que cuestan los diferentes objetos. Después, di si el precio que él/ella te dice te parece alto o bajo y cuál crees tú que es el precio correcto.

> **Modelo:** E1: ¿Cuánto cuesta un portátil sencillo?
> E2: Cuesta quinientos cincuenta dólares.
> E1: Creo que cuesta más, como seiscientos dólares. / Creo que cuesta menos, como quinientos dólares.

a. una videoconsola de Nintendo

b. unas botas UGG

c. una tableta de Apple

d. un mp4

e. unos tenis de marca *(brand name)*

f. una cena en el restaurante más caro de la ciudad

» Para preguntar por el precio de una cosa:
¿Cuánto cuesta el celular?
¿Cuánto cuestan los celulares?
¿Qué precio tiene?
¿Me podría **decir el precio**?

» Para saber cuánto se debe pagar:
¿Cuánto es?

» En el restaurante se usa:
La cuenta, por favor.

» Si el dependiente quiere saber la modalidad del pago:
¿Cómo va a pagar?
¿Va a pagar con **tarjeta** o en **efectivo**?

Tarjeta de crédito

Dinero en efectivo

Métodos de pago:
- Con tarjeta de crédito
- Con tarjeta de débito
- En efectivo
- Con una tarjeta de regalo

10.8 Relaciona lo que dice Pablo y la dependienta de la tienda durante su conversación. Después, compara con tu compañero/a.

 La dependienta

1. ☐ Buenos días. ¿Necesita ayuda?
2. ☐ ¿Qué color prefiere?
3. ☐ El color gris es muy popular. Está muy de moda.
4. ☐ Cuesta 500 pesos.
5. ☐ Pues… la amarilla cuesta menos.
6. ☐ Muy bien. ¿Va a pagar con tarjeta o en efectivo?

 Pablo

a. ¡Uy! ¡Qué cara es!
b. Entonces, me voy a comprar la amarilla.
c. Sí, quiero comprarme una chaqueta nueva.
d. No sé, no puedo decidir entre la gris y la amarilla.
e. Con tarjeta de débito.
f. Está bien. Me llevo la gris. ¿Cuánto cuesta?

10.9 Con tu compañero/a, haz turnos y describe qué compraron las siguientes personas y cómo pagaron. Después, cuéntale a tu compañero/a cuál fue la última cosa que compraste y cómo la pagaste.

Modelo: Mi hermana .... una [falda] azul y .... [efectivo].
Mi hermana compró una falda azul y pagó en efectivo.

a. Manuel .... un [saco] de dormir y ....

b. Emilia y tú .... [entradas] para el cine. Tú .... y Emilia ....

c. Tú .... unas [botas] para montar a caballo y ....

d. Mis padres .... una [computadora] para mi hermano y ....

e. Patricia .... dos [revistas] en el quiosco y ....

10.10 Lee el siguiente texto y complétalo con la expresión que falta.

las tres erres • consumo indiscriminado • consumo responsable • reciclaje

Por .... entendemos la acción de elegir los productos no solo por su calidad y precio, sino también por su impacto ambiental *(environmental)* y social, y por la conducta de las empresas que los producen. También significa consumir menos, solo lo necesario, diferenciando las cosas que son necesidades auténticas de las necesidades superfluas, frecuentemente creadas por la publicidad.

10.11 Responde las siguientes preguntas sobre tus preferencias al comprar. Después, en grupos pequeños, hagan turnos para preguntar a otros compañeros sus opiniones. Tomen nota de las respuestas.

a. ¿Qué tienda tiene buenos precios en electrónica? ¿Qué compras allí?

b. ¿Qué tienda siempre tiene muchas rebajas en ropa? ¿Te gusta comprar allí?

c. ¿Qué centro comercial de tu zona es más divertido? ¿Por qué?

d. ¿A qué tienda no vas nunca? ¿Por qué?

e. ¿Prefieres comprar en grandes almacenes o en tiendas especializadas?

f. ¿Crees que eres un consumidor/a responsable? ¿Por qué?

10.12 Informen a la clase sobre las preferencias de sus compañeros. ¿Qué tienen en común?

¿Bueno?, ¿Aló? =
¿Dígame? (España)

>> Para **responder** al teléfono:

¿Sí?　　　　　　　¿Aló?

¿Bueno?　　　　　¿Dígame?

>> Para pedir a una persona que **se identifique**:

¿Quién lo/la llama?　　¿De parte de quién?

>> Para identificarse:

Soy…　　　　　　Me llamo…

>> Para **preguntar por una persona**:

¿Está…?　　　　　¿Puedo hablar con…?

>> Para pedir a una persona que **espere**:

(Espere) un momento, por favor.

10.13 Escucha las siguientes conversaciones telefónicas. Después, relaciona cada conversación con las preguntas que hay a continuación.

En España, el coste de una llamada lo paga solo la persona que llama (llamadas salientes), para la persona que recibe la llamada es gratis (llamadas entrantes).

a. ● **Dime**, Pedro.
● Oye, llámame que tengo que contarte una cosa y tengo muy pocos minutos en mi cuenta *(account)* de teléfono.
● Vale, cuelga y te llamo ahora.

d. ● ¡Oh! **Tengo tres llamadas perdidas** de María.
● ¿Cuándo te llamó?
● No lo sé, no lo escuché.

b. "El teléfono al que llama está apagado o fuera de cobertura *(range)*. Puede dejar un mensaje después de la señal".

e. ● **¿Bueno?**
● Buenos días, **¿se encuentra** José?
● No, no está. **¿De parte de quién?**
● Soy Carla.
● Hola, soy su mamá. **¿Le digo algo?**
● **Sí, dígale** que lo llamé, por favor.

c. ● **¿Aló?**
● Hola, **¿puedo hablar con** Paco**?**
● ¿Quién? Lo siento, **tiene el número equivocado**.
● Perdón.

f. ● El celular de César suena ocupado.
● Pues mándale un mensaje de texto.

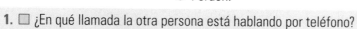

1. ☐ ¿En qué llamada la otra persona está hablando por teléfono?

2. ☐ ¿En qué llamada no está la persona que busca?

3. ☐ ¿En cuál llamó a otro número?

4. ☐ ¿En cuál no recibió la llamada?

10.14 Completa la tabla con las expresiones en negrita de la actividad anterior. Compara tus respuestas con tu compañero/a.

Para contestar al teléfono	Para preguntarle a alguien si quiere dejar un mensaje	Para decirle a alguien que se ha equivocado	Para preguntar por alguien
....	....	....	....

Para dejar un mensaje	Para decir que tienes llamadas perdidas	Para preguntar quién llama	Para preguntar si puedes llamar más tarde
....	....	¿Quién lo/la llama?	¿Puedo llamar más tarde?

10.15 Escucha y relaciona cada conversación con su contenido.

(79)

	Suena ocupado	No está	No contesta	Está reunido	Es esa persona
a.	☐	☐	☐	☐	☐
b.	☐	☐	☐	☐	☐
c.	☐	☐	☐	☐	☐
d.	☐	☐	☐	☐	☐
e.	☐	☐	☐	☐	☐

10.16 Con tu compañero/a, ordena la siguiente conversación telefónica. Después, comparen su respuesta con otra pareja de estudiantes. ¿Coinciden?

a. ☐ No se preocupe, no hay ningún problema. Dejo un mensaje en la escuela de esquí. ¡Buen viaje!

b. ☐ Sí…, buenos días, ¿puedo hablar con el monitor de esquí, Antonio Delgado, por favor?

c. ☑ Hotel Puente Baqueira, buenos días, ¿dígame?

d. ☐ Espere un momento, por favor.

e. ☐ Hola, soy Ricardo Vázquez. Mire, es que tenemos una reserva para un curso de esquí a mi nombre para cuatro personas y llamo para avisarle de que vamos a llegar más tarde de las ocho. Lo siento mucho.

f. ☐ Buenos días, soy Antonio Delgado, ¿en qué puedo ayudarle?

g. ☐ ¿De parte de quién?

h. ☐ Me llamo Ricardo Vázquez.

10.17 Elige una de estas situaciones y practica la conversación con un/a compañero/a. Sigue los pasos.

Situación 1		Situación 2	
Estudiante A	**Estudiante B**	**Estudiante A**	**Estudiante B**
Suena el teléfono. Contesta.	Saluda y pregunta por un amigo.	Suena el teléfono. Contesta.	Saluda y pregunta por un amigo.
Pregunta quién llama.	Da tu nombre y explica quién eres.	Di a la persona que se ha equivocado.	Sorpréndete y di el número al que llamas.
La persona por la que pregunta no está. Pregúntale si quiere dejar un mensaje.	Deja un mensaje.	Insiste en que está equivocado y que no conoces a la persona por la que pregunta.	Insiste en que el número es correcto. Necesitas contactar urgentemente con esa persona.
Asegúrale que le darás el mensaje y despídete.	Da las gracias y despídete.	Dile que sientes no poder ayudarle y sugiérele que le mande un mensaje.	Pide disculpas y despídete.

>> Para enfatizar una cualidad se usa **¡Qué** + adjetivo!
  *¡**Qué** bonito / grande / simpática / amable!*

>> Para intensificar la cualidad de alguien o algo se usa
  ¡Qué... más / tan...!
  *¡**Qué** música **más** fantástica!*
  *¡**Qué** abuela **tan** moderna!*

>> Estas estructuras sirven también para enfatizar cualidades
  negativas.
  *¡**Qué** feo / pequeño / antipático / maleducada!*
  *¡**Qué** música **más** horrible!*
  *¡**Qué** muchacho **tan** maleducado!*

¡Qué... más / tan...!

¡Qué abuela tan simpática!

10.18 Con tu compañero/a, empareja a estas personas que están hablando por teléfono. ¿Quién está hablando con quién? Contesta según tu opinión y justifica tus respuestas. Hay varias combinaciones posibles.

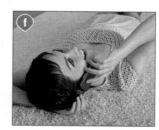

10.19 Elijan a una de las parejas que han formado anteriormente e inventen una conversación telefónica entre ellos. Tienen que aparecer dos frases enfatizando alguna cualidad o defecto.

(Ring, ring...)
● ¿Sí? ¿Aló?
● ....
● ....
● ....

● ....
● ....
● ....
● ....

10.20 Aprendan de memoria la conversación telefónica que han inventado y represéntenla ante sus compañeros.

10.21 Contesta las siguientes preguntas.

 a. ¿Te gusta hablar por teléfono? ....

 b. ¿Has hablado por teléfono alguna vez en español? ....

 c. ¿Qué dificultades tienes en una conversación telefónica en otra lengua? ....

 d. Además del teléfono, ¿qué medios usas para comunicarte con tus amigos y familiares? ....

 e. ¿Crees que el teléfono puede sustituir a una conversación cara a cara? ....

10.22 Compartan sus respuestas. ¿Coinciden? Si no es así, justifíquense.

PRONUNCIACIÓN

LAS PALABRAS ESDRÚJULAS

 » Words that are stressed on the third-to-last syllable are called **esdrújulas**. These words always carry a written accent.

  ó-pe-ra   **mú**-si-ca   **mé**-di-co   **cá**-ma-ra   sim-**pá**-ti-co

10.1 Escucha las siguientes palabras y rodea la sílaba acentuada.

 a. te-le-fo-no   **c.** fan-tas-ti-co   **e.** in-for-ma-ti-ca   **g.** ul-ti-mo

 b. pa-gi-na   **d.** sa-ba-do   **f.** me-di-co   **h.** u-ni-co

10.2 Escribe la tilde en las palabras anteriores en su lugar correcto.

10.3 Escribe el plural de las siguientes palabras. Escribe el acento en el lugar correcto, si es necesario.

 a. árbol ▶ ....   **d.** ángel ▶ ....   **g.** resumen ▶ ....

 b. cárcel ▶ ....   **e.** débil ▶ ....   **h.** examen ▶ ....

 c. lápiz ▶ ....   **f.** joven ▶ ....   **i.** fácil ▶ ....

árbol

lápiz

cárcel

¡EN VIVO!

Episodio 10

Efectivo o tarjeta

ANTES DEL VIDEO

10.1 Con tu compañero/a, observa la imagen 1 y contesta las preguntas. Basa tus respuestas en lo que crees que puede ocurrir. Usa tu imaginación.

a. ¿Dónde están?

c. ¿Qué está haciendo cada una?

b. ¿Quiénes son?

d. ¿Qué crees que va a comprar?

10.2 Ordena las imágenes en orden cronológico. Basa tus respuestas en lo que crees que puede ocurrir. Usa tu imaginación.

☐ imagen 1   ☐ imagen 2   ☐ imagen 3   ☐ imagen 4   ☐ imagen 5   ☐ imagen 6

⚙ ESTRATEGIA

Identifying keywords
Underline the words in the following activities you think are keywords and will help you discern meaning. Then listen for them as you watch the espisode.

DURANTE DEL VIDEO

10.3 Mira el episodio y marca las frases que escuchas en el video.

	Sí	No
a. Buenas tardes, ¿necesita ayuda?	☐	☐
b. He visto que pone "rebajas" en el letrero de la puerta.	☐	☐
c. ¿Cuánto cuestan los marcos de foto?	☐	☐
d. Sí, recuerde que está muy rebajado.	☐	☐
e. ¡Uy! ¡Qué cara es!	☐	☐
f. Quiero utilizar para pagar una tarjeta regalo.	☐	☐
g. Sí, son bellísimas. ¿Me podría decir el precio?	☐	☐
h. En total son 1.528 dólares. ¿Va a pagar en efectivo o con tarjeta?	☐	☐

10.4 Elige la opción correcta. Después, vuelve a mirar el episodio para comprobar tus respuestas.

1. **a.** A Lorena le encanta comprar. **b.** Lorena se aburre cuando va de compras.
2. **a.** Lorena va a hacer un regalo a su madre. **b.** Lorena necesita decorar su apartamento.
3. **a.** La empleada no es amable con Lorena porque nada le gusta. **b.** La empleada es muy amable y está encantada con Lorena porque le gustan muchas cosas.
4. **a.** Lorena llama a Alfonso, pero tiene el número equivocado. **b.** Lorena llama a Juanjo pero tiene el número equivocado.

5. a. Eli insiste en recoger a Lorena de la tienda con su coche. **b.** Lorena no le explica a Eli por qué la llama.

6. a. Lorena no compra todas las cosas porque no tiene dinero. **b.** Lorena no compra todas las cosas porque no tiene coche.

10.5 Ordena las frases según las escuchas.

`03:59 - 04:37`

a. ☐ **Lorena:** ¡Vaya! Que mala suerte. Voy a llamar a Juanjo. Él también tiene carro.

b. ☐ **Sebas:** No. Salió hace un rato. No sé dónde está. Dejó aquí su celular. ¿Quieres que le diga algo?

c. ☐ **Lorena:** ¡No lo puedo creer! ¡Tengo el número equivocado!

d. ☐ **Voz teléfono:** El número al que llama se encuentra apagado o fuera de cobertura. Puede dejar su mensaje después de oír la señal.

e. ☐ **Lorena:** No te preocupes. Voy a llamar a Alfonso. Adiós.

f. ☐ **Voz teléfono:** El número que usted ha marcado no existe. Por favor, verifíquelo.

g. ☐ **Lorena:** Hola, Sebas. ¿Está Eli?

10.6 Relaciona las frases con Lorena (L) o Eli (imágenes 4 y 6) y añade tres más para cada personaje.

a. ☐ Es castaña.
d. ☐ Está de pie.
g. ☐ Está en una tienda.

b. ☐ Es morena.
e. ☐ Es simpática.
h. ☐ Está en su casa.

c. ☐ Está sentada.
f. ☐ Está tranquila.
i. ☐ Está nerviosa.

Lorena: ....

Eli: ....

10.7 Habla con tu compañero/a de los siguientes temas.

a. ¿Prefieres los grandes almacenes o las tiendas especializadas? ¿Por qué?

b. ¿Qué piensas de las rebajas? ¿Aprovechas *(take advantage of)* este periodo para comprar más? ¿Necesitas las cosas que compras?

c. ¿Normalmente vas a comprar solo/a o acompañado/a? ¿Cómo te gusta más?

d. ¿Alguna vez te ha pasado lo mismo que a Lorena?

DESPUÉS
DEL VIDEO

GRAMÁTICA

1. VERBS *SER* AND *ESTAR*

>> Use the verb **ser** to:

Identify a person or thing.
Ricardo es mi hermano.
Bogotá es una ciudad.

Describe **physical characteristics**.
Isaac es guapísimo.

Describe an **object** and what it's made of.
La mesa es de madera.

Describe **personality** and **character traits**.
Carmen es muy simpática.

Identify **origin** and **nationality**.
Carlo es italiano. Es de Italia.

Give **the time**.
Son las tres de la tarde.

Identify **professions**.
Francisco es profesor.

>> Use the verb **estar** to:

Express **location**.
Javi no está en casa.
El bosque de Chapultepec está en México.
Mi casa está lejos de la escuela.

Describe **temporary situations** or conditions.
Laura está enferma.
Luis está muy triste.
La tienda está cerrada los domingos.

Adelante, está...
ABIERTO

Qué pena, está...
CERRADO

10.1 Completa las frases con *ser* o *estar*. Después, relaciona cada frase con su contrario.

.... vieja

.... dormido

.... jóvenes

.... acompañada

.................solo

.... contenta

.... despierto

.... enfadada

.... mayores

.... nueva

10.2 Elige dos imágenes (una con *ser* y la otra con *estar*) y añade más información a la descripción. Usa tu imaginación, habla sobre las personalidades, aspectos físicos de las personas y por qué crees que están así. Intercambia tus ideas con un/a compañero/a.

2. ADJECTIVES WITH *SER* AND *ESTAR*

» Some adjectives in Spanish change meaning when used with **ser** or **estar**.

Adjective	SER	ESTAR
aburrido/a	*Ese libro es aburrido.* That book is boring.	*Estoy aburrido.* I am bored.
abierto/a	*Soy una persona abierta.* I am a sincere, candid person.	*El banco está abierto.* The bank is open.
listo/a	*¡Qué listo eres!* You are so smart!	*Ya estoy listo, vámonos.* I'm ready, let's go.
malo/a	*Ese gato no es malo.* That cat is not bad / evil.	*Ese gato está malo.* That cat is sick.
rico/a	*Carlos Slim es muy rico.* Carlos Slim is very rich.	*¡Las arepas que preparaste están muy ricas!* The arepas you prepared taste great!

10.3 Escribe una oración para cada imagen con *ser* o *estar* y uno de los adjetivos de la lista.

a. ....

b. ....

c. ....

d. ....

e. ....

f. ....

3. PRESENT PROGRESSIVE TENSE

» The present progressive tense is used to express an action in progress or the continuity of an action. The expression is made up of the verb **estar** + present participle.

*Esta semana **estoy estudiando** mucho.* This week, I'm studying a lot.
*Ahora mismo **estoy comiendo**, te llamo luego.* Right now I'm eating, I will call you later.

» To form the present participle, add –**ando** to the stem of –**ar** verbs and –**iendo** to the stem of –**er** and –**ir** verbs.

–AR	–ER	–IR
trabajar ▶ trabajando *working*	correr ▶ corriendo *running*	escribir ▶ escribiendo *writing*

Some verbs have irregular present participles:

leer ▶ **leyendo** *reading*
dormir ▶ **durmiendo** *sleeping*
pedir ▶ **pidiendo** *asking, ordering*
oír ▶ **oyendo** *hearing*

10.4 Escoge una tarjeta y hazle las preguntas a tu compañero/a. ¿Quién contestó antes?

Estudiante 1:

¿Dónde está tu amigo si está haciendo estas cosas?

a. Está comprando un libro.

b. Está durmiendo.

c. Está tomando el sol.

d. Está viendo una película.

e. Está bailando.

Estudiante 2:

¿Qué hora es si está haciendo estas cosas?

a. Estás desayunando.

b. Estás durmiendo.

c. Estás cenando.

d. Estás viendo la televisión.

e. Estás hablando español.

10.5 En grupos de tres y por turnos, describan qué está pasando en las imágenes. Incluyan todos los detalles posibles. Mientras uno de ustedes describe la escena, los otros tienen que marcar la situación que menciona. ¿Comprendieron bien sus compañeros?

Situación A

Subes al autobús por la mañana. Describe qué ves.

Situación B

Llegas a casa. Todos están en la cocina. Describe qué están haciendo.

Situación C

Llegas a la oficina tarde. Tus compañeros ya están allí. Describe qué están haciendo.

4. INFORMAL COMANDS

» Commands provide a different way to communicate with people. In English, everyday commands include saying things like: *Go straight and then make a left; Pass the salt, please;* and so on. In Spanish, informal commands are used to address a friend or someone you normally address as **tú** and are used to communicate instructions in the same way as in English.

» Use commands when you need to give instructions and ask someone to do something.

» Commands are also used to give advice or suggestions.

10.6 Escucha y completa las conversaciones.

 (81)

a. ● ...., ¿está en esta planta la tienda Movilandia?
   ● No, no. Para la sección de telefonía .... el elevador y .... a la tercera planta.

b. ● Hola, no sé cómo iniciar este iPod que compré ayer.
   ● Claro, no tiene batería, ... el cable.

c. ● ¿Sabes llegar al museo?
   ● Sí, ... la línea 2 del metro y .... en la primera parada.

d. ● ¿Puedo hablar un momento contigo *(with you)*?
   ● ...., ahora estoy escribiendo un e-mail muy importante, ... más tarde.

10.7 Vuelve a leer las conversaciones con un/a compañero/a y responde.

	llamar la atención	dar una instrucción
a. *Perdona* se usa para…	☐	☐
b. *Toma*, *sube*, *conecta* y *baja* se usan para…	☐	☐
c. *Espera* y *vuelve* se usan para…	☐	☐

» In Spanish, informal affirmative commands use a different form of the present tense.

Infinitive	*Tú* form, drop the *s*	Affirmative *tú* commands
tomar	tomas ▶ toma	**Toma** el metro. *Take the subway.*
volver	vuelves ▶ vuelve	**Vuelve** más tarde. *Come back later.*
subir	subes ▶ sube	**Sube** en el elevador. *Go up on the elevator.*

» Verbs that change stem in the present tense will also change stem in the **tú** command form.

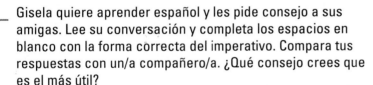

	EMPEZAR E ▶ IE	DORMIR O ▶ UE	SEGUIR E ▶ I
tú	emp**ie**za	d**ue**rme	s**i**gue

» The following verbs have irregular **tú** commands in the affirmative.

Infinitive	oír	tener	venir	salir	ser	poner	hacer	decir	ir
Imperative	**oye**	**ten**	**ven**	**sal**	**sé**	**pon**	**haz**	**di**	**ve**

10.8 Gisela quiere aprender español y les pide consejo a sus amigas. Lee su conversación y completa los espacios en blanco con la forma correcta del imperativo. Compara tus respuestas con un/a compañero/a. ¿Qué consejo crees que es el más útil?

Gisela: ¿Qué puedo hacer para aprender español?
Toni: Para empezar, (a) .... (estudiar) las palabras del vocabulario y (b) .... (hacer) todos los ejercicios de gramática.
Karen: (c) .... (Leer) revistas en español. ¡Ah!, y (d) .... (llamar) a tu amiga de México. ¡(e) .... (Practicar) con ella!
Toni: Sí, también (f) .... (mirar) películas en español, (g) .... (escuchar) música latina, y (h) .... (ir) a un restaurante español y (i) .... (pedir) en español.

10.9 Lee las situaciones y escoge una. Explícale la situación a tu compañero/a y pídele consejo. Tu compañero/a tiene que decirte tres cosas que hacer. Después, cambien de rol.

a. Tu compañero/a de cuarto (o de casa) está enojado. Dice que el cuarto es un desastre. Hay ropa sucia por todas partes, dice que nunca limpias el cuarto de baño y que no lavas los platos que ensucias. Pregúntale: **¿Qué hago?**

b. Quieres comprar un celular nuevo pero no sabes qué tipo quieres y en qué tienda lo debes comprar. Pregúntale: **¿Qué teléfono compro y dónde?**

c. Eres un/a estudiante nuevo/a y no conoces muy bien el campus. Tienes que ir a la oficina administrativa de la universidad después de la clase de español. Pregúntale: **¿Cómo voy?**

VIDEOCLASES
19 Y 20

DESTREZAS

1. COMPRENSIÓN DE LECTURA

10.1 ¿Cuál de los siguientes medios de comunicación usas con más frecuencia? Ordénalos de más a menos usado.

a. ☐ carta
b. ☐ teléfono
c. ☐ mensaje de texto (sms)
d. ☐ correo electrónico
e. ☐ nota
f. ☐ chat
g. ☐ redes sociales
h. ☐ tarjetas de felicitación

⚙ ESTRATEGIA

Recognizing words from the same family

As you expand your vocabulary in Spanish, previously learned words can help you recognize vocabulary from the same family. You can often guess the meaning of new words you encounter in readings by using related words you have already learned with the same root. For example, *inolvidable* belongs to the same word family as *olvidar*. Find the words in the text you are able to understand because you recognize their derivatives and list them together.

10.2 Lee el siguiente texto sobre los beneficios de Internet para aprender idiomas.

Las ventajas de Internet

Inés estudia italiano en la universidad, es su asignatura favorita. Le gusta mucho el idioma, pero también la cultura italiana. El año pasado consiguió una beca Erasmus para estudiar en Roma.
–Fue una experiencia inolvidable porque allí pude hablar italiano todo el tiempo –comenta con sus amigas.
A su regreso a España, Inés piensa cada día qué puede hacer para seguir practicando. Ha preguntado a todo el mundo.
–Escribe a tus amigos de Roma –le dice su madre.
–Lee novelas de autores italianos, así puedes ampliar tu vocabulario –le comenta su profesor.
El consejo de su mejor amiga es practicar con canciones: "Escucha a cantantes italianos, con la música aprendes de una forma divertida".
Inés piensa que todos tienen razón, que todas las sugerencias de su familia son positivas, pero su amigo Elías ha encontrado la mejor:
–Tienes un montón de recursos en Internet para mejorar tu italiano. Úsalos.
–Es verdad –reconoce Inés.
–Incluso puedes encontrar un ciberamigo –añade Elías.
–Sí, buena idea –dice Inés–. Creo que si combino todos los consejos que tengo voy a mejorar mucho. Vamos a la biblioteca y me ayudas a buscar algunas páginas de Internet, ¿vale?
–¡Vamos! –responde Elías.

10.3 Inés recibe muchos consejos. Vuelve a leer el texto y completa el siguiente cuadro.

¿Qué consejo?	¿Quién se lo dio?

10.4 ¿Conoces el significado de estas palabras? Escribe una definición para cada una de ellas.

a. beca
b. un montón
c. inolvidable
d. ciberamigo

2. EXPRESIÓN ESCRITA

10.5 Piensa qué actividades haces para practicar y mejorar tu español y haz una lista. La siguiente tabla te puede ayudar a organizar tus ideas.

Para aprender vocabulario	Para entender más	Para expresarme mejor	Para saber usar las reglas gramaticales	Para saber más sobre la cultura

10.6 Escribe un correo a un/a compañero/a de clase que está empezando a estudiar español y dale algunos consejos sobre cómo aprender más dentro y fuera de clase. Basa tus consejos en tu propia experiencia.

⚙ ESTRATEGIA

Identifying your audience

When you write an e-mail to a friend, it is essential to organize it logically and to use the correct tone. In this type of informal communication, the greeting and closing of the e-mail is just as important as the content. Make sure your e-mail is clear. Two well-organized paragraphs should be sufficient to express your thoughts and ideas.

3. INTERACCIÓN ORAL

10.7 ¿Qué medios de comunicación crees que son más útiles cuando se trata de aprender un idioma? ¿Por qué?

Aprender idiomas

⚙ ESTRATEGIA

Preparing for an oral debate

Before you present an oral argument, make sure you have all the elements you need for an organized and clear argument. Prepare ahead of time the vocabulary you will need to present and defend your position. When listening to others, ask questions about their proposals and defend your own thoughtfully.

10.8 Discute con tu compañero/a sobre el punto anterior. ¿Coinciden ustedes en las respuestas? Defiende tu posición con argumentos claros.

México D. F., capital de México

LAS REDES SOCIALES en México

El impacto de las redes sociales en América Latina es enorme. Argentina y México son dos de los países que más participan en estas redes. En México, el 40.6% de la población se conecta a Internet cada día y esta cifra sigue aumentando. Pero, ¿cuáles son los peligros* de estas redes?

Dos muchachas mexicanas consultan su celular.

Kany García, la cantante puertorriqueña de padre español, es una de las más buscadas en Internet, en México.

LAS REDES SOCIALES EN AMÉRICA LATINA

El impacto de las redes sociales en América Latina es enorme. Argentina y México son los países donde más se usan las redes sociales. México, por ejemplo, tiene 47 millones de usuarios diarios de Facebook, mientras que Argentina tiene 22 millones. México, además, está en primer lugar en cuanto a usuarios de Twitter.

Cinco de los países más activos en las redes sociales en todo el mundo están en América Latina. Estos son: Argentina, México, Perú, Chile y Colombia.

La cifra de usuarios de redes sociales en toda América Latina será de 320.000 millones en 2017.

> ¿Usas Facebook? ¿Para qué lo usas? ¿Usas Twitter? ¿Cuál prefieres? ¿Por qué?

USUARIOS EN MÉXICO

Pero es México el país que más interesa a las redes sociales. Con una población de más de 113 millones de personas y menos de la mitad que se conecta a Internet a diario, todavía hay espacio para crecer*.

«Los mexicanos visitan Google, Facebook y Yahoo, y lo hacen durante un promedio de 4 horas y 9 minutos al día. El 90% de usuarios de Internet usa Facebook en este país», dice María Gallanes, periodista de *Notimex*, la mayor agencia de noticias mexicana.

De hecho, México es ahora el quinto país del mundo que más se conecta a las redes sociales, por detrás de Rusia, Argentina, Tailandia y Turquía.

> Y tú, ¿cuánto tiempo te conectas a Internet durante un día / una semana / un mes?

EL PODER DE LAS REDES SOCIALES

«Las redes sociales tienen mucho poder* en el mundo occidental y los mexicanos las han recibido con los brazos abiertos. Las redes sociales son un arma de doble filo* y los mexicanos se están dando cuenta de que no es oro todo lo que reluce*», dice Filiberto Cruz, investigador de seguridad en las redes sociales en México.

«Estas redes facilitan la comunicación en un país enorme, donde muchos jóvenes emigran a las grandes ciudades, dejando* a sus familias en ciudades más pequeñas o zonas rurales», continúa Cruz.

«Las redes sociales son muy efectivas cuando se quiere promocionar o divulgar información o incluso denunciar algo», dice Vera Macías.

«Pero el crimen organizado también usa la información que todos publicamos en Internet de forma abierta. Hay que ir con cuidado*», comenta Filiberto Cruz.

América Latina, conectada a Internet

> **¿Piensas que las redes sociales son poderosas? ¿Te parece positivo o negativo? ¿Por qué?**

¿QUÉ INTERESA A LOS MEXICANOS?

Los sitios que más interesan a los mexicanos son los relacionados con los videos (96%), la música (70%), la televisión (46%) y las películas (37%). No obstante*, durante eventos como las elecciones presidenciales, los sitios de noticias y política reciben muchos más visitantes. Durante las últimas elecciones, por ejemplo, el 97.3% de usuarios mexicanos visitó estas páginas.

Facebook y Twitter, las redes favoritas en América Latina

> **Y tú, ¿qué sitios sueles visitar?**

¿QUÉ PIENSAN LOS JÓVENES?

«Yo soy consciente de la inseguridad», dice Manu López, estudiante de Ciencias Políticas en México, D. F. «Los estudiantes usamos las redes para intercambiar información, denunciar desigualdades o socializar con los amigos y la familia. Me parecen muy útiles».

«Se publica información de forma tan anónima que a veces es fácil no darse cuenta* de que todo el mundo puede acceder a ella», dice Rebeca Silva, estudiante de Economía.

> **Y tú, ¿para qué usas las redes sociales? ¿Te preocupa la seguridad en la red?**

REALIZA UNA INVESTIGACIÓN RÁPIDA EN INTERNET PARA ENCONTRAR LOS DATOS SIGUIENTES:

1 ¿Cuántos usuarios de Facebook hay en EE. UU.?

2 ¿En qué posición de usuarios de Facebook piensas que está EE. UU.?

3 ¿Qué tres países tienen más usuarios de redes sociales?

Las redes sociales en México

GLOSARIO		
un arma de doble filo – a double-edged sword	**dejando** – leaving	**no obstante** – however
crecer – to grow	**ir con cuidado** – to be careful	**el peligro** – danger
darse cuenta – to realize	**no es oro todo lo que reluce** – all that glitters is not gold	**el poder** – power

Fuentes: Pew Research, *El País*, Business Review America Latina, *La Nación*, Comscore, Facebook, Twitter, eMarketing Hoy, Translate Media, *El Universal*, *Notimex*, mediameasurement.com, y entrevistas.

EN RESUMEN

Situación

¡Feliz cumpleaños, Mar!
Your friend's birthday is coming up and you and your friends
want to do something special to celebrate.

LEARNING OUTCOMES

ACTION

Talk about stores and shopping for gifts	**10.1** Tus dos amigos y tú van a hacerle un regalo de grupo y una cena especial para celebrar el cumpleaños de Mar. Se reúnen en un café para hacer planes. Decidan qué van a comprar, quién lo va a comprar, dónde y cómo lo van a pagar. Hablen también sobre la cena y qué va a preparar cada uno. Usen el vocabulario de la unidad y el imperativo para asignar tareas. 
Ask for an item and how much it costs	**10.2** Tus amigos te eligen a ti para comprar el regalo. Basándote en las decisiones que hicieron en la actividad anterior (regalo, tienda, precio), ve a comprar el regalo. Elabora una conversación con un/a compañero/a de la escena en la tienda. Usen las expresiones típicas en una conversación entre cliente y dependiente.
Use typical phrases in a phone conversation	**10.3** Es el día del cumpleaños de tu amiga, Mar, y tus amigos (David, Chema, Víctor y Beatriz) acaban de llegar. En ese momento recibes una llamada telefónica de Celia, una amiga que está enferma y no puede venir. Cuéntale qué están haciendo todos. Usa las expresiones típicas en una conversación telefónica.
Talk about new technologies	**10.4** Durante la cena, sale el tema de los últimos modelos de teléfonos inteligentes. Habla con tus compañeros sobre los teléfonos y las nuevas tecnologías. Tienen que decir los pros y los contras de estas tecnologías y cómo las usan.

LISTA DE VOCABULARIO

Las tiendas The stores

la carnicería meat department / butcher shop
la frutería fruit and vegetable store
los grandes almacenes department store
la librería bookstore
la panadería bakery (bread)
la pastelería bakery (cakes and pastries)
la perfumería beauty supply shop
la pescadería fish store / market
el supermercado supermarket
la tienda de electrónica electronics store
la tienda de ropa clothing store
la zapatería shoe store

En la tienda In the store

el consumidor consumer
la cuenta the check
¿Cómo va a pagar? How are you paying?
¿Cuánto cuesta? How much does it cost?
¿Cuánto es? How much is it?
de rebajas on sale
en efectivo in cash
el escaparate shop window
hacer la compra to do the food shopping

ir de compras to go shopping
¿Me podría decir el precio? Could you tell me the price?
la publicidad publicity, advertisement
¿Qué precio tiene? What is the price?
tarjeta de crédito / débito credit / debit card
tarjeta de regalo gift card

Por teléfono On the phone

¿Aló? Hello (when answering the telephone)
¿Bueno? Hello (when answering the telephone)
¿De parte de quién? Who is calling?
dejar un mensaje to leave a message
¿Dígame? Hello (when answering the telephone)
la llamada perdida missed call
No contesta. No answer.
el número equivocado wrong number
¿Sí? Hello (when answering the telephone)
¿Se encuentra…? Is… there?
suena ocupado busy signal

Descripciones Descriptions

acompañado/a accompanied
abierto/a candid, open
aburrido/a boring / bored
despierto/a awake
dormido/a asleep
listo/a smart, ready
malo/a bad, sick
ocupado/a busy
rico/a rich/tasty
solo/a alone

Palabras y expresiones útiles Useful words and expressions

las desventajas disadvantages
¡Qué + adjetivo! How + adjective
¡Qué + sustantivo + más! What a + adjective + noun
¡Qué + sustantivo + tan! What a + adjective + noun
las ventajas advantages

11
ERAN OTROS TIEMPOS

Hablamos de	Vocabulario y comunicación	¡En vivo!	Gramática	Destrezas	Sabor latino	En resumen
• El pasado	• **Las características:** Asking and giving opinions and asking why • **Las personalidades:** Expressing agreement and disagreement **Pronunciación** • Los diptongos	• **Episodio 11 Nuestra serie favorita:** Listening for specific information	• Imperfect tense of regular verbs • Time expressions with the imperfect • Imperfect tense of irregular verbs	• **Viaje en el tiempo** – **Comprensión de lectura:** Identifying historical dates and events – **Expresión escrita:** Using the Internet to research a topic – **Interacción oral:** Visualizing your topic	• **El 12 de octubre**	• **Situación:** Una reunión familiar • Vocabulario

Recordando viejos tiempos

- ¿Quiénes aparecen en la foto y qué están haciendo?
- ¿Tienes recuerdos de tu familia? ¿Y de tu infancia?
- ¿Te gusta escuchar historias sobre el pasado de tus padres y abuelos?
- ¿Tienes fotos antiguas?

LEARNING OUTCOMES

By the end of this unit you will be able to:

- Ask someone for their opinion
- Give your own opinion
- Express agreement and disagreement
- Describe personalities and characteristics
- Talk about the past and the way things used to be

El pasado

11.1 Observa la imagen de Julián y su familia y contesta las preguntas.

a. ¿Quiénes son estas personas?

b. ¿Qué relación familiar tienen entre ellos?

c. ¿Dónde están?

d. ¿Qué están haciendo?

e. ¿Qué ropa llevan?

f. ¿Cuál es su estado de ánimo?

g. ¿Quién hace la foto?

h. ¿Qué día de la semana crees que es?

11.2 Escucha la conversación entre Julián y su abuelo Esteban y responde las preguntas.

Julián: ¿Qué es eso, abuelo?

Esteban: Un álbum de fotos antiguas.

J.: A ver. ¡Qué joven te ves en esta foto! ¿Por qué vas vestido así?

A.: Porque yo jugaba en el equipo de béisbol de la universidad.

J.: ¿Eras jugador de béisbol, abuelo? **¡Anda ya!**

A.: Que sí, y entrenábamos todos los días.

J.: ¿En serio? Cuéntame más.

A.: Bueno, eran otros tiempos, **yo creo** que más difíciles.

J.: ¡Qué va! Ahora, es casi imposible jugar en el equipo de la universidad.

A.: No estoy de acuerdo contigo. Simplemente hay que trabajar duro.

J.: Si tú lo dices… ¿Y qué otras cosas hacías cuando tenías mi edad?

A.: Como a tu edad trabajaba mucho, solo salía con los amigos algunos fines de semana.

J.: ¿Ibas a la discoteca?

A.: No, *je, je.* Antes no había muchas, hacíamos fiestas en las casas de los amigos. También íbamos los domingos al campo para pasar el día. Pero debía regresar temprano a casa, porque me despertaba muy pronto los lunes para ir a trabajar.

J.: ¡Qué vida tan diferente!

a. ¿Qué trajo el abuelo Esteban a casa de Julián?

b. ¿Qué piensa Julián de la foto de su abuelo?

c. ¿Cree Julián que su abuelo jugaba en el equipo de béisbol de la universidad?

d. ¿Qué opina el abuelo de su época?

e. ¿Cree Esteban que es imposible jugar ahora en el equipo de béisbol?

f. ¿Qué hacía el abuelo los fines de semana?

11.3 Completa utilizando las expresiones en negrita en la conversación.

a. ● .... la vida antes era mejor que ahora.
   ● .... con tu opinión.

b. ● ¿Entonces no quieres venir?
   ● .... Seguro que la reunión es muy aburrida.

c. ● ¿Te dijo que de joven era millonario?
   ● .... No lo creo.

d. ● A mí me parece que los muchachos de ahora lo tienen todo muy fácil.
   ● Yo pienso que no, pero ....

11.4 Clasifica las expresiones del ejercicio anterior en la columna correcta, siguiendo el ejemplo.

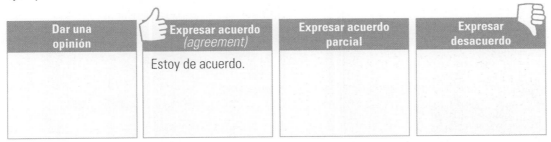

Dar una opinión	👍 Expresar acuerdo *(agreement)*	Expresar acuerdo parcial	👎 Expresar desacuerdo
	Estoy de acuerdo.		

11.5 Usa otra vez estas expresiones para mostrar acuerdo o desacuerdo. Trabaja con tu compañero/a.

Modelo: En general, la vida de mi abuelo era más divertida que la mía.
   E1: Estoy de acuerdo.
   E2: ¡Qué va!

a. En general, la vida de mis padres era más fácil que la mía.

b. Mis padres tenían más tiempo libre que yo.

c. Mis padres hacían más deporte que yo cuando ellos tenían 20 años.

d. Mis padres tenían que estudiar más que yo.

APUNTES: Fútbol en España

✓ El fútbol está considerado el deporte más popular en España.

✓ Es el deporte que más jugadores inscritos tiene y el segundo más practicado por los españoles.

✓ Este deporte es introducido en España a finales del siglo XIX por trabajadores británicos.

✓ El Real Madrid es el club que más veces ha ganado la Liga de Campeones de la UEFA.

✓ La selección española ganó su primera Copa Mundial en Sudáfrica en el año 2010.

VOCABULARIO Y COMUNICACIÓN

11.1 Los siguientes adjetivos se usan para hablar de características de lugares y cosas. Relaciona el adjetivo con su definición en inglés.

1. impresionante		**a.** *entertaining, enjoyable*	
2. práctico/a		**b.** *healthy*	
3. emocionante		**c.** *impressive*	
4. aburrido/a		**d.** *dangerous*	
5. relajante		**e.** *relaxing*	
6. peligroso/a		**f.** *practical*	
7. entretenido/a		**g.** *exciting*	
8. saludable		**h.** *boring*	

La Patagonia es impresionante.

Montar en las barcas de Xocihimilco es entretenido.

11.2 Completa las frases con los adjetivos aprendidos.

a. Me encanta hacer *puenting*. Es muy (a) ....

b. Para mí, hacer caminatas por la montaña es (b) .... Prefiero la playa.

c. El Salto Ángel, en Venezuela, es (c) .... Mide 979 metros de altura.

d. El diccionario online de la Real Academia de la lengua española es muy (d) .... Puedes consultar palabras fácilmente.

e. Para mi madre lo más (e) .... es ir a un spa en Hidalgo, México.

f. Mis amigos corren por Central Park porque es muy (f) ....

g. Mis padres piensan que montar en motocicleta es (g) .... y, por eso, no me permiten comprarme una.

h. Me encanta ir de compras. Para mí es muy (h) .... ir de tienda en tienda.

11.3 ¿Cuáles son los adjetivos opuestos a los siguientes? Puedes consultar la lista de 11.1 para responder. Después, pon ejemplos de actividades que, para ti, representan estos adjetivos.

> **Modelo:** Para mí, usar el GPS es práctico, pero consultar mapas es inútil.

a. .... / inútil

b. .... ≠ monótono/a

c. .... ≠ poco saludable

d. .... ≠ normal y corriente

e. .... ≠ estresante

f. .... ≠ seguro/a

11.4 ¿Cómo calificarías estas situaciones? Usa los adjetivos que has aprendido.

¿Qué es para ti...

a. ...un deporte peligroso?

e. ...una película entretenida?

f. ...un hábito saludable?

b. ...una tarde aburrida?

g. ...una actividad relajante?

c. ...un monumento impresionante?

d. ...un objeto práctico?

h. ...un momento emocionante?

11.5 Ahora, compara con tu compañero/a. ¿Tienen las mismas respuestas?

Modelo: Llevar siempre tu tarjeta de crédito.
Llevar siempre mi tarjeta de crédito es una costumbre muy práctica.

a. Correr todos los días 20 minutos.
b. Caminar solo a las 4 de la mañana en una ciudad desconocida.
c. Pelar 5 kilos de papas.
d. Dormir la siesta en una hamaca junto al mar.
e. Un día sin usar el celular.
f. Un paseo en helicóptero sobre el volcán Arenal en Costa Rica.
g. Saltar en paracaídas desde un avión.

11.6 ¡Vamos a jugar! Trabajen en parejas para completar la tabla con actividades, lugares, momentos... según los adjetivos de las columnas. Sigan el modelo. Avisen cuando hayan completado su tabla. Por cada actividad correcta no repetida, reciben un punto. La pareja con más puntos gana.

impresionante	práctico/a	peligroso/a	emocionante	saludable
el glaciar Perito Moreno	llevar un batería de repuesto para el celular	montar en bici **sin** casco	montar en globo	comer fruta

» Para **preguntar por una opinión**:

¿Qué piensas / opinas sobre las películas de Alfonso Cuarón?
¿Qué te parece su última película?
¿Cuál es tu opinión sobre su trabajo como director de cine?

» Para **dar una opinión** positiva o negativa:

(Yo) **pienso / creo / opino que** (no) son muy buenas.
(A mí) **me parece que** (no) tiene un buen argumento.
A mí (no) **me parece un** buen director.

» Para **expresar duda**:

No te puedo decir.   **No sé qué decir.**   **¡Yo qué sé!**

» Para preguntar y responder el porqué de algo, se usa **¿por qué?**
y **porque**:

● *¿Por qué estudias español?*
● *(Estudio español) Porque me gusta mucho.*

El director de cine mexicano
Alfonso Cuarón

11.7 Relaciona cada pregunta con una respuesta lógica.

1. ¿Cuál es tu opinión sobre el señor Benítez?
2. ¿Crees que el español es fácil para aprender?
3. Opino que el queso español es fantástico.
4. ¿Qué piensas sobre los libros de JK Rowling?
5. ¿Qué te parece la nueva profesora?
6. Pienso que Inglaterra es un país bonito.

a. Para mí, no. Prefiero el francés.
b. Opino que son muy buenos.
c. En mi opinión, es un buen director.
d. Me parece que es muy inteligente.
e. Creo que sí.
f. Sí, es verdad.

11.8 ¿Estás de acuerdo con estas opiniones? Escribe si estás de acuerdo o
no y explica por qué.

a. Matemáticas es la materia más difícil de este año.
b. El mejor deporte es el baloncesto.
c. ¿Qué opinas sobre la última película que viste en el cine?
d. ¿Por qué decidiste estudiar español?

11.9 Por turnos, pregunta a tu compañero/a su opinión sobre los temas
indicados. Justifiquen sus opiniones explicando por qué. Sigan el modelo.

Modelo: E1: ¿Qué piensas de los gatos?
          E2: No me gustan.
          E1: ¿Por qué?
          E2: Porque no son sociables.

Estudiante 1:

Pregunta a tu compañero/a por:

los hámsteres	los idiomas
el fútbol	bailar
la música romántica	la comida rápida

Estudiante 2:

Pregunta a tu compañero/a por:

los perros	el rap
el básquetbol	el dinero
la literatura	la comida vegetariana

11.10 Con tu compañero/a, expresen su opinión sobre los siguientes temas. Si no están de acuerdo, justifiquen su respuesta explicando por qué.

Modelo: Yo creo que las redes sociales son muy entretenidas, pero también un poco peligrosas. ¿Tú qué opinas?

las redes sociales

las vacaciones

los deportes

tu pueblo o ciudad

los parques de atracciones

11.11 Une los adjetivos con su imagen correspondiente. Después, escucha el audio para comprobar tus respuestas.

(83)

a. ruidosos   **d.** soso   **g.** perezoso

b. bromista   **e.** cariñoso   **h.** impuntual

c. estresada   **f.** habladora

 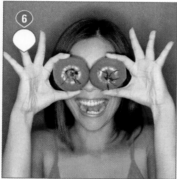  

11.12 Relaciona los adjetivos de la actividad anterior con sus opuestos.

a. frío/a ▶ ....   **e.** silencioso/a ▶ ....

b. callado/a ▶ ....   **f.** trabajador/a ▶ ....

c. aburrido/a ▶ ....   **g.** puntual ▶ ....

d. divertido/a ▶ ....   **h.** tranquilo/a ▶ ....

11.13 Julio está describiendo a su familia y a sus amigos. Lee las oraciones y añade la palabra apropiada para completar las descripciones. Después, compara tus respuestas con un/a compañero/a.

a. Mi abuela siempre me da besos y me abraza. Es una persona ....

b. Los amigos de mi hermano hacen mucho ruido cuando vienen a casa. Son muy ....

c. A mi tío le gusta hacer bromas y nunca habla en serio. Es ....

d. Mi hermana no hace nada en casa. Nunca jamás limpia su habitación. Es muy ....

e. Casi nunca llega a la hora. Es bastante ....

f. Es bastante amable, pero no tiene mucho sentido del humor. Es una muchacha muy ....

11.14 Escucha a Javier cómo describe a Ana y a Daniel. Después, escribe los rasgos de sus personalidades.

Ana ▶ ...., ... y ....
Daniel ▶ ...., ... y ....

11.15 Completa la tabla describiendo a las personas que se indican. Usa los adjetivos que has aprendido y explica por qué. Después, comparte las descripciones con tu compañero/a. Sigue el modelo.

To intensify the meaning of an adjective, use:

muy   un poco
bastante   a veces

To soften the meaning of an adjective that may be perceived as negative, use "un poco":

*Yo soy **un poco** perezosa por las mañanas. No me gusta levantarme temprano.*

¿Quién?	Descripción	¿Por qué?
yo	muy hablador	Siempre estoy hablando por teléfono.
Yo		
Mi mejor amigo/a		
Mi hermano/a		
Mis profesores		
Tu compañero/a		

Modelo: E1: ¿Cómo eres?

E2: Soy muy hablador. Siempre estoy hablando por teléfono. ¿Y tú?

E1: Yo soy bastante... ¿Cómo es tu(s)...?

11.16 Escribe un texto breve sobre ti e incluye algunas de las cosas que te gusta hacer. En grupos de 3 o 4, intercambien sus textos. Cada uno debe leer el párrafo de otra persona y adivinar quién lo escribió. Después, hagan turnos para añadir información sobre lo que piensan uno del otro.

Modelo: Yo soy un muchacho deportista y muy sociable. Mis amigos dicen que soy divertido y hablador. Me gusta jugar al fútbol y hablar por teléfono.

11.17 ¿Te sorprendió alguna descripción de tus compañeros? ¿Por qué?

» Acuerdo total
Estoy de acuerdo (contigo).
¡Totalmente!
¡Por supuesto!
Tienes razón.
¡Sí, claro!

» Acuerdo parcial
Estoy en parte de acuerdo (contigo).
No estoy totalmente de acuerdo contigo.
Si tú lo dices…

» Desacuerdo
No estoy de acuerdo (contigo).
¡Para nada!
¡Anda ya!
¡Qué va! ¡Que no!
¡Qué dices!

Note that unlike English, double negatives are grammatically correct in Spanish.

» Se usan expresiones negativas como **para nada**, **ni**, **nunca jamás** para reforzar el significado de **no**.
   *No me gustó **para nada**.*
   *Tú **no** tienes **ni** idea de lo que estás hablando.*
   ***No** quiero hablar de eso **nunca jamás**.*

11.18 Lee las siguientes opiniones y expresa acuerdo o desacuerdo, según las indicaciones.

La web de amigos

a. Manuel y Esteban son muy ruidosos. Siempre están molestando en clase.
acuerdo total ▶ ....

b. Mis hijos son muy perezosos, ayudan poco en casa.
desacuerdo ▶ ....

c. Guillermo es muy bromista. Me encanta estar con él.
acuerdo parcial ▶ ....

d. El profesor de español es muy puntual. Siempre está en clase antes de la hora.
acuerdo total ▶ ....

11.19 Escucha y completa las siguientes conversaciones con la expresión que falta. Después, escoge el significado correcto de esa expresión.

1. ● Hay unas nubes muy negras en el cielo, yo creo que esta tarde va a llover.

   ● ....

   a. ☐ la mujer cree que va a llover.
   b. ☐ la mujer cree que no va a llover.

2. ● ¿Tú crees que el cine latinoamericano está de moda? A mí me parece que sí. Hay muchas películas en este momento con proyección internacional, ¿verdad?

   ● Uf, ...

   a. ☐ la mujer no está de acuerdo con él.
   b. ☐ la mujer está de acuerdo parcialmente con él.

3. ● Mira, ¡qué vestido tan bonito! ¿Por qué no te lo compras? Seguro que te ves muy bien, ¿no crees?

   ● ....

   a. ☐ la mujer está de acuerdo con él.
   b. ☐ la mujer no está de acuerdo con él.

11.20 Prepara tus respuestas sobre los siguientes temas y explica por qué. Después, comparte tu opinión con un/a compañero/a y comenta su reacción. ¿Están de acuerdo en alguno de los temas?

el mejor cantante

la mejor película

la mejor comida

la mejor ciudad

Modelo: el mejor director de cine

E1: Para mí, Guillermo del Toro es el mejor director de cine mexicano, es muy trabajador y hace películas de mucha acción.

E2: ¡Totalmente! / No estoy totalmente de acuerdo contigo. / ¡Qué va!

PRONUNCIACIÓN

LOS DIPTONGOS

» Diphthongs are combinations of vowels that form a single syllable. Their individual vowel sounds do not change, but they blend together to form a single syllable. Diphthongs occur when:
  – the vowels **i** and **u** appear together in the same syllable;
  – the vowel **i** appears in combination with either **a**, **e**, **o** in the same syllable;
  – the vowel **u** appears in combination with either **a**, **e**, **o** in the same syllable.

– **i** and **u** together: f**ui**mos ▶ fui-mos
  c**iu**dad ▶ ciu-dad

– **i** and **a** together: p**ia**no ▶ pia-no
  b**ai**lar ▶ bai-lar

– **i** and **e** together: p**ie**nso ▶ pien-so
  vó**lei**bol ▶ vó-lei-bol

– **i** and **o** together: s**oi**s ▶ sois
  millonar**io** ▶ mi-llo-na-rio

– **u** and **a** together: c**ua**dro ▶ cua-dro
  auto ▶ au-to

– **u** and **e** together: f**ue**go ▶ fue-go
  d**eu**da ▶ deu-da

– **u** and **o** together: antig**uo** ▶ an-ti-guo
  Lourdes ▶ Lour-des

» As long as these pairs of vowels are together, they will form a diphthong, regardless of which one comes first: **ai**-re, v**ia**je.

» Note that, when there is a written accent over the letters **i** / **u**, the diphthong is broken or "split" and the two vowels are pronounced separately: d**í**-a; ba-**úl**.

11.1 Separa las siguientes palabras en sílabas.

a. aunque   c. Europa   e. tierra   g. ciudad   i. trueno   k. automóvil

b. aire   d. reina   f. radio   h. agua   j. fuimos   l. muy

Nuestra serie favorita

ANTES DEL VIDEO

11.1 Con tu compañero/a, responde las preguntas.

a. ¿Conoces la serie *Juego de Tronos*? ¿Te gusta?
b. ¿Cuál es el argumento *(plot)* de esta serie?
c. ¿Qué series son tus favoritas?

11.2 Mira las imágenes y relaciónalas con las siguientes frases. Basa tus respuestas en lo que sabes ya de los personajes. Usa tu imaginación.

a. Leyó los libros antes de ver la serie.
b. Esté viendo la serie con Juanjo.
c. Le ha gustado muchísimo el episodio.
d. Salta encima del sofá después de ver un episodio.
e. Está viendo la serie encima de la cama.
f. Está viendo la serie con Sebas.

DURANTE DEL VIDEO

11.3 ¿Quién dice estas frases? Relaciónalas con las imágenes de los amigos.

a. Cada episodio es mejor que el anterior.	Imagen ....
b. Me encanta ese tipo, es el mejor.	Imagen ....
c. Los libros son mejores aún que la serie.	Imagen ....
d. Esta es la mejor serie de la historia.	Imagen ....
e. Está padrísimo.	Imagen ....
f. ¡Maravilloso! ¡Qué gran episodio!	Imagen ....

⚙ ESTRATEGIA

Listening for specific information

When you listen to someone talking about something or someone, one of the most important things is to listen the adjectives they use and not necessarily every word they use. Adjectives serve as keywords not only to decipher meaning, but also help to interpret the speaker's point of view.

11.4 Vuelve a mirar el episodio y escribe los adjetivos que se dicen sobre cada personaje.

Tyrion	Jon Snow	Arya Stark	Bran Stark	Daenerys	Tywin Lannister

4

5

6

11.5 Mira este segmento otra vez y compáralo con esta conversación. Señala las cinco diferencias que hay.

01:08 - 01:35

- ☐ Maravilloso, ¡qué buen episodio!
- ☐ Sí, esta serie es absolutamente fantástica.
- ☐ Me encantan casi todos los personajes, ¡son tan fascinantes! ¿No te parece?
- ☐ Sí, pero mi preferido es Tywin Lannister.
- ☐ Pero, ¿qué dices?
- ☐ En serio, me encanta. Es el que tiene la personalidad más fuerte, me encanta.
- ☐ No lo puedo creer.

11.6 Completa como en el modelo.

Modelo: Es muy guapo. Es guapísimo.

a. Es muy inteligente. Es…
b. Es muy importante. Es…
c. Es muy divertido. Es…
d. Es muy interesante. Es…
e. Es muy viejo. Es…

11.7 Con un compañero/a elabora una conversación similar a la de los protagonistas del episodio. Comenten qué les pareció la serie, cuál es su personaje favorito y por qué. Representen la conversación delante de la clase.

11.8 Escucha a tus compañeros y marca en el cuadro en qué cosas están de acuerdo y en cuáles no.

Misma opinión	Opinión dieferente

DESPUÉS
DEL VIDEO

1. IMPERFECT TENSE OF REGULAR VERBS

» You have already learned to talk about actions in the past using the preterit tense. Spanish has another past tense, the imperfect, which has different uses from the preterit. Here are the forms of regular verbs in the imperfect.

	HABLAR	COMER	VIVIR
yo	hablaba	comía	vivía
tú	hablabas	comías	vivías
usted/él/ella	hablaba	comía	vivía
nosotros/as	hablábamos	comíamos	vivíamos
vosotros/as	hablabais	comíais	vivíais
ustedes/ellos/ellas	hablaban	comían	vivían

» Notice the accent mark over the **í** in all the endings for **–er** and **–ir** verbs. Only the **nosotros** form has an accent in **–ar** verbs.

» Verbs that change stem in the present do not change stem in the imperfect.
*Cuando **tenía** 5 años **quería** ser veterinaria.* *When I was five years old, I wanted to be a veterinarian.*

» The imperfect form of **hay** is **había**.
*Antes **había** más tiempo libre.* *Before, there used to be more free time.*

» The imperfect is used:

– To express habitual actions or ongoing actions in the past.
*Antes **salíamos** todos los fines de semana.* *Before, we went (used to go) out on weekends.*
*Cuando **era** niño, **tenía** mucha energía.* *When I was a child, I had (used to have) a lot of energy.*

– To describe people or circumstances in the past.
*Mi abuelo **era** muy trabajador.* *My grandfather was very hardworking.*

– To "set the stage" for an event that occurred in the past.
*Aquella tarde yo **estaba** leyendo en el parque cuando empezó a llover.* *That afternoon, I was reading in the park when it started to rain.*

11.1 El abuelo de Diego está recordando algunas de las cosas que hacía cuando era niño en Ecuador. Completa el texto con la forma correcta del imperfecto del verbo adecuado. Compara tus respuestas con un/a compañero/a.

Mira, Diego, cuando yo era niño, solo (a) .... (querer / tener) jugar y estar fuera. (b) .... (jugar / pasar) a las escondidas *(hide and seek)* con mis amigos. Me (c) .... (gastar / gustar) correr detrás de ellos cuando los encontraba. También (d) .... (tener / poder) un yoyó con el que siempre (e) .... (hacer / trabajar) trucos. En esa época, la moneda de Ecuador era el sucre. Con un sucre (f) .... (comprar / decir) montones de dulces. A menudo mi mamá me (g) .... (pasar / llevar) al parque y allí (h) .... (subir / leer) a los columpios *(swings)* y (i) .... (pasar / comer) allí toda la tarde. ¡Qué buenos tiempos aquellos!

11.2 Escribe tres frases sobre qué hacías cuando eras pequeño/a. Una de ellas debe ser falsa. Tu compañero/a tiene que adivinar cuál es.

11.3 ¡Vamos a jugar! Con tu compañero/a, haz turnos para conjugar los verbos de la tabla. Para ganar el juego, consigue tres en raya *(in a row)*. Continúen jugando para ver cuántas veces pueden ganar. ¿Quién es el campeón?

preparar (él)	vivir (nosotras)	estudiar (ella)	viajar (tú)	leer (ellos)	abrir (él)
trabajar (yo)	hablar (ustedes)	tener (ellas)	dormir (nosotros)	beber (tú)	correr (nosotros)
comer (ellos)	jugar (tú)	cantar (yo)	salir (ustedes)	tomar (ella)	hacer (ellos)

2. TIME EXPRESSIONS WITH THE IMPERFECT

» The imperfect is often used with the following expressions that describe habitual or ongoing actions in the past.

– antes

Antes me gustaba el chocolate, ahora no.
Before, I used to like chocolate a lot, now I don't.

– entonces

Entonces la vida en México era diferente.
Back then, life in Mexico used to be different.

– de pequeño/a

De pequeño jugaba mucho.
When I was a child, I used to play a lot.

– de joven

De joven mi madre pasaba los veranos con sus abuelos.
When she was young, my mother used to spend her summers with her grandparents.

– cuando

Cuando Pedro estudiaba en la universidad, no salía mucho. *When Pedro studied at the university, he didn't go out much.*

11.4 Completa las oraciones con una expresión de la lista y la forma correcta del verbo en el imperfecto.

de pequeño/a • antes • de joven • cuando

a. ...., las mujeres no (trabajar) .... fuera de casa.

b. .... mis padres eran jóvenes, (pasar) .... los fines de semana en el campo.

c. ...., mi abuela (tener) .... más energía y (jugar) .... mucho con nosotros.

d. ...., (tomar, yo) ....el autobús para ir a la escuela.

11.5 Con un/a compañero/a, hablen sobre lo que hacían en el pasado y lo que hacen ahora. Usen las actividades de la lista y las expresiones de tiempo.

Modelo: De pequeño, montaba en monopatín. Ahora, juego al fútbol.

– acostarse a las…
– escuchar (tipo de música)
– leer…
– salir con…
– celebrar…
– estudiar…

– levantarse a las…
– usar la computadora para…
– comer…
– jugar…
– querer ser (profesión)
– vivir en…

3. IMPERFECT TENSE OF IRREGULAR VERBS

>> There are only three irregular verbs in the imperfect tense.

	SER	VER	IR
yo	era	veía	iba
tú	eras	veías	ibas
usted/él/ella	era	veía	iba
nosotros/as	éramos	veíamos	íbamos
vosotros/as	erais	veíais	ibais
ustedes/ellos/ellas	eran	veían	iban

11.6 Julián escribió una redacción sobre la época de su abuelo. Completa el texto conjugando los verbos en el imperfecto.

La España de los 60

En casa, mi abuelo dice que cuando él (a) .... (ser) niño, la situación en España (b) .... (ser) más difícil que ahora. Busqué en Internet algunas cosas sobre esa época. Por ejemplo, que España (c) .... (estar) gobernada por Franco y en nuestro país (d) .... (haber) una dictadura, lo que significa, entre otras cosas, que la gente no (e) .... (tener) libertad.

También (f) .... (haber) muchas personas que (g) .... (emigrar) a otros países europeos como Francia, Alemania o Suiza, en busca de trabajo.

Las familias (h) .... (ser) muy grandes. Las mujeres (i) .... (poder) tener una media de 4 o 5 hijos y habitualmente no (j) .... (trabajar) fuera de casa. Muchas familias no (k) .... (tener) coche ni (l) .... (ver) la televisión. Tampoco (m) .... (ir) de vacaciones al extranjero. Las principales aficiones de los españoles (n) .... (ser) el fútbol y las corridas de toros.

¡Cómo hemos cambiado!

11.7 Compara tus respuestas de la actividad anterior con un/a compañero/a. Después, vuelve a leer el texto y responde las siguientes preguntas.

a. ¿Quién gobernaba durante esa época *(period)*? ¿Era presidente o dictador?

b. ¿Qué tenía la gente? ¿Qué cosas no tenía?

c. ¿Adónde iban muchas personas? ¿Qué buscaban?

d. ¿Cómo era la vida de las mujeres?

11.8 ¿Cómo era la vida en los años 60 en tu zona de Estados Unidos? Escribe un párrafo describiendo esa época de la historia. Investiga en Internet si necesitas más información. Sigue las siguientes pautas *(guidelines)*.

– ¿La vida era más fácil o difícil que ahora? ¿Por qué?

– ¿Cómo era la vida de las mujeres?

– ¿Iban las familias de vacaciones? ¿A qué otros lugares iban?

11.9 Escucha ahora esta grabación en la que diferentes personas hablan de cómo Internet cambió sus vidas. Señala para qué usan Internet.

	Chatear	Correo electrónico	Información cultural	Vacaciones
a. Llamada 1	☐	☐	☐	☐
b. Llamada 2	☐	☐	☐	☐
c. Llamada 3	☐	☐	☐	☐

11.10 Escucha otra vez y relaciona las afirmaciones con la persona a quien describe.

	María	Pedro	Rosa
a. Antes perdía mucho tiempo planeando sus vacaciones.	☐	☐	☐
b. Antes era más difícil conocer a gente nueva.	☐	☐	☐
c. Antes solo podía hacer un par de excursiones.	☐	☐	☐
d. Antes solo iba a los museos de la ciudad.	☐	☐	☐
e. Antes no le gustaba escribir cartas.	☐	☐	☐
f. Antes no veía los hoteles antes de viajar.	☐	☐	☐

11.11 Comenta con tus compañeros cómo usabas las tecnologías cuando estabas en la escuela secundaria y cómo las usas ahora.

Modelo: Antes usaba Facebook para comunicarme con mis amigos, ahora uso…

11.12 Pregunta a tu compañero/a por su niñez. Usa las imágenes para formular dos preguntas para cada tema. Después, usa las preguntas para entrevistar a tu compañero/a. ¿Tienen mucho en común? Presenten los resultados a la clase.

habitación

¿...?

amigos

¿...?

juegos electrónicos

¿...?

ropa

¿...?

VIDEOCLASES
21 y 22

DESTREZAS

1. COMPRENSIÓN DE LECTURA

11.1 ¿Qué te sugiere el título del texto? Imagina que puedes viajar en el tiempo, ¿dónde te gustaría ir?

11.2 Lee el siguiente texto. ¿De qué acontecimiento histórico se habla?

⚙ ESTRATEGIA

Identifying historical dates and events

In order to understand a reading, it is sometimes necessary to recognize the historical context in which the story takes place. Focus on the dates and names of the people and places that are mentioned to help you put the events in context. If necessary, use the Internet to research.

Viaje en el tiempo

Estela se despertó más temprano de lo normal. Cuando abrió los ojos se asustó, porque no reconocía la habitación. Estaba en casa de sus abuelos cerca del Paseo Bulnes, pero los muebles eran diferentes: los muebles de los abuelos no eran tan antiguos como aquellos. Había mucho ruido, podía oír sirenas, bombas en la dirección del Palacio de La Moneda donde vivía el presidente, Salvador Allende. Miró por la ventana y vio aviones militares y una multitud de fuerzas armadas. Llevaban uniformes de otra época y quemaban libros en la calle.

Había fuego y humo. En las paredes había carteles con la foto de un señor con lentes oscuras. Estela se preocupó más, porque empezó a escuchar gente que hablaba dentro de la casa, susurraban asustados y una mujer lloraba. De repente, oyó el ruido de la puerta y la mujer dijo: "Carlos no vive aquí". Unos hombres que vestían de azul abrieron la puerta y Estela cerró los ojos. Un segundo después los volvió a abrir. El lugar era otra vez la habitación que ella conocía y su abuela estaba allí con ella. Le secaba el sudor de la frente y decía:

"Tranquila, cariño, era una pesadilla". Estela estaba confundida y preguntó: "Abuela, ¿quién es Carlos?". La abuela la miró sorprendida: "Creo que tu abuelo te contó demasiadas cosas y eres muy pequeña para entender la triste historia de este país.

Ahora, vístete rápido, hoy es 11 de septiembre, es el cumple del abuelo, ¿recuerdas?".

11.3 Elige la opción correcta.

1. Lo que Estela vio y escuchó en casa de sus abuelos…
   a. era un golpe de estado *(coup)*.
   b. era un sueño.
   c. era un viaje en el tiempo.

2. Las personas que Estela escuchaba en casa…
   a. estaban felices y contentas.
   b. estaban asustadas.
   c. la llamaban por su nombre.

3. ¿Qué quiso decir la abuela cuando dijo: "Era una pesadilla"?
   a. Que era un sueño muy feo y desagradable.
   b. Que Estela estaba enferma.
   c. Que Estela tuvo una experiencia triste.

4. ¿A qué época se traslada Estela en su pesadilla?
   a. A una época de un Chile feliz.
   b. A una época trágica para Chile.
   c. A una época de libertades en Chile.

11.4 Mira estas fotos y decide cuál se corresponde al sueño de Estela y por qué.

Yo creo que la foto que se corresponde al sueño de Estela es la ………… porque …………………… ……………………………… ………………………………

2. EXPRESIÓN ESCRITA

11.5 Fíjate en la fecha del final del texto e investiga en Internet qué pasó en Chile ese mismo día en 1973. Después, escribe una crónica de lo que pasó siguiendo los datos que has encontrado.

ESTRATEGIA

Using the Internet to research a topic
Often times a web page will offer too much information on a particular historical event. A good way to start is by researching the date of the event moving to other sites until you find the information that is the clearest to follow. It is always a good idea to check with more than one source to compare.

3. INTERACCIÓN ORAL

11.6 Recuerda un momento de tu vida que te impactó y que crees que vas a recordar siempre. Cuéntaselo a un compañero/a.

ESTRATEGIA

Visualizing your topic
When trying to recall details about a specific event in the past, it helps to think about the event and visualize what happened. Start by recalling the setting and other visual elements that will help you recall the details leading up to the action. Try to visualize the following:

– Qué tiempo hacía.
– Con quién estabas.
– Por qué estabas ahí.
– Sobre qué hora ocurrió.

Mujeres bolivianas celebran el Inti Raymi, una fiesta tradicional inca.

El 12 de octubre, varios países celebran el Día de la Resistencia Indígena.

EL 12 DE OCTUBRE

Con la llegada de los españoles al continente americano en el siglo XV, empezó un proceso de intercambio entre culturas muy diferentes. Hoy, el aniversario del descubrimiento de América es una fecha de reflexión sobre el impacto de ese intercambio... ¡Una fecha muy polémica*!

UN POCO DE HISTORIA

Con la llegada de Cristóbal Colón al continente americano en el siglo XV, los españoles quisieron crear una sociedad similar a la europea de aquella época en el Nuevo Mundo. Una parte importante de la colonización española fueron las misiones, que eran poblaciones de indígenas a cargo de monjes* jesuitas, dominicanos y franciscanos. Su objetivo era convertir a los habitantes de América a la religión católica. Tanto los conquistadores como los misioneros trataron duramente* a los indígenas, sometiéndolos* físicamente y destruyendo su cultura.

La combinación de las guerras de la conquista, el trabajo forzado y la llegada de enfermedades hasta entonces inexistentes en América ocasionó la muerte de millones de indígenas. Los historiadores aún discuten el número de muertos. Según Bartolomé de las Casas, un fraile dominico que trabajó en Latinoamérica y defendió a los indígenas del maltrato*, más de 23 millones de indígenas murieron entre 1492 y 1542.

¿Fue la conquista de Norteamérica tan violenta como la de América Latina? Investiga y compara.

EL 12 DE OCTUBRE

Han pasado más de cinco siglos desde la llegada de Colón al continente y cada aniversario es, para españoles y latinoamericanos, una ocasión para reflexionar sobre el significado de esta fecha.

El 12 de octubre, España celebra su Fiesta Nacional, también conocida como el Día de la Hispanidad, porque recuerda, según la ley 18/1987, el momento en que el país «inicia un periodo de proyección lingüística y cultural más allá de los límites europeos». Se celebra con un desfile militar al que asisten la Familia real* y representantes del gobierno y de las comunidades autónomas.

En Latinoamérica, el 12 de octubre también es, tradicionalmente, un día de fiesta. Pero, aunque en algunos lugares se celebra el encuentro entre dos civilizaciones, otros sitios han convertido esta fecha en una oportunidad para reivindicar las culturas indígenas.

¿Qué nombre recibe el 12 de octubre en EE. UU.? ¿De qué manera se conmemora la herencia hispana en este país?

El presidente boliviano Evo Morales (en el centro)

LA IDENTIDAD LATINOAMERICANA

«América Latina es una tierra de encuentros de muchas diversidades: de cultura, religiones, tradiciones y también de miedo* e impotencia. Somos diversos en la esperanza y en la desesperación», dice Eduardo Galeano, periodista y escritor uruguayo.

Actualmente, los latinoamericanos intentan construir una nueva identidad para la región, subrayando* las cosas en común. Una de ellas es el respeto por las comunidades indígenas.

Evo Morales, presidente de Bolivia y primer indígena en ocupar ese cargo, inauguró en 2014 la Conferencia de los Pueblos Indígenas y dijo que, después de años de discriminación, son estos pueblos quienes deben protagonizar un cambio en la región.

¿Qué lugar ocupan los pueblos indígenas actualmente en EE. UU.? ¿Son respetados o discriminados?

REALIZA UNA INVESTIGACIÓN RÁPIDA PARA ENCONTRAR LOS DATOS SIGUIENTES:

a ¿En qué estado de EE. UU. hubo misiones jesuíticas? Nombra uno.

b El Mes de la Herencia Hispana se celebra en EE. UU. desde el 15 de septiembre hasta el 15 de octubre. ¿Por qué se eligió el 15 de septiembre para iniciar la celebración?

c ¿A qué comunidad indígena pertenece Evo Morales?

Fuentes: *El País*, Infobae, *La Vanguardia*, página web del gobierno de EE. UU.

UN DÍA CON NUEVOS NOMBRES

«Antes, este día se llamaba Día de la Raza y celebraba el colonialismo», dice Valentina, una muchacha venezolana. «Pero, desde 2002, el 12 de octubre recuerda a los nativos que resistieron a los conquistadores. Por eso, en mi país, y también en Nicaragua, se llama Día de la Resistencia Indígena».

Más aún, hay quienes piensan que el 12 de octubre es el aniversario de un genocidio, y que, por lo tanto, no hay nada que celebrar. «Al cabo de cinco siglos de negocio de toda la cristiandad, ha sido aniquilada una tercera parte de las selvas americanas», dice Eduardo Galeano. «Los indios, víctimas del más gigantesco despojo* de la historia universal, siguen sufriendo la usurpación de los últimos restos de sus tierras, y siguen condenados a la negación de su identidad diferente. Se les sigue prohibiendo vivir a su modo y manera, se les sigue negando el derecho de ser».

En Argentina, el 12 de octubre se llama, desde 2010, Día del Respeto a la Diversidad Cultural. Es un homenaje a la variedad de etnias y culturas de la región.

Como has visto, los pueblos indígenas sufrieron muchas injusticias durante la colonización española de Latinoamérica. ¿Existen los mismos sentimientos entre los indígenas de Norteamérica con respecto a las adquisiciones territoriales de EE. UU.? ¿Qué injusticias han sufrido los indios nativos americanos a lo largo de la historia?

Eduardo Galeano, escritor uruguayo

GLOSARIO

el despojo – plunder
duramente – harshly
la Familia real – royal family
el maltrato – mistreatment
los miedos – fears
el monje – monk, priest
polémico – controversial
sometiéndolos – submitting them
subrayando – highlighting

VOCES LATINAS

El 12 de octubre

EN RESUMEN

Situación

Una reunión familiar

You have invited a friend from college over for a barbecue with family and friends. This is the first time he/she will be meeting them.

LEARNING OUTCOMES

ACTION

Describe personalities and characteristics	**11.1**	Habla con tu compañero/a sobre las personas que van a estar en la reunión y explícale cómo son. Menciona por lo menos a tres miembros de tu familia y describe sus personalidades y características. Después, cambien de rol.
Ask someone for their opinion and give your own opinion	**11.2**	Tu amigo/a te cuenta que durante los veranos no trabaja porque prefiere disfrutar del verano. Tu primo dice que trabaja durante el verano, para poder pagar sus estudios. Te preguntan por tu opinión. Diles lo que piensas y por qué. Tus compañeros tienen que opinar sobre tus respuestas también para continuar la conversación.
Talk about the past and the way things used to be	**11.3**	Tu abuelo y su hermana (tu tía abuela) están escuchando la conversación anterior y empiezan a hablar sobre qué hacían durante los veranos de su juventud y cómo era la vida entonces. Hagan el papel del abuelo y la tía abuela.
Express agreement and disagreement	**11.4** 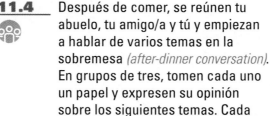	Después de comer, se reúnen tu abuelo, tu amigo/a y tú y empiezan a hablar de varios temas en la sobremesa *(after-dinner conversation)*. En grupos de tres, tomen cada uno un papel y expresen su opinión sobre los siguientes temas. Cada uno tiene que reaccionar y expresar su acuerdo o desacuerdo.  – el mejor presidente – la mejor cocina étnica – la mejor película del año – el mejor deportista

LISTA DE VOCABULARIO

Las características Characteristics

aburrido/a boring
divertido/a fun
emocionante exciting
entretenido/a entertaining, enjoyable
estresante stressful
impresionante impressive
indiferente indifferent
inútil useless
monótono/a monotonous, routine
ordinario/a usual, ordinary
práctico/a practical
peligroso/a dangerous
relajante relaxing
saludable healthy
seguro/a secure, safe

Las personalidades Personality traits

bromista jokester
callado/a quiet
cariñoso/a affectionate
estresado/a stressed
frío/a cold, distant
impresionante impressive
impuntual perpetually late
interesante interesting
perezoso/a lazy

práctico/a practical
puntual punctual
ruidoso/a loud, noisy
silencioso/a quiet
soso/a dull, bland
tranquilo/a calm

Expresiones temporales Time expressions

antes before
cuando when
de joven when… was young
de pequeño/a when… was a child
entonces then

Pedir y dar opiniones Asking and giving opinions

Me parece (que)… I think / I believe…
No sé qué decir. I'm not sure what to say.
No te puedo decir. I can't say.
¿por qué? why?
porque because
¿Qué opinas / piensas sobre…? What do you think about…?
¿Qué te parece…? What do you think about…?
¡Yo qué sé! What do I know!

Expresar acuerdo y desacuerdo Expressing agreement and disagreement

¡Anda ya! No way!
¿Cuál es tu opinión sobre…? What is your opinion about…?
Estoy (en parte / totalmente) de acuerdo con… I agree (in part / totally) with…
ni nor, not even
No estoy (totalmente) de acuerdo con… I don't agree (at all) with…
Nunca jamás. never ever.
¡Para nada! not at all
¡Por supuesto! Of course!
¡Qué dices! What are you talking about?
¡Qué va! ¡Que no! No way!
Tienes razón. You are right.
¡Totalmente! Totally!

12

¡HA ESTADO GENIAL!

Hablamos de	Vocabulario y comunicación	¡En vivo!	Gramática	Destrezas	Sabor latino	En resumen
• Las actividades recientes	• **Otras actividades de ocio:** Talking about recent activities and making comparisons • **En el hotel:** Talking about activities in the past and what they were like **Pronunciación** • Las letras **g** y **j**	• **Episodio 12 Un hotel con** *jacuzzi:* Contextualizing what you see	• Present perfect • Indefinite pronouns and adjectives • Direct and indirect object pronouns	• **El Camino de Santiago** – **Comprensión de lectura:** Sorting vocabulary by function – **Expresión escrita:** Putting yourself in the place of the reader – **Interacción oral:** Compiling pieces of information	• **Argentina: un país literario**	• **Situación:** ¿Eres experto a la hora de elegir vacaciones? • Vocabulario

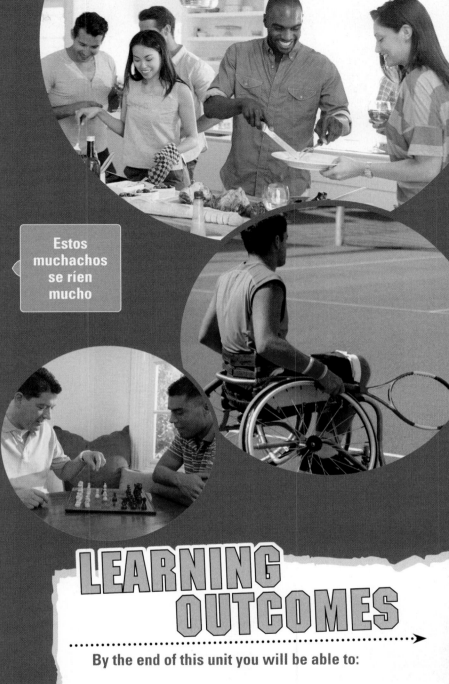

Estos muchachos se ríen mucho

- ¿Qué crees que están haciendo estos muchachos? ¿Crees que lo están pasando bien?
- ¿Y a ti, te gusta bailar? ¿Lo has hecho alguna vez?
- ¿Qué haces en tu tiempo libre? ¿Prefieres hacer cosas solo o en grupo?

LEARNING OUTCOMES

By the end of this unit you will be able to:

- Talk about recent activities
- Describe personal experiences
- Make comparisons
- Talk about staying at a hotel

Las actividades recientes

12.1   Observa la imagen y elige la opción correcta.

1. ¿Qué hicieron los amigos antes de ir de camping?
   a. Fueron al aeropuerto.
   b. Reservaron habitaciones en un hotel.
   c. Prepararon las mochilas con agua, comida y mapas.

2. ¿Qué han hecho los amigos durante el día?
   a. Han caminado muchos kilómetros.
   b. Han esquiado en la montaña.
   c. Han mirado televisión.

3. ¿Qué están haciendo ahora?
   a. Están durmiendo.
   b. Están descansando.
   c. Están caminando.

4. ¿Dónde van a dormir?
   a. En sacos de dormir.
   b. En un hotel.
   c. En casa.

12.2   Relaciona y forma frases sobre estos muchachos.

1. Han caminado muchos	a. muy bien.
2. Se lo han pasado	b. una mochila.
3. No se han perdido	c. kilómetros.
4. Se han protegido del sol	d. en la montaña.
5. Han llevado en la espalda	e. con una gorra.

12.3

Escucha y lee la conversación. Después, marca qué hizo cada uno durante el fin de semana. Trabaja con tu compañero/a.

Paco: ¡Hola, Marta! ¿Qué tal el fin de semana?

Marta: Bueno, un poco aburrido. He estado preparando exámenes y casi no he salido. Y tú, ¿has hecho algo interesante?

P.: ¡Yo me lo he pasado cheverísimo! Hemos estado de camping en Sierra Nevada de Santa Marta.

M.: ¡Qué suerte! ¿Con quién has ido?

P.: Con Emilio, un compañero de la universidad, y su hermano mayor, que es un experto montañero. Él nos ha enseñado a montar una tienda de campaña y a usar el mapa y la brújula para no desorientarnos en el campo. Yo nunca había hecho camping.

M.: ¡Qué divertido! ¿Y dónde han dormido?

P.: Pues en las tiendas, en nuestros sacos de dormir. Lo mejor de la excursión es que hemos visto una lluvia de estrellas por la noche. ¡Ha sido impresionante!

M.: ¿Y no les ha dado miedo encontrar animales salvajes?

P.: ¡Claro que no! Además, con Daniel estamos seguros, él sabe qué hacer en todo momento.

M.: Claro, es verdad. La gente siempre dice que a la montaña hay que ir con alguien experimentado.

P.: Sí, tienes razón. La montaña es fantástica, pero también peligrosa.

M.: ¡Qué envidia! ¡Para la próxima me apunto! Y… ya que yo no me lo he pasado tan bien, ¡espero al menos aprobar mis exámenes!

a. Marta	b. Paco	c. Daniel, Emilio y Paco

1. ☐ Lo ha pasado muy bien.
2. ☐ Ha tenido un finde aburrido.
3. ☐ Han pasado el fin de semana de excursión.
4. ☐ Han visto una lluvia de estrellas.
5. ☐ No han pasado miedo.
6. ☐ Ha aprendido a montar una tienda de campaña.
7. ☐ Ha pasado el fin de semana estudiando.

12.4

Miren las cosas que tenía Paco en su mochila. Escriban qué ha llevado a la acampada y para qué ha usado cada cosa durante el fin de semana.

(Modelo:) Paco ha llevado una brújula *(compass)*. La ha usado para no perderse.

APUNTES: Acampar en Colombia

✓ En Colombia la tienda de campaña se llama "carpa".

✓ En algunos parques nacionales, es necesario contratar un guía local.

✓ En Colombia hacer camping se ha incrementado en más de un 60 por ciento en los últimos diez años.

✓ Hay 17 parques nacionales donde está permitido acampar.

✓ Más de 30.000 personas han practicado esta actividad en el último año.

Fuente: http://www.eltiempo.com/archivo/documento/CMS-5965607

VOCABULARIO Y COMUNICACIÓN

1.A VOCABULARIO: OTRAS ACTIVIDADES DE OCIO

Actividades de ocio y tiempo libre Unidad 5

12.1 〔88〕 Ya conoces algunas actividades de ocio. Aquí tienes más. Observa las siguientes imágenes y completa los espacios en blanco con los verbos de la lista. Después, escucha el audio y comprueba las respuestas.

hacer • jugar • esquiar • patinar • montar • salir • ir

.... de camping

.... senderismo

.... en bicicleta

.... con amigos

.... surf

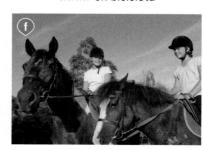
.... a caballo

hacer puenting = tirarse del *bungee*

....

.... al tenis

.... *puenting*

....

.... a un parque acuático

.... al ajedrez

12.2 Tienes dos minutos para ampliar la lista con todos los deportes y actividades de ocio que ya conoces. Después, haz una puesta en común *(idea-sharing)* con tu compañero/a.

12.3 Lee el texto y subraya las palabras relacionadas con actividades de ocio.

México Resorts

México Resorts es su portal virtual al mundo de los mejores servicios de viajes, alojamiento en hoteles y paquetes de vacaciones en la playa. En México Resorts hemos buscado y seleccionado con mucho cuidado los hoteles con las mejores tarifas en los destinos más populares de México, para ofrecer a nuestros clientes unas vacaciones a medida en las paradisíacas playas del Caribe.

Para los amantes del mar, ponemos a su disposición una variada oferta de actividades acuáticas: pesca submarina, surf, buceo… Para los amantes de la naturaleza, ofrecemos rutas para hacer senderismo o montar a caballo. Para los más arriesgados, proponemos volar en parapente, montar en globo, hacer *puenting* o escalar. Para los que quieren conocer otra cultura, ofrecemos excursiones a los lugares de interés turístico más relevantes… Y todo ello a un precio sin competencia.

Ya no hay excusa para perderse unas vacaciones en las aguas turquesas del Caribe. Le esperamos.

¡Asegure su reserva en línea hoy mismo!

12.4 Ahora, crea tú un texto informativo similar al anterior explicando las actividades que se pueden practicar en invierno.

> Modelo: Para los amantes de la nieve, Chile Resorts ofrece unas vacaciones en Portillo, en el corazón de los Andes…

Aventura en invierno

....

....

....

....

....

....

Portillo, Chile

12.5 Anota cinco actividades de ocio que no has hecho nunca *(never)*. Después, busca por la clase compañeros que sí las han realizado y pregunta cuándo ha sido la última vez.

Mis actividades	Nombre de mi compañero/a	¿Cuándo?
1.		
2.		
3.		
4.		
5.		

You will learn more about this structure later in the unit. In the meantime, here are some forms to get you started.

- esquiar ▶ he esquiado
- jugar ▶ he jugado
- salir ▶ he salido
- hacer ▶ he hecho
- montar ▶ he montado
- ir ▶ he ido
- patinar ▶ he patinado

Talking about recent activities

» Para hablar del **pasado reciente** se usa el pretérito perfecto *(present perfect)*.

- ¿Qué **has hecho** esta mañana?
- **He montado** en bicicleta.
- ¿Qué **deporte has hecho** esta semana?
- **He esquiado** en Bariloche.

» Para decir que **no has hecho** una cosa, pero quieres hacerla en el futuro se usa **todavía no** *(not yet)*.

- ¿Has montado en globo alguna vez?
- No, **todavía no** he montado en globo.

» Para decir que **sí has hecho** una cosa, sin especificar cuándo, se usa **ya** *(already)*.

- ¿Has escalado?
- Sí, **ya** he escalado. Estuve un fin de semana escalando al norte de mi región.

12.6 Completa la tabla con al menos dos actividades que haces con frecuencia, dos que nunca has hecho y dos que quieres hacer. Después, compartan sus experiencias y preferencias en grupos pequeños. Incluyan otros detalles para hacer sus descripciones más interesantes.

A menudo...	Todavía no...	Tengo ganas de...
montar en bici	hacer *puenting*	Nadar en una piscina infinita

Modelo: A menudo monto en bici con mi abuelo. Todavía no he hecho *puenting*. Tengo ganas de nadar en una piscina infinita.

12.7 Completa las preguntas con actividades que has hecho. Entrevista a tres compañeros y escribe sus respuestas. ¿Con quién tienes más en común?

	Compañero/a 1	Compañero/a 2	Compañero/a 3	¿Cuándo?
a. ¿Has ido...?				
b. ¿Has hecho...?				
c. ¿Has montado...?				
d. ¿Has jugado...?				
e. ¿Has...?				

12.8 Escucha a estos tres amigos que hablan sobre qué han hecho esta semana. ¿Quién lo ha hecho? Escribe Pablo (P), Elena (E) o Félix (F).

a. ☐ visitar monumentos   **e.** ☐ montar a caballo   **i.** ☐ jugar al ajedrez
b. ☐ hacer senderismo   **f.** ☐ ir de excursión   **j.** ☐ montar en bici
c. ☐ nadar   **g.** ☐ tomar el sol   **k.** ☐ hacer *puenting*
d. ☐ visitar una capital   **h.** ☐ esquiar   **l.** ☐ patinar

12.9 Cuéntale a tu compañero/a qué actividades de ocio has practicado recientemente.

Modelo: Este mes he ido con mis padres a la montaña y he hecho senderismo. Allí he montado a caballo...

Making comparisons

» Para expresar superioridad o inferioridad en comparación a tres o más personas o cosas, se usa el **superlativo**.
  – Ana es **la más** arriesgada *(daring)* de la clase.
  – Juan es **el menos** deportista de la clase.
  – Ana y Marta son **las más** arriesgadas de la clase.
  – Juan y Paco son **los menos** deportistas de la clase.

» Para expresar la idea de extremo, se añade **–ísimo/a/os/as** al adjetivo.
  – Ana es alt**ísima**.
  – Juan es list**ísimo**.
  – Ana y Marta son alt**ísimas**.
  – Juan y Paco son list**ísimos**.

Hacer comparaciones entre dos personas, cosas o acciones
Unidad 7

To intensify the original meaning of an adjective, drop the vowel before adding **–ísimo/a/os/as**:

- alto ▶ altísimo/a/os/as

- grande ▶ grandísimo/a/os/as

12.10 ¿Cuánto conoces a tus compañeros de clase? Forma preguntas para entrevistar a tus compañeros y descubrir cuál de ustedes es el más o el menos en cada categoría.

  a. el/la más dormilón ¿Cuántas horas duermes al día?
  b. el/la menos deportista ....
  c. los/las más arriesgados/as ....
  d. el/la menos aventurero/a ....
  e. el/la más estudioso/a ....
  f. los/las menos tranquilos ....

12.11 Piensa en lo que has hecho recientemente y contesta a estos estudiantes.

¿Qué es lo más emocionante que has hecho?

¿Has conocido a alguien muy interesante?

¿Has practicado algo aburridísimo?

¿Qué deporte has practicado que ha sido divertidísimo?

¿Has hecho algo peligrosísimo?

¿Qué es lo más original que has hecho?

12.12 Ordena la conversación entre una recepcionista de hotel y un cliente. Después, escucha el audio y comprueba.

La recepcionista

☐ Tenemos una habitación libre con una cama doble y una individual.

3 ¿Para cuántas personas?

☐ Pueden elegir lo que quieran.

1 Hostal Las Marismas, ¿dígame?

☐ Muy bien. ¿A nombre de quién va a hacer la reservación?

☐ Esta es una oferta que tenemos ahora en noviembre por ser temporada baja, les va a costar lo mismo solo el alojamiento que la media pensión.

☐ De acuerdo, pues ya queda hecha su reservación, les esperamos esta noche.

☐ ¿Cuántas noches van a estar?

☐ ¿Me puede dar un número de contacto, por favor?

☐ Son 70 dólares por noche, media pensión.

El cliente

☐ Dos.

☐ Póngala a nombre de Roberto Sánchez.

2 Hola, buenos días, quería reservar una habitación para esta noche.

☐ Pues, mejor la cena porque pensamos estar todo el día fuera.

☐ El 611 11 11 11.

20 Muchas gracias, hasta luego.

☐ Somos tres.

☐ ¿La media pensión incluye el desayuno y el almuerzo o el desayuno y la cena?

☐ Perfecto, ¿cuánto cuesta?

☐ Nosotros solo queríamos alojamiento y desayuno.

12.13 Lee las siguientes afirmaciones y contesta verdadero (V) o falso (F), según la conversación anterior.

	V	F
a. El cliente ha pedido tres habitaciones.	☐	☐
b. En noviembre no va mucha gente.	☐	☐
c. En el precio se incluyen dos comidas al día.	☐	☐
d. El cliente solo quiere saber si hay habitación.	☐	☐

12.14 Explícale a tu compañero/a el significado de las siguientes palabras con ejemplos en español. Tu compañero/a debe averiguar la expresión correcta.

Estudiante 1:
1. temporada baja
2. pensión completa
3. habitación doble

Estudiante 2:
1. temporada alta
2. media pensión
3. habitación individual

12.15 Une cada palabra con la imagen correcta.

1. ☐ maletas   **3.** ☐ escalera   **5.** ☐ elevador   **7.** ☐ botones
2. ☐ llave   **4.** ☐ recepción   **6.** ☐ cliente   **8.** ☐ recepcionista

12.16 Lee el consejo que recibe Luis antes de su primera estancia en un hotel en San Juan. Completa el texto con las palabras correctas de la actividad anterior.

Primero debes llamar al hotel y hacer una reservación. Cuando llegas al hotel, debes ir a la (a) .... y registrarte. Allí, (b) el/la .... te va a dar la (c) .... de tu habitación. Para ir a tu habitación, puedes tomar el (d) ...., o subir por las (e) .... Si el (f) .... del hotel te ayuda con las (g) ...., hay que darle una propina. Y, sobre todo, debes ser amable con los otros (h) .... del hotel y no debes hacer ruido.

12.17 Un cliente llama a un hotel para hacer una reservación. Con tu compañero/a, crea una conversación a partir de las siguientes indicaciones.

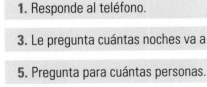

1. Responde al teléfono. → **2.** Saluda y le dice que quiere reservar una habitación.
3. Le pregunta cuántas noches va a estar. → **4.** Le responde.
5. Pregunta para cuántas personas. → **6.** Le responde.
7. Le confirma la disponibilidad. → **8.** Le pregunta el precio.
9. Le da el precio de la media pensión. → **10.** Prefiere solo alojamiento y desayuno.
11. Insiste en que es una oferta. Sale más económica. → **12.** Pregunta qué incluye la media pensión.
13. Le responde. → **14.** Acepta.
15. Pregunta a nombre de quién hace la reserva. → **16.** Responde.
17. Confirma la reserva y se despide. → **18.** Se despide.

Para valorar acontecimientos del pasado Unidad 7

TIn many countries in Latin America the preterit is more commonly used.

» Para **preguntar** sobre actividades del pasado reciente, se usa:
   ¿Cómo te ha ido el viaje?
   ¿Cómo / Qué tal te lo has pasado?
   ¿Qué tal te ha ido (el viaje)?

» Para **responder** valorando estas actividades:

Ha sido...	**Me ha ido...**	**Me lo he pasado...**	
genial / fantástico	de miedo	de miedo / padrísimo	ni fu ni fa
estupendo	superbién	genial	regular
divertidísimo	muy bien	estupendamente	más o menos
muy divertido	bien	superbién	
horrible / terrible	mal	muy bien	
aburridísimo	muy mal	muy mal / fatal	
un desastre			

12.18 Coloca las expresiones de valoración en su lugar correspondiente.

estupendo • ni fu ni fa • de miedo • fantástico • mal • bien • superbién
muy mal • horrible • más o menos • muy divertido

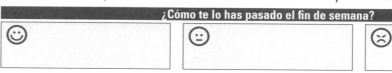

¿Cómo te lo has pasado el fin de semana?		
☺	😐	☹

12.19 Completa los espacios en blanco con la expresión adecuada del cuadro y une cada conversación con la imagen correcta. Después, escucha las conversaciones y comprueba las respuestas.

fatal • ¡ha sido genial! • ni fu ni fa

a. Natalia: ¿Qué tal el fin de semana con María?
Jorge: ¡Bah! ...., el hotel no ha estado mal. Nos hemos bañado en la piscina y hemos comido mucho. Por lo demás, hemos hecho lo de siempre: pasear y mirar tiendas. ¿Y tú?
Natalia: Yo he ido a ver una peli y ha estado bien.

b. Sergio: ¿Cómo te ha ido en el hotel?
Alberto: ...., ¡nos ha pasado de todo! Entre otras cosas, el recepcionista se ha equivocado con la reservación y nos ha tenido que llevar a otro hotel de la misma cadena pero de categoría inferior.
Sergio: Sí, es verdad. Marta me ha contado que el viaje ha sido un desastre.

c. Diana: ¿Vas a volver el año que viene a ese hotel?
Sonia: ¡Por supuesto! ....
Diana: ¿En serio? Pues lo miraré para mi próximo viaje a Miami.

12.20 Representa ahora una conversación similar con tu compañero/a. Uno de ustedes se ha alojado en un hotel este fin de semana y el otro le pregunta qué tal se lo ha pasado. Después, cambien los papeles.

12.21 Haz turnos con tu compañero/a para preguntarle sobre algunas de las últimas actividades que él/ella ha hecho y cómo eran. Escoge alguna de las actividades que se proponen y sigue el modelo.

> **Modelo:** E1: ¿Cómo te ha ido en la universidad hoy?
> E2: Me ha ido bastante bien. / Bastante bien.

• ¿Cómo te ha ido el examen / el viaje / el día con la familia…?
• ¿Qué tal te lo has pasado el fin de semana / en las vacaciones de invierno / en la fiesta?

PRONUNCIACIÓN

LAS LETRAS *G* Y *J*

12.1 Escucha la pronunciación de las siguientes palabras.

(92)

El sonido /j/	El sonido /g/
g + e, i ▶ **ge**nte, **gi**rasol	**g** + a, o, u ▶ **ga**lleta, **go**rdo, **gu**apo
j + a, e, i, o, u ▶ **ja**món, **je**fe, **ji**rafa, **jo**ven, **ju**eves	**gu** + e, i ▶ Mi**gu**el, **gui**tarra

12.2 Escucha y escribe las palabras.

(93)

a. .... c. .... e. .... g. .... i. .... k. ....

b. .... d. .... f. .... h. .... j. .... l. ....

12.3 Escucha las siguientes parejas de palabras en las que varía solo un sonido. Escoge la primera que escuchas.

(94)

a. ☐ casa / ☐ gasa
b. ☐ mago / ☐ majo
c. ☐ coco / ☐ cojo

d. ☐ goma / ☐ coma
e. ☐ lijar / ☐ ligar
f. ☐ rasgar / ☐ rascar

g. ☐ gato / ☐ cato
h. ☐ cota / ☐ jota
i. ☐ miga /☐ mica

12.4 Con tu compañero/a, completen los espacios en blanco con *g, gu* o *j* para formar las palabras que conozcan.

a. ca......ón
b. ......ema
c. ima......en

d. ......orro
e. ......usano
f. ......ersey

g. o......o
h. ......irasol
i. traba......o

j. ......errero
k. ......afas
l. abri......o

m. má......ico
n. ......untos
ñ. ......ato

o. á......ila
p. ......ía
q. a......ua

Un hotel con *jacuzzi*

12.1 Hay días en los que todo sale mal. Selecciona la expresión correcta para hablar de ese sentimiento.

1. He perdido el ordenador.
a. Ni fu ni fa.
b. Ha sido genial.
c. Me ha ido muy mal.

2. No me desperté a tiempo, llegué tarde a clase y el profesor se ha enfadado.
a. Me ha ido de miedo.
b. Ha sido un desastre.
c. Me lo he pasado estupendamente.

3. He discutido con mi madre por teléfono.
a. Ha sido horrible.
b. Me ha ido superbién.
c. Ha sido estupendo.

12.2 Ordena las letras de estas palabras relacionadas con los viajes de lujo.

a. Un carro grande para ir al aeropuerto: M A L N I S U I
b. Una habitación grande: U T I S E
c. Una bañera tipo spa: Z A Z C I J U

d. Pedir una habitación: V E R S A R R E
e. Tipo de alojamiento: T H O L E
f. Si no te importa gastar mucho dinero, lo compras de primera clase: O B E L T O

12.3 Imagina que has tenido un día muy malo. Cuéntale a tu compañero/a qué te pasó. Sigue las indicaciones.

Estudiante 1:
1. Primero, poner sal en lugar de azúcar en el café.
2. Después, perder el autobús / no ir a la primera clase.
3. Finalmente, llegar a casa / compañero de cuarto no querer bajar la música.

Estudiante 2:
1. Primero, no oír el despertador.
2. Caerte de la cama.
3. Después no poder encontrar los tenis / ir en zapatillas *(slippers)*
4. Por desgracia, perder una zapatilla en el autobús.

12.4 Mira las imágenes y elige las afirmaciones correctas. Basa tus respuestas en lo que crees que puede ocurrir. Usa tu imaginación.

a. ☐ Juanjo ha tenido un mal día.
b. ☐ Juanjo le cuenta a Alfonso el mal día que ha tenido.
c. ☐ Los muchachos se ríen en la tercera foto porque tienen mucho dinero para viajar.
d. ☐ Alfonso está en la cama en la primera foto.
e. ☐ Juanjo simula que llama a un hotel para pedir una suite lujosa.
f. ☐ Alfonso se ríe porque Juanjo no sabe expresarse bien.
g. ☐ Finalmente, se aburren de la broma y empiezan a jugar.

12.5 Mira el episodio completo y confirma tus respuestas anteriores.

DURANTE DEL VIDEO

ESTRATEGIA

Contextualizing what you see
Sit back, relax and watch the episode. Don't worry if you do not understand everything that is said or is happening. After you watch the episode, write in English all the things you remember about what you saw, heard, and think happened. Doing this will help you contextualize the information. As a result, you will see you understood more than you thought.

12.6 Mira de nuevo este segmento que se refiere al día de Juanjo y relaciona las frases.

00:56 - 02:04

1. El despertador… •   • **a.** en la clase.
2. El profesor… •   • **b.** su portátil.
3. Perdió… •   • **c.** no sonó.
4. Finalmente encontró su portátil… •   • **d.** su madre por teléfono.
5. En la clase de laboratorio… •   • **e.** se enfadó cuando Juanjo llegó tarde.
6. Discutió con… •   • **f.** se sintió como el más tonto de la clase.

12.7 Los muchachos juegan simulando que tienen mucho dinero y que van a hacer un viaje. Mira el segmento y señala la opción correcta.

02:45 - 05:38

1. a. ☐ Van a viajar para conocer Colombia.
   b. ☐ Van a viajar para conocer Miami.
   c. ☐ Van a viajar para conocer Argentina.

2. a. ☐ Van a dormir toda la noche.
   b. ☐ Van a pasearse en la limusina toda la noche.
   c. ☐ Van a estar toda la noche de fiesta.

3. a. ☐ La habitación va a tener un jacuzzi.
   b. ☐ La habitación va a tener dos jacuzzis.
   c. ☐ El hotel tiene jacuzzi junto a la piscina.

4. a. ☐ Van a alojarse en una suite con dos camas muy grandes.
   b. ☐ Van a alojarse en dos suites diferentes.
   c. ☐ Reservan dos habitaciones normales.

5. a. ☐ Van a comprar una limusina.
   b. ☐ Una limusina blanca los va a llevar a recorrer los alrededores de Miami.
   c. ☐ Una limusina los va a esperar al aeropuerto.

12.8 Escribe una redacción en la que describes la vida de una persona muy rica. ¿Cómo es su día normal? ¿Dónde fue en sus últimas vacaciones y qué hizo?

DESPUÉS DEL VIDEO

GRAMÁTICA

1. PRESENT PERFECT

>> We use the present perfect to talk about actions that have taken place in the past but are connected with the present.

>> The present perfect is formed with the present tense of **haber** and the past participle of the main verb.

>> To form the past participle of a verb, drop the ending of the infinitive and add **–ado** for **–ar** verbs and **–ido** for **–er** and **–ir** verbs.

viaj**ar** ▶ viaj**ado**
*Mi hermano **ha viajado** mucho.*

com**er** ▶ com**ido**
*Los niños ya **han comido**.*

dorm**ir** ▶ dorm**ido**
*Yo nunca **he dormido** en un saco de dormir.*

>> The present perfect is often used with the following time expressions that refer to a recent past:

– hoy *(today)*
Hoy *me he levantado muy tarde.*

– últimamente *(lately)*
Últimamente *ha llovido bastante.*

– este mes / fin de semana / año… *(this month / weekend / year…)*
Este año *hemos viajado mucho.*

– esta mañana / tarde / semana… *(this morning / afternoon / week…)*
Esta semana *he trabajado en casa.*

– ya *(already)*
Ya *he comido tapas.*

– todavía no *(not yet)*
Todavía no *he ido a San Juan.*

12.1 Sara nos cuenta qué ha hecho hoy. Completa las oraciones con las formas del presente perfecto.

(Modelo:) Hoy he tenido un día muy ocupado…

a. Yo (levantarse) .... a las 8.

b. (Ir) .... a clase a las 9.

c. (Correr) .... por el parque.

d. (Acostarse) .... a las diez y media.

e. (Comer) .... pollo con papas.

f. (Desayunar) .... café y tostada.

g. (Hablar) .... por Skype.

h. (Regresar) .... de la escuela en bici.

12.2 Con un/a compañero/a, coloca las actividades de Sara en el cuadro para indicar cuándo hizo las actividades que menciona.

Esta mañana…	Esta tarde…	Esta noche…
Se ha levantado a las 8.		

12.3 Haz turnos con un/a compañero/a para decir qué ha hecho (o todavía no ha hecho) cada uno. Continúen por turnos para ver quién se queda sin actividades primero. ¡Atención! Usen *ya* y *todavía no* en las respuestas.

12.4 Completa el siguiente correo de Anselmo a su amiga Louise, en el que le cuenta qué pasó con la cancelación de su vuelo. Usa el presente perfecto y los verbos entre paréntesis.

Asunto: Cancelación de vuelo

De: anselmomora@email.com   Para: louisegt@email.com

Hola, Louise:

Te he escrito este correo porque ya te (a) .... (yo, llamar) por teléfono tres veces y el teléfono aparece siempre desconectado. Esta mañana (b) .... (yo, ir) a clase, he abierto mi correo y me (c) .... (ellos, comunicar) que, a causa del viento, el aeropuerto de Madrid (d) .... (cancelar) todos los vuelos a Bogotá del jueves. Menos mal, porque después he visto a un compañero de clase y me ha dicho que tenemos una reunión muy importante este viernes por la mañana. Esta tarde mi hermana me (e) .... (llevar) a una agencia a comprar otro billete. Allí (f) .... (nosotros, preguntar) cuándo hay vuelos y nos (g) .... (ellos, confirmar) que el lunes. Te llamo mañana para decirte el horario del nuevo vuelo.

Un beso,
Anselmo

12.5 Algunos verbos tienen participios de pasado irregulares. Revisa el correo con un/a compañero/a y busca el participio de pasado irregular para completar la tabla.

Infinitive	Participle		Infinitive	Participle		Infinitive	Participle
abrir ▶			escribir ▶			romper ▶	**roto**
decir ▶			hacer ▶	**hecho**		ver ▶	
descubrir ▶	**descubierto**		morir ▶	**muerto**		volver ▶	**vuelto**
			poner ▶	**puesto**			

12.6 Escribe una oración para describir algo que has hecho o no.

a. Hace un rato ....

b. Este año ....

c. Este fin de semana ....

d. Todavía no ....

e. Nunca ....

f. Ya ....

12.7 Usa las expresiones de la actividad anterior para preguntar a tu compañero/a si ha hecho alguna vez esas cosas. ¿Son sus respuestas similares o diferentes?

» Para preguntar si una persona ha hecho algo, usa:
- **¿Alguna vez** has estado en México? *Have you ever been to Mexico?*
- No, **nunca** he estado allí. *No, I have never been there.*
- Sí, he estado una vez / dos veces / muchas veces… *Yes, I have been there once / two times / many times…*

2. INDEFINITE PRONOUNS AND ADJECTIVES

» Use indefinite pronouns and adjectives to refer to an unspecified person or thing.
- *¿Hay por aquí **alguna** cafetería?*
- *No, no **hay ninguna**.*

Indefinite pronoums		
People	**Things**	**People / Things**
alguien ≠ nadie	algo ≠ nada	alguno/a/os/as *some, any* ≠ ninguno/a *none, not any.*
• **¿Alguien** sabe dónde está mi teléfono? *Does anybody know where my phone is?*	• ¿Quieres **algo** de comer? *Do you want something to eat?*	• **¿Alguno** de ustedes habla griego? *Do any of you speak Greek?*
• No, **nadie**. *No, no one (nobody).*	• No, no quiero **nada**, gracias. *No, I don't want anything, thank you.*	• No, **ninguno**. *No, no one (not any one of us).*

>> Some indefinite pronouns have masculine and feminine forms as well as singular and plural forms, and as such must agree with the nouns they replace.

Ninguno de los vasos está roto. *None of the glasses is broken.*
- ¿Hay algún estudiante de Francia? *Is there any student from France?*
- No, **ninguno**. *None.*

Algunos de mis amigos hablan francés. *Some of my friends speak French.*

Indefinite adjectives
algún/a/os/as *some, any* ≠ **ningún/a/os/as** *no, none, not any*

>> Like most other adjectives, indefinite adjectives agree in number and gender with the nouns they modify.
No hay **ningún** estudiante de Francia. *There is no student from France.*
Tengo **algunos** libros que te van a gustar. *I have some books that you will like.*

>> The plural forms **ningunos / ningunas** are not typically used as adjectives, only **ningún** and **ninguna**.

>> If negative words such as **nada** and **nadie** follow the verb in a sentence, **no** or another negative word must precede the verb.
- ¿Compraste algo en la tienda?
- No, **no** compré **nada**.

- ¿Hay alguien allí?
- No, **no** hay **nadie**.

12.8 Relaciona cada indefinido con su opuesto. Después, completa las frases con el indefinido correspondiente. ¡Atención! Recuerda que estas palabras deben concordar con el nombre al que acompañan o sustituyen.

1. alguna	**a.** ningún
2. algún	**b.** nada
3. alguien	**c.** ninguno
4. alguno	**d.** ninguna
5. algo	**e.** ningunas
6. algunas	**f.** nadie

a. Algunos fueron a protestar y .... volvió contento.
b. Alguien llamó por teléfono pero .... contestó.
c. Ninguno de los voluntarios pidió dinero, pero .... pidieron menos horas.
d. Algunos de los mensajes de texto no llegaron, y .... mensaje era para mí.
e. No conocemos a ninguna de tus amigas. Debes invitar a .... a casa.

12.9 Arturo tuvo una mala experiencia el otro día. Completa su descripción usando *nada, nadie* o *ninguno/a*.

El fin de semana pasado fui a la fiesta de David. La fiesta fue un desastre porque no conocía a (a) .... y (b) .... me hablaba. Tenía hambre pero no había (c) .... de comer. Vi a una muchacha con un plato de tacos, pero no me ofreció (d) .... Decidí salir de allí, pero no encontraba (e) .... puerta de salida. Cuando preguntaba dónde estaba la puerta, no me contestaba (f) .... No quería ayudarme (g) .... de los invitados. Estaba desesperado, cuando, de repente, oigo a David que me dice: «Vamos, que es hora del almuerzo». Entonces me despierto y veo que estoy en clase y no en (h) .... fiesta.

3. DIRECT AND INDIRECT OBJECT PRONOUNS

» Remember that we use **direct object pronouns** to refer to someone or something already mentioned. In Spanish, direct object pronouns agree in number and gender with the noun they replace.

*Carmen no encuentra **su celular**. Cree que **lo** ha dejado en clase.*

» Indirect object tells us **to whom** or **for whom** the action of the verb is performed. **Indirect object pronouns** are used to replace an indirect object.

» Since the indirect object pronouns **le** and **les** can have more than one meaning, a prepositional phrase is added to clarify.

● ***Le** he dicho **a Javier** la verdad.*
● *Siempre **les** digo la verdad **a mis amigos**.*

» Direct and indirect object pronouns can be used together in the same sentence. When that happens, the order of the pronouns is always the same: **indirect object** + **direct object** + **conjugated verb**.

● *¿Dónde has dejado mi libro?*
● ***Te   lo**   he dejado encima de la mesa.*

     A ti   el libro

» In cases where **le** or **les** precedes **lo, la, los, las**, the indirect object pronoun changes to **se**.

(El libro, a él) ~~Le lo~~ *he dejado encima de la mesa.* ▶ ***Se lo** he dejado encima de la mesa.*

12.10 **Ana está enfadada con su hermana. Completa la historia usando el pronombre correcto que se indica entre paréntesis para saber por qué.**

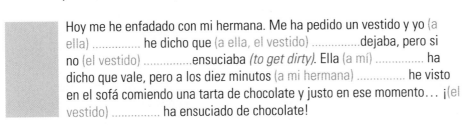

Hoy me he enfadado con mi hermana. Me ha pedido un vestido y yo (a ella) .... he dicho que (a ella, el vestido) ....dejaba, pero si no (el vestido) ....ensuciaba *(to get dirty)*. Ella (a mí) .... ha dicho que vale, pero a los diez minutos (a mi hermana) .... he visto en el sofá comiendo una tarta de chocolate y justo en ese momento… ¡(el vestido) .... ha ensuciado de chocolate!

12.11 **Responde las siguientes preguntas sobre Ana y su hermana con un compañero/a, usando el pronombre de objeto adecuado.**

a. ¿Quién pidió el vestido?

b. ¿A quién le pidió el vestido?

c. ¿Quién le dejó el vestido a la hermana?

d. ¿Dónde comía la tarta?

e. ¿Quién ensució el vestido?

f. ¿Con qué ensució el vestido?

 Both direct and indirect objects are placed before the conjugated verb.

- Julia **me** ha regalado un cuadro. Yo **le** regalé flores a Julia.

12.12 **Piensa en una situación similar en la que has dejado algo a un/a amigo/a o a un miembro de tu familia. Usa las pistas para empezar.**

(Modelo:) E1: Una vez le dejé… a mi…

E2: ¿Qué pasó? / ¿Por qué se lo/la dejaste? / ¿Qué le dijiste?

- dinero
- teléfono celular
- las llaves del carro
- ¿…?

VIDEOCLASES

23 Y 24

DESTREZAS

1. COMPRENSIÓN DE LECTURA

12.1 Relaciona cada palabra con su definición.

ESTRATEGIA

Sorting vocabulary by function
When you come across unfamiliar words in a reading, stop to consider whether the word refers to a person, a place, a thing, or an action. Build out from this starting point to access the meaning and function of the word in context.

1. puesta de sol
2. ermitaño
3. decapitar
4. albergue
5. monstruo
6. la voluntad
7. Vía Láctea
8. tumba

a. Conjunto de estrellas.
b. Personaje ficticio que da miedo.
c. Lugar donde puedes dormir y que suele ser muy barato o gratis.
d. Cantidad de dinero que voluntariamente das a alguien o que pagas por un servicio.
e. Cortarle la cabeza a alguien.
f. Persona que vive sola y aislada, sin relacionarse con el mundo.
g. Lugar donde se mete el cuerpo de un muerto.
h. Cuando se termina el día y el sol se esconde.

12.2 Lee el texto.

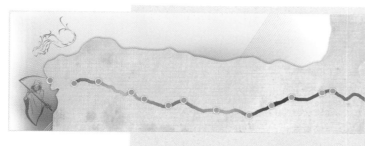

El Camino de Santiago

1 de julio

Querido diario:

Como ya sabes, hoy he empezado el Camino de Santiago. Voy a estar un mes haciendo la ruta que va desde Roncesvalles hasta Santiago de Compostela.

Esta ruta coincide con la **Vía Láctea** y, desde hace mucho, las personas la siguen porque es un camino mágico, lleno de leyendas y misterios. Los hombres venían de toda Europa y se dirigían hacia Finisterre. En aquella época se pensaba que ahí terminaba el mundo al ser el punto situado más al oeste de Europa, donde moría el sol. Creían que en esas aguas había **monstruos**. Hoy en día esa zona se conoce con el nombre de *Costa da Morte*, que en español significa "Costa de la Muerte".

Hoy ha empezado mi aventura. He caminado 25 km, estoy cansadísimo y ¡todavía me falta mucho! Ahora estoy en **el albergue**, que está muy bien. A lo largo de toda la ruta hay un montón de albergues donde puedes dormir y comer algo sin pagar nada o solo **la voluntad**.

Durante la comida, una señora mayor nos ha contado la leyenda de Santiago. Santiago era uno de los doce apóstoles de Jesucristo que vino a Hispania para cristianizarla.

En aquella época estaba prohibido predicar *(preach)* la religión cristiana, así que cuando volvió a su casa, a Palestina, fue **decapitado** por el rey Herodes. Dos apóstoles robaron el cuerpo y lo llevaron de nuevo a Galicia, a un pueblo que hoy se llama Padrón. Ahí vivía una reina muy mala que se llamaba Lupa. Cuando los apóstoles bajaron del barco, la reina, para reírse de ellos, les dio dos toros salvajes para que tiraran *(pull)* del carro donde transportaban a Santiago.

Dice la leyenda que, inexplicablemente, los toros lo llevaron tranquilamente hasta un bosque donde los apóstoles lo enterraron. Siglos más tarde, **un ermitaño** vio una fuerte luz sobre aquel bosque y encontró **la tumba**.

A ese lugar le llamaron *Compostela*, que significa "campo de las estrellas". A partir de entonces, la gente empezó a hacer el Camino para ver la tumba del apóstol, que hoy se encuentra en la Catedral de Santiago, y muchos continúan la ruta hasta Finisterre para ver **la puesta de sol**.

La verdad es que ha sido una historia interesantísima. Creo que en este viaje voy a aprender mucho. Ahora ya me voy a dormir que mañana va a ser un día duro…

12.3 Contesta las siguientes preguntas.

a. ¿En qué ciudad ha empezado la ruta?

b. ¿Cuándo empezó su viaje?

c. ¿Qué estación del año es?

d. ¿Por qué la gente empezó a hacer esta ruta?

e. ¿Dónde está escribiendo?

f. ¿Quién le ha contado la historia de Santiago?

g. ¿Cuánto le ha costado el alojamiento?

h. ¿Cómo murió Santiago?

2. EXPRESIÓN ESCRITA

12.4 Con un/a compañero/a, escribe la primera página del diario, correspondiente al día antes del viaje. Explica qué cosas has necesitado para hacer el camino.

⚙ ESTRATEGIA

Putting yourself in the place of the reader
To create a realistic depiction, put yourself in the place of the reader and ask what you would expect to read about. Make a list of the things you would most likely take with you on such a trek and explain why. Justifying your choices will make your entry more authentic and will help you sort through the unnecessary details.

Modelo: He comprado una cantimplora porque es un viaje largo y…

3. INTERACCIÓN ORAL

12.5 Habla con tus compañeros sobre cuál ha sido el viaje más largo que has hecho hasta ahora. Completa el cuadro con la información.

⚙ ESTRATEGIA

Compiling pieces of information
Gather the relevant information you will need to give a personal account and talk about it with ease. Use the information to organize the retelling of your story as it occurred. Provide the information for the topics suggested below.

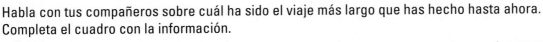

Origen	Destino	Tiempo en llegar	Paradas	Modo de transporte	Días de viaje en total

El Ateneo es una de las librerías más tradicionales de Buenos Aires.

Bolivia
• La Paz

Paraguay
• Asunción

Chile

Santiago •

Uruguay

Buenos Aires • • Montevideo

Argentina

ARGENTINA:
UN PAÍS LITERARIO

Argentina es, junto a Venezuela, el país de Latinoamérica donde más se lee. Los argentinos dedican casi seis horas semanales a la lectura de periódicos, revistas y libros. Muchos escritores hispanos famosos son argentinos. Buenos Aires, la capital del país, es una ciudad con muchas librerías y cafés literarios. Y a ti, ¿te gusta leer?

23 DE ABRIL
DÍA MUNDIAL DEL LIBRO

lecturasextremadura
Dirección General de Promoción Cultural
Consejería de Educación y Cultura
GOBIERNO DE EXTREMADURA

LAS FERIAS

«Voy a la feria todos los años para conocer a mis autores favoritos, comprar su nuevo libro y pedirles una dedicatoria*», dice Juanjo Bosch, un estudiante de Literatura de Buenos Aires. La Feria del Libro se realiza cada año en abril; dura tres semanas y presenta las novedades editoriales de 25 países. En 2014, la visitaron más de 1.200.000 personas.

La otra gran feria del libro en español se realiza en Guadalajara, México. Esta feria es especialmente importante para las editoriales*, que presentan las novedades de la literatura en español y venden los derechos* de traducción de miles de libros. Por eso, este evento difunde la literatura en español en todo el mundo.

¿Qué libros, traducidos del español, has leído? ¿Y cuántos más conoces?

EL DÍA DEL LIBRO

El Día Internacional del Libro se celebra el 23 de abril en honor a los dos escritores más grandes de la literatura universal, Cervantes y Shakespeare, que murieron en 1616 con una semana de diferencia.

Uno de los actos especiales de este día es la maratón de lectura, una tradición que celebran varios países de habla hispana. Consiste en leer fragmentos de la novela *Don Quijote de la Mancha* en público y por turnos, hasta completar el libro. En esta actividad participa gente de todas las edades, además de políticos, actores y escritores.

En Cataluña (España), se celebra el día de Sant Jordi (San Jorge). La tradición, este día, es regalar un libro y una rosa a tu pareja.

¿Qué tipo de ferias del libro hay en tu país o región? ¿Cómo se celebran?

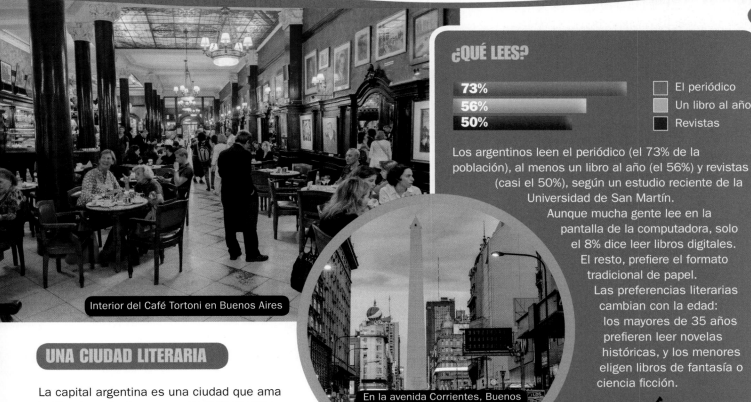

Interior del Café Tortoni en Buenos Aires

¿QUÉ LEES?

73%	☐ El periódico
56%	☐ Un libro al año
50%	■ Revistas

Los argentinos leen el periódico (el 73% de la población), al menos un libro al año (el 56%) y revistas (casi el 50%), según un estudio reciente de la Universidad de San Martín.

Aunque mucha gente lee en la pantalla de la computadora, solo el 8% dice leer libros digitales. El resto, prefiere el formato tradicional de papel.

Las preferencias literarias cambian con la edad: los mayores de 35 años prefieren leer novelas históricas, y los menores eligen libros de fantasía o ciencia ficción.

En la avenida Corrientes, Buenos Aires, hay muchas librerías.

UNA CIUDAD LITERARIA

La capital argentina es una ciudad que ama la literatura. La famosa avenida Corrientes, en el centro de la ciudad, está llena de librerías donde se encuentran libros de segunda mano a precios bajos. Durante el día, estos locales están llenos de estudiantes en busca de ofertas*.
En el barrio de Recoleta está la librería El Ateneo, elegida por el periódico inglés *The Guardian* como la segunda librería más bonita del mundo. Es un espacio elegante, que antes fue un teatro y luego un cine. Tiene tres pisos* con más de 120.000 libros, y una cafetería.
En la avenida de Mayo hay otro lugar literario: es el Café Tortoni, una cafetería abierta en 1858 donde muchos escritores famosos, como Jorge Luis Borges y Alfonsina Storni, se reunían para tomar café y hablar de literatura.

¿Qué te gusta leer, periódicos, libros o revistas? ¿Qué tipo de literatura te gusta? ¿Lees en formato digital? ¿Por qué?

El Día de Sant Jordi, la fiesta del libro de Cataluña

¿Hay en tu ciudad cafés donde la gente se reúne para hablar de arte o literatura? ¿Cómo son?

REALIZA UNA INVESTIGACIÓN RÁPIDA PARA ENCONTRAR LOS DATOS SIGUIENTES:

a ¿Qué otro escritor hispano murió en 1616? Busca algunos datos sobre su vida y su obra literaria.

b ¿Dónde está, según *The Guardian*, la librería más bonita del mundo?

c ¿Qué tipo de textos escribían Jorge Luis Borges y Alfonsina Storni?

GLOSARIO

la dedicatoria – dedication
los derechos – copyright
la editorial – publishing house
las ofertas – bargains
el piso – floor

Fuentes: NOP World Culture Score, Fundación El Libro, *La Nación, El Mercurio*, Universidad de San Martín.

VOCES LATINAS

Me gusta leer

EN RESUMEN

¿QUÉ HAS APRENDIDO?

Situación

¿Eres experto a la hora de elegir vacaciones?

Because you are a frequent traveler, friends trust you to make travel recommendations based on your experiences. You are happy to talk about what you know and have done during your travels.

LEARNING OUTCOMES

ACTION

Talk about recent activities	**12.1** Escribe un folleto para un camping, enumerando en él las actividades que ofrece. Después, cuéntale a un/a amigo/a cuáles de ellas has hecho recientemente.

12.2 Tu amigo/a ha decidido pasar unos días en el camping que le has recomendado. Hazle preguntas para asegurarte de que está preparado. Empieza con las preguntas que siguen y añade tres más. Después, cambien de rol.

Describe personal experiences

a. ¿Llevas los sacos de dormir?

b. ¿Has escuchado el pronóstico del tiempo?

c. ¿Has invitado a algunos amigos?

d. ¿Has preparado bocadillos?

e. ¿Has visto mi mapa?

12.3 Has estado recientemente en un hotel que no te ha gustado y quieres compartir tu experiencia con los demás. Escribe una crítica en tu blog explicando cómo ha sido tu estancia en él y por qué no te ha gustado.

Talk about staying at a hotel

www.viajerosinfronteras.com

Mi blog

Entrada + reciente

Entrada + visitada

Seguidores

Make comparisons

12.4 Lees una entrada en un blog sobre un hotel con la que no estás de acuerdo. Describe la experiencia que has tenido en ese hotel y compárala con lo que lees en el blog. Usa la crítica que ha escrito tu compañero/a para hacer las comparaciones.

LISTA DE VOCABULARIO

En el hotel In the hotel

el alojamiento lodging
el elevador elevator
la habitación doble double room
la habitación individual single room
la llave key
media pensión half board
la propina tip
el/la recepcionista receptionist
la reservación reservation
la temporada alta high season
la temporada baja low season

Actividades de ocio Leisure activities

la brújula compass
esquiar to ski
hacer buceo to dive
hacer puenting to go bungee jumping
hacer senderismo to go hiking
hacer surf to surf
ir a un parque acuático to go to a water
park
ir de camping to go camping
jugar al ajedrez to play chess
montar a caballo to go horseback riding
montar en globo to ride in a hot-air balloon
patinar to skate
salir con amigos to go out with friends
volar en un parapente to go paragliding

Descripciones Descriptions

aburridísimo extremely boring
¿Cómo / Qué tal te ha ido? How was it?
¿Cómo / Qué tal te lo has pasado? Did you
have a good time?
de miedo awesome
divertidísimo hilarious
la más arriesgada the most daring
estupendo amazing, wonderful,
fatal awful
genial great
más o menos more or less
el miedo fear
ni fu ni fa so-so
superbién super
un desastre a disaster

Verbos Verbs

contar to tell, to count
dejar to leave, to lend
ensuciar to dirty
morir to die
regresar to return
romper to break, to break up

Los indefinidos
Indefinite pronouns and adjectives

algo something
alguien someone, somebody
alguno/a/os/as some, any
nada nothing
nadie no one, nobody
ninguno/a none, not any

Expresiones temporales
Time expressions

alguna vez ever
dos veces twice, two times
todavía no not yet
una vez once, one time
últimamente lately
ya already

13

HABÍA UNA VEZ...

Hablamos de	Vocabulario y comunicación	¡En vivo!	Gramática	Destrezas	Sabor latino	En resumen
• Contar historias	• **Los tipos de textos:** Describing and reacting to what happened • **Excusas:** Making apologies and excuses, accepting apologies **Pronunciación** • Frases interrogativas y exclamativas	• **Episodio 13 ¡Brad Pitt está en la ciudad!:** Anticipating content	• Contrast of the imperfect and the preterit • Using the preterit, imperfect, and present perfect • *Soler* + infinitive	• **El Popol Vuh** – **Comprensión de lectura:** Recognizing key words – **Expresión escrita:** Using models – **Interacción oral:** Using body language and expression to create interest	• **Un recorrido cultural por México**	• **Situación:** Un malentendido • Vocabulario

Un concierto divertidísimo

- ¿Qué tipo de música crees que cantan estos muchachos?
- ¿Has estado alguna vez en un concierto de música latina? ¿A quién fuiste a ver? ¿Qué tal lo pasaste?
- ¿Qué tipo de conciertos te gustan?

LEARNING OUTCOMES

By the end of this unit you will be able to:

- Talk about what happened
- Describe the steps leading up to an event
- Make apologies and excuses
- Accept apologies

Contar historias

13.1 Observa la foto de Alex en un concierto este fin de semana. ¿Qué crees que pasó? Elige entre las opciones

a. ☐ Alex toca la guitarra en un grupo de música.

b. ☐ Alex es un músico terrible, subió al escenario en un concierto y el público lo bajó.

c. ☐ Alex agarró la guitarra que lanzó un músico en el concierto y la gente lo subió al escenario.

d. ☐ Alex llevaba su guitarra por si acaso *(in case)* le pedían tocar con el grupo, lo hace en todos los conciertos a los que va y toca entre la gente.

13.2 Ordena las palabras para formar oraciones y averiguar qué ocurrió en el concierto.

a. de *Movida* / Alex / en el estadio de fútbol. / fue al concierto

....

b. lanzó su guitarra / La cantante / agarró *(caught)*. /al público / y Alex / la

....

c. a Alex / agarró la guitarra. /al escenario porque / El público subió

....

d. su canción / Alex / favorita. / cantó con ellos

....

e. guitarra firmada. / El grupo / a Alex la / le regaló

....

13.3 Escucha la conversación de Álex y Elvira sobre qué ocurrió en el concierto. Después, completa los espacios en blanco con las palabras que faltan.

Elvira: ¿Fuiste ayer al concierto de *Movida*?
Á.: Sí, estuvo **regio**. No puedes ni imaginar lo que me pasó. ¡Ha sido la mejor (a) .... de mi vida!
E.: ¿Sííí? A ver… ¡cuenta!
Á.: Pues resulta que a mitad del concierto la cantante **lanzó** su guitarra al público y dijo que si una persona la agarraba, iba a tener una (b) .... Yo no podía imaginar que esa persona iba a ser yo, pero cuando la lanzó, no sé, vino directamente hacia mí y ¡la agarré!
E.: ¡Qué fuerte!
Á.: Entonces la (c) .... dijo que la sorpresa era subir al (d) .... y cantar un **tema** con ellos.

E.: ¡Qué **apuro**!
Á.: Pues la verdad es que al principio sí, pero la gente me levantó y me llevó con sus manos hasta el escenario. Yo estaba entusiasmado y solo pensaba en que estaba al lado… ¡del (e) .... *Movida*! y que podía cantar con ellos. ¡Fue **bárbaro**!
E.: Me lo imagino…
Á.: Y, además, después del concierto, me firmaron la guitarra, y me la (f) .... Mira, mira lo que pone: "Para Alex, una joven promesa del rock".
E.: ¡Qué pasada! ¡Esta sí es una **historia** para contársela a tus (g) ....!

13.4 Observa las palabras en negrita en la conversación anterior y relaciónalas con sus sinónimos.

a. anécdota ▶ ....
b. tiró ▶ ....
c. canción ▶ ....

d. alucinante (Argentina): ▶ ....
e. vergüenza ▶ ....
f. divertido (Argentina): ▶ ....

13.5 Con tu compañero/a, respondan las siguientes preguntas.

a. ¿Por qué crees que Elvira le dice a Álex que es una historia para contar a los nietos?

b. ¿Por qué no tenía vergüenza Álex?

c. ¿Qué le escribieron en la guitarra a Álex? ¿Qué crees que significa?

d. ¿Has vivido alguna experiencia parecida?

e. ¿Conoces a algún grupo que lanza cosas al público? ¿Qué grupo es y qué hacen?

f. ¿Conoces a algún cantante que invita al público a subir al escenario? ¿Qué les pide hacer en el escenario?

APUNTES: El origen de la guitarra

✓ El origen de la guitarra no está claro, pero hay evidencias arqueológicas en torno al 1000 a.C. en el norte de la actual Turquía. Existen dos hipótesis acerca de sus orígenes. Una de ellas le da un origen greco-romano y la otra considera que la guitarra es un instrumento introducido por los árabes durante la conquista musulmana de la Península Ibérica y que posteriormente evolucionó en España.

✓ Es el instrumento más utilizado en géneros como el blues, rock, metal y flamenco, y muy usada también por cantautores. También es el instrumento principal en géneros tales como el tango, rancheras y gruperas, y forma parte del folclore de varios países.

✓ Instrumentos de la familia de la guitarra son el ukelele, el requinto, el charango y el guitarrón. Este último es típico de los mariachis.

1.A VOCABULARIO: LOS TIPOS DE TEXTOS

13.1 Lee los siguientes fragmentos y relaciónalos con el tipo de texto al que pertenecen.

a
Había una vez una niña que vivía con su madre en una casita en el bosque. Un día su madre le dijo:
— Hija mía, tienes que ir a casa de tu abuelita para llevarle...

(*Caperucita roja*, Anónimo)

b
Anoche cuando dormía soñé, ¡bendita ilusión!, que una fontana fluía dentro de mi corazón.

(*Anoche cuando dormía*, Antonio Machado)

c

Dicen que en un país muy lejano había un dragón que se comía a las jóvenes del lugar. Las muchachas se elegían por sorteo y un día le tocó a la hija del rey. Pero un apuesto caballero llegó en su caballo blanco...

d

«Todavía recuerdo aquel amanecer en que mi padre me llevó por primera vez a visitar el Cementerio de los Libros Olvidados...».

(*La sombra del viento*, Carlos Ruiz Zafón)

e
Robo en un chalé de Marbella

La policía está investigando el misterioso robo, ocurrido ayer por la noche, en un lujoso chalé de Marbella.

f
Había una vez una cigarra y una hormiga que vivían en el mismo prado. En verano, mientras la hormiga trabajaba, la cigarra cantaba...

(*La cigarra y la hormiga*, Esopo)

g
El otro día iba en el metro y estaba tan cansada que corrí para sentarme, pero había otro hombre que también se iba a sentar y al final, sin querer, me senté encima de él. ¡Qué vergüenza!

1. ☐ novela
2. ☐ noticia
3. ☐ cuento
4. ☐ fábula
5. ☐ poema
6. ☐ anédocta
7. ☐ leyenda

13.2 Completa las definiciones con el tipo de texto que les corresponde. Después, compara con
tu compañero/a. ¿Coinciden? Si no, justifiquen su respuesta.

a. La .... es una historia inventada. Los protagonistas siempre son animales y el final de la
historia es moral, didáctico. Este final se llama moraleja.

b. La .... es una historia divertida o curiosa que nos ha pasado en nuestra vida, aunque
después de contarla muchas veces es habitual introducir elementos nuevos inventados.

c. La .... es una historia inventada, aunque siempre se dice que tiene algo de realidad. Es muy
antigua y no se sabe quién es el autor porque ha llegado a nuestros días de forma oral.

d. La .... es un relato que puede ser sobre un hecho real o inventado. No es para niños.

e. El .... suele estar escrito en verso y rimar.

f. Encontramos las .... en los periódicos.

g. El .... es un relato para niños.

13.3 Escucha y di qué tipo de texto es.

🔊 96

a. .... **b.** .... **c.** ....

13.4 Lee estos textos. ¿Qué son? ¿Dónde se pueden encontrar textos de este tipo?

TEXTO
A

Incendio en Buenavista

Ayer a las 3 de la tarde, una vecina del barrio
Buenavista vio humo saliendo por una ventana y en
seguida llamó por teléfono a los bomberos, que fueron
los primeros en llegar. Solamente una persona resultó
herida y los paramédicos la llevaron rápidamente al
hospital en ambulancia.

La policía llegó también al lugar del incendio para
investigar las causas.

Todavía no se sabe con exactitud, pero todo parece
indicar que la chimenea del cuarto piso fue la causa del
incendio.

TEXTO
B

Una mujer cae del piso 23 de un hotel y sobrevive

Una mujer cae del piso 23 de un hotel y sobrevive.
Los hechos se produjeron en el centro de Cuba, cuando
una mujer de 30 años cayó desde la terraza en el piso
23 del hotel Habana. Por fortuna, cayó sobre el techo
(roof) de un taxi estacionado en el lugar.

Los servicios de paramédicos confirmaron que la
mujer sobrevivió a la caída y fue trasladada *(taken)* de
urgencia al hospital. El taxista resultó ileso *(unharmed)*,
al lograr salir del carro antes de que la mujer se cayera
sobre él.

Estos textos son ....

Narrating in the past
Use the preterit to talk about what took place (actions, events, etc.). Use the imperfect to describe the circumstances in which they occurred.

- El otro día **me llamó** Amelia pero no **hablé** con ella porque **estaba** en la ducha y no **oí** el teléfono.

» Para **introducir** una anécdota:
 ¿**Sabes** qué (me) pasó (ayer / el otro día…)?
 ¿**A que no sabes** qué (me) pasó (ayer / el otro día…)?
 Pues resulta que… *(Well it turns out that…)*

» Para **mostrar interés**, es normal pedir que alguien continúe el relato con:
 ¿**Y** qué pasó después? ¿**Y**…?
 Sigue, sigue… / Cuenta, cuenta… ¿**A quién** llamaste / viste…?

» Para expresar **incredulidad** o **sorpresa**:
 ¡**Anda ya!** ¡**Qué me dices!**
 ¡**Increíble!** ¿**Cómo?**
 ¿**Ah, sí?** ¿**De verdad?**
 ¡**No me lo puedo creer!**

13.5 Elijan una noticia de la actividad 13.4. Por turnos, cuéntensela. Tu compañero/a pregunta sobre las circunstancias del suceso. Reaccionen de manera adecuada.

Modelo: E1: ¿Sabes qué pasó el otro día?

E2: No, cuenta, cuenta.

E1: Pues resulta que hubo un incendio. Una vecina vio salir humo de la ventana y…

E2: ¿Y dónde estaba la vecina?

Estudiante 1:

Texto A - Acontecimientos	Para preguntar sobre las circunstancias del Texto B
a. ¿Dónde ocurrió el incendio?	**a.** ¿Qué le pasaba a la mujer?
b. ¿A qué hora?	**b.** ¿Qué tiempo hacía?
c. ¿Quién llamó a los bomberos?	**c.** ¿Dónde estaba el taxi?
d. ¿Alguno resultó herido?	**d.** ¿Dónde estaba el taxista?
e. ¿Quién llegó primero?	**e.** ¿Qué hacía el taxista allí?

Para preguntar sobre las circunstancias del Texto A	Texto B - Acontecimientos
a. ¿Dónde estaba la vecina?	**a.** ¿Dónde ocurrió el accidente?
b. ¿Cómo estaba?	**b.** ¿Desde dónde cayó la mujer?
c. ¿Qué tiempo crees que hacía?	**c.** ¿Dónde cayó?
d. ¿Había mucho tráfico? ¿Por qué?	**d.** ¿Resultó herida? ¿Por qué?
e. ¿Había mucha gente en el edificio?	**e.** ¿Quién la trasladó al hospital?
	f. ¿Por qué el taxista resultó ileso?

Estudiante 2:

13.6 En esta entrevista de radio La Mexicana, Miguel cuenta cómo conoció al amor de su vida. Escucha y completa el resumen de su historia con la forma verbal de pasado adecuada.

En esta entrevista de radio, el locutor entrevista a Miguel, un hombre de 87 años que cuenta cómo conoció al amor de su vida. Cuando (a) .... (ser) joven, un verano (b) .... (estar) en las fiestas de su pueblo aburrido porque la orquesta que (c) .... (tocar) no le (d) .... (gustar). Fue entonces cuando (e) .... (llegar) al baile una chica de la capital y (f) .... (enamorarse) de ella nada más verla. Pero él (g) .... (emigrar) y no (h) .... (volver) a verla hasta hace veinte años, cuando se la (i) .... (encontrar) mientras (j) .... (estar) en la Casa de España. Desde ese momento, no (k) .... (separarse) nunca.

13.7 Piensa en algún momento especial de tu pasado y cuéntaselo a tu compañero/a. Reacciona mostrando interés en lo que él/ella te cuenta.

¿Qué te pasó...
- el día que comenzaste la universidad?
- la vez que suspendiste un examen?

- cuando aprendiste a conducir?
- esa vez que te tocó un premio?
- la primera vez que cocinaste?

En España, es normal interrumpir el relato de alguien con frases que muestran interés en saber más sobre lo que se está contando. El silencio en estas situaciones indica falta de interés. ¿Cómo funciona la interacción en tu país? ¿Qué valor tiene el silencio en tu cultura?

13.8 Lee esta anécdota que cuenta un estudiante de español. ¿Por qué todos se rieron *(laughed)*? Coméntalo con tus compañeros.

¿Sabes qué me pasó el último día de mi curso de español? La profesora, ese día, nos había hablado sobre las tapas típicas en España y, al terminar las clases, decidimos "irnos de tapas". Yo insistí mucho en pedirlas, ¡me hacía mucha ilusión practicar mi español! Así que fui a la barra y dije: "Perdone, ¿nos pone una ración de camareros fritos?" y, ante mi sorpresa, todos los que estaban a mi alrededor empezaron a reírse. Je, je... Luego me di cuenta de lo que pedí y yo tampoco podía parar de reírme. Fue muy divertido.

Calamares fritos

13.9 ¿Crees que a este estudiante se le olvidará alguna vez el significado de las palabras que confundió? ¿Por qué? ¿Qué valor crees que tiene el error cuando estudias una lengua? ¿Es positivo o negativo? Coméntalo con tus compañeros.

13.10 ¿Tienes alguna anécdota parecida relacionada con hablar español? Cuéntasela a tus compañeros.

13.11 Escucha estas conversaciones y relaciónalas con las imágenes.

13.12 Escucha otra vez las conversaciones y completa los espacios en blanco con las palabras que faltan.

a.

Gabriel: ¡Eh! ¡Mira por dónde vas! ¡Me has dado con la mochila en la cabeza!

Álex: ...., tengo prisa y no te he visto.

Gabriel: Bueno, ..., pero ten cuidado.

b.

Olga: ¡Llevo más de media hora esperando!

Álvaro: ...., ... el autobús tardó mucho en venir.

Olga: ¡Siempre me pones la misma excusa!

Álvaro: ¡Pero es verdad! Mira, tardó tanto, que mientras esperaba el autobús, te compré las flores que tanto te gustan.

Olga: Bueno, ..., pero porque me trajiste flores, que si no…

c.

Óscar: .... llamarte a estas horas, pero necesito para mañana el libro de Historia, ¿me lo puedes llevar mañana a clase?

Carlos: Sí, claro, ..., mañana te lo llevo, ..., intenta acordarte *(remember)* de las cosas antes, ¡son las doce de la noche!

Óscar: Ya, lo siento, ...

d.

Martín: ¡Cuidado, cuidado!

Amanda: ¡Ay, ...!

Martín: Ten cuidado, por favor, que se han caído todas.

Amanda: ¡Cuánto ....! ¡Ha sido ....!

Martín: Está bien, no pasa nada…

13.13 Lean las frases que han anotado en las conversaciones anteriores. ¿Para qué sirven estas expresiones?

2.B COMUNICACIÓN: MAKING APOLOGIES AND EXCUSES, ACCEPTING APOLOGIES

13.14 Con tu compañero/a, lean de nuevo las conversaciones anteriores y clasifiquen las expresiones relacionadas con pedir disculpas.

Pedir disculpas

Justificarse cuando pedimos disculpas

Aceptar las disculpas de alguien

13.15 Lean la información y comprueben sus respuestas anteriores.

» **Para pedir disculpas:**
Perdón
Perdona (tú) / **Perdone** (usted)
Perdóname (tú) / **Perdóneme** (usted)
Lo siento (mucho / muchísimo / de verdad).
¡Cuánto lo siento!
Siento (mucho)…

» **Para justificarse cuando pedimos disculpas:**
Es que…
No lo voy a volver a hacer más.
No va a volver a pasar.
Ha sido sin querer. *(I didn't mean to!)*
Yo no lo sabía.

» **Para aceptar disculpas de alguien:**
Tranquilo/a, no pasa nada.
No tiene importancia.
Te perdono.
No te preocupes.

» **Para aceptar disculpas con una condición:**
Te perdono, pero no lo vuelvas a hacer más.
Siento mucho haber usado tu celular sin permiso. **No lo voy a volver a hacer más.**

● ¿Perdóname, mamá, no lo voy a volver a hacer más, te lo prometo.
● Está bien, te perdono, pero no lo vuelvas a hacer más.

pedir perdón = pedir disculpas

13.16 Escucha las siguientes conversaciones. ¿Qué crees que ocurrió?

Conversación 1 ▶ ....

....

Conversación 2 ▶ ....

....

13.17 Comparte tus suposiciones anteriores con tus compañeros. ¿Coincidís?

13.18 Relaciona las imágenes. Después, con tu compañero/a escribe una conversación para cada situación con las expresiones que aprendiste.

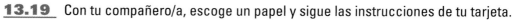

13.19 Con tu compañero/a, escoge un papel y sigue las instrucciones de tu tarjeta.

Estudiante 1:

Situación 1. Empiezas tú.

Invita a tu compañero a una fiesta. Acepta sus disculpas por no asistir a tu fiesta.

Situación 2. Empieza tu compañero.

Tu compañero te ha dejado su pantalón favorito y dice que se lo has devuelto roto. Pídele perdón y justifícate.

Estudiante 2:

Situación 1. Empieza tu compañero.

Tu mejor amigo te ha invitado a una fiesta. Discúlpate y pon una excusa para no ir.

Situación 2. Empiezas tú.

Le dejaste tu pantalón favorito a tu compañero y te lo devolvió roto. Díselo. Luego, acepta sus disculpas.

13.20 Habla con tu compañero/a sobre la última vez que pediste perdón o te lo pidieron a ti.

a. – ¿Cuándo fue la última vez que pediste perdón?

– ¿A quién se lo pediste?

– ¿Pusiste alguna excusa para justificarte?

– ¿Te perdonó?

b. – ¿Cuándo fue la última vez que te pidieron perdón a ti?

– ¿Quién fue?

– ¿Te puso alguna excusa?

– ¿Le perdonaste?

PRONUNCIACIÓN

FRASES INTERROGATIVAS Y EXCLAMATIVAS

13.1 Escucha las siguientes oraciones y di si son interrogativas o exclamativas.

	a	b	c	d	e	f
Interrogativa	☐	☐	☐	☐	☐	☐
Exclamativa	☐	☐	☐	☐	☐	☐

13.2 Coloca los signos de interrogación o exclamación necesarios en las siguientes frases.

a. Cuál es tu color favorito

b. Oye, vas a ir a la fiesta

c. Qué bonita es tu camiseta

d. No sé dónde he dejado el libro

e. El concierto de ayer fue genial

f. Cuántos años tienes

Recuerda que en español se escriben dos signos de interrogación y de exclamación: al comienzo y final de las frases:

- ¿Cómo te llamas**?**

¡Brad Pitt está en la ciudad!

ANTES DEL VIDEO

13.1 Habla con tu compañero/a sobre el tema de los famosos.

a. ¿Quién es tu artista de cine favorito/a? ¿Qué te gusta de él/ella?

b. ¿Alguna vez has conocido a alguien famoso? Comenta con tu compañero/a cómo ocurrió.

⚙ ESTRATEGIA

Anticipating content
You have already learned that looking ahead to the questions before you watch a video will give you a good idea of what to hear and see. Another good way to anticipate content is by reading the title and carefully looking at the images that accompany it.

13.2 Mira el episodio y responde las preguntas. Después, relaciona cada una de ellas con las imágenes.

	Imagen		**Imagen**
a. ¿A quién esperan los tres muchachos? … ☐		**d.** ¿Por qué está Juanjo sorprendido? ……… ☐	
b. ¿Por qué manda Lorena un mensaje a Eli? …………………………………… ☐		**e.** ¿Dónde cuenta Lorena que ha conocido a Brad Pitt? ………………………………… ☐	
c. ¿Qué tiene Lorena en la mano? ………… ☐		**f.** ¿Qué les da Lorena a los muchachos? …… ☐	

DURANTE DEL VIDEO

13.3 Durante el episodio, los muchachos recuerdan diferentes momentos que fueron especiales o divertidos durante el curso. Relaciónalos.

El momento

1. Eli conoció a Lorena.

2. Los muebles que compró Alfonso para la habitación.

3. El día que Alfonso y Juanjo fueron al festival.

4. El día que Lorena y Eli fueron al restaurante.

El por qué

a. Porque eran horribles.

b. Porque regresaron sucios y cansados.

c. Porque ahora es su mejor amiga.

d. Porque Juanjo era el mesero, era su primer día y lo hizo muy mal.

13.4 Lorena cuenta a sus amigos que ha conocido a Brad Pitt. ¿Cuáles de estas afirmaciones aparecen en el episodio? Marca todas las posibles.

a. ☐ Brad Pitt estaba perdido.

b. ☐ Brad Pitt estaba en la calle.

c. ☐ Brad Pitt iba en coche.

d. ☐ Brad Pitt se acercó a Lorena.

e. ☐ Lorena se acercó a Brad Pitt.

f. ☐ El actor buscaba un café.

g. ☐ El actor buscaba una tienda.

h. ☐ Lorena le ayudó a elegir unos regalos.

i. ☐ Lorena le acompañó a su casa.

13.5 ¿Cómo reaccionan sus amigos ante la historia que cuenta Lorena? Escribe su nombre en la reacción que les corresponde.

a. ¡Dime que es una broma!   **b.** No te creo.   **c.** Eso es mentira.

....

¿Y tú qué dirías *(would say)*? ....

13.6 A continuación, tienes unas frases que resumen el episodio. Colócalas en el orden correcto.

a. ☐ Lorena comenta a los muchachos que su historia es una broma.

b. ☐ Los muchachos llegan al restaurante para cenar.

c. ☐ Lorena llega y explica que llega tarde porque ha conocido a Brad Pitt.

d. ☐ Lorena entrega unos regalos a los muchachos para celebrar su amistad.

e. ☐ Eli recibe un mensaje de Lorena diciendo que llega tarde.

f. ☐ Los muchachos recuerdan algunos momentos vividos durante el curso.

13.7 ¿Qué conclusión sacas después de ver el episodio? Elige la opción con la que más te identificas.

a. ☐ Los cuatro amigos celebran la importancia de su amistad.

b. ☐ Lorena quiere impresionar a sus amigos con su historia.

c. ☐ Lorena busca una broma para excusar su tardanza.

d. ☐ Lorena aprecia más a sus amigos porque ha traído regalos y los otros no.

e. ☐ Los muchachos buscan solo un motivo para salir juntos.

13.8 Comparte tu opinión con el grupo, explicando tu elección. ¿Están de acuerdo?

13.9 Para Lorena, los muchachos han sido este año "como una familia". Trabaja con tu compañero/a para decir las tres cualidades más importantes que buscan en un amigo/a.

DESPUÉS DEL VIDEO

13.10 Compartan sus opiniones con el grupo. ¿Qué cualidad gana en la clase?

GRAMÁTICA

1. CONTRAST OF THE IMPERFECT AND THE PRETERIT

Imperfect

» Recall that we use the imperfect to describe ongoing or habitual actions in the past. It describes:

- What used to be.

  *Julio **trabajaba** de monitor todos los veranos.*

- What was going on at a certain time.

  *Ana **escribía** mensajes de texto mientras **veía** la televisión.*

- What was happening (provides the background information in a story).

  ***Era** muy idealista y **quería** ayudar a los más necesitados.*

Time expressions used with the imperfect:

- Todos los días / años / veranos…
- Antes…
- Siempre / a menudo…
- Muchas veces / a veces…

Preterit

» The preterit tense is used to talk about specific actions that began and ended at a fixed point in the past. It describes:

- A series of completed actions.

  *Ayer **vimos** una película y después **fuimos** a cenar.*

- What happened (main actions and events).

  *El verano pasado **trabajé** en un campamento de verano.*
  *De repente, **oí** un ruido extraño y **empecé** a correr.*

Time expressions used with the preterit:

- La semana / primavera… pasada
- El fin de semana / año / mes… pasado
- Hace tres días / dos años…
- Ayer / anoche / el otro día…
- En verano / otoño / 1980…
- Una vez…

13.1 Con un/a compañero/a, describe qué ocurría cuando alguien sacó las siguientes fotos. Incluyan la información de la lista. ¡Atención! ¿Qué tiempo verbal van a usar, pretérito o imperfecto?

- when was it ▶ **ser**
- how many people were there ▶ **haber**
- who were they ▶ **ser**
- where were they ▶ **estar**
- what were they doing ▶ **acción**
- how were they feeling ▶ **estar** / **tener**

13.2 Con un compañero/a, combinen elementos de cada columna para hablar sobre el fin de semana que fueron de acampada con unos amigos. ¡Atención! Usen el tiempo verbal adecuado, pretérito o imperfecto.

Modelo: Un día, un grupo de amigos y yo fuimos de excursión a la montaña.

¿Cuándo?		¿Quién?	¿Qué?	
– por las tardes	– el primer día		– ir de excursión a la montaña	– asar hamburguesas en la barbacoa
– un día	– de repente		– dormir en tiendas de campaña	
– a menudo	– por las mañanas	¿…?	– nadar en el lago	– jugar al parchís y otros juegos de mesa
– por primera vez	– el último día		– ver unos ciervos *(deer)* cerca del campamento	
– muchas veces			– hacer una hoguera *(campfire)*	– contar historias de miedo
				– tomar el sol

13.3 Usa las oraciones que creaste en la actividad 13.2 y escribe una entrada en tu blog sobre el fin de semana. Añade más información sobre qué hiciste y cómo fue la experiencia.

2. USING THE PRETERIT, IMPERFECT AND PRESENT PERFECT

» Present Perfect

Use the present perfect to say what a person has done. In general, it's used to refer to a past action or event that has some relation to the present. To form the present perfect in Spanish, combine the present of the auxiliary verb **haber** plus the past participle of the main verb.

Yo **he aprendido** mucho de mi profesor de Matemáticas.

Luis y Rob **han comido** aquí.

13.4 ___ Completa las definiciones con el nombre del tiempo (presente perfecto, imperfecto, pretérito) y asocia cada frase con su tiempo verbal.

Descripción	– Acciones habituales en el pasado o costumbres. – Personas o cosas en el pasado. – Circunstancias y contextos.	**a.** ....
Narración	– Acciones y acontecimientos que ocurrieron en una ocasión en el pasado. Se especifica cuándo, dónde y en qué ocasión. Tiempo cerrado, no relacionado con el presente.	**b.** ....
	– Acciones / experiencias que han ocurrido (o no) y no importa cuándo. Ocurrieron en un tiempo definido que dura hasta el presente. Relacionadas con el presente.	**c.** ....

☐ Era un muchacho alto.

☐ Hoy llegó tarde.

☐ De niño, jugaba solo.

☐ Nunca he probado el mate.

☐ Hoy desayuné huevos fritos.

☐ Hace dos semanas fuimos al mercado al aire libre.

☐ Últimamente hemos ido al cine los fines de semana.

☐ Anoche, el tren salió muy tarde.

☐ Hacía frío y llovía.

☐ Me habló ayer en la tarde.

☐ Nunca hemos estado allí.

☐ Comí churros en Madrid.

☐ He comido tamales varias veces.

13.5 ___ Dos amigas van a un partido de básquetbol de los Chicago Bulls para ver jugar a Pau Gasol. Completa la conversación con el presente perfecto de los verbos. Después, practica la conversación con un/a compañero/a.

Sandra: Hola, Silvia, ¿(a) .... (traer) la camiseta con el número de Gasol?

Silvia: Sí, ya la (b) .... (poner) en mi mochila.

Sandra: ¿Y (c) .... (comprar) una botella de agua?

Silvia: Sí, aquí la tengo.

Sandra: Por cierto, ¿(d) .... (cargar) tu celular para hacer video durante el partido?

Silvia: Si, claro. Llevo también una batería de repuesto.

Sandra: ¡Ah! ¿Y la comida? ¿(e) .... (comer) algo antes de salir?

Silvia: Sí, comí un sándwich en casa. No te preocupes, Marta, no me (f) .... (olvidar) de nada.

Sandra: Entonces no tengo que preguntar si te (g) .... (acordar) de traer las entradas.

Silvia: ¡Oh no, las entradas! ¡Las (h) .... (dejar) en casa!

13.6 Con un/a compañero/a, trabajen juntos para completar el siguiente artículo sobre unos hermanos deportistas. Usen la forma correcta del pretérito, imperfecto o presente perfecto de los verbos entre paréntesis.

Remember:
- main events ▶ **Preterit**
- repeated action or description ▶ **Imperfect**
- what has happened ▶ **Present Perfect**

convertirse = hacerse = *to become*

Tres hermanos de altura

Los hermanos Gasol (a) .... (dar) fama internacional al deporte español en los últimos años.
Primero (b) .... (ser) Pau, uno de los mejores deportistas españoles de la historia. La fama le (c) .... (llegar) en los playoffs de la Copa del Rey y de la liga ACB cuando solo (d) .... (tener) 20 años. En unos meses (e) .... (pasar) de ser un desconocido a ser el jugador más decisivo de la competición. Después (f) .... (venir) el salto a la NBA. (g) .... (jugar) primero en los Memphis Grizzlies durante seis temporadas y media y después en los Lakers donde (h) .... (ganar) dos títulos consecutivos (2008-09 y 2009-10). En una temporada regular, (i) .... (marcar) un promedio de 17 puntos en cada partido. Actualmente juega en los Chicago Bulls. Mientras Pau (j) .... (jugar) en los Grizzlies, su hermano, Marc, (k) .... (vivir) en Memphis con sus padres. Y después, también (l) .... (empezar) su carrera en la NBA en los Grizzlies. Marc (m) .... (tener) mucho éxito con el equipo y es uno de los pívots mejor valorados de la liga. Los dos hermanos (n) .... (convertirse) en los jugadores españoles con más éxito en la mejor liga del mundo.
Y la historia no termina ahí. Algunos creen que el menor de los hermanos, Adrià, con un futuro marcado por la genética (con 20 años mide ya 2,10 metros), va a tener el mismo éxito. (ñ) .... (formar) parte del equipo de baloncesto de UCLA Bruins y en 2013 (o) .... (regresar) a España para jugar en el CB Santfeliuenc.

13.7 Observa las siguientes oraciones del artículo e indica qué expresa cada una. Después, busca en el texto un ejemplo más para cada caso. Comprueba tus respuestas con un/a compañero/a. ¿Están de acuerdo?

	Acción sin relación con el presente	Descripción en el pasado	Acción o situación que dura hasta el presente	Acción habitual
a. Tenía 20 años.				
b. Han dado fama internacional al deporte.				
c. Regresó a España.				
d. Marcaba 17 puntos en los partidos.				

13.8 Imagina cómo era la vida de estas personas antes, qué les pasó y cómo son ahora. Escribe su historia usando el contraste de pasados y las siguientes expresiones.

– casarse	– estar enamorados	– romper
– enfadarse	– hacerse médico	– tener un accidente
– estar en el hospital	– querer ser rockero	– volver a salir

Antes	5 de julio de 2009	Este año

Antes	3 de marzo de 2010	Este año

3. *SOLER* + INFINITIVE

» Use the verb **soler** in the present tense plus infinitive to indicate that someone **does** something as a habit or customary practice.

*Yo **suelo ir** en autobús al trabajo, pero a veces, voy en metro.* I tend to take the bus to work, but sometimes, I take the subway.

» Use the **imperfect** of the verb **soler** + infinitive to indicate that someone did something as a habit or customary practice.

*Antes **solía** comer en la universidad, pero ahora como en casa.* Before, I tended to eat at school, but now I eat at home.

SOLER
suelo
sueles
suele
solemos
soléis
suelen

13.9 Completa las oraciones con el verbo *soler* en presente o en imperfecto.

a. Antes .... levantarme a las siete de la mañana, pero, desde que vivo cerca de la universidad, ... levantarme a las ocho.

b. ¿Qué .... (tú) hacer ahora los domingos por la tarde?

c. Cuando voy al cine .... ver las películas en versión original.

d. Mamá, ¿este no es el restaurante donde .... (tú) celebrar mi cumple cuando era pequeño?

13.10 Con un/a compañero/a, habla sobre las cosas que solías hacer antes que ya no haces.

Modelo: Antes solía jugar al fútbol cada fin de semana, pero ahora prefiero ver los partidos en la tele.

deportes   en la escuela
con la familia   hábitos

VIDEOCLASES
25 y 26

DESTREZAS

13.1 Observa las imágenes y relaciónalas con la definiciones.

la Tierra   la sabiduría   los gemelos   el maíz   malvado y engañoso   el fraile

1. ☐ Una persona con malas intenciones, que induce a creer como verdadero algo que no lo es.
2. ☐ Planta indígena con granos gruesos y amarillos de América Central. Es un cereal que se puede comer entero o desgranado en sopas, ensaladas y otras comidas. También se obtiene de él harina y aceite.
3. ☐ Hermanos que nacen a la vez.
4. ☐ Planeta que habitamos.
5. ☐ Conocimiento profundo que se adquiere a través del estudio o de la experiencia, también es un modo de conducirse en la vida.
6. ☐ Hombre que forma parte de una orden religiosa y que está al servicio de la iglesia.

13.2 Piensa en las palabras anteriores. ¿En qué periodo de tiempo crees que está basado el texto que vas a leer? Habla con tu compañero/a.

ESTRATEGIA

Recognizing key words
When reading texts that seem to have many unfamiliar words, start off by underlining the words you do not know or recognize. Then read through the text to determine whether they are critical to the understanding of the text. In general, important words will appear more than once in a text and are often accompanied by examples and other information that is relevant to the meaning of the word. Use this strategy to glean information from context and related concepts.

El Popol Vuh

"He aquí el relato de cómo todo estaba en suspenso, en silencio, todo inmóvil, callado [...], no existía nada [...], y los dioses creadores se juntaron para crear el mundo…".

Así comienza el libro *Popol Vuh*, una narración que trata de explicar el origen del mundo, de la civilización maya (pueblo que habitaba mayoritariamente la zona de Guatemala) y de los fenómenos de la naturaleza, así como la historia de los mayas hasta la época de la conquista. De un gran valor histórico y espiritual, se da en el libro una mezcla de religión, mitología, historia, costumbres y leyendas.

De autor desconocido y sin una versión original, se cree, por datos aparecidos en la obra, que fue escrito en 1544 en lengua maya, y que más tarde fue transcrito al latín por Fray Alonso del Portillo de Noreña.

En el libro se distinguen tres partes. La primera es una descripción de la creación del mundo y del origen del hombre. Primero se creó la Tierra, después los animales y finalmente los hombres que fueron hechos de maíz, el alimento que constituía la base de la alimentación maya. Estos hombres eran buenos, hermosos y muy listos, así que los creadores, temerosos *(fearful)* de ser superados en sabiduría, disminuyeron su vista e inteligencia.

La segunda parte trata de las aventuras de los jóvenes semidioses Hunahpú e Ixbalanqué. Estos héroes gemelos, caracterizados por su astucia y humildad, molestaron con su juego de pelota el descanso de los señores del sombrío reino *(kingdom)* de Xibalbá, que eran malvados y engañosos. Estos quisieron destruir a los dos hermanos, pero los jóvenes consiguieron derrotarlos *(defeat them)*. Así es como los señores del mal se convirtieron en la Luna y el Sol.

La tercera parte es una historia detallada sobre el origen de los pueblos indígenas de Guatemala, sus emigraciones, su distribución en el territorio, sus guerras y el predominio de esta raza *(race)* sobre las otras hasta poco antes de la llegada de los conquistadores.

Hay arqueólogos que señalan que es un libro con conceptos y contenidos occidentales *(western)*, y compuesto por historias que seguramente no eran mayas. Además señalan que la obra se utilizó en su día para evangelizar a los indígenas. Además, su semejanza *(similarity)* con el "Génesis" de la Biblia hace pensar en una escritura dirigida por los frailes.

Adaptado de www.guiascostarica.com/mitos/popol_vuh.pdf

13.3 ___ Elige la opción correcta.

1. El *Popol Vuh* trata sobre...
a. la creación del mundo, de los hombres y de los animales.
b. la creación del mundo y las aventuras de los semidioses.
c. la creación del mundo, las aventuras de los semidioses y la historia de los mayas hasta la época colonial.

2. Según el texto, ¿por qué estaban enfadados los señores del mal con Hunahpú e Ixbalanqué?
a. Porque eran héroes.
b. Porque les molestaban jugando a la pelota.
c. Porque eran más inteligentes que ellos.

3. ¿Qué crees que significa la expresión "*la obra se utilizó para evangelizar a los indígenas*"?
a. Que se utilizó para enseñarles a leer y a escribir en latín.
b. Que se utilizó para convertirlos a la religión católica.
c. Que se utilizó para enseñarles costumbres de la cultura occidental.

13.4 ___

¿Qué es lo que más te ha sorprendido del texto? ¿Qué opinión tienes de los mitos y leyendas? Habla con tu compañero/a.

2. EXPRESIÓN ESCRITA

13.5 ___ Escribe e inventa una historia que sea una leyenda sobre la creación del mundo.

 **ESTRATEGIA**

Using models
Using models can guide you through the writing process when approaching a writing task. The stories from the Popol Vuh described in the reading can serve as a model when you write your own story or legend. Decide the topic you want to write about and list the elements needed to tell your story. Edit the list before you start to write so as to have a manageable content.

3. INTERACCIÓN ORAL

13.6 ___

Según el texto, el Popol Vuh es "un libro con conceptos y contenidos occidentales, y compuesto por historias que seguramente no eran mayas". En grupos de tres, hablen de las historias y leyendas que conocen y que hacen uso de los mismos elementos para explicar un hecho.

 **ESTRATEGIA**

Using body language and expression to create interest
When telling a story, body language, gestures, intonation all work together to give meaning and relevance to your presentation. Use this strategy to highlight the important parts of the content.

UN RECORRIDO* CULTURAL
POR MÉXICO

Escena de *Vamos a la playa*, uno de los documentales del festival Ambulante 2014

¿Te gusta ir al cine, bailar rock o admirar las obras de artistas originales? Si la respuesta es sí, te invitamos a recorrer los eventos culturales más interesantes de México.

Museo Soumaya

AMBULANTE: UN FESTIVAL DE DOCUMENTALES

Ambulante es uno de los festivales de cine más interesantes e innovadores de Latinoamérica. «Descubrir, compartir y transformar: estos son los objetivos del festival Ambulante», dice el actor Gael García Bernal, fundador de este festival de documentales junto con el actor Diego Luna y los productores Pablo Cruz y Elena Fortes. Desde 2005, Ambulante difunde* documentales mexicanos y extranjeros por distintas ciudades de México.

En 2014, el festival presentó 106 documentales de 34 países. Además de las proyecciones de cine, hubo charlas con los directores y talleres* para el público. En ese año, además, el festival se celebró en Estados Unidos. Sus creadores organizaron una campaña en la página web Kickstarter y recaudaron* más de 55.000 dólares para financiar el proyecto. Así, Ambulante se celebró en California y la entrada a las salas de cine* fue gratis para el público.

«El cine ha cambiado mucho: ya no pertenece solamente a las salas de cine, sino también al centro cultural, y hasta a la computadora, y Ambulante es parte de eso», dice Gael.

¿Prefieres ver cine de ficción o documentales? ¿Por qué?

Festival Vive Latino

VIVE LATINO: UNA FIESTA MUSICAL

El Festival Iberoamericano de Cultura Musical Vive Latino es el festival de rock y otras músicas alternativas más importante de Latinoamérica. Se realiza en la Ciudad de México todos los años desde 1998.

«Voy a este festival desde hace tres años. Es una experiencia increíble: más de 70.000 personas bailando y cantando a la vez*», dice Manuela, una muchacha de Oaxaca que viaja a la capital mexicana para asistir al evento.

Además de los conciertos al aire libre, el festival incluye exhibiciones de arte urbano y grafiti. El evento también tiene un aspecto ecológico, a través del programa Vive Verde, que educa sobre el respeto al medioambiente.

¿Te gustaría asistir a este festival? ¿Qué músicos latinoamericanos conoces?

MUSEO SOUMAYA

El edificio de este museo de la capital mexicana es impresionante: sus formas curvas están recubiertas por más de 16.000 placas* de aluminio que brillan al sol. Es un diseño del arquitecto mexicano Fernando Romero, quien trabajó con la empresa de ingeniería Ove Arup y el arquitecto estadounidense Frank Gehry. El estilo arquitectónico ha sido comparado con el del Museo Guggenheim Bilbao. Dentro se puede encontrar una de las colecciones más completas de arte prehispánico, que incluye máscaras, figuras de barro y objetos para perfumar el aire.

«En nombre de mi familia y el mío me da mucho gusto poder compartir este espacio», dijo Carlos Slim, patrocinador* del museo, el día de su inauguración. La misión del museo es compartir la colección de la Fundación Carlos Slim que ofrece más de 30 siglos de arte americano y europeo. Slim es un empresario* mexicano de telecomunicaciones; es uno de los cinco hombres más ricos del mundo y coleccionista de obras de arte, tanto latinoamericano como europeo. El museo lleva el nombre de su esposa Soumaya, fallecida* en 1999.

«El conocimiento no es solo información y estudios, también es importante desarrollar la sensibilidad a la belleza», dice Slim. Por eso, explica, la entrada al museo es gratuita, para que todo el público pueda visitarlo.

> ¿Crees que todos los museos deberían ser gratuitos? ¿Por qué?

Escultura prehispánica

REALIZA UNA INVESTIGACIÓN RÁPIDA PARA ENCONTRAR LOS DATOS SIGUIENTES:

a ¿En qué famosas películas trabajaron juntos Gael García Bernal y Diego Luna?

b ¿Qué otros festivales de rock importantes hay en Latinoamérica?

c Visita el sitio web del Museo Soumaya y busca, entre las colecciones, cuál te gustaría ver y por qué.

Gael García Bernal y Diego Luna

GLOSARIO

a la vez – at the same time	
difunde – disseminates, circulates	
el empresario – business magnate	
fallecido – deceased	
patrocinador – sponsor	
la placa – sheet	
recaudaron – they raised (money)	
el recorrido – tour	
la sala de cine – movie theater	
el taller – workshop	

Fuentes: Ambulante, Museo Soumaya, ViveLatino, Travel Mexico, *La Nación*.

VOCES LATINAS

Cuba, vida y música

EN RESUMEN

> ### Situación
>
> **Un malentendido**
>
> Last Saturday night you went out with friends when at the end of the night something happened that caused a misunderstanding between one of your friends and you.

LEARNING OUTCOMES

	ACTION

Talk about what happened

13.1 Escribe un texto sobre los acontecimientos de la noche antes de la situación en que un/a amigo/a y tú se enfadaron.

- ¿Dónde fueron?
- ¿Qué hicieron primero, después, etc.?
- ¿Qué pasó entre ustedes?
- ¿A qué hora volvieron a casa?

Describe the steps leading up to an event

13.2 Describe detalladamente cómo ocurrió el malentendido.

- ¿Quiénes estaban?
- ¿Dónde estaban?
- ¿Qué hora era cuando empezó la situación?
- ¿Qué hacían?
- ¿Cómo estaban todos (contentos, aburridos,…)? ¿Y tú y tu amigo?

Make apologies and excuses

13.3 Envíale un texto largo a tu amigo/a pidiéndole disculpas sobre la noche anterior. Intercámbialo con un/a compañero/a.

Accept apologies

13.4 Responde al texto de tu amigo/a con otro en el que aceptas sus disculpas.

LISTA DE VOCABULARIO

En el concierto In the concert

el escenario stage
el grupo group
el público audience
el tema topic, musical composition

Tipos de textos Types of reading texts

la anécdota anecdote, story
el autor autor
el cuento tale
la fábula fable
la leyenda legend
la moraleja moral
la noticia news
la novela novel
el periódico newspaper
el poema poem
el relato short story
la rima rhyme

Descripciones y reacciones a lo ocurrido
Describing and reacting to what happened

¿A que no sabes…? I bet you don't know…
¿Ah, sí? Really? Seriously?
¡Anda ya! Come on, no way!
¿Cómo? What do you mean?
Cuenta, cuenta… tell me, tell me…
¿De verdad? Really? Is that true?

¡Increíble! Incredible!, Unbelievable!
¡No me lo puedo creer! I can´t believe it!
Pues resulta que… Well it turns out that…
¡Qué me dices! What you say!
¿Sabes qué …? Do you know what…?
Sigue, sigue… Continue, keep talking…

Verbos Verbs

acordarse de (o > ue) to remember
agarrar to catch, to grab
caer(se) (i > y) to fall
casar(se) to marry
convertir(se) (e > ie) to change into, to become
dejar to leave (something) behind
firmar to sign
hacer(se) to become (with professions)
lanzar to throw
olvidar(se) de to forget
soler (o > ue) to tend to do something
tirar to throw

Pedir y aceptar disculpas
Making and accepting apologies

¡Cuánto lo siento! You don't know how sorry I am!
Ha sido sin querer. I didn't mean to.
Lo siento (mucho / muchísimo / de verdad). I am (so / very / really) sorry.
(Yo) No lo sabía. I didn't know it.
No lo voy a volver a hacer más. I won't do it again.
No va a volver a pasar. It won't happen again.
No te preocupes. Don't worry.
No tiene importancia. It's not important.
Perdón. Excuse me. Forgive me.
Perdóname. Forgive me.
pero but
Te perdono. I forgive you.
Tranquilo/a, no pasa nada. Don't worry, it's Ok.

Palabras y expresiones útiles
Useful words and expressions

herido/a hurt
el incendio fire
¡Qué apuro! How embarrassing!
¡Qué vergüenza! How embarrassing!
¡Ten cuidado! / ¡Cuidado! Be careful!

14

CONSTRUIR UN FUTURO

Hablamos de	Vocabulario y comunicación	¡En vivo!	Gramática	Destrezas	Sabor latino	En resumen
• El futuro	• **El medioambiente:** Making predictions, guesses and assumptions about future actions and conditions • **La política:** Making promises	• **Episodio 14 Una cita con Morgana:** Using on images to interpret meaning	• Future tense • *Si* + present + future	• *Platero y yo*, **Juan Ramón Jiménez** – **Comprensión de lectura:** Approaching a literary text – **Expresión escrita:** Making associations – **Interacción oral:** Using examples	• **Cuatro sitios increíbles**	• **Situación:** Día de la Tierra, 22 de abril • Vocabulario
	Pronunciación					
	• La acentuación					

Después
de la
universidad

- ¿Cuántos años crees que tienen estos muchachos?
- ¿Qué crees que van a hacer después de graduarse?
- ¿Y tú? ¿Qué planes tienes para el futuro?
- ¿Qué profesión quieres tener?

LEARNING OUTCOMES

By the end of this unit you will be able to:

- Talk about making future plans
- Make guesses and assumptions
- Make promises
- Describe future actions and conditions

14.1 Observa las imágenes de Patricia, la muchacha pelirroja de la primera foto, y Andy, y relaciona las frases con la persona correcta.

Patricia

Andy

	Andy	Patricia	Los dos	Ninguno
a. Le gusta leer guías turísticas.	☐	☐	☐	☐
b. Le gusta vivir en contacto con la naturaleza.	☐	☐	☐	☐
c. Es ambicioso/a y realista.	☐	☐	☐	☐
d. Es sociable y extrovertido/a.	☐	☐	☐	☐
e. Le interesan las cosas nuevas.	☐	☐	☐	☐
f. Se preocupa por el medioambiente.	☐	☐	☐	☐
g. Es deportista.	☐	☐	☐	☐
h. Duerme la siesta todos los días.	☐	☐	☐	☐

14.2 Relaciona las frases para completar las actividades que Patricia y Andy van a hacer este año.

1. Va a quedar con
2. Va a practicar su
3. Van a ir a clase
4. Va a leer un libro
5. Van a disfrutar
6. Van a planificar

a. todos los días.
b. sus amigos para organizar sus vacaciones.
c. deporte favorito.
d. sobre la composición del suelo.
e. su futuro profesional.
f. de su tiempo libre.

14.3 Escucha a Patricia y a Andy que hablan sobre el futuro y completa los espacios en blanco con las palabras que faltan.

Patricia: Todavía no sé qué voy a hacer este verano, pero tiene que ser algo grande después de este año tan duro en la unversidad. Y tú, ¿ya lo has decidido?

Andy: He pensado diferentes (a) ...., estoy entre el Tren de las Nubes en Argentina o el Tren del Vino en Chile, imagino que me decidiré por el primero y me dedicaré este primer año a (b) .... mundo, ya tengo toda la información.

P: Chévere, ese tren recorre la provincia de Salta sobre la (c) .... de los Andes ¿no? No sé nada del Tren del Vino, ¿qué es?

A: Pues verás... Seré (d) .... muy pronto y este tren recorre el valle de Colchagua, y el de Cachapoal y de Maipú, y estoy muy interesado en visitar las viñas y bodegas de Santacruz. Creo que será muy interesante para mi futuro profesional. Pero, dale, seguro que tienes un plan. Cuéntame, te prometo que será nuestro (e) ....

P: No es un secreto es solo una idea, no tengo nada organizado aún, pero también tiene que ver con trenes: quiero hacer el Interrail y conocer Europa. Supongo que será importante para mi carrera de Turismo, pero también es divertidísimo recorrer con amigos el viejo mundo, ¿no crees?

A: ¡Desde luego! Es un gran plan, tendremos que estudiar (f) .... para tener esas vacaciones. Para empezar esta tarde iremos a la biblioteca.

P: ¡Vaale, traga!

traga (Argentina) = *nerd*

El interrail es un billete de tren que te permite viajar ilimitadamente por casi toda Europa a un precio reducido.

14.4 Vuelve a escuchar la conversación y contesta las siguientes preguntas. Habla con tu compañero/a.

a. ¿Cómo crees que es Andy? ¿Qué piensas que le interesa?

b. ¿Cómo crees que es Patricia? ¿Qué supones que hace en su tiempo libre?

c. ¿Dónde piensa Andy ir de vacaciones? ¿Por qué?

d. ¿Cuál es el plan de Patricia? ¿Por qué?

14.5 ¿Y tú, cómo eres? Habla con tu compañero/a y cuéntale tus planes para este año en tus estudios, en tus viajes y vacaciones, con tus amigos, etc.

APUNTES: Las vacaciones de los jóvenes españoles

✓ El 32% señala que su presupuesto oscila entre los 100 y 300 euros en total y otro 24% dispondrá de 300 a 500 euros. Sin embargo, un 17% de los jóvenes diseñará su plan de verano con menos de 100 euros.

✓ En cuanto a la compañía, la pareja y los amigos (48% y 42%), son los acompañantes favoritos por los jóvenes para disfrutar de los días de verano. Los padres (8,5%) pasan a ocupar la tercera posición y, en último lugar, se sitúan aquellos que prefieren viajar solos (2,5%).

1.A VOCABULARIO: EL MEDIOAMBIENTE

14.1 Estas son palabras y expresiones que están relacionadas con el medioambiente. Relaciónalas con su imagen correspondiente. Después, compara el resultado con tu compañero/a.

1. ☐ consumo responsable
2. ☐ transporte ecológico
3. ☐ deshielo

4. ☐ reciclaje
5. ☐ contaminación
6. ☐ energía renovable

7. ☐ calentamiento global
8. ☐ sequía
9. ☐ deforestación

consumo responsable

reciclaje

contaminación

energía renovable

sequía

transporte ecológico

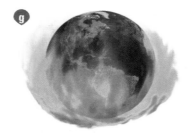

calentamiento global

deshielo

deforestación

14.2 Clasifica las expresiones anteriores según su impacto positivo o negativo en el medioambiente. Trabaja con tu compañero/a.

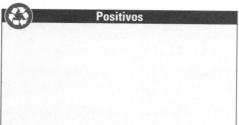

Positivos

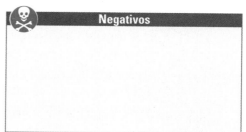

Negativos

14.3 Lean estas descripciones y relaciónenlas con su símbolo correspondiente. ¿Existen estos símbolos en su país? ¿Significan lo mismo?

 a

 b

c

1. ☐ Esta ilustración invita al consumidor a ser cívico y dejar el envase o residuo en un sitio adecuado para ello, como papeleras, contenedores, etc. Lo encontrarás en casi todos los productos con el fin de concienciar al consumidor.

2. ☐ En este logo, basado en el símbolo de Möbius, cada flecha representa uno de los pasos del proceso de reciclaje: recogida, el proceso mismo del reciclaje y la compra de los productos reciclados, de manera que el sistema continúa una y otra vez, como en un círculo.

3. ☐ El envase que lleva este icono garantiza que, al convertirse en residuo, se reciclará mediante el Sistema Integrado de Gestión de Residuos de Envases (SIG). Lo encontramos en envases de plástico, metálicos, Tetrabrick, cartón, papel, vidrio…

14.4 Relaciona cada producto con su imagen.

envases • cartón • pilas • restos orgánicos • vidrio • latas de aluminio
electrodomésticos de bajo consumo • productos envasados

 **a**

 **b**

 **c**

 **d**

....

....

....

....

 **e**

 **f**

 **g**

 **h**

....

....

....

....

14.5 En grupos de 4, respondan a estas preguntas sobre sus hábitos de consumo y reciclaje. Tomen notas.

ENCUESTA ....

a. ¿Compras productos envasados?

b. ¿Llevas tus propias bolsas al supermercado o prefieres las de plástico que te dan?

c. ¿Separas los envases de papel y plástico?

d. ¿Qué haces con las pilas, el papel y el aceite?

e. ¿Qué otras cosas reciclas en tu casa?

f. ¿Dejas las luces encendidas cuando sales de la habitación? ¿Por qué?

g. ¿Dejas enchufados los aparatos eléctricos todo el tiempo?

h. ¿Cuando pones el lavavajillas o la lavadora, ¿están llenos?

i. ¿Tienes electrodomésticos de bajo consumo?

j. ¿Consumes realmente lo que necesitas?

14.6 Resume los resultados de la encuesta anterior y elabora un informe con lo que crees que tienen ustedes que cambiar para mejorar el medioambiente.

» Para hacer **conjeturas** o **suposiciones** sobre el futuro:

Creo que en cincuenta años usaremos solo energía renovable.

Me imagino que los carros no usarán gasolina.

Supongo que la gente usará transporte ecológico en las ciudades.

14.7 Estas personas son muy responsables a la hora de pensar en el futuro del planeta. Relaciona sus hábitos con la imagen correspondiente.

1. ☐ Consume frutas y verduras orgánicas.

2. ☐ Recicla los desechos domésticos de forma adecuada, separando los materiales.

3. ☐ Prefiere la bicicleta al carro.

4. ☐ Solo lava la ropa si la lavadora está llena.

5. ☐ Se informa del origen de los productos para consumir con responsabilidad.

Alina

Samuel

Soledad

Ramiro

Isabel

14.8 ¿Qué otros hábitos crees que tienen las personas anteriores? Con un compañero/a, usen los verbos de la lista para hacer conjeturas o suposiciones para cada uno.

comprará • usará • reciclará • irá a • no gastará • (no) consumirá • lavará

Modelo: Supongo que Alina lavará con agua fría para ahorrar energía.

14.9 ¿Que predicciones tienes para el futuro del planeta? ¿Tienes una visión optimista o pesimista? Clasifica tus ideas desde los dos puntos de vista usando los verbos de la lista. Después, en grupos pequeños, hablen sobre sus predicciones.

eliminar • ser • consumir • estar • reducir • comprar
reutilizar • afectar • reciclar • malgastar

Optimista	Pesimista
	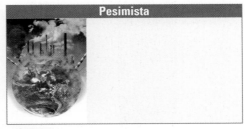

Modelo: Me imagino que la energía solar será la más efectiva.

Modelo: Creo que nunca eliminaremos la contaminación.

14.10 En este correo electrónico un amigo te cuenta lo que ha leído hoy en Twitter. Primero, léelo y, después, respóndele con lo que crees que puedes hacer tú.

Asunto: Twitter hoy

De: Antonio   Para:

¿Qué tal?
¿Has entrado en Twitter hoy? Hay muchos comentarios en #consumoresponsable y, después de leerlos, me he propuesto que yo, a partir de mañana, compraré frutas y verduras orgánicas e intentaré no comprar cosas que no necesito. Antes no miraba las etiquetas, pero ahora haré un esfuerzo. Y para ir al supermercado escribiré una lista para comprar solamente lo que necesito. También he pensado que le regalaré una lavadora nueva de bajo consumo a mi madre y le diré que hay que cambiar las bombillas de la casa por las de bajo consumo para ahorrar energía. Creo que estos comentarios me han hecho reflexionar sobre lo que consumo. Ahora veo el futuro un poco menos negro.
Habrá que hacer algo por nuestro futuro, ¿no? Creo que el esfuerzo valdrá la pena.
¿Y tú? ¿Qué vas a hacer? ¿Has pensado en este tema?
Antonio

Future tense
You will learn more about this tense later in the unit. In the meantime, here are some forms to get you started.
comprar ▶ comprar**é**
reciclar ▶ reciclar**é**
escribir ▶ escribir**é**
consumir ▶ consumir**é**
hacer ▶ **haré**
ser ▶ **seré**
decir ▶ **diré**
hay ▶ **habrá**

Asunto: [Re] Twitter hoy

De: Para: Antonio

Hola Antonio,
Realmente no he pensado en este tema tan en serio como tú, pero me has dado algunas buenas ideas. Creo que yo… / Supongo que yo… / Creo que no… / Me imagino que…

14.11 Fíjense en la imagen. ¿Qué hacen estas personas?

14.12 Elige todas las palabras y expresiones que crees que tienen que ver con la política.

- ☐ urna
- ☐ parque de bomberos
- ☐ partido político
- ☐ departamento de policía
- ☐ votar
- ☐ congreso de los diputados
- ☐ combatir
- ☐ programa
- ☐ senado
- ☐ alcalde / alcaldesa
- ☐ promesa
- ☐ nuevas tecnologías
- ☐ manifestación
- ☐ sondeo electoral
- ☐ entretenimiento
- ☐ candidato/a
- ☐ elecciones

14.13 Comparte tu lista de palabras con tus compañeros. ¿Coinciden? Si no es así, justifica tu lista.

14.14 Lee el siguiente artículo de periódico. Fíjate en las palabras resaltadas en negrita, ¿qué tienen en común todas ellas?

Unas elecciones muy reñidas

Mañana se celebrarán las **elecciones** a la **presidencia** del país. Las **encuestas** de estos días señalan *(indicate)* que los dos principales **partidos** están muy igualados y que puede pasar cualquier cosa. Pablo Tomeu y Francisco Torres, los dos principales **candidatos** a **presidente**, se muestran optimistas ante estas elecciones, aunque habrá que esperar hasta contar todos los **votos** para conocer el resultado final.

Los dos partidos *(parties)* han prometido hacer grandes cambios en el país si consiguen ganar las elecciones. El candidato Pablo Tomeu ha dicho que si gana, hará una gran **reforma** en educación. También ha dicho que mejorará *(will improve)* la salud pública y que abrirá varios hospitales nuevos.

El **programa** del partido de Francisco Torres apuesta por *(supports)* el medioambiente.

Como ha dicho a lo largo de toda su **campaña**, este será un punto fundamental: si el partido de Torres sale elegido, se incentivará el uso del transporte público, se bajará el precio de los autos eléctricos, se trabajará en las energías renovables, etc.

Hasta mañana por la tarde no conoceremos quién será el futuro presidente del país y los cambios que viviremos en los próximos cuatro años.

14.15 Lee las siguientes afirmaciones y di si son verdaderas o falsas. Rectifica las falsas.

	V	**F**
a. El partido de Tomeu es el favorito.	☐	☐
b. Los dos principales candidatos piensan que pueden obtener buenos resultados.	☐	☐
c. Se presentan más de dos partidos a estas elecciones.	☐	☐
d. El partido que quiere mejorar la sanidad, también quiere mejorar el transporte.	☐	☐
e. Las elecciones se celebran cada cinco años.	☐	☐

14.16 Se celebran elecciones para elegir alcalde / alcaldesa en tu pueblo y tú eres uno de los candidatos. ¿Cuál es tu programa? Escribe un discurso usando el vocabulario aprendido, haciendo referencia a las siguientes cuestiones.

– medioambiente	– trabajo	– salud
– educación	– transporte	– cultura

Estimados/as ciudadanos/as:

Prometo que construiré más zonas verdes, así los niños podrán jugar en los parques. Además, si votan por mí, el transporte en la ciudad será más barato. Si mi partido gana, les prometo que no habrá tanta contaminación y...

>> Para **hacer promesas**:
  Te prometo que… *I promise you that…*
  Te lo prometo / juro. *I promise / swear it…*
  Te doy mi palabra. *I give you my word.*
  Te juro que… *I swear that…*
  ¡Prometido! *Promise!*
  Lo haré sin falta. *I will be sure to do it.*

14.17 Escucha las siguientes conversaciones y completa los espacios en blanco con las palabras que faltan. Después, une cada conversación con la imagen correcta.

a. Madre: ¡El próximo fin de semana estás castigada *(punished)*! Ayer llegaste tardísimo.
  Hija: .... que no volverá a pasar, de verdad.
  Madre: Siempre dices lo mismo y nunca haces caso. ¡No hay más que hablar!
  Hija: ¡Pero, mamá…!

b. Luis: ¡Estuve media hora esperándote y la película ya ha empezado! La próxima vez entro yo solo al cine y no te espero.
  Sandra: Anda, no te enfades. He llamado para avisarte…
  .... que no volverá a pasar.
  Luis: ¡Pero si desde que te conozco siempre llegas tarde!

c. Pedro: Tu fiesta ha estado genial. Nos hemos divertido muchísimo.
  Daniel: Me alegro. A ver si celebramos otra para tu cumpleaños.
  Pedro: ....

14.18 Lee las siguientes promesas y analiza con tu compañero/a en qué situación se podrían hacer.

a. Te prometo que no lo volveré a hacer.
b. Te juro que tendré mucho cuidado con él.
c. De verdad que lo haré sin falta. ¡Prometido!

14.19 Elige una de las promesas de la actividad anterior y prepara una conversación con tu compañero/a. Pueden usar las conversaciones de la actividad 14.17 como modelo.

14.20 Aprendan su conversación y represéntenla ante la clase.

14.21 ¿Qué piensan de las promesas en política? ¿Se cumplen? Y si no es así, ¿qué deben hacer los electores?

PRONUNCIACIÓN

LA ACENTUACIÓN

» As you know, all words in Spanish have a syllable that is pronounced with more stress than the other syllables in the word, and in some cases, a written accent is needed to identify the stressed syllable.

14.1 (103) Escucha las siguientes palabras y marca la sílaba acentuada.

cuéntamelo	carácter	dáselo	jardín	envíanoslas
historia	después	maravilla	casa	joven
ciudad	verano	político	salió	canción
lápiz	rápido	pensar	fábrica	palo
aquí	sábado	cómic	gracias	difícil
corazón	música	devuélvemelo	dímelo	genial

14.2 Ahora clasifícalas en el cuadro según su sílaba acentuada.

Palabras **agudas**	Palabras **llanas**	Palabras **esdrújulas**	Palabras **sobreesdrújulas**
	difícil		

14.3 Observa las palabras que tienen tilde del cuadro anterior y completa las reglas de acentuación.

a. Las palabras agudas se acentúan cuando terminan en ...., ... o ....

b. Las palabras llanas se acentúan cuando terminan en una consonante distinta de .... o ....

c. Las palabras esdrújulas o sobreesdrújulas se acentúan ....

d. Recuerda que las palabras **qué**, **cómo**, **dónde**, **cuándo** y **cuánto** tienen tilde solamente en las frases .... y .... Por ejemplo: ¿De dónde eres? ¡Qué calor!

Una cita con Morgana

ANTES DEL VIDEO

14.1 Todas estas palabras tienen relación con el episodio que vas a ver. Selecciona la definición correcta.

1. adivina
   a. ☐ Persona maravillosa, estupenda.
   b. ☐ Persona que conoce el futuro de la gente.

2. dudas
   a. ☐ Cuando no sabes qué decisión tomar.
   b. ☐ Forma coloquial de llamar a la gente como "cuate" en México.

3. confuso
   a. ☐ Filosofía típica de China.
   b. ☐ Cuando no tienes las ideas claras.

4. ponerse nervioso
   a. ☐ Vestirse para salir.
   b. ☐ Cuando pierdes la calma.

5. medioambiente
   a. ☐ Sistema formado por la naturaleza.
   b. ☐ Ambiente poco natural.

6. guardabosques
   a. ☐ Lugar protegido de la naturaleza.
   b. ☐ Persona que cuida del bosque.

7. especies salvajes
   a. ☐ Condimentos de países exóticos.
   b. ☐ Animales que viven libres en la naturaleza.

8. efecto invernadero
   a. ☐ Subida de la temperatura de la atmósfera negativa para la vida natural.
   b. ☐ Sitio protegido donde se cultivan plantas.

14.2 Relaciona las imágenes con las frases. Basa tus respuestas en lo que crees que puede ocurrir. Usa tu imaginación.

a. ☐ Doña Morgana entrega las cartas a Sebas.

b. ☐ Sebas sonríe feliz en medio de la naturaleza.

c. ☐ Los muchachos están solos en un lugar oscuro.

d. ☐ Sebas da las gracias a Morgana.

e. ☐ Doña Morgana cierra los ojos y transmite su energía a las cartas.

f. ☐ Sebas aparece como un político dando un discurso.

⚙ ESTRATEGIA

Using on images to interpret meaning
Video consists of rich visual images to illustrate what is being said and can help you understand words that you may not know. As you watch the video, pay close attention to the images, especially when you hear narrative or conversation you do not understand. More often than not, the images being shown will aid your comprehension considerably.

DURANTE DEL VIDEO

4

5

6

14.3 Mira el episodio y relaciona las preguntas con las respuestas correspondientes.

1. ¿Cómo se llama la adivina?
2. ¿Qué pregunta Felipe?
3. ¿Cuántos caminos tiene Sebas en su futuro?
4. ¿Qué profesión prefiere Sebas?
5. ¿Es Morgana de verdad una adivina?

a. La de guardabosques.
b. Dos caminos.
c. Morgana.
d. No; es una amiga de Felipe.
e. Por su futuro.

14.4 Mira el episodio y clasifica las frases según la persona que puede decir o hacer algo similar: Morgana (M), Felipe (F) o Sebas (S).

a. ☐ Tiene dos caminos en el futuro.
b. ☐ Conoce el futuro.
c. ☐ Es amigo de la adivina.
d. ☐ Quiere ayudar a su amigo a tomar una decisión.
e. ☐ Es una adivina.
f. ☐ Necesita preguntar por su futuro.

14.5 Mira el episodio de nuevo y selecciona las frases correctas.

a. ☐ Los muchachos esperan impacientes en un sitio oscuro iluminado con velas.
b. ☐ Sebas dice que cree en los adivinos.
c. ☐ La adivina pregunta a Sebas qué quiere saber sobre el futuro.
d. ☐ Sebas explica que tiene dudas sobre el amor.
e. ☐ Aparecen dos posibles futuros para Sebas.
f. ☐ Hay un posible futuro como científico para Sebas.
g. ☐ Hay un segundo posible futuro como guardabosques.
h. ☐ A Sebas le gusta más el futuro como político.
i. ☐ En realidad Morgana es Lorena disfrazada para ayudar a Sebas a tomar una decisión.

14.6 Comenta las siguientes afirmaciones con tu compañero/a.

a. Creo en el tarot y otras formas de adivinar el futuro.
b. He ido a visitar a una adivina.
c. Sé perfectamente a qué me voy a dedicar en el futuro.
d. Sé perfectamente cómo es mi futuro ideal.

14.7 En grupos de cuatro, expresen su opinión sobre las afirmaciones que aparecen a continuación.

a. No cuido el medioambiente porque es inútil. No se puede hacer nada personalmente.
b. Si todos colaboramos, podemos cambiar el futuro de la Tierra.
c. El gobierno de mi país está muy preocupado por mejorar el medioambiente.

DESPUÉS
DEL VIDEO

GRAMÁTICA

1. FUTURE TENSE

» The future tense expresses what will happen. Regular verbs in the future tense are conjugated by adding the following endings to the infinitive form of the verb:

Regular Verbs			
	ESTUDIAR	**COMER**	**VIVIR**
Yo	estudiar**é**	comer**é**	vivir**é**
Tú	estudiar**ás**	comer**ás**	vivir**ás**
usted/él/ella	estudiar**á**	comer**á**	vivir**á**
nosotros/as	estudiar**emos**	comer**emos**	vivir**emos**
vosotros/as	estudiar**éis**	comer**éis**	vivir**éis**
ustedes/ellos/ellas	estudiar**án**	comer**án**	vivir**án**

» Irregular verbs in the future tense have irregular stems, but use the same endings as regular verbs.

Irregular stems			Regular endigns
poder ▶ **podr**–	venir ▶ **vendr**–	haber ▶ **habr**–	–**é**
poner ▶ **pondr**–	decir ▶ **dir**–	saber ▶ **sabr**–	–**ás**
salir ▶ **saldr**–	hacer ▶ **har**–		–**á**
tener ▶ **tendr**–	querer ▶ **querr**–		–**emos**
			–**éis**

Can you recognize a pattern among the irregular stems?   –**án**

» The future tense is often used with the following expressions of time:

– el año / el mes / la semana / la primavera **que viene**
   El año que viene iré a Cuba.

– **dentro de** dos años / un rato / unos días
   Dentro de unos días vendrá a casa.

– el / la **próximo/a** semana / mes / año
   El próximo año tendré 17 años.

– **mañana / pasado mañana**
   Pasado mañana tendré un examen.

14.1 Ordena las siguientes expresiones de tiempo de más a menos cercanas en el futuro. Después, haz turnos con un/a compañero/a para decir qué harán en cada punto del futuro.

el mes que viene • dentro de dos años • dentro de un rato
mañana • pasado mañana • el año que viene • las próximas Navidades

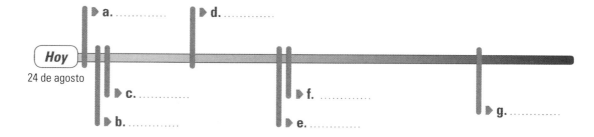

14.2 Completa el texto con el futuro de los verbos. Comparte tus respuestas con un/a compañero/a. ¿Qué situación creen que se describe?

Veo… que dentro de poco (conocer, tú) .... a una persona que (ser) .... muy importante para ti. (Salir, ustedes) .... juntos. Un día esta persona (querer) .... hacerte un regalo, pero tú le (decir) .... que no puedes aceptarlo. (Venir, tú) .... otra vez aquí porque (tener, tú) .... muchas dudas y me (pedir) ....consejo.

14.3 Ahora te toca a ti consultar con un/a adivino/a. Forma preguntas con la serie de palabras y úsalas para preguntar a tu compañero/a sobre tu futuro. Después, cambien de papel.

> Modelo: ¿Dónde / trabajar / el verano que viene?
> E1: ¿Dónde trabajaré el verano que viene?
> E2: Trabajarás en las oficinas de Google.

Estudiante 1:

a. ¿Dónde / estar / este verano?

b. ¿Con quién / pasar / el resto de mi vida?

c. ¿Cómo / ser? ¿Feliz, rico/a, pobre…?

Estudiante 2:

a. ¿Qué / hacer / después de graduarme?

b. ¿Dónde / vivir? ¿En una ciudad grande, un pueblo o en el extranjero?

c. ¿Cuántos hijos / tener?

14.4 Imagina cómo será tu vida dentro de quince años, escríbelo en una hoja y dásela a tu profesor. Después, el profesor repartirá las redacciones entre los compañeros de la clase. Usa tu imaginación y creatividad e incluye alguno de los siguientes aspectos:

– tu vida profesional
– tu vida familiar
– tu vida sentimental
– tu vida social

14.5 Ahora, lean el texto que les tocó e intenten adivinar de qué compañero/a se trata. Recuerden las formas para dar opinión o para mostrar que no están seguros.

| Creo que… porque… | Me parece que… porque… |

2. *SI* + PRESENT + FUTURE

» The sentence below describes an **action that depends on a certain condition** so that it can take place.

If I have time (condition), *I will go* shopping. (action)

» To talk about **future actions that depend on a condition**, use:
  – **Si + Present + Future**

Si tengo tiempo, **iré** de compras.   **Si** no **llueve**, **jugaremos** al tenis.

14.6 Relaciona las frases para formar oraciones lógicas.

1. Si el metro no funciona,…
2. Si me invita a su cumpleaños,…
3. Si me pongo enferma,…
4. Si no nos vemos esta tarde,…
5. Si piensas un poco,…

a. te llamaré.
b. iré a pie.
c. no podré ir a la excursión.
d. sabrás la respuesta.
e. tendré que comprarle un regalo.

14.7 Dale consejos a un amigo que quiere comer mejor. Completa las oraciones con el futuro de los verbos, uno en forma afirmativa y otro en negativa.

a. Si siempre vas a restaurantes de comida rápida,… (comer comida basura, recibir la alimentación necesaria).
b. Si no desayunas,… (tener energía por la mañana, comer en exceso al mediodía).
c. Si comes mucho al mediodía,…(tener sueño después, querer trabajar por la tarde).
d. Si tomas demasiada cafeína muy tarde,… (estar nervioso, poder dormir por la noche).
e. Si lees los ingredientes antes de comprar los productos,… (saber qué contienen, comprar comidas con muchas calorías).
f. Si preparas la comida en casa en vez de comer siempre en restaurantes,… (poder controlar tu dieta, gastar tanto en comida).

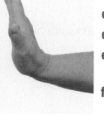

14.8 Completa las oraciones para expresar tu opinión. Después, hablen en grupos sobre sus planes. ¿Qué tienen en común?

a. Si ……………………, haré un crucero por el Canal de Panamá.
b. Si tengo suerte, ……………………
c. Si el sábado hace mal tiempo, ……………
d. Si ……………………, aprenderé japonés.
e. Si gano la lotería, ……………………

14.9 Escribe condiciones para conseguir estas cosas.

– estar en forma
– ser feliz
– ser rico
– tener el mejor trabajo del mundo

(Modelo:) Si corro cada día, estaré en forma (be in shape).

14.10 Lee el texto de este anuncio. Di si las afirmaciones son verdaderas o falsas y justifica tu respuesta.

Descubre el México desconocido

SI TE GUSTA DISFRUTAR DE LA NATURALEZA,
ENCONTRARÁS UN SINFÍN DE ACTIVIDADES AL AIRE LIBRE

Si te vuelve loco escalar montañas y mirar desde las alturas, en Tapalpa, México, tendrás muchos momentos de locura.

Si te gusta practicar deportes extremos, aquí encontrarás desde alpinismo hasta vuelo en parapente.

Si quieres olvidarte de todo y disfrutar del bosque y su hábitat, verás bella flora y diversa fauna.

Si disfrutas de los platillos preparados con borrego *(lamb)* y los dulces típicos, estarás en el lugar ideal.

Si buscas lugares románticos, estarás en uno de los mejores ya que encontrarás las más cálidas cabañas de todas las categorías donde podrás alojarte.

Todo en Tapalpa invita al disfrute, artesanías, fiestas y gastronomía integran un mosaico que te invita siempre al regreso.

Salto del Nogal

Volando en parapente

	V	F
1. Tapalpa es un buen lugar para disfrutar de las alturas.	☐	☐
2. Si te gusta el deporte extremo, Tapalpa no es tu destino.	☐	☐
3. Tapalpa es un pueblo estresante.	☐	☐
4. En Tapalpa solo hay cabañas lujosas.	☐	☐
5. En este pueblo puedes comer rico, hacer deporte, comprar artesanías y estar en contacto con la naturaleza.	☐	☐

14.11 Ahora, escribe un anuncio similar referido a tu país, región o ciudad. Sé creativo y usa tu imaginación. Respeta lo que está ya escrito.

> SI TE GUSTA ....
> ENCONTRARÁS ....
>
> Si ...., encontrarás ....
> Si buscas ....,
> Si te vuelve loco ....,
>   y conocerás ....
>   ¡Ven a ....!
>   ¡Será ....!

14.12 Busca una imagen para acompañar al anuncio y preséntalo a la clase. Usa *aquí* o *en este lugar* para no revelar el nombre. ¿Han podido adivinar tus compañeros el lugar? Muéstrales la foto para confirmarlo.

**VIDEOCLASES
27 y 28**

1. COMPRENSIÓN DE LECTURA

14.1 Relaciona cada palabra con su definición

1. azabache
2. escarabajo
3. hocico
4. gualdo/a
5. trote
6. cascabeleo
7. higo
8. ámbar
9. despacioso/a

a. Insecto que busca excremento de otros animales para alimentarse.

b. Amarillo. Se dice así porque hay una flor de ese color con el mismo nombre.

c. Sonido que producen los cascabeles.

d. Mineral de color negro, que se usa como adorno en collares, pulseras…

e. Resina fósil de color amarillo, que se emplea en collares, etc.

f. Modo de caminar acelerado de algunos animales, que avanzan saltando.

g. Fruto de la higuera, dulce, de color verde o morado por fuera y blanco o rojo por dentro.

h. Lento, pausado.

i. Parte de la cabeza de algunos animales, en la que están la boca y la nariz.

ESTRATEGIA

Approaching a literary text
Knowing ahead of time the type of text you will be reading facilitates comprehension. This is particularly important when reading a literary text. Take the time to read about the author and his/her works. The following excerpt is a descriptive text written for enjoyment.

14.2 Lee el siguiente extracto de la novela *Platero y yo* de Juan Ramón Jiménez.

Platero y yo

Platero es pequeño, peludo *(hairy)*, suave; tan blando *(soft)* por fuera, que se diría todo de algodón, que no lleva huesos *(bones)*. Solo los espejos de azabache de sus ojos son duros cual *(like)* dos escarabajos de cristal negro.
Lo dejo suelto y se va al prado, y acaricia *(caresses)* tibiamente con su hocico, rozándolas apenas, las florecillas rosas, celestes y gualdas…
Lo llamo dulcemente: "¿Platero?", y viene a mí con un trotecillo alegre que parece que se ríe, en no sé qué cascabeleo ideal…
Come cuanto le doy. Le gustan las naranjas mandarinas, las uvas moscateles, todas de ámbar; los higos morados, con su cristalina gotita de miel…
Es tierno y mimoso *(affectionate)* igual que un niño, que una niña…; pero fuerte y seco por dentro, como una piedra… Cuando paso sobre él, los domingos, por las últimas callejas del pueblo, los hombres del campo, vestidos de limpio y despaciosos, se quedan mirándolo:
- "Tien' asero…".
Tiene acero *(steel)*. Acero y plata de luna, al mismo tiempo.

14.3 Con tu compañero/a, contesta las siguientes preguntas.

a. ¿Qué animal es Platero?

b. ¿Cómo es físicamente? ¿Y su carácter o personalidad?

c. El autor utiliza metáforas y comparaciones para describir a Platero.
¿Podrías localizarlas en el texto? ¿Sabes qué significan todas?

d. En la primera etapa de su carrera literaria, Juan Ramón Jiménez, el autor, se centra en la creación de descripciones para provocar ciertos sentimientos. ¿Qué sientes tú al leer la descripción de Platero?

2. EXPRESIÓN ESCRITA

14.4 ¿Tienes o has tenido alguna vez una mascota? Escribe una descripción de ella utilizando metáforas y comparaciones como hizo el autor con Platero. Si nunca has tenido una mascota, puedes describir a una persona muy querida por ti.

✿ ESTRATEGIA

Making associations
Think about the characteristics you would like to highlight about the person or pet you are writing about and associate them with emotions and feelings that exemplify the sentiments you feel. Use colors, smells, sounds, nature… to help you create an association.

3. INTERACCIÓN ORAL

✿ ESTRATEGIA

Using examples
In group discussions, it is important to express your ideas using examples to explain or contrast an opposing view. As the discussion progresses, you may decide to reformulate your original stance in light of the examples and views presented by others.

14.5 En grupos de tres, contesten las preguntas expresando su opinión.

- ¿Piensas que el tener animales es bueno para desarrollar algunos sentimientos positivos?
- ¿Crees que puede ayudar a superar otros negativos? ¿Cuáles?
- ¿En qué situaciones crees que los animales pueden ser una terapia curativa?
- ¿Conoces algún lugar o país donde las personas van a tener contacto con animales para desarrollar su afectividad o combatir el individualismo de esta sociedad?

CUATRO SITIOS increíbles

Cueva de las manos en Patagonia, Argentina

Detalle de un campo de pelota en Yucatán, México.

La historia del continente americano es muy antigua. Te invitamos a visitar cuatro yacimientos* arqueológicos increíbles con huellas* de dinosaurio y momias, entre otras sorpresas.

Momias en Chauchilla, Perú

TESOROS ARQUEOLÓGICOS

«Los sitios arqueológicos son muy importantes para la identidad de los pueblos», dice Ulrike Guerin, responsable de la protección del patrimonio histórico de la Unesco.

La información de los sitios arqueológicos es útil para entender quiénes eran los antiguos habitantes del continente y cómo era su vida. Momias, ciudades en ruinas y pinturas nos ayudan a imaginar qué cosas eran importantes para nuestros antepasados.

¿Qué aspectos de los sitios arqueológicos te interesan más, las ruinas, las pinturas…? ¿Por qué?

MOMIAS PERUANAS

En 2013, un grupo de arqueólogos polacos y peruanos descubrió tumbas de la civilización huari en un sitio al norte de Lima. La cultura huari fue anterior a los incas: vivió en la región entre los años 500 y 1000 aproximadamente. Eran un pueblo guerrero* y construyeron grandes ciudades como Huari y Pikillaqta.

Las tumbas estaban escondidas bajo una capa de pequeñas piedras. Al excavar, los arqueólogos encontraron 63 momias, más de 1.200 objetos de oro y plata y recipientes para cocinar y comer.

Chauchilla es otro sitio arqueológico que revela los secretos de las civilizaciones preincaicas. Está cerca de Nazca, en el sudoeste del país, y se piensa que pertenece a las culturas huari o nazca. Allí también se encontraron momias, con ropa, cabello y piel.

«Trabajé en la excavación de Chauchilla y fue una experiencia sensacional. Las momias estaban bien conservadas por el clima seco del desierto. La pena es que las tumbas no estaban intactas porque los ladrones las habían saqueado*», dice Pedro Pino, un estudiante de arqueología de Nazca.

¿Por qué piensas que las culturas preincaicas momificaban* a sus muertos? Investiga sobre sus creencias sobre la vida después de la muerte.

Campo de pelota en Copán, Honduras

EL JUEGO DE PELOTA

Los mayas fueron una civilización que vivió en Centroamérica durante 3.000 años. Ocupaban los territorios que hoy son México, Honduras, Belice, El Salvador y Guatemala. Actualmente, sus descendientes aún viven en esta región. Uno de los sitios arqueológicos mayas más interesantes está en Copán, una zona de Honduras situada cerca de la frontera con Guatemala.

Copán era un reino maya con 20.000 habitantes. Hoy, sus ruinas ofrecen información sobre la vida de los mayas.

En el sitio hay un enorme campo de pelota, un juego similar al baloncesto que se jugaba en toda Mesoamérica[1]. Consistía en pasar una pelota de caucho* de un jugador a otro, evitando tocar el suelo. Más tarde, se añadieron* unos aros* de piedra, en los que había que meter la pelota.

> **¿Qué juegos de pelota son populares en tu país o región? ¿Cuál es su origen?**

[1] Mesoamérica es la región cultural y geográfica de Centroamérica donde vivían varias culturas precolombinas.

HUELLAS DE DINOSAURIOS

Hace millones de años, los dinosaurios recorrían Latinoamérica. Hoy, la región es rica en fósiles.

En la Patagonia argentina se se han encontrado evidencias de la existencia del argentinosaurio, un gigante hervíboro de 35 metros de largo y 100 toneladas de peso, y del Dreadnoughtus, de 26 metros de largo y 60 toneladas de peso.

Ilustración del argentinosaurio

Bolivia es otro sitio con huellas de dinosaurios. En Cal Orcko, cerca de Sucre, se inauguró en 2006 el Parque Cretácico. Es un espacio para el público, donde hay réplicas de las huellas e información sobre la importancia del sitio.

> **¿Qué sitio arqueológico o paleontológico de tu país recomendarías?**

MANOS PREHISTÓRICAS

En unas cuevas* en la provincia de Santa Cruz, en la Patagonia argentina, 800 manos esperan a los turistas. Es uno de los sitios arqueológicos más antiguos de Sudamérica: las pinturas tienen más de 7.300 años.

El lugar se llama «la cueva de las manos» y fue creado por los indios tehuelches y sus antepasados. Además de cientos de manos, hay siluetas de animales y símbolos geométricos. También hay escenas de la vida cotidiana de este pueblo, como, por ejemplo, la caza del guanaco, un animal que era parte importante de la dieta tehuelche.

> **¿Qué sabes de los pueblos que vivían en Estados Unidos en la prehistoria? ¿Cómo se llamaban? ¿Cómo era su vida cotidiana?**

REALIZA UNA INVESTIGACIÓN RÁPIDA EN INTERNET PARA ENCONTRAR LOS DATOS SIGUIENTES:

a ¿En qué estados norteamericanos se encontró mayor cantidad de fósiles de dinosaurios?

b ¿Qué animales de la familia del guanaco hay en Sudamérica?

c ¿Qué ciudad boliviana está cerca de Cal Orcko? ¿Qué otras atracciones se pueden visitar ahí?

VOCES LATINAS

Cuatro sitios increíbles

GLOSARIO			
el aro – ring	**la huella** – footprint	**se añadieron** – they added	
el caucho – natural rubber	**las habían saqueado**	**el yacimiento** – archeological site	
la cueva – cave	– they had looted		
guerrero – warrior	**momificaban** – mummified		

Fuentes: Unesco, Oficina de Turismo de Argentina, Parque Cretácico, Fox News, *The Daily Mail*, El Comercio de Perú, El País.

EN RESUMEN

¿QUÉ HAS APRENDIDO?

Situación

Día de la Tierra, 22 de abril
In celebration of Earth Day, your classmates have created the hashtag #consumoresponsable on Twitter.

ACTION

Describe future actions and conditions

14.1 Lee estos tuits relacionados con el consumo responsable y añade dos más con tus recomendaciones.

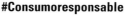

twitter

🏠 Inicio   🔔 Notificaciones   # Descubre   🐦   🔍 (Buscar)

#Consumoresponsable

 Si reflexionas sobre los recursos naturales, te darás cuenta de que no son infinitos. Solo piensa cuánto se tarda en cortar un árbol y cuánto tardará en crecer.

 Si consumes frutas y verduras orgánicas, mejorarás tu alimentación y ayudarás a mejorar el medioambiente.

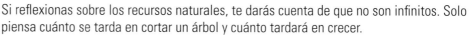

Make promises

14.2 En el centro del campus hay un árbol en el que los estudiantes pueden colgar sus promesas a la Tierra. Redacta tres promesas con las acciones que piensas realizar para reducir tu huella ecológica.

Make guesses and assumptions

14.3 Hay muchas actividades en el campus hoy. ¿Qué están haciendo estos estudiantes? Trabaja con tu compañero/a para decir qué creen que están haciendo las personas de las imágenes.

Talk about making future plans

14.4 El día ha sido todo un éxito y ahora quieren organizar otras actividades para otras causas. En grupos de tres, piensen qué causa quieren promover y hagan planes sobre las actividades que organizarán, cuándo será, quiénes participarán, etc.

LISTA DE VOCABULARIO

Verbos *Verbs*

ahorrar *to save*
castigar *to punish*
combatir *to fight, to combat*
consumir *to consume*
diseñar *to design*
disfrutar *to enjoy*
eliminar *to eliminate*
estar en forma *to be in shape*
malgastar *to waste*
prometer *to promise*
quedarse *to stay*
reducir *to reduce*
reciclar *to recycle*
reutilizar *to reuse*
suponer *to suppose*
votar *to vote*

Expresiones temporales *Time expressions*

dentro de + (periodo de tiempo) *within a (period of time)*
dentro de un rato *in a moment*
el mes que viene *next month*
pasado mañana *day after tomorrow*

Hacer conjeturas y promesas *Making assumptions and promises*

Creo que… *I believe that…*
Lo haré sin falta. *I'll be sure to do it.*
Me imagino que… *I imagine that…*
¡Prometido! *Promised!*
Supongo que… *I guess that…*
Te juro que… *I promise you that…*
Te prometo que… *I promise you that…*
Te doy mi palabra. *I give you my word.*

El medioambiente *Environment*

la basura *garbage*
el calentamiento global *global warming*
el cartón *cardboard*
el consumo responsable *ethical consumerism*
la contaminación *pollution*
la deforestación *deforestation*
los desechos *trash, waste*
el deshielo *melting, thawing*
el efecto invernadero *greenhouse effect*
el electrodoméstico de bajo consumo *energy-saving appliance*
la energía renovable *renewable energy*
el envase *container*
la etiqueta *label*

la lata de aluminio *aluminum can*
la pila *battery (not rechargeable)*
el producto envasado *packaged goods*
el reciclaje *recycling*
los recursos naturales *natural resources*
los restos orgánicos *organic waste*
la sequía *drought*
el transporte ecológico *ecologically friendly transportation*
el vertedero *dumping site*
el vidrio *glass*

La política *Politics*

el alcalde / la alcaldesa *mayor*
la campaña *campaign*
el/la candidato/a *candidate*
el congreso de los diputados *Congress*
las elecciones *elections*
la manifestación *demonstration, protest*
el partido político *political party*
el presidente / la presidenta *president*
el programa *platform (of a political party)*
la promesa *promise*
la reforma *reform*
el senado *Senate*
el sondeo electoral *election polls*
la urna *ballot box*
el voto *vote*

15 COSAS DE CASA

Hablamos de	Vocabulario y comunicación	¡En vivo!	Gramática	Destrezas	Sabor latino	En resumen
• Las tareas de la casa	• **Las tareas domésticas:** Asking, giving, and denying permission • **Los deportes:** Asking and giving instructions, advice and recommendations **Pronunciación** • La letra *h*	• **Episodio 15 El señor Don Limpio:** Using pre-viewing activities to anticipate content	• Affirmative and negative commands • Commands and pronouns	• **Mi abuela Eva** – **Comprensión de lectura:** Reading with purpose – **Expresión escrita:** Organizing ideas before writing – **Interacción oral:** Using a guide	• **América Latina y España: Consejos de viaje**	• **Situación:** Compartir apartamento • Vocabulario

Estos hermanos comparten buenos momentos

- ¿Crees que se llevan bien estos hermanos?
- ¿Y tú, tienes hermanos? ¿Cuántos? ¿Son mayores o menores que tú?
- ¿Cómo te llevas con tus hermanos? ¿Qué cosas suelen hacer juntos?

LEARNING OUTCOMES

By the end of this unit you will be able to:

- Ask, give and refuse permission
- Give advice, orders and instructions
- Extend invitations

15.1 Completa la tabla sobre esta familia con la información que puedes deducir de las imágenes y la que hay en el texto a continuación.

Pilar

Fernando

Antonio

Marcos

Daría

Juan

Pilar Garrido es pintora y tuvo a **Fernando** con 30 años. Ella tiene tres años menos que su marido, **Antonio Pérez**. A él le gusta la música clásica, pero a su hija Daría le gusta el heavy. **Daría** estudia Económicas en la universidad, tiene cuatro años menos que Fernando y seis más que su hermano, Marcos. **Marcos** tiene 12 años y **Juan**, el abuelo, que está retirado y le gusta la lectura, tiene 77 años.

Nombre	Profesión	Edad	Gustos
Juan	está retirado		
Antonio			
Pilar		52	Le gusta cocinar
Fernando	empleado de banco		
Daría	estudiante		
Marcos	estudiante		

15.2 ¿A qué miembro de la familia podríamos pedir consejo en estas situaciones? ¿Por qué? Habla con tus compañeros.

Modelo: Quiero leer un libro interesante de aventuras y emoción.

Puedes preguntarle al abuelo. Le gusta mucho leer.

a. Quiero comprar un CD de música clásica. ....
b. El viernes tengo una cena en casa y quiero preparar un plato sorprendente. ....
c. Quiero regalar un videojuego a mi sobrino por su cumpleaños. ....
d. Necesito consejo para ahorrar dinero. ....
e. Últimamente me duele mucho el estómago. ....

15.3 Comenta con tu compañero/a los gustos de los miembros de tu familia. ¿Tienen gustos muy diferentes en sus respectivas familias?

15.4 Daría y Ernesto hablan sobre sus familias. Lee la conversación y completa los espacios en blanco con las palabras de la lista.

ropa • campus • compras • rotar • horarios • especialistas

Ernesto: ¡Últimamente mis padres se quejan por todo!

Daría: ¿Por qué dices eso? Tus padres son encantadores.

E.: Nos han dicho que están cansados de vernos regresar tarde los días de diario y nos han pedido que, al menos durante la época de exámenes, salgamos únicamente los fines de semana.

D: ¡Pues vaya! Te vas a perder las fiestas de los miércoles en el (a) ....

E: Nos han "sugerido" colaborar a diario en las tareas de la casa. ¡Puf!, no sé de dónde voy a sacar el tiempo.

D.: Sí, te entiendo perfectamente. Mi madre el año pasado nos organizó unos (b) .... de tareas y nos costó bastante ajustarnos a ellas.

E: ¿Por qué? ¿Qué pasó?

D: Mi madre repartió las tareas en función de lo que más nos gustaba hacer.

E: Eso es buena idea.

D: Sí. Fernando se encargaba de las (c) .... Mi abuelo se encargaba del mantenimiento del jardín. Marcos tenía que pasar la aspiradora y yo lavaba la (d) .... Mis padres se ocupaban del resto.

E: No está mal.

D: El problema surgió cuando mi madre nos dijo que las tareas tenían que (e) .... cada mes. Ahí llegaron las discusiones.

E: Claro, porque solo queremos hacer lo que nos gusta.

D: Exacto. Así que mi madre decidió mantener el "equipo inicial de (f) ...." y cada uno hace en casa solo lo que se le da bien. ¡Y funciona genial!

15.5 Ahora escucha y comprueba tus respuestas.

15.6 ¿De qué problema familiar hablan los muchachos? Coméntalo con tus compañeros.

a. De la falta de diálogo entre padres e hijos.

b. De estar más con los amigos que con la familia.

c. De la colaboración en las tareas domésticas.

15.7 Aquí tienes una lista de conflictos familiares. Marca los que se mencionan en la conversación de Daría y Ernesto. En parejas, busquen alguno más.

a. Salir demasiado durante los días de diario.

b. No tener buenos resultados académicos.

c. Participar poco en la actividad familiar.

d. Regresar a casa en la madrugada.

e. No hacer deporte.

f. Llevar ropa inadecuada.

g. Cuestionar las normas establecidas por los padres.

15.8 Observa de nuevo la frase "cada uno hace en casa lo que se le da bien". En parejas comenten qué actividades domésticas se les dan bien y como está organizado el reparto de tareas en su familia. ¿Creen que existe una organización ideal?

📋 APUNTES: Reparto de tareas en Latinoamérica: mucho por hacer

✓ Aunque existe una tendencia al cambio, el reparto de tareas domésticas en Latinoamérica sigue siendo muy desigual entre hombres y mujeres.

✓ Un estudio realizado en tres ciudades mexicanas reveló que las mujeres dedican al trabajo doméstico siete veces más tiempo que los hombres.

✓ Las tareas son también distintas. Mientras los hombres participan en compras y llevar a los niños a la escuela, las mujeres realizan todo tipo de actividades domésticas.

Fuente: Informe de la Fao http://www.fao.org/docrep/004/x2919s/x2919s04.htm#fnB10

VOCABULARIO Y COMUNICACIÓN

1.A VOCABULARIO: LAS TAREAS DOMÉSTICAS

15.1 Escucha las conversaciones sobre las tareas domésticas y escribe el número de la conversación en la imagen correcta. ¡Atención! Hay 7 conversaciones y 12 imágenes.

hacer la cama | doblar y guardar la ropa | hacer la comida | lavar los platos | tirar la basura | poner la mesa

    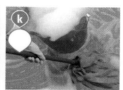 

poner la lavadora / el lavaplatos | planchar | barrer | pasear al perro | limpiar el suelo | pasar la aspiradora

15.2 Completa las oraciones con los verbos adecuados de la lista en la forma correcta.

limpiar • guardar • poner • hacer • barrer • cambiar • pasar • planchar

a. Lo contrario de *quitar la mesa* es .... la mesa.

b. A veces cuando haces la cama también .... las sábanas.

c. Si limpio el suelo sin agua, lo ....

d. Después de doblar la ropa, la tengo que ....

e. Lo hago con el polvo y el baño y es lo contrario de *ensuciar*. ....

f. Antes de comer, hay que .... la comida.

g. Antes de ponerte la ropa, la..........

h. Es más fácil .... la aspiradora que barrer.

15.3 Lee el siguiente artículo sobre cómo organizar las tareas domésticas. Después, di si las afirmaciones a continuación son verdaderas y justifica tus respuestas. Trabaja con tu compañero/a.

Responsabilidades del hogar

Organizar un hogar y una familia no es fácil. Por eso, es importante organizarse para distribuir las tareas y conseguir la colaboración de todos los miembros de la casa.

1. Haz un cuadro de tareas de tres columnas. En la primera, escribe todas las tareas del hogar. Pon, en primer lugar, las que se hacen todos los días, como pasear al perro por las mañanas, y, luego, las tareas semanales, como barrer.

2. Piensa cuánto tiempo necesita cada tarea y escríbelo al lado, en la segunda columna. Esto ayudará a distribuir las tareas de forma justa.

3. Escribe en la tercera columna los nombres de las personas de la casa que crees que pueden hacer cada tarea. Asigna tareas de acuerdo a *(according to)* la edad o los horarios de cada uno.

4. Asigna a cada persona una o dos tareas diarias y una o dos semanales.

5. Planifica un horario rotativo y así nadie tendrá siempre los peores trabajos, como limpiar el baño o planchar.

	V	F
a. La organización de las tareas en un hogar es una labor complicada......	☐	☐
b. Es necesario organizarse por horas.	☐	☐
c. Hay que separar las tareas diarias de las semanales.	☐	☐
d. La distribución de las tareas se hace en función del tiempo que duran *(it takes)*.	☐	☐

15.4 Selecciona cinco tareas de casa que crees que no le gustan a tu compañero/a. Él/Ella hará lo mismo contigo. ¿Quién de ustedes ha acertado más? ¿Qué tienen en común? ¿Por qué no les gusta hacer esas tareas?

Modelo Creo que no te gusta ......, ..., ..., ..., ... ¿Es verdad?

☐ lavar los platos
☐ planchar
☐ sacar los platos del lavaplatos
☐ poner la lavadora

☐ sacar la ropa de la secadora y doblarla
☐ hacer la cama
☐ limpiar el baño
☐ preparar la comida

☐ quitar la mesa
☐ sacar la basura
☐ pasar la aspiradora
☐ hacer la compra

15.5 (106) Escucha la conversación entre Tony, un estudiante extranjero que está en Guadalajara para estudiar español, y Doña Socorro, su "mamá mexicana". Marca las expresiones de la actividad anterior que menciona Doña Socorro. Compara tus respuestas con un/a compañero/a.

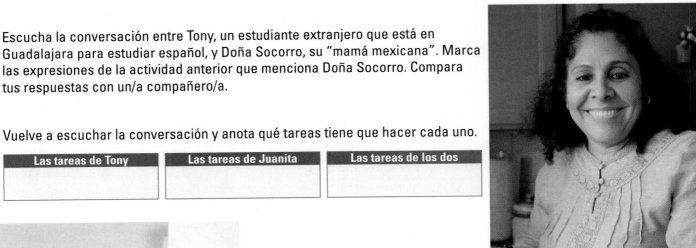

15.6 (106) Vuelve a escuchar la conversación y anota qué tareas tiene que hacer cada uno.

Las tareas de Tony	Las tareas de Juanita	Las tareas de los dos

Bienvenidos a casa

15.7 Cuando tienes invitados en casa, ¿qué esperas de ellos? Hablen en grupos pequeños sobre las responsabilidades que tienen los invitados en casa. Consideren los siguientes aspectos:

¿Qué deben hacer los invitados en tu casa?
¿Qué cosas no tienen que hacer?
¿Depende de los días que estarán contigo?
¿Estás de acuerdo con lo que dicen tus compañeros?

» Para **pedir permiso**:

¿**Puedo / Podría**		Can / Could I …?
¿**Me permites / permite**	+ infinitivo?	Will you allow me to…?
¿**Te / Le importa si** + presente de indicativo?		Do you mind if…?

» Para **conceder un permiso**:

Sí, sí. **Por supuesto.** **Claro que sí.** **Desde luego.** *Of course.*

» Para **denegar un permiso**:

No, lo siento, es que… *No, I'm sorry, it's just that…*
¡Ni hablar! / ¡De ninguna manera! *No way!*

» Para **invitar** u **ofrecer**: »Para **responder**

¿**Quieres** un poco de pastel? **Sí, gracias.**

¿**Quieres** ir al nuevo restaurante chino? **No, gracias, es que** no me gusta la comida china.

15.8 Tony está conociendo mejor a su familia mexicana pero todavía no tiene confianza con ellos y pide permiso para todo. Relaciona sus peticiones con las respuestas que le dan.

a. ¿Puedo abrir la ventana?

b. ¿Podría cargar la batería del celular?

c. ¿Me permiten llamar un momento a mis padres?

d. Necesito darme un baño, ¿es posible?

e. Tengo que mandar un e-mail, ¿puedo conectarme al wifi?

f. Se me olvidó traer mi champú. ¿Les importa que use el suyo?

g. Estoy muy cansado del viaje, ¿podría acostarme un rato?

h. Tengo mucha sed, ¿puedo tomar un vaso de agua?

1. ☐ Claro que no, usa esta toalla.
2. ☐ Sí hombre, marca primero el prefijo 00.
3. ☐ Sí, tranquilo, vete a tu cuarto, te avisamos para la comida.
4. ☐ Sí, ábrela, ábrela, que hace calor.
5. ☐ Por supuesto, aquí tienes el código.
6. ☐ Conecta el cargador ahí.
7. ☐ Tómalo, está en el mueble del baño.
8. ☐ Claro, Tony. Toma también algo para comer.

15.9 Completa las conversaciones con las expresiones del cuadro.

quieres • no • un poco • es que • sí, claro • puedo

a. Mateo: María, ya sé que estás leyendo, pero… ¿(a)………. poner la tele?
María: (b)………., ponla. A mí no me molesta el ruido mientras leo.
Mateo: Vale, gracias, es que ahora hay un programa que me encanta.

b. Anabel: ¿(c)………. probar la pizza que he hecho?
Marcos: (d)………., gracias, (e)………. no tengo hambre.
Anabel: Anda, come (f) ………., solo para probarla. Ya verás qué rica está.
Marcos: Bueno, la probaré, pero solo un poquito.

15.10 Escucha las siguientes conversaciones y escoge la opción correcta.

 (107)

	Conversación 1	Conversación 2	Conversación 3	Conversación 4
a. Conceder permiso.	☐	☐	☐	☐
b. Denegar permiso.	☐	☐	☐	☐
c. Aceptar una invitación.	☐	☐	☐	☐
d. Denegar una invitación.	☐	☐	☐	☐

15.11 Con un/a compañero/a, interpreta las tarjetas y sigue las instrucciones.

Estudiante 1:

Situación 1. Empiezas tú.
   Tienes que pedir permiso a tu compañero/a
   para hacer algo.

Situación 2. Empieza tu compañero/a.
   Tienes que aceptar o rechazar la invitación
   de tu compañero/a.

Estudiante 2:

Situación 1. Empieza tu compañero/a.
   Tienes que conceder o denegar permiso
   según lo que te pida tu compañero/a.

Situación 2. Empiezas tú.
   Tienes que invitar o ofrecer algo a tu
   compañero/a.

15.12 Relaciona las imágenes con las preguntas. Después, usa las preguntas para pedir permiso a tu compañero/a. Usen las imágenes para elaborar una conversación entre los dos.

1. ☐ ¿Quieres levantarte y ayudarme a limpiar, por favor?

2. ☐ ¿Me permites usar tu carro?

3. ☐ ¿Puedo probarlo?

4. ☐ ¿Te importa si paso la aspiradora?

5. ☐ ¿Te importa si hago una llamada?

6. ☐ ¿Puedo pasar?

15.13 Pide permiso a tu compañero y responde a sus peticiones.

Estudiante 1:

a. Estás en casa de un/a amigo/a y ves un libro que te gustaría leer.

b. Has salido con tu compañero/a y has olvidado en casa tu celular. Necesitas usar su teléfono para llamar a casa.

c. Estas en el metro. Quieres leer la revista de cotilleo que tiene el pasajero que está al lado.

d. Estás en casa de tus abuelos viendo la televisión y el volumen está muy alto.

Estudiante 2:

a. Estás en la biblioteca y has olvidado el libro de texto. Pídeselo a tu compañero/a.

b. Estás en casa de tu amigo/a y quieres probar un dulce que ha hecho.

c. Estás en clase. Hace demasiado frío y quieres cerrar la ventana.

d. Estás en casa de tu amigo. Tiene un iPhone nuevo. Quieres ver cómo funciona.

15.14 Clasifica las siguientes palabras en la casilla correspondiente. ¡Atención! Algunas de las palabras pueden ir en más de una columna. Si lo necesitas, puedes usar el glosario.

golpear • tenis • balón • waterpolo • pelota • falta • portería • pared • red
squash • pase • raqueta • portero • chutar • marcar un gol • set • lanzar •
cancha • campo • flotar • botar • ventaja • balonmano • jugador • rebotar

Deporte	Fútbol				
Palabras asociadas				pared	

15.15 Juega con tu compañero/a. Tienen que adivinar a qué deporte se refiere cada texto. Gana quien necesite leer menos reglas para adivinarlo. Vuelvan a jugar con la segunda tarjeta.

– Consigue una raqueta y una pelota pequeña.
– Busca un adversario para jugar.
– Si el jugador contrario te ha lanzado la pelota, no permitas que esta bote dos veces o más en el suelo o él conseguirá el punto.
– Para ganar puntos, intenta que el adversario no pueda responder a tus golpes.
– Para poder jugar, encuentra un espacio cerrado rodeado de paredes.
– Golpea la pelota con la raqueta y haz que rebote en la pared frontal de la cancha.

– Forma dos equipos. En cada uno tiene que haber un portero.
– Durante el partido, intenta marcar el mayor número de goles al equipo contrario.
– Para marcar un gol, lanza la pelota hacia la portería contraria. Si la metes dentro, habrás marcado.
– Intenta robar el balón al jugador del equipo contrario, pero no lo agarres porque cometerás falta. No cometas faltas porque podrás ser expulsado.
– Para marcar gol, utiliza cualquier parte del cuerpo, pero si usas la mano, esta tiene que estar abierta.
– No pises el suelo de la piscina, está prohibido. Tienes que mantenerte flotando durante todo el partido.

15.16 Piensa en otro deporte y escribe las reglas para explicar cómo se juega. Usa las palabras y expresiones de la actividad anterior para guiarte. Después, vuelve a jugar con un/a compañero/a. ¿Quién de ustedes acertó primero?

15.17 Lee la siguiente entrevista a Vicky Alonso, una deportista española, y escribe las preguntas en su lugar correspondiente.

Preguntas:

a. ¿En estos tiempos están todos los pabellones *(sports centers)* adaptados?

b. ¿Cómo es jugar en un equipo en donde los compañeros son hombres?

c. ¿Cómo llegó al mundo del deporte?

d. ¿Qué es lo mejor que le ha dado el deporte?

e. ¿Practicar un deporte adaptado supone un gran trabajo?

Vicky Alonso (Vigo, 1982) es una de las internacionales del deporte español. En 2012 recibió el Premio de Deporte Gallego a la mejor deportista discapacitada. Lleva diez años en la élite del baloncesto en silla de ruedas, jugando en el Amfiv, un equipo con hombres, y está a punto *(ready)* de iniciar su quinto campeonato de Europa con la selección femenina. Dice que el deporte le ha hecho más fácil su minusvalía *(disability)*.

● (1) ....

● Llegué por casualidad. Cuando comencé a sacar el carné de conducir, mi profesor de la autoescuela, que era entrenador *(coach)*, me lo propuso, fui a probar y me gustó…

● (2) ....

● Yo creo que todo lo contrario, creo que el hecho de hacer deporte te ayuda muchísimo a superar la minusvalía, es todo lo contrario que en la vida cotidiana *(everyday)*.

● (3) ....

● En Vigo nunca hemos tenido dificultades, pero sí en alguna otra ciudad donde los pabellones no eran del todo accesibles…

● (4) ....

● Siempre he jugado sola entre hombres, pero la verdad es que es estupendo. Yo comencé a entrenar *(train)* con ellos y, la verdad, nunca he tenido ningún problema.

● (5) ....

● Lo mejor ha sido conocer a otras personas que están en la misma situación y que se han encontrado con las mismas dificultades que tú, gente que te hace pensar que no es tan trágico estar así y que tampoco es tan difícil salir adelante *(get ahead)*.

Adaptado de Castro Vigo: http://www.lavozdegalicia.es/coruna/2011/08/23/0003_201108H23P52991.htm

15.18 Haz una presentación breve sobre tu deportista favorito/a ante tus compañeros. Describe qué ha conseguido y qué representa esta figura para ti.

» Para **pedir instrucciones**:

¿Puedes / Podrías decirme cómo se juega al fútbol americano? *Can/Could you tell me how …?*

¿Sabes cómo ir al centro? *Do you know how …?*

Perdone / Perdona, ¿para ir a la estación? *Excuse me…*

» Para **dar instrucciones**:

Sí, mira, haz / toma / ve… *Yes, look, you do / take / go…*
  Sí, toma la primera a la derecha, sigue todo derecho, después cruza la calle… *Yes, take…, keep going…, cross…*

Sí, tiene / tienes que tomar / hacer / ir… *Yes, you have to…*

» Para **pedir y dar consejos** o **recomendaciones**:

Últimamente no me concentro a la hora de estudiar, **¿qué puedo hacer?** …., *what can I do?*

Tendrías que / Deberías ir a la biblioteca / hacer deporte. *You should…*

¿Por qué no vas a la biblioteca / haces deporte? *Why don't you …?*

Ve a la biblioteca. / **Haz** ejercicio. *Go…/ Do…*

» Para **dar órdenes**:

Come / Haz / Ven… *Eat / Do / Go…*
  Pedro, **haz** las tareas antes de ver la tele.

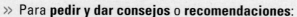

15.19 Lee y relaciona las conversaciones.

a. Sí, claro. Sigue todo derecho y después toma la primera calle a la izquierda…

b. Que sí, mamá, ¡ya voy…!

c. ¿Y por qué no empiezas a estudiar ya? Lee una sección del capítulo cada día.

Perdona, ¿podrías decirme cómo llegar al Palacio de los Deportes?

No sé si voy a aprobar el examen de Historia. Solo he leído unas páginas del capítulo. ¿Qué puedo hacer?

Adriana, haz la tarea, deja de mandar textos y baja el volumen de la música.

15.20 Marca en la tabla qué hacen en las frases de la actividad anterior.

	1	2	3	a	b	c
a. Pedir y dar consejos						
b. Pedir instrucciones						
c. Dar instrucciones						
d. Dar y aceptar órdenes						

15.21 Escoge una de las situaciones y pide un consejo a tu compañero/a. Él /ella responderá con instrucciones o un consejo. Después, cambien los papeles.

a. Últimamente duermes poco, solo dos o tres horas. Pide consejo a tu compañero/a.

b. No sabes cómo mandar un mensaje de texto desde tu celular nuevo. Pregunta a tu compañero/a.

c. Necesitas ir a la oficina de tu escuela y no sabes dónde está. Tu compañero/a sí lo sabe.

d. Quieres irte de viaje el fin de semana, pero el lunes tienes un examen y no sabes qué hacer. Pide consejo a tu compañero/a.

PRONUNCIACIÓN

LA LETRA *H*

15.1 Como sabes, en español la letra *h* no se pronuncia (*hola, hoy, hablar*). Lee la siguiente información sobre cuándo usar *h* en la ortografía del español.

> Se escriben con *h*:
>
> » **Grupo 1** ▶ Las palabras que empiezan por *hue–, hie–, hui–*: huevo, hierba, huida.
>
> » **Grupo 2** ▶ Las palabras que empiezan por los prefijos *hidro–, hiper–, hipo–, homo–, hetero–, heli–*: hidrógeno, hipermercado, hipopótamo, homogéneo, heterogéneo, helipuerto.
>
> » **Grupo 3** ▶ La mayoría de las palabras que empiezan por *hosp–, horm–, horn–, herm–, hern–*: hospital, hormiga, horno, hermético, hernia… Hay excepciones como: *Ernesto, ermita*.
>
> » **Grupo 4** ▶ Otras palabras se escriben con *h* por derivación de palabras de la misma familia: *habitante, habitar, habitación…*

15.2 Escucha las palabras y escribe el número de la palabra en la categoría a la que corresponda.

Grupo 1	Grupo 2	Grupo 3	Grupo 4

> » In Spanish there is a group of words or expressions that sound the same, but have different meanings. Here are some examples of homophones.

a (preposition) / **ha** (verb **haber**)
ay (exclamation) / **hay** (verb **haber**) / **ahí** (adverb)
haber (verb) / **a ver** (preposition + verb)
hecho (verb **hacer**) / **echo** (verb **echar**)
hola (greeting) / **ola** (wave, noun)

15.3 Completa los espacios en blanco con los homófonos de arriba. Después, escucha y comprueba tus respuestas.

a. Mónica .... vuelto .... Madrid.

b. ¿Ves estos libros de cine tan bonitos? Creo que los van .... vender todos y no va .... más hasta el próximo mes.

c. ¡..............., Isaac! Quita la computadora de ...., ¿no ves que no .... espacio suficiente?

d. ¡..............., Sergio! ¿Has visto qué .... tan buenas .... para hacer surf?

e. Otra vez he .... una tortilla horrible, siempre le .... demasiada sal.

El señor Don Limpio

⚙ ESTRATEGIA

Using pre-viewing activities to anticipate content
Pre-viewing activities provide context for what you can expect to listen and see in the episode. Reading through the options and questions provided will alert you to possible scenarios you can expect. Having this information ahead of time will maximize comprehension while you view the episode and will help you complete the activities with greater ease.

15.1 Comenta con tus compañeros estas cuestiones.

a. ¿Eres organizado/a?

b. ¿Tu dormitorio está siempre ordenado o solo lo limpias cuando tienes visita?

15.2 Observa las imágenes 1, 2 y 3 y elige el texto que cuenta la primera parte de la historia del episodio. Basa tus respuestas en lo que crees que puede ocurrir. Usa tu imaginación.

a. Eli cree que la casa está muy desordenada y le pide ayuda a Sebas para ordenar y limpiar la casa; además, está muy feliz porque sus padres vuelven de un viaje y les quiere sorprender con una cena. A Sebas no le apetece nada limpiar y protesta.

b. La habitación de Sebas está muy desordenada y Eli pide colaboración a su hermano porque tiene invitados y quiere impresionarlos. Sebas protesta porque no quiere organizar cenas cuando los padres están de viaje y además no quiere ordenar su dormitorio.

c. Eli llega antes a casa y le cuenta a Sebas sus planes. Está feliz porque sus padres no están y ha decidido invitar a algunos amigos a cenar. Necesita saber si Sebas quiere cenar con ellos. A Sebas no le apetece nada cenar con los amigos de su hermana.

15.3 Mira el segmento y comprueba tu respuesta.

00:33 - 01:38

15.4 Ahora, observa las imágenes 4, 5 y 6 y elige la opción correcta en cada caso. Después, une tus opciones y crea la historia. Compara tus resultados con tu compañero/a. ¿Coinciden?

Imagen 4

a. ☐ Es Alba, la novia de Sebas, que también va a venir a cenar.

b. ☐ Es Alba, una amiga de Eli, que Sebas quiere conocer.

c. ☐ Es Alba, la hermana de uno de los invitados de Eli.

Imagen 5

a. ☐ Sebas quiere conocer a la nueva amiga de Eli e invitarla también, y por eso decide ordenar su dormitorio.

b. ☐ A Sebas le encanta la idea de volver a ver a Alba, la hermana del amigo de Eli, y quiere impresionarla con la casa perfecta.

c. ☐ Sebas solo piensa en su cena con Alba, ignora a su hermana y no piensa ayudarla con las tareas de la casa.

Imagen 6

a. ☐ A Eli no le gusta nada la visita de la novia de Sebas sin el permiso de sus padres.

b. ☐ A Eli le sorprende el cambio de opinión de su hermano y no piensa ayudarle a limpiar la casa.

c. ☐ Eli protesta por la actitud de Sebas con todas sus amigas nuevas.

15.5 Mira el segmento y comprueba tus respuestas anteriores.

01:38 - 02:47

15.6 Mira el resto del episodio y relaciona los pensamientos con cada personaje.

Felipe	Eli	Sebas

a. Son mis invitados y no quiero limpiar.

b. Necesito ayuda, la casa tiene que estar perfecta.

c. Está totalmente loco.

d. Los universitarios son aburridos.

e. Solo pienso cocinar para los invitados.

f. ¿Limpiando en esta casa?

15.7 Marca las afirmaciones que se corresponden con la historia. Puedes ver el episodio otra vez, si es necesario.

a. ☐ A Eli no le importa el estado de la casa, cree que está bien y que sus amigos son de confianza.

b. ☐ Sebas le dice a Eli que ella tiene que limpiar el polvo.

c. ☐ Sebas pide a Eli pasar la aspiradora mientras él barre la cocina.

d. ☐ Los dos tienen que hacer las camas y sacar la basura.

e. ☐ Sebas dice que Eli pone el lavaplatos y él la lavadora.

f. ☐ Eli piensa que su hermano está obsesionado con la limpieza.

g. ☐ Felipe cree que Sebas está loco por Alba.

15.8 Responde estas preguntas y comenta las respuestas con tus compañeros.

a. ¿Qué opinas de la actitud de Eli? ¿Crees que debería ordenar la casa para recibir a sus invitados?

b. ¿Es Sebas injusto? ¿Crees que debería colaborar más a menudo?

15.9 Escríbele un mensaje dándole un consejo a Eli y otro a Sebas.

DESPUÉS DEL VIDEO

GRAMÁTICA

1. AFFIRMATIVE COMMANDS

- The informal affirmative command for **vosotros/as** has a different ending formed by substituting the –**r** in the infinitive with a –**d**:
  - compr**ad** / com**ed** / sub**id** / dec**id** / hac**ed** / pon**ed** / ten**ed**…

- This form is used in Spain to tell a group of people you normally address individually as **tú** to do something.
  - Niños, **tened** cuidado al cruzar la calle. *Children, be careful when crossing the street.*

» Affirmative commands are used to give an order, invite, give advice, make recommendations, or give permission to someone.

*Marcos, **limpia** tu habitación y después, **haz** la tarea.*

» For **tú** or informal commands, drop the –**s** from the present tense form of the verb. There are some irregular verbs for the **tú** form (**decir**, **hacer**, **poner**, **tener**…).

	Regular verbs			Irregular verbs			
	COMPRAR	**COMER**	**SUBIR**	**HACER**	**PONER**	**TENER**	**DECIR**
tú	compr**a**	com**e**	sub**e**	**haz**	**pon**	**ten**	**di**

» For **usted** or formal commands and **ustedes** or plural commands, start with the **yo** form of the present tense, drop the –**o** and switch to the opposite –**ar** or –**er**/–**ir** endings of the verb. For example, verbs ending in –**ar** will use the –**e**/–**en** endings in **usted** and **ustedes** commands. Verbs ending in –**er**/–**ir** will use the –**a**/–**an** endings in **usted** and **ustedes** commands.

Regular verbs			
Infinitive	yo form	usted	ustedes
compr**ar**	compr**o**	compr**e**	compr**en**
com**er**	com**o**	com**a**	com**an**
sub**ir**	sub**o**	sub**a**	sub**an**

***Compren** fruta fresca y **coman** una al día.*

Irregular verbs			
Infinitive	yo form	usted	ustedes
dec**ir**	dig**o**	dig**a**	dig**an**
hac**er**	hag**o**	hag**a**	hag**an**
pon**er**	pong**o**	pong**a**	pong**an**
ten**er**	teng**o**	teng**a**	teng**an**

***Ponga** la lavadora y **haga** la cena.*

» With all affirmative commands, object pronouns are attached to the end of the verb.

*Pon la mayonesa y la mostaza en el refrigerador. **Ponlas** allí.*

*Compra el pan. **Cómpralo**.*

15.1 Los padres de Daría se van de viaje. Lee la nota que la madre dejó al abuelo y a los muchachos y escribe el imperativo afirmativo de los verbos entre paréntesis. Compara tus respuestas con un/a compañero/a.

> Daría, (a) .... (poner) el despertador para no quedarte dormida por la mañana
> y (b) .... (sacar) al perro a pasear después de la escuela.
> Marcos, puedes jugar un poco a los videojuegos si quieres, pero antes
> (c) .... (hacer) la tarea.
> Papá, (d) .... (tener) cuidado de no dejarte el fuego de la estufa encendido y
> si sales a la calle, (e) .... (agarrar) las llaves, que siempre te las olvidas.
> Y a todos, por favor, (f) .... (dejar) la casa ordenada.

15.2 Fernando, el hermano de Daría, ha encontrado un apartamento para compartir. Habla con Ana y David, sus nuevos compañeros, sobre las normas de convivencia. Escucha la conversación. ¿Qué uso tiene aquí el imperativo?

1. ☐ Dar información.

2. ☐ Dar órdenes e instrucciones.

3. ☐ Expresar obligación.

15.3 Vuelve a escuchar y toma nota de lo que dice Ana sobre todo aquello que debe tener en cuenta Fernando para convivir en el piso. Fíjate especialmente en los imperativos.

Normas del apartamento

La cocina	La ropa	El baño	La compra

2. NEGATIVE COMMANDS

» Negative commands are used to tell someone what not to do. To form the negative commands:
  – For **usted/ustedes**, use the same form as the affirmative command.

  (usted) compre ▶ **no compre**   (ustedes) compren ▶ **no compren**

  – For **tú**, add –s to the negative command of **usted**.

  (usted) no compre ▶ (tú) **no compres**

For **vosotros/as** (Spain) drop the –**ar**, –**er**, –**ir** ending of the infinitive and switch to –**éis** (for –**ar** verbs) or –**áis** (for –**er**/–**ir** verbs):
  - no **compréis**
  - no **comáis**
  - no **subáis**
  - no **digáis**
  - no **hagáis**…

Regular verbs		
COMPRAR	**COMER**	**SUBIR**
tú	no compr**es**	no com**as**	no sub**as**
usted	no compr**e**	no com**a**	no sub**a**
ustedes	no compr**en**	no com**an**	no sub**an**

Regular verbs			
DECIR	**HACER**	**PONER**	**TENER**
tú	no dig**as**	no hag**as**	no pong**as**	no teng**as**
usted	no dig**a**	no hag**a**	no pong**a**	no teng**a**
ustedes	no dig**an**	no hag**an**	no pong**an**	no teng**an**

» With negative commands, pronouns always go before the conjugated verb.
  No **lo** bebas / no **me lo** digas / no **las** comas / no **lo** pienses / no **te** olvides… *Don't drink it / don't tell it to me / don't eat them / don't think about it / don't forget…*

15.4 Hoy Fernando ha recibido varios mensajes de celular. En ellos aparecen imperativos, tanto en su forma afirmativa como negativa. Clasifícalos en las tablas.

a. No saques la ropa de la secadora. La tengo que planchar. Ah, acuérdate de que mañana es el cumpleaños de Lola. No lleves nada para la cena.

b. El sábado viene mi madre. No quedes con nadie en el apartamento, por favor. No vayas a la panadería, ya he comprado el pan.

c. Espérame en la puerta del edificio. No te vayas. Te llevo las llaves para el garaje.

d. Hola. Ayer no te llamé. Lo siento. No te enfades conmigo. No olvides escribirme.

e. Mañana salimos con los compañeros del apartamento. No te pongas traje, vamos a la discoteca. Sé puntual.

Imperativos afirmativos

Imperativos negativos

15.5 Ana, la compañera de apartamento de Fernando, es algo antipática y siempre reacciona negativamente a todo lo que dice Fernando. ¿Cuáles crees que son las respuestas de Ana?

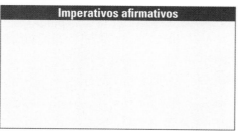

Modelo: ¿Cierro la ventana? No, no la cierres. Tengo mucho calor.

a. ¿Voy con Paco al supermercado?

....

b. ¿Te despierto pronto mañana por la mañana?

....

c. ¿Paso la aspiradora por la tarde?

....

d. ¿Lavo estos platos?

....

e. ¿Hago la cena esta noche?

....

15.6 Ana ha participado en un programa de radio para hablar de las cosas que ella tiene en cuenta a la hora de planificar las tareas domésticas. Escucha y organiza las ideas según su orden de aparición.

(111)

Se refiere a:

a. ☐ Prepárate**la** el día anterior. ....

b. ☐ No **la** guardes en los armarios sin doblarla. ....

c. ☐ No salgas de casa sin hacer**la**. ....

d. ☐ No te olvides y quita**lo** a menudo. ....

e. ☐ No **las** acumules. ....

f. ☐ No **la** dejes más de un día. Tíra**la** diariamente. ....

g. ☐ No **la** dejes puesta después de comer. ....

h. ☐ No te acuestes sin recoger**la**. ....

15.7 Vuelve a escuchar y di a qué se refieren los pronombres que aparecen destacados. Escríbelo en la columna derecha de la tabla anterior.

(111)

- Direct object pronouns: **me**, **te**, **lo/la**, **nos**, **os**, **los/las**
- Indirect object pronouns: **me**, **te**, **le**, **nos**, **os**, **les**
- Reflexive pronouns: **me**, **te**, **se**, **nos**, **os**, **se**.

15.8 El padre de Daría también escribió una nota para la familia antes de salir de viaje. Completa los espacios con los verbos del cuadro usando el imperativo negativo.

pelearse • comer • ensuciar • poner • olvidarse • quedarse • llegar

Marcos, no (a) .... solo pizzas, tienes que comer lo que cocine tu hermana.

Daría, tú eres la encargada de Hueso. No (b) .... de ponerle la comida y el agua todos los días, y ¡no (c) .... la cocina! No (d) .... tarde, ni (e) .... dormida viendo la tele en el sofá.

Abuelo, no (f) .... la radio muy alta, que después se quejan los vecinos.

Y a todos, por favor, no (g) ....

15.9 Vas a invitar a dos amigos una semana a tu casa. Escribe un texto donde les expliques las normas de la casa, especialmente lo que deben y no deben hacer o traer.

VIDEOCLASES

29 Y **30**

1. COMPRENSIÓN DE LECTURA

15.1 Comenta con tu compañero/a la siguiente frase y contesta a las preguntas.

"En la vida hay que poner el corazón en lo que haces. Si no, no sirve para nada".

a. ¿A qué creen que se refiere la frase con "poner el corazón"?

b. ¿En qué actividades de su vida cotidiana dirían que ustedes ponen el corazón? Comparen sus respuestas.

⚙️ ESTRATEGIA

Reading with purpose
Many texts require more than one reading. Read the first time to get the gist of the content. Try to identify the main idea and the message it's trying to communicate. Jot down notes about what you understand. In the second reading, pay attention to unfamiliar words and try to interpret their meaning based on context.

15.2 Lee el texto y contesta las preguntas.

Mi abuela Eva

No sé si creer en las casualidades. Pero resulta que hoy, en el autobús, mientras iba a la escuela, alguien se había dejado olvidado un libro. Ya su portada me invitaba a leerlo y a devorarlo *(devour it)*, y comencé la lectura. Fíjate si estaba entusiasmada *(excited)* con la historia, que me pasé la parada de la escuela. El libro se llamaba *Como agua para chocolate* y cuenta la vida de Tita y su historia de amor con Pedro. La madre de Tita tuvo a su hija en la cocina, entre los olores *(smells)* de lo que estaba cocinando. Por eso, ya desde el principio, Tita sentía un gran amor por la cocina. Cuando cocinaba, su estado de ánimo *(mood)* influía en los platos que preparaba. Así, si hacía un plato estando alegre, cuando la gente lo comía, también se ponía contenta.

Ahora estoy en mi habitación y sigo leyéndolo sin parar. Quizás también me gusta esta historia porque me recuerda a mi abuela. Ella pasaba mucho tiempo en la cocina y le encantaba cocinar. Además, al igual que Tita, creía que era muy importante cómo te sentías cuando cocinabas. Siempre que podíamos, mi hermano y yo, a la vuelta de la escuela, pasábamos toda la tarde con ella. Cuando nos veía asomar *(peeking out)* la cabeza por la puerta siempre nos decía:

— Entren, entren. Miren qué estoy preparando.

Nosotros entrábamos hipnotizados. Dejábamos las mochilas en el suelo y nos poníamos manos a la obra *(get down to business)*.

— Manuela, ayúdame a cortar esta cebolla, y Tomás, lava las papas para cocerlas.

A mi hermano y a mí nos encantaba ser sus ayudantes en la cocina e imaginar que estábamos en uno de los mejores restaurantes de París.

— No, mira, si quieres que esté dulce, recítale un poema. Sí, así… Muy bien… En la vida hay que poner el corazón en lo que haces. Si no, no sirve para nada… Eso es, ponle alegría, que es para la familia…

Daba igual si no lo hacíamos perfecto, ella siempre nos sonreía. Claro, que eso no era muy difícil, porque todo le parecía bien y casi siempre estaba de buen humor. Creo que solamente se enfadaba y se quejaba *(complain)* cuando cortaba la cebolla y le lloraban los ojos.

— Seguro que esto no es bueno. Si lloro ahora cocinando, ¿qué pasará cuando lo coman los invitados? Yo no quiero llorar cocinando. ¿Y si se me caen las lágrimas *(tears)* encima de la comida?

Un día, por su cumpleaños, se nos ocurrió regalarle unas gafas de buceo *(swimming mask)* para cortar cebollas y así perder el miedo a cocinar algo triste. Todavía recuerdo su sonrisa cuando se las puso. Nos dijo que era el mejor regalo del mundo.

- **a.** ¿Qué significado crees que tiene el verbo *devorar* en el texto?
- **b.** ¿Por qué era importante para la abuela sentirse bien mientras cocinaba?
- **c.** ¿Por qué entraban los muchachos hipnotizados a la cocina?
- **d.** ¿Tiene mucho sentido para ti recitar un poema a un plato? ¿Por qué crees que la abuela sugiere eso a los muchachos?
- **e.** ¿Qué era lo único que a la abuela no le gustaba?

2. EXPRESIÓN ESCRITA

15.3 Seguro que recuerdas un día en el que tu estado de ánimo –positivo o negativo– te influyó en una decisión que tomaste o en algo que hiciste (examen, trabajo, discusión, relación amorosa, relación de amistad…). Escribe un texto explicando tu experiencia.

 **ESTRATEGIA**

Organizing ideas before writing
Think about the topic you want to write about and create an outline of what you want to say. Remember to include the verb tenses as well as the vocabulary and transition words you will need. As a final step, choose a title for your story.

3. INTERACCIÓN ORAL

15.4 En grupos de cuatro y por turnos, comenten con sus compañeros si alguno de ustedes hace habitualmente alguna de estas cosas. Expliquen los motivos.

- Hablarle a la comida que están preparando.
- Hablarle a las plantas en la casa o en el jardín.
- Hablarle al televisor a gritos durante una competición deportiva.
- Animarse a uno mismo en voz alta cuando tiene que tomar una decisión importante.
- Cantar en la ducha.

15.5  En grupo, hagan una lista de las cosas en las que debemos poner siempre el corazón (en el deporte, una afición, una labor de voluntariado, un familiar…). Cada uno de ustedes deberá elegir una y argumentar por qué es necesario poner sentimiento en ella.

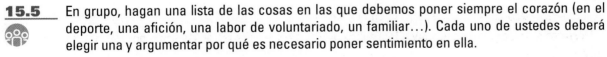 **ESTRATEGIA**

Using a guide
It's important to use a guide when making a presentation. Create a simple guide and include the following information:

1. Present what you are going to talk about.
2. Explain why it is important.
3. Use anecdotal information, either your own or someone you know.
4. Prepare a brief conclusion.

15.6 Ahora voten el argumento que más les ha gustado.

Xochimilco, el lugar con más turistas en 2014

El Parque Talampaya, uno de los lugares más visitados en Argentina

AMÉRICA LATINA Y ESPAÑA: CONSEJOS DE VIAJE

Si viajas a América Latina o España, es fácil consultar una guía turística o hacer una rápida búsqueda* en Internet para saber qué lugares visitar. Algo más difícil es recibir consejos de jóvenes que viven en el país de destino. Hablamos con un grupo de muchachos mexicanos, peruanos, argentinos y españoles y les preguntamos: ¿qué consejos nos darías para visitar tu país?

En Perú hay una división policial para turistas.

México, Argentina y Perú son los lugares más visitados en América Latina. Más de 24 millones de personas visitaron México el pasado año. Argentina recibió casi seis millones de turistas. Por otra parte, España es el tercer país del mundo en cuanto a* número de turistas: más de 60 millones de personas lo visitaron en 2014.

Pero, ¿qué lugares interesan a los turistas? «Unos quieren ver lugares históricos como Xochimilco, una zona natural declarada Patrimonio de la Humanidad en 1987, otros quieren playas y sol», dice María Isabel Barroso, agente turística en América Latina.

> ¿Qué lugares recomendarías de EE. UU. a un turista? ¿Por qué?

PERÚ

Preguntamos a un grupo de muchachos peruanos qué consejos darían a alguien que quisiera visitar su país. Algunos comentaron que la ropa era importante, porque el tiempo en Perú cambia mucho. «Es importante traer vestimentas* adecuadas para la variedad de climas que presenta mi país».

Otros comentaron que la seguridad es importante: «No confiar* en los 'espontáneos' que ofrecen ayuda. En Perú la policía tiene una división especial para turistas».

Muchos otros aconsejaron la comida de Perú: «Que prueben la cocina peruana porque es rica y variada. Además, los precios son asequibles*».

> ¿Qué consejos tienes para alguien que quiere visitar tu ciudad? ¿De qué le advertirías ?

MÉXICO

Muchos entrevistados en México coincidieron en recomendar la comida mexicana. Y, algunos, en advertir sobre ella.

«Recomiendo los platillos picantes de mi país. Son deliciosos», dijo una muchacha. «Los estómagos de los extranjeros no están acostumbrados a nuestras comidas. Tienen que ir con cuidado con los lugares donde comen, cualquier puesto callejero* puede provocar una infección estomacal», dijo otro joven.

> ¿Qué comida recomendarías de EE. UU.? ¿Qué especialidades hay en tu estado? ¿Cómo se preparan?

ESPAÑA

En España, la mayor parte de entrevistados se quejó de los estereotipos: «En España la mayor parte de personas no sabe bailar flamenco ni va a los toros », dijo un joven. «En mi país hay mucho más que paella, toros y flamenco», dijeron varios muchachos. Por otra parte, muchos jóvenes comentaron que «las playas son increíbles pero los pueblos pequeños y las montañas son también muy interesantes».
Varios muchachos mencionaron que, al igual que algunos argentinos, «aquí saludamos con dos besos. Los que visiten nuestro país deben saber que esto es lo normal, tanto si te conoces por primera vez como si ya te has visto en varias ocasiones».
Peruanos, argentinos, mexicanos y españoles coincidieron en un último consejo para visitar sus países: «¡Aprender español!».

El flamenco y los toros, dos estereotipos sobre España

En muchos países latinos, la gente se saluda con un abrazo y un beso.

ARGENTINA

En Argentina, muchos de los entrevistados coincidieron en el mismo tipo de advertencia: la seguridad.
«Tienen que manejarse* con precaución», dijo un muchacho. «Tenemos problemas de seguridad y hay zonas peligrosas. Es importante estar alerta, sobre todo de noche», dijo otra muchacha.
La mayor parte de jóvenes recomendaron los parques nacionales y la naturaleza. «Cada provincia es un mundo», dijo una muchacha, «Sin duda, recomendaría el glaciar Perito Moreno y las cataratas del Iguazú que son lugares increíbles».
Otro consejo importante es la forma de saludarse en Argentina. «Los argentinos nos saludamos con un beso o un abrazo», dijo uno de los muchachos, «aun si es la primera vez que te conoces».

> **¿Cómo se suele saludar la gente en EE. UU.? ¿Has visto alguna vez algún comportamiento en otros países o culturas que te parezca inusual? ¿Cuál?**

> **¿Qué estereotipos piensas que hay sobre EE. UU.? ¿Qué imagen crees que tienen los países hispanohablantes de los estadounidenses?**

REALIZA UNA INVESTIGACIÓN RÁPIDA EN INTERNET PARA ENCONTRAR LOS DATOS SIGUIENTES:

1 ¿Qué lugar ocupa EE. UU. entre los países más visitados?

2 ¿Qué tres lugares de EE. UU. recibieron el mayor número de visitantes el año pasado?

3 ¿De qué nacionalidad son los turistas que más visitan EE. UU.?

GLOSARIO

asequible	– affordable
la búsqueda	– search
confiar	– to trust
en cuanto a	– as far as
hacer una advertencia	– to warn
manejarse	– to handle yourself
el puesto callejero	– food stand
se quejó	– (he) complained
los toros	– bullfighting
la vestimenta	– clothing

Fuentes: usagov, *El País, La Razón, The Huffington Post*, y entrevistas.

VOCES LATINAS

América Latina y España. Consejos de viaje

EN RESUMEN

Situación

Compartir apartamento

You have decided to move out on your own and have found the perfect apartment to share with a friend. Now you have to work out the details with him/her.

LEARNING OUTCOMES

ACTION

Ask and give orders or instructions

15.1

Primero, prepara una lista de tareas de casa que hay que hacer para mantener el apartamento limpio y organizado. Decide cuáles prefieres hacer tú y pregunta a tu compañero/a si quiere o puede hacer las otras tareas. Cada uno tiene que responder según el tiempo y gustos que tiene hasta llegar a un acuerdo. Después, presenten a la clase su resultado y expliquen cómo llegaron a esa organización.

Ask, give and refuse permission

15.2

Tu compañero/a y tú están viviendo en el apartamento desde hace unas semanas. Pide permiso a tu compañero/a para usar algo suyo, hacer o ver algo que puede molestarle. Tienes que darle explicaciones para intentar convencerlo/la. Él/Ella debe conceder y negarte el permiso explicando las razones de la decisión. Después, intercambien los papeles.

Extend invitations and give instructions

15.3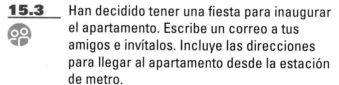

Han decidido tener una fiesta para inaugurar el apartamento. Escribe un correo a tus amigos e invítalos. Incluye las direcciones para llegar al apartamento desde la estación de metro.

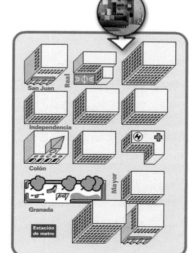

....
....
....
....
....
....

Ask and give advice

15.4

A ti te gusta cocinar y quieres preparar la comida para la fiesta, pero necesitas ideas. Habla con tu compañero/a y pídele consejos o recomendaciones.

LISTA DE VOCABULARIO

Verbos Verbs

aceptar to accept
botar to bounce, to throw away
chutar to shoot
conceder to grant
dar permiso to give permission
denegar to refuse
flotar to float
golpear to hit
lanzar to throw
marcar un gol to score a goal
pelear(se) to fight
quejarse to complain
rebotar to rebound

Los deportes Sports

el balón ball
el balonmano handball
el campo field
la cancha court
la falta foul
la pared wall
el pase pass
la portería goal
el portero goal keeper
la raqueta racket
la red net
la ventaja advantage

Las tareas del hogar
Household chores

la aspiradora vacuum cleaner
barrer to sweep
la basura trash
doblar la ropa to fold clothes
guardar la ropa to store / put away clothes
hacer la cama to make the bed
hacer la comida to cook
lavar los platos to wash the dishes
limpiar el suelo to clean the floor
pasar la aspiradora to vacuum
pasear al perro to walk the dog
planchar to iron
el polvo dust
poner la lavadora to do the laundry
poner la mesa to set the table
quitar la mesa to clear the table
las sábanas bed sheets
sacar la basura to take out the trash
la secadora dryer
tender la ropa to hang out clothes
tirar la basura to take out the trash

Pedir permiso, concederlo y denegarlo Asking, giving and denying permission

Claro que sí. Of course.
¡De ninguna manera! No way!
Desde luego. Of course.
¿Me permites /permite? Will you allow me to…?
¡Ni hablar! Don't even mention it!
No, (lo siento) es que… No, (I'm sorry) it's just that…
Por supuesto. Of course.
¿Puedo / Podría…? Can / Could I…?
¿Quieres…? Do you want…?
¿Te / Le importa si…? Do you mind if…?

Expresiones para pedir y dar instrucciones, órdenes y consejos Expressions to ask and give instructions, commands and advices

Perdone / Perdona, ¿para…? Excuse me, how do I…?
¿Por qué no…? Why don't you…?
¿Puedes / Podrías decirme cómo…? Can / Could you tell me how…?
¿Sabes cómo…? Do you know how to…?
Tendrías que / Deberías… You should…

16

¡SUPERESPACIO!

Hablamos de	Vocabulario y comunicación	¡En vivo!	Gramática	Destrezas	Sabor latino	En resumen
• Revistas juveniles	• **La comida:** Asking for and giving advice • **¡A cocinar!:** Asking for permission and favors	• **Episodio 16 Paella con curry:** Making notes of relevant details	• Conditional tense: regular and irregular verbs • Expressing probability in the past	• **Lorca y la Generación del 27** – **Comprensión de lectura:** Using biographical information – **Expresión escrita:** Using conventional phrases and logical organization – **Interacción oral:** Creating a concept map	• **Dieta mediterránea, ¿mito o realidad?**	• **Situación:** Revista digital *TuMundo* • Vocabulario
	Pronunciación					
	• Las letras **y** and **x**					

- ¿Qué tipo de revista crees que están leyendo?
- ¿Sueles leer revistas? ¿En qué momento del día las lees?
- ¿Qué tipo de revistas te interesan más?
- ¿Prefieres leerlas en formato impreso o digital?

LEARNING OUTCOMES

By the end of this unit you will be able to:

- Ask and give advice and recommendations
- Ask for permission and favors
- Express probability or hypothesis in the past
- Talk about food and health

16.1 Observa detenidamente la portada de esta revista y responde las preguntas.

1. ¿A qué tipo de público va dirigida?
   - a. ☐ infantil
   - c. ☐ femenino
   - b. ☐ juvenil
   - d. ☐ adulto

2. ¿Qué tipo de contenidos aparecen en la portada? Marca todos los posibles.
   - a. ☐ horóscopo
   - d. ☐ televisión
   - b. ☐ cotilleos
   - e. ☐ salud
   - c. ☐ cocina
   - f. ☐ deportes

3. ¿A qué crees que se dedica el protagonista de la portada?
   ....

4. ¿A cuál de los titulares que aparecen en portada crees que corresponde este subtítulo?
   "De pequeño ya sabía que quería ser actor", confiesa ....

5. ¿Qué tipo de programa crees que es *Amor en directo*? Un programa:
   - a. ☐ para encontrar pareja
   - c. ☐ de cotilleos de amor
   - b. ☐ de canciones de amor

16.2 Con tu compañero/a, completa los datos más personales del protagonista de la portada. Utiliza las pistas para ayudarte.

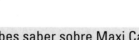

8 cosas que debes saber sobre Maxi Castro	PISTAS
Nació en un barrio de...	▸ ▪ capital de Puerto Rico
Es el menor de... .... hermanos	▸ ▪ seis menos dos
Todos los días... .... unos 30 minutos	▸ ▪ más rápido que andar
Tiene una casa en la costa porque... le encanta el	▸ ▪ masa de agua salada que cubre la mayor parte de la Tierra
Su color favorito es el...	▸ ▪ como las fresas
Admira a...	▸ ▪ actor que da vida a Batman y Moisés
Es...	▸ ▪ no come carne, solo frutas y verduras
Está...	▸ ▪ no tiene esposa ni novia

16.3 Escribe pistas sobre tus gustos más personales y muéstraselas a tu compañero/a para que las adivine. Sigue el modelo de la actividad anterior.

....

....

16.4

Carla y Lucía siguen cada semana las noticias de la revista "Superespacio". Escucha su conversación y elige la opción correcta.

Lucía: Mira, Carla, las fotos que trae esta semana *SuperEspacio*. Hay una entrevista a Maxi Castro.

Carla: ¿Maxi Castro? ¡Ay!, Lucía, déjame ver… Yo estoy enamoradísima de ese actor… Es tan guapo y tan simpático.

Lucía: Mira… también viene un test para saber si conoces bien la vida de Maxi… Y si aciertas *(answer correctly)* todas las preguntas, participas en el sorteo *(sweepstake)* de un viaje a París, la ciudad del amor. **¿Podrías ayudarme?**

Carla: Claro, yo conozco todos los secretos de la vida de Maxi. De todos modos, **yo que tú** primero **leería** la entrevista y después **contestaría** el test. Seguro que esa entrevista contiene mucha información.

Lucía: ¿Has visto que parece que Mario Medina y Mónica Pérez están juntos?

Carla: ¿Mónica Pérez es la actriz de la película *La soga*?

Lucía: Carla, **deberías estar más informada**… Es la actriz de la serie *Sombras*. Es la que hace el papel *(role)* de mala.

Carla: Bueno, vale. También sale la cocinera esa de *Salud al día*, el programa de televisión… A mi madre le encanta y en casa nos lo pone todos los días.

Lucía: A mí no me saques de las hamburguesas y las papas fritas. Odio las verduras.

Carla: ¿En serio? No me lo puedo creer. Pues **deberías comer** más verdura. Es muy buena para la salud.

a. Lucía necesita ayuda para **responder** / **competir** un test sobre Maxi Castro.

b. Carla le recomienda primero **obtener** / **escribir** la información a través de la entrevista.

c. Lucia piensa que Carla no está **suficientemente** / **frecuentemente** informada sobre la actriz de la serie *Sombras*.

d. Carla está sorprendida por los **buenos** / **malos** hábitos alimenticios de Lucía.

16.5

Miren ahora las dos portadas de estas revistas. En parejas y por turnos, pueden hacerse preguntas sobre ellas. Añadan otras preguntas que consideren oportunas.

a. ¿Qué tipo de revistas son?

b. ¿A qué tipo de público piensas que va dirigida cada una?

c. ¿Sueles leer algunas de estas revistas? ¿Qué contenidos te gustan más?

d. ¿Te interesan las revistas del corazón o de cotilleos?

e. ¿Piensas que es fácil hacerse famoso?

f. ¿Qué ventajas o desventajas crees que tiene la fama?

g. ¿Crees que se debe proteger la vida privada de los personajes públicos?

APUNTES: La prensa en Latinoamérica. Algunos datos

✓ El 20% de los chilenos leen el periódico todos los días y *La Tercera* es el periódico preferido de Chile.

✓ Los peruanos pasan un promedio de 1 hora y 23 minutos al día leyendo medios impresos (tanto periódicos como revistas).

✓ Casi el 12% de los uruguayos indican que leen los medios impresos todos los días.

✓ 7 de cada 10 argentinos compran el periódico.

✓ El 27% de los mexicanos leen los diarios y el Estudio General de Medios indicó que *El Universal* incrementó su número de lectores en un 50%.

Adaptado de: http://latinlink.usmediaconsulting.com/2013/10/lo-ultimo-sobre-el-consumo-de-medios-en-latinoamerica/?lang=es

1.A VOCABULARIO: LA COMIDA

16.1 Relaciona los alimentos con su imagen correspondiente. Intenta deducir el significado de las palabras desconocidas. Después, escucha el audio para comprobar tus respuestas.

(113)

Aceites	Azúcares, dulces y pastelerías	Verduras y vegetales	Frutas
1. aceite de oliva ☐	**3.** bizcocho ☐	**5.** berenjena ☐	**8.** cereza ☐
2. aceite de girasol ☐	**4.** magdalena ☐	**6.** calabacín ☐	**9.** piña ☐
		7. espinacas ☐	**10.** kiwi ☐

Legumbres	Carnes y derivados	Lácteos y derivados de la leche
11. guisantes ☐	**15.** carne picada ☐	**21.** leche entera / desnatada ☐
12. lentejas ☐	**16.** chuleta de cerdo ☐	**22.** mantequilla ☐
13. frijoles ☐	**17.** pechuga de pollo ☐	**23.** yogur natural /
14. garbanzos ☐	**18.** bistec ☐	desnatado / con frutas ☐
	Embutidos *(cold cuts)*	
	19. salchichón ☐	
	20. chorizo ☐	

To make guesses or assumptions, use:

Me imagino /
Supongo que + future

16.2 Los famosos de las revistas suelen seguir unas dietas muy estrictas para mantener su imagen. ¿Qué alimentos crees que toman (o no toman) para seguir una dieta sana? Habla e intercambia opiniones con tu compañero/a.

16.3 Relaciona las siguientes palabras para formar parejas. Sigue el modelo. Compara tus respuestas con un/a compañero/a.

1. pescado		**a.** entera
2. ensalada		**b.** fritas
3. pan		**c.** del tiempo
4. leche		**d.** multicereales
5. trozo de		**e.** desnatado
6. agua		**f.** mixta
7. fruta		**g.** mineral
8. yogur		**h.** pastel
9. papas		**i.** a la plancha

16.4 Lee la conversación entre la actriz Mónica Pérez y Maruchi, la famosa cocinera, y completa los espacios en blanco con las palabras de la actividad anterior. Después, escucha y comprueba.

(114)

Maruchi: Primero, vamos a analizar qué es lo que comes habitualmente. A ver, ¿qué sueles desayunar?
Mónica: Tomo un vaso de (a) ....
Maruchi: ¿Y qué más?
Mónica: Pues, nada más.
Maruchi: ¿Solo eso? Bueno, ¿y luego? ¿A la hora de la comida?
Mónica: Como una hamburguesa con (b) .... y un refresco.
Maruchi: ¿Tomas postre?
Mónica: Sí, un (c) .... de chocolate.
Maruchi: ¿Y para cenar?
Mónica: Para cenar tomo (d) .... como salmón o sardinas con una (e) .... y de postre, un (f) ....
Maruchi: Bien. En realidad, creo que tenemos que hacer algunos cambios, sobre todo en el desayuno y la comida. Para desayunar, yo tomaría café o té, con leche desnatada, pero lo acompañaría con (g) .... y mermelada. Lo que yo cambiaría bastante es la comida. Para empezar, la haría más variada, incorporando verduras y legumbres de todo tipo. Por otro lado, yo en tu lugar abandonaría completamente los dulces y tomaría una (h) .... de postre. ¡Ah! Y olvídate también de las bebidas con gas, mucho mejor beber (i) ....

16.5 Con un/a compañero/a, hagan turnos para responder las siguientes preguntas sobre sus hábitos de comida. Opina sobre lo que dice tu compañero/a y dale consejos si los necesita.

Estudiante 1:
a. ¿En qué consiste tu dieta?
b. ¿Te gusta la comida rápida?
c. ¿Te interesa comer de forma saludable?
d. ¿Has cambiado algo de tu alimentación en los últimos años?

Estudiante 2:
a. ¿Con qué frecuencia comes verdura?
b. ¿Vas mucho a restaurantes de comida rápida?
c. ¿Dónde crees que tienes una alimentación más sana: en casa o en la escuela?
d. ¿Crees que comes bien?

1.B COMUNICACIÓN: ASKING FOR AND GIVING ADVICE

» Para **pedir consejos**:
  ¿Qué puedo hacer? *What can I do?*
  ¿Tú qué harías? *What would you do?*
  ¿Podrías aconsejarme? *Could you…?*

» Para **dar consejos** o recomendaciones:
  Yo / Yo que tú / Yo en tu lugar, usaría menos sal. *If I were you, I…*
  Deberías / podrías acostarte. Es tarde. *You should / could…*

» Otras formas:
  ¿Por qué no vas al médico?
  Toma un taxi, llegarás más rápido.
  ¿Y si comes menos fritos?

  Juan y tú **tienen que** ver esa película.
  No fumes. Te hace daño.

16.6 En el foro *Cosas a tener en cuenta*, la gente ha subido algunas consultas. Léelas y relaciónalas con sus consejos correspondientes. Trabaja con un/a compañero/a.

Cosas a tener en cuenta

Temas	Respuestas	Autor	Lecturas
1 Dejar de fumar Fumo desde los dieciocho años y me gustaría dejarlo. ¿Qué podría hacer?	2 [e] [ ]	ausod76	342
2 Insomnio Desde que perdí mi trabajo no duermo bien. Tardo mucho en dormirme por las noches. ¿Algún consejo?	2 [ ] [ ]	sebas36	122
3 Aprender español En mi empresa ofrecen un puesto de trabajo en España, pero necesito hablar español con fluidez. Me gustaría optar a este puesto, pero mi nivel es bajo. ¿Alguien me da un consejo?	3 [ ] [ ] [ ]	peterxc	204
4 Conservar a los amigos Hola a todos. Tengo pocos pero muy buenos amigos, y últimamente me preocupa perderlos porque me he trasladado a vivir a otra ciudad. ¿Qué debería hacer para conservarlos?	3 [ ] [ ] [ ]	ivanne	234
5 Vivir sin estrés Últimamente me siento muy cansada, no tengo ganas de hacer nada y siempre estoy pensando en el trabajo. Estoy estresada. ¿Qué me aconsejan?	1 [ ]	sandra33	87
6 Llevar una vida más sana No me cuido nada y, como no tengo tiempo, siempre tomo comida precocinada. Quiero cambiar estos malos hábitos. ¿Qué puedo hacer?	0	carlos76	34
7 Pasar un fin de semana inolvidable Vienen a visitarme dos amigos y quiero pasar con ellos un buen fin de semana. ¿Alguien me propone algún plan?	0	anaisann	22
8 Conocer a nuevos amigos Soy una erasmus en Madrid y quiero conocer gente. ¿Me pueden ayudar?	0	enmasa	11

a. Yo que tú cambiaría esa dependencia y la sustituiría por una alimentación sana, así evitarás ganar peso.

b. Yo no trabajaría tantas horas y dedicaría más tiempo a cosas que te hagan feliz.

c. Podrías llamarles una vez a la semana. Ah, y el Whatsapp no debe faltar en tu vida.

d. Yo en tu lugar me tomaría un baño todas las noches antes de ir a la cama, para relajarme.

e. Lo primero que deberías hacer es tomar conciencia real de que esto está afectando a tu salud. Después, tendrías que ir al médico para seguir algún programa de ayuda.

f. Yo que tú empezaría a estudiar ahorita y me apuntaría a un curso intensivo.

g. Podrías usar Internet para participar en foros en español y con la práctica, te sentirías más seguro.

h. Yo que tú haría un viaje a España y hablaría con gente nativa.

i. Yo contaría siempre con ellos y compartiría algunas actividades de ocio.

j. Tendrías que caminar un par de horas para reducir la tensión y relajarte.

k. Deberías quedar con ellos los fines de semana e invitarles a venir a tu ciudad de vez en cuando.

16.7 Ahora, escribe en el foro para aconsejar a las tres personas que todavía no han recibido respuesta. Utiliza las estructuras que has aprendido para dar consejos y hacer sugerencias. Trabaja con un/a compañero/a.

6 ....

....

7 ....

....

8 ....

....

16.8 Pídele consejo a tu compañero/a acerca de tus problemas y aconséjale también sobre los suyos.

Estudiante 1:

– ¡No soy popular en Facebook!

– Siempre que tengo un examen me pongo muy nervioso y no me puedo concentrar.

– Tengo muchos granos *(pimples)*, pero no puedo dejar de comer chocolate.

– Lloro cuando veo películas románticas.

– Mis padres quieren que salga con el hijo/la hija de sus amigos, pero a mí no me gusta.

Estudiante 2:

– Necesito ver mi celular constantemente.

– Creo que en mi casa hay un fantasma, pero nadie me cree.

– El muchacho / La muchacha que me gusta me ha invitado a una fiesta, pero bailo fatal.

– Me encanta la ropa de mi hermano/a mayor, pero no me la deja.

– He tenido un pequeño accidente con el carro de mis padres.

16.9 Relaciona las siguientes palabras, que se utilizan habitualmente en la preparación de comidas, con su correspondiente definición. Trabaja con un/a compañero/a.

1. añadir
2. escurrir
3. aliñar
4. poner en remojo
5. lavar
6. cocer
7. congelar
8. triturar

a. Poner un alimento en agua durante un tiempo para poder cocinarlo bien el día siguiente.
b. Quitar el agua de un alimento después de cocinar.
c. Limpiar con agua un alimento.
d. Cortar un alimento en trozos más pequeños. Hay máquinas que lo hacen muy bien y muy rápido.
e. Poner alimentos a temperaturas muy frías para conservarlos frescos.
f. Cocinar un alimento, como la verdura, en agua caliente.
g. Poner sal, aceite, vinagre… a una ensalada, por ejemplo.
h. Poner ingredientes adicionales poco a poco o al final.

16.10 Maruchi también prepara diferentes platos para la revista *SuperEspacio* y nos enseña algunos trucos para preparar comida saludable y sabrosa. Usa los verbos de la actividad anterior y las imágenes para completar los trucos de Maruchi.

1. Para conseguir unos garbanzos tiernos *(tender)*, los tienes que (a) .... la noche anterior. Para las lentejas no es necesario, pero las tendrás que (b) ....lentamente.

2. Si has comprado mucha carne y no la vas a comer en el mismo día, la puedes (c) ...., así conservará todas sus propiedades.

3. Después de cocer la pasta, la tendrás que (d) .... antes de (e) ....la salsa de tomate.

4. Para cambiar la consistencia de la sopa de verduras, la puedes (f) .... y hacer un puré de verduras.

5. Antes de comer fruta, la deberás (g) ....

6. Para darle más sabor a la ensalada, la puedes (h) .... con aceite de oliva.

16.11 El programa de Radio Caracol *Hoy por hoy* dedica su sección de gastronomía a un plato típico de un país de Hispanoamérica. Lee la información sobre el plato, escucha con atención, y corrige la que no es correcta.

Nombre: bandeja paisa
País: Venezuela
Región: Antioquia

Ingredientes: manzana, arroz, huevo, pescado, fríjoles, arepa y aguacate

16.12 Este plato popular tiene muchas variaciones. Busca una receta que te interese y escribe, con tus propias palabras, cómo se prepara. Después, cuéntaselo al resto de la clase.

Preparación

INGREDIENTES

16.13 En la cocina, igual que en la vida, es importante saber qué alimentos son saludables. Con un/a compañero/a, clasifica los nutrientes según el grupo de alimentos en los que predominan. Pueden investigar en Internet si no están seguros.

1. azúcares
2. proteínas
3. grasas
4. carbohidratos
5. agua
6. vitaminas

a. frutas, verduras y bebidas en general
b. carnes, pescados, soja *(soy)*, huevos y lácteos
c. mantequilla, margarina y aceite
d. azúcar, miel y mermelada
e. pan, avena, arroz, pasta y legumbres
f. zumos de frutas y verduras

16.14 Habla con tu compañero/a sobre la relación entre la alimentación y el deporte.

– ¿Por qué crees que tenemos que hacer deporte?
– ¿Conoces los alimentos que no deben faltar en la dieta del deportista?

16.15 Lean el artículo y comprueben sus respuestas. ¿Acertaron?

Hacer deporte nos ayuda a mantenernos en forma y es beneficioso para nuestra salud. Si al hábito deportivo añadimos una alimentación sana y equilibrada los resultados son todavía más beneficiosos: se controla el peso y la tensión arterial, se reducen el colesterol, las grasas y los niveles de azúcar en sangre, y se previenen enfermedades como la obesidad, la diabetes…

La combinación de deporte y dieta saludable nos ayuda a lograr esa sensación de bienestar tan beneficiosa para nuestra mente, y a eliminar la tensión y el estrés.

Cuando realizamos una actividad física extra, hemos de aumentar el consumo de alimentos ricos en carbohidratos: cereales, arroz, pan, pastas, papas, legumbres, frutas…

Cuando practicamos ejercicio, nuestro organismo quema carbohidratos y grasas para poder producir la energía necesaria que requiere ese esfuerzo. También es importante mantener una hidratación adecuada para evitar mareos y otras consecuencias negativas.

16.16 En grupos de tres, piensen en la cena que prepararían para un grupo de deportistas antes de un maratón. Indica también los alimentos que evitarían. Después, presenten su menú a la clase para ver qué grupo ha elaborado la mejor cena.

16.17 ¿Te gusta cocinar? En grupos pequeños, hagan turnos para decir lo que saben cocinar. Usen las expresiones que aprendieron para explicar cómo lo hacen. Después, decidan quién es el/la cocinero/a más experto/a del grupo.

» Para **pedir permiso** decimos:

¿Te importa si me llevo estos libros? *Do you mind if...?*

¿Puedo cerrar la puerta? *Can I...?*

¿Podría salir un poco antes de clase? *Could I...?*

¿Me dejas usar tu teléfono? *Will you allow me to...?*

» Para **pedir favores** decimos:

¿Me prestas un boli? *Will you lend me...?*

¿Te importaría llevar estos libros a la biblioteca? (formal) *Would you mind...?*

¿Podrías prestarme tu diccionario de español? (formal) *Could you...?*

¿Sería tan amable de decirme la hora? (muy formal) *Would you be so kind as...?*

» Para **explicar** o **justificar** el porqué de la petición se utiliza **es que**...:

Es que he perdido mi boli. *It's just that...*

16.18 ¿Te acuerdas del programa *Amor en directo* de la portada de la revista? Benjamín, el próximo participante, está buscando novia. Quiere ser amable y educado para causar una buena impresión a la muchacha que va a conocer. Mientras espera en el vestuario, antes del programa, fantasea sobre lo que le pasará en su primera cita con ella. Relaciona las partes de las frases para conocer sus pensamientos.

1. ¿Te importa si
2. ¿Podría
3. ¿Puedo
4. ¿Me dejas
5. ¿Le importaría
6. ¿Podrías

a. pasarme la sal?
b. te llamo para vernos otro día?
c. invitarte a cenar?
d. acompañarte a casa?
e. aconsejarnos en la comida?
f. tomarnos una foto juntos?

16.19 Relaciona las frases de la actividad anterior con la situación en la que Benjamín las usaría y escribe el número. Compara tus respuestas con un/a compañero/a.

a. ☐ Están cenando y la comida está sosa *(bland)*.

b. ☐ Acaban de salir del restaurante.

c. ☐ Se acaban de sentar en la mesa del restaurante y piden ayuda al camarero.

d. ☐ Se están despidiendo después de la cita.

e. ☐ Han salido del plató *(set)* de *Amor en directo* y están pensando qué hacer.

f. ☐ Están pasando una buena noche y le piden al camarero un recuerdo de ella.

16.20 Josefa, la muchacha que va a conocer a Benjamín, también se está preparando para salir en el programa. ¿Qué favores crees que le pide a su amiga Diana? Prepara una lista de peticiones.

Diana, tengo que salir al programa y ¡no estoy lista! ¿Me prestas...?

16.21 ¿Cómo crees que contestará Diana a las peticiones de su amiga? Con un/a compañero/a y por turnos, hagan el papel de Josefa y Diana. Cada uno/a tiene que responder positiva o negativamente a las peticiones de su compañero/a.

> Modelo: Josefa: ¿Me puedes prestar tu vestido negro?
> Diana: Es que está en la lavandería. / Claro que sí, aquí lo tienes.

Para conceder permiso:
- **Sí, sí.**
- **Desde luego.**
- **Claro que sí.**
- **Por supuesto.**

16.22 Pídele a tu compañero que realice estas acciones para ti. Tú responde a sus peticiones positiva o negativamente.

Estudiante 1:	Estudiante 2:
Estás cocinando y quieres la opinión de alguien. Pídesela amablemente a tu compañero/a de apartamento.	Tienes alergia a la leche. No puedes tomar nada con leche.
Tu vecino/a te pide ayuda para llevarlo al supermercado pero hoy no tienes tiempo. Discúlpate.	Tienes que ir al supermercado pero tienes el carro en el mecánico. Pídele ayuda a tu vecino/a.
Estás tomando café en casa de tu novio/a. Pídele a su madre la receta del bizcocho que están comiendo.	El novio / La novia de tu hijo/a te pide la receta de un bizcocho que les has servido. Pero es un secreto de familia. Discúlpate.
Piensa en regalos que compras cuando estas invitado a comer en casa de tu jefe y aconseja a tu compañero/a.	Vas a ir cenar a la casa de tu jefe. Pídele a un compañero que te dé ideas de qué puedes comprar.

PRONUNCIACIÓN

LAS LETRAS Y Y X

» To form the plural of a word ending in **y**, add –**es**: **rey** / **reyes**.

» Notice that the **y** is now pronounced as a consonant.

» Verbs like **oír**, **caer**, **creer** and those ending in –**uir** like **construir**, **destruir**, and **huir** *(to flee)* will have a **y** in the **usted/él/ella** and **ustedes/ellos/ellas** form in the preterit.

oír ▶ oyó, oyeron	caer ▶ cayó, cayeron	creer ▶ creyó, creyeron
construir ▶ construyó, construyeron	destruir ▶ destruyó, destruyeron	huir ▶ huyó, huyeron

16.1 Completa los espacios en blanco con la forma correcta de los verbos en paréntesis.

a. Ayer Juan (oír) .... un ruido extraño y (creer) .... que era un ladrón. Salió corriendo para atraparlo, (caerse) .... y el ladrón (huir) .... con todo el dinero.

b. Isabel la Católica fue una gran reina, ya que (construir) .... un gran imperio.

c. El huracán (destruir) .... la casa de mis tíos en Santo Domingo.

» The letter **x** is used in place of **s** before the consonant pairs **pl**– and **pr**–: **explorar**, **exprimir**.

16.2 Completa los espacios en blanco con x o s, de acuerdo con la regla que has aprendido.

a. e....plotar   **c.** e....timado   **e.** e....tupidez   **g.** e....presar

b. e....plicar   **d.** e....presión   **f.** e....tatuto   **h.** e....tirar

16.1 Observa las imágenes. ¿Quiénes son? ¿Dónde están? ¿Qué hacen? ¿Para qué? Basa tu respuesta en lo que crees que puede ocurrir. Usa tu imaginación.

....

....

....

16.2 ¿Alguna vez has preparado un plato? ¿Seguiste una receta o improvisaste? ¿Tuviste ayuda? Coméntalo con tu compañero/a.

16.3 Mira el episodio y escribe los ingredientes que lleva la paella de los muchachos.

....

....

⚙ ESTRATEGIA

Making notes of relevant details

When you want to remember something that you are listening to, taking notes can be helpful. Knowing what notes to take depends on the information that is relevant to your purpose for listening. Think ahead to the vocabulary you will probably need to note down. Rely on images to help you identify important vocabulary.

16.4 ¿Qué otros ingredientes extra decide añadir Felipe? Márcalos.

a. ☐ mantequilla   c. ☐ aceitunas   e. ☐ huevos   g. ☐ otra especia más

b. ☐ carne picada   d. ☐ frijoles   f. ☐ curry   h. ☐ pasta

16.5 Relaciona las siguientes frases.

1. Sebas quiere preparar una paella…
2. Sebas y Felipe miran la receta
3. Sebas ha gastado todos sus ahorros *(savings)*…
4. Felipe cree que los frijoles…
5. La paella de Sebas y Felipe…
6. Los muchachos juegan a los videojuegos…
7. Cuando Alba llega…
8. Alba es la invitada a la cena…

a. están buenos con todo.
b. antes de terminar la paella.
c. en Internet.
d. lleva marisco.
e. pero ella paga las pizzas.
f. para impresionar a Alba.
g. la mesa ya está preparada.
h. en comprar los ingredientes.

16.6 Marca las frases que dice Felipe. Puedes volver a ver el episodio si es necesario.

a. ☐ He comido muchas veces paella.

b. ☐ Tenemos que hacerlo todo en su orden.

c. ☐ Yo también preparé un plato para Alba.

d. ☐ Tienes que impresionarla con algo fuera de lo normal.

e. ☐ Los tacos saben muy ricos pero yo no sé hacerlos.

f. ☐ Una paella es mucho más sorprendente.

g. ☐ Hay que ser creativo.

h. ☐ No es bueno improvisar.

16.7 Termina las frases según lo que sucede en el segmento.

a. Cuando los muchachos están jugando a los videojuegos, la paella..

b. Sebas quiere ir a la cocina a ver la paella, pero Felipe le dice que..

c. Cuando llega Alba, en la casa huele a..

d. Alba decide llamar por teléfono para pedir..

16.8 ¿Por qué no salió bien la paella? Marca con tu compañero/a todas las opciones posibles.

a. ☐ No siguieron la receta punto por punto.

b. ☐ Añadieron ingredientes fuera de la receta.

c. ☐ No vigilaron *(look after)* la paella hasta el final.

d. ☐ No conocían el plato previamente.

e. ☐ Improvisaron mucho.

f. ☐ Compraron ingredientes caros.

g. ☐ No eran supervisados por un adulto.

16.9 Piensa en la situación que encontró Alba cuando llegó a casa de sus amigos. ¿Cómo reaccionarías tú en su lugar? Coméntalo con tu compañero/a.

a. Posiblemente reaccionaría igual que Alba.

b. Ayudaría a mis amigos a cocinar otra cosa.

c. Me iría de la casa muy decepcionado/a y enfadado/a.

d. Pediría una pizza, pero ellos la deberían pagar porque yo soy el/la invitado/a.

e. Esperaría a que ellos tomaran una decisión.

16.10 ¿Recuerdas alguna situación en la que trabajaste en equipo y no salió bien? Coméntalo con tus compañeros.

DESPUÉS
DEL VIDEO

GRAMÁTICA

1. CONDITIONAL TENSE: REGULAR VERBS

	CANTAR	**COMER**	**ESCRIBIR**
yo	cantar**ía**	comer**ía**	escribir**ía**
tú	cantar**ías**	comer**ías**	escribir**ías**
usted/él/ella	cantar**ía**	comer**ía**	escribir**ía**
nosotros/a	cantar**íamos**	comer**íamos**	escribir**íamos**
vosotros/as	cantar**íais**	comer**íais**	escribir**íais**
ustedes/ellos/ellas	cantar**ían**	comer**ían**	escribir**ían**

» Note that all endings have a written accent on the **í**.

» The simple conditional is used to give **advice** and make recommendations.
Yo / Yo que tú / Yo en tu lugar + conditional
Deberías / Podrías…
   Yo que tú comería más fruta y verdura.   *If I were you, I would eat more fruit and vegetables.*
   Deberías dejarle un mensaje. Creo que está preocupado.   *You should / could leave him a message. I think he's worried.*

» Ask for **favors** and **permission**.
¿Te importaría…?
   ¿Te importaría hacerme un favor? Es que mañana tengo un examen…
   Would you mind doing me a favor? It's just that tomorrow I have a test…

16.1 Josefa, la muchacha que Benjamín espera conocer en *Amor en directo*, llega finalmente al estudio. Su amiga Diana intenta calmarla. Completa la conversación con los verbos entre paréntesis. Después, compara tus respuestas con un/a compañero/a.

Josefa: ¡Qué vergüenza! ¿Y qué hago si me hace una pregunta indiscreta?
Diana: Yo le (a) .... (responder) con otra pregunta.
Josefa: ¿Y si lo veo y no me gusta?
Diana: Pues yo que tú le (b) .... (dar) una oportunidad y (c) .... (cenar, yo) con él. Si después de la cena no te gusta, no (d) .... (participar, yo) más en el programa.
Josefa: ¿Y si me gusta?
Diana: Pues entonces (e) .... (seguir) conociéndolo y sobre todo (f) .... (quedar) con él fuera de las cámaras, ya sabes que la televisión engaña *(misleads)* mucho… Si no, que te lo digan a ti, que no querías ni ir…
Josefa: Tienes razón, (g) .... (deber, yo) conocerlo mejor. Pero, igual me enamoro de él y él no de mí, ¿te imaginas?

Diana: ¡Ay, Josefa! Yo no lo (h) .... (pensar) más, ¡solo es un concurso! (i) .... (ir), (j) .... (divertirse) un rato, (k) .... (conocer) a gente nueva y quién sabe…, igual es el hombre de tu vida…
Josefa: ¿Y si lo es?
Diana: Pues entonces yo (l) .... (casarse) con él, y (m) .... (ser, yo) muy feliz.
Josefa: Y entonces… ¿me (n) .... (ayudar, tú) a elegir vestido de novia?
Diana: ¡¡Grrrrrr!! Que sí, ¡¡pesada!!

16.2 El pobre Benjamín también está nervioso. Como ya sabes qué opina Josefa, ¿qué consejos le darías a Benjamín? Escribe una nota breve.
Modelo: Querido Benjamín, yo en tu lugar…

2. CONDITIONAL TENSE: IRREGULAR VERBS

» For all irregular verbs in the conditional, the endings remain the same as with regular verbs, only the stem changes as follows:

What other tense uses these same stems?

Irregular verbs				
poner ▶ **pondr–**	venir ▶ **vendr–**	querer ▶ **querr–**	–ía	–íamos
salir ▶ **saldr–**	decir ▶ **dir–**	haber ▶ **habr–**	–ías	–íais
tener ▶ **tendr–**	hacer ▶ **har–**	saber ▶ **sabr–**	–ía	–ían

16.3 De los siguientes verbos, elige el más adecuado para cada frase y escríbelo en condicional.

poner • saber • poder • ser • venir • decir • tener • querer • hacer

a. De no ser actor, seguro que .... cantante de rock o bombero. ¿Crees que .... un buen trabajo como bombero?

b. No tengo nada que decir respecto a mi relación con Mario Medina. Yo que tú .... en la revista que solo somos buenos amigos.

c. Yo no .... qué hacer sin los consejos de mi amiga Diana.

d. Sin el programa *Amor en directo* yo ahora no .... novia.

e. Yo .... a todos los jóvenes que una alimentación con muchas verduras es una garantía de salud para el futuro.

16.4 Ahora, identifica quién de los siguientes personajes de la revista *SuperEspacio* ha dicho las frases anteriores.

Mónica Pérez

Josefa

Maxi Castro

Maruchi

Benjamín

16.5 Escucha estas conversaciones y entrevistas de *SuperEspacio* y relaciónalas con su personaje correspondiente.

(116)

Personaje		Uso
a.	- ¿Qué .... si a tu hijo no le gusta el sabor de casi ninguna?	☐
	- .... usar tu imaginación.	☐
b.	- .... la primera vez que venía a la tele.	☐
	- ¿Y tú qué .... entonces, Luz?	☐
	- Mira, yo	☐
c.	- Sí, ... decir que sí.	☐
	- Creo que no .... hacer otra cosa.	☐
	- ¿Te .... firmarme un autógrafo para mi hija?	☐
d.	- ¿............... decirnos cuándo nació esa bonita amistad?	☐
	- Reconoces que Mario Medina .... parte de tu vida privada.	☐
	- .... limitarte a escribir lo que digo.	☐
	- Yo que tú lo .... claro de una vez.	☐

16.6 Vuelve a escuchar las entrevistas y completa las frases con condicional.

(116)

16.7 Compara tus respuestas de la actividad anterior con un/a compañero/a. Después, decidan para qué se ha usado cada forma del condicional. Escríbanlo en la columna "Uso" de la actividad 16.5.

a. dar consejo
b. expresar probabilidad o hipótesis en el pasado
c. pedir consejo
d. pedir un favor

16.8 ¿Cómo reaccionarías en las siguientes situaciones? Prepara dos respuestas para cada una. Después, en grupos pequeños, hagan turnos compartiendo su reacción. ¿Quién tuvo las mejores respuestas?

a. Vas al programa de Maruchi, *Salud al día*, y como siempre, invita a algunos espectadores a probar el plato que acaba de preparar. Te escoge a ti, pero cuando lo pruebas *(taste)*, ¡sabe fatal! ¿Qué harías?

b. Ahora, vas a la grabación del programa *Amor en directo*. Presentan al primer concursante y ves que sale tu novio/a al escenario. ¿Qué harías?

c. Ya no puedes más, y necesitas salir a la calle. En la calle ves a la actriz Mónica Pérez con Maxi Castro que salen por otra puerta del estudio. Parece que están enamorados. ¿Qué harías?

3. EXPRESSING PROBABILITY IN THE PAST

» Use the conditional to express **probability** or **hypothesis** in the past.

*Anoche **cenaría** sobre las 7* (about seven, but I'm not sure).
Last night I must have had dinner around seven.

***Tendría** unos 15 años cuando conocí a Sara* (I don't remember exactly how old I was).
I must have been about 15 when I met Sara.

16.9 Fíjate en las imágenes y adivina qué pudo pasarles a estas personas. Utiliza las expresiones de la lista.

estar nervioso/a por el examen de Historia • perder la cartera • quedarse dormido/a
perder el metro o el autobús • quedarse chateando por Internet hasta tarde

a. Ayer Pepe llegó tarde a clase…
b. Hoy Carlos se ha dormido en clase…
c. Ayer María tenía la luz de la habitación encendida a las 4 de la mañana…
d. Ayer llamé a Laura por teléfono y estaba muy rara…
e. Ayer estaba en la cafetería y un cliente muy bien vestido se fue sin pagar…

16.10 Fíjate en la persona que aparece a la izquierda de esta foto. Es una persona muy famosa que sale con frecuencia en las portadas de revista. Con tu compañero/a, contesten estas preguntas en la primera columna haciendo hipótesis.

	Imagino	Lo sé
a. ¿Quién es?		
b. ¿De dónde es?		
c. ¿Cuántos años tiene?		
d. ¿Dónde pasó su infancia?		
e. ¿Fue a la universidad?		
f. ¿Qué hizo a los 16 años?		
g. ¿Dónde trabajaba?		

16.11 Lean esta biografía sobre el personaje y respondan ahora en la segunda columna lo que ya saben de él.

Nació en 1949 en Ciudad Real (España). Estudió bachillerato en una institución religiosa. A los dieciséis años se instaló en Madrid, solo, sin familia y sin dinero, pero con un proyecto muy concreto: estudiar y hacer cine. A finales de los sesenta, Madrid era, para un adolescente de pueblo, la ciudad de la cultura y la libertad. Realizó muchos trabajos, uno de ellos en la Compañía Telefónica Nacional de España, donde trabajó doce años como auxiliar administrativo. Durante estos años se produjo su verdadera formación. Por la mañana, estaba en contacto con la clase media española en el inicio de la época del consumo, y conoció sus dramas y problemas. Por la noche escribía, hacía teatro con el grupo Los Goliardos y rodaba películas en súper 8.

Colaboró con diversas revistas *underground*, escribió relatos y algunos de ellos se publicaron. Fue miembro de un grupo punk-rock paródico, Almodóvar y Mcnamara. En 1980 estrenó su primera película: *Pepi, Luci, Bom y otras chicas del montón*. A partir de ese momento sus películas se estrenaron en los cines de todo el mundo. Es uno de los directores más taquilleros del cine español y su trabajo en *Todo sobre mi madre* le proporcionó su primer Oscar en el año 2000. Es uno de los directores de cine hispanos más internacional, Pedro Almodóvar.

Adaptado de http://www.almodovarlandia.com/espanyol/biography.htm

VIDEOCLASES
31 Y 32

16.12 ¿Te imaginabas así a este personaje? ¿Qué opinas de él? ¿Has visto alguna de sus películas? ¿Cómo las caracterizarías? Coméntalo con tus compañeros.

1. COMPRENSIÓN DE LECTURA

16.1 En grupos de tres, observen esta imagen del poeta y dramaturgo español Federico García Lorca. ¿Qué sabes de su vida y obra? Compartan los conocimientos que tienen sobre este personaje.

⚙ ESTRATEGIA

Using biographical information

Having background information on authors and the historical context in which they wrote helps you understand what you are reading. An author's biographical information is often key to unlocking an author's literary style. Use this information to learn more about an author.

16.2 Lean el siguiente texto sobre Lorca y comprueben la información que han reunido.

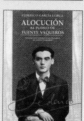

Lorca y la Generación del 27

Federico García Lorca fue un escritor andaluz perteneciente a la Generación del 27, (1). La mayoría de los miembros del grupo estudió la obra de los clásicos españoles, publicó en las mismas revistas, vivió en la Residencia de Estudiantes y cultivó una literatura basada en la mezcla *(mixture)* de lo popular *(common)* y de lo culto *(cultured)*, de lo tradicional y de lo moderno, mirando a su entorno *(surroundings)* español y al ámbito universal.

Lorca, como casi todos sus compañeros, apoyó *(supported)* públicamente las reformas democráticas de la Segunda República, en especial las dedicadas a la cultura y la educación, (2). Cuando en 1939 Franco ganó la guerra civil, muchos de estos escritores tuvieron que huir *(flee)* al extranjero por miedo a la represión del nuevo gobierno fascista. (3). Algún tiempo antes Lorca había recorrido España con La Barraca y había viajado a Nueva York y a Argentina, país en el que continuó con sus obras de teatro.

Sus poemas más conocidos son *Romancero Gitano* (1928), *Poeta en Nueva York* (1930) y *Poema del cante jondo* (1931). (4) (en todas se producen conflictos entre las normas establecidas y la libertad). Sus temas son el amor, la muerte, el destino, la soledad, la frustración, la tradición, el campo. Sus personajes favoritos, la mujer, los gitanos *(gypsies)*, los niños y los marginados. Escribió con un cuidado estilo, tradicional y vanguardista al mismo tiempo, (5)…

16.3 Las siguientes frases están extraídas del texto que acabas de leer. Escribe al lado de cada una el número del lugar en el que deberían aparecer.

a. ☐ Sus obras de teatro más famosas son *Bodas de sangre* (1933), *Yerma* (1934) y *La casa de Bernarda Alba* (1936).

b. ☐ un grupo de escritores que compartieron experiencias y características literarias comunes.

c. ☐ y su lenguaje sigue siendo muy investigado por sus enigmáticos símbolos: la luna, el caballo, el agua, los gitanos.

d. ☐ Federico García Lorca no tuvo tanta suerte *(luck)* y murió asesinado en 1936, el mismo año en el que estalló *(broke out)* la guerra civil.

e. ☐ y fundó *(founded)* la compañía teatral La Barraca con la que estuvo dirigiendo e interpretando diversas obras de teatro por toda la geografía española.

16.4 Busca en el texto información para completar la biografía de Lorca. Utiliza la siguiente tabla.

Origen	▶
Movimiento al que pertenece	▶
Características de su obra	▶
Temas presentes en su obra	▶
Personajes favoritos	▶
Poemas destacados	▶
Obras de teatro más populares	▶
Año de su muerte	▶

2. EXPRESIÓN ESCRITA

16.5 Elige ahora un autor literario de origen hispano y escribe una biografía breve según el cuadro anterior. Sigue estas recomendaciones.

- Elige un autor significativo de la literatura hispana que te resulte familiar y atractivo.
- Busca en Internet o en libros especializados información sobre ese autor.
- Elabora primero un esquema y después desarrolla el texto con una extensión similar a la del texto de la actividad 16.2.
- Puedes aportar alguna imagen del autor o de su obra.

⚙ ESTRATEGIA

Using conventional phrases and logical organization
It is common to use a formal style when sharing factual and biographical information. Before you begin to write, prepare some notes and organize them in a sequence that will add coherence to your meaning. Note that most of your writing will include use of the preterit.

3. INTERACCIÓN ORAL

16.6 Basándote en tu trabajo escrito, haz una presentación en clase sobre la vida y obra del autor que has elegido.

⚙ ESTRATEGIA

Creating a concept map
Creating a map or diagram that depicts relationships between concepts is a useful tool when organizing a presentation. Visualizing this graphic will also help you remember what you want to say. Collect the most important parts of your presentation in a concept map and use it to feel more confident as you present to the group.

DIETA MEDITERRÁNEA, ¿mito o realidad?

El Comité Intergubernamental de la UNESCO ha incluido la dieta mediterránea dentro de la Lista Representativa del Patrimonio Cultural Inmaterial de la Humanidad[1]. Esta dieta es típica de España, entre otros países del área mediterránea. Es sana y con años de tradición pero, ¿siguen los españoles esta dieta? ¿O, simplemente, se trata de un mito?

Productos típicos de la dieta mediterránea

Campo de olivos, en la Comunidad Autónoma de Andalucía

Pareja española comiendo una paella, un plato típico a base de arroz.

LA DIETA MEDITERRÁNEA, ¿QUÉ ES?

«La dieta mediterránea es una dieta equilibrada* típica de los países que rodean* el Mediterráneo: España, Francia, Italia, Grecia o Turquía, entre otros. Esta dieta, hoy en día, es posible consumirla en todo el mundo», dice José Fernández, médico nutricionista. «Los alimentos típicos de la dieta mediterránea son las verduras, el pescado, las legumbres, los huevos, la fruta, el arroz, la pasta, el aceite de oliva y, en menor medida*, la carne».

> Y tú, ¿sigues una dieta mediterránea? ¿Qué alimentos de la dieta consumes a diario?

BIEN DE LA UNESCO

Desde el año 2013, la dieta mediterránea forma parte de la lista de Bienes Inmateriales de la Humanidad[1]. «Cuando hablamos de dieta mediterránea no hablamos solo de alimentos, hablamos de habilidades culinarias, sabiduría*, rituales, símbolos y tradiciones relacionadas con la pesca, la agricultura, la cría de animales*, la conservación y preparación de alimentos y, muy especialmente, la costumbre de compartir la mesa. Esto forma parte de la identidad cultural de un pueblo. Los países del Mediterráneo tienen una historia y unos orígenes comunes y, por lo tanto, comparten todas estas cosas», dice un representante de la Unesco.

> ¿Piensas que hay una conexión entre la dieta y la identidad cultural de un pueblo? ¿Qué elementos de tu dieta consideras parte de tu identidad cultural?

[1] Declaración de la Unesco para proteger y conservar el patrimonio cultural no tangible, como, por ejemplo, la música y la danza, juegos y deportes, tradiciones culinarias, etc.

Mapa de España y sus comunidades autónomas[2]

HÁBITOS ALIMENTARIOS DE LOS JÓVENES ESPAÑOLES

«Si menos de la mitad de los españoles sigue una dieta mediterránea, se debe a que los hábitos están cambiando», dice Juan Domínguez, especialista en Medicina Preventiva en el Hospital Universitario de Ceuta. «Esto es debido, principalmente, a las imposiciones de la vida moderna. Los horarios de trabajo están cambiando y la gente, en general, tiene menos tiempo para cocinar. Esto hace que muchos jóvenes consuman comida rápida o comida basura*».

¿Qué es, para ti, la comida basura? ¿La consumes a menudo / nunca / en ocasiones especiales?

EL FUTURO DE LA DIETA MEDITERRÁNEA

Entonces, ¿cuál es el futuro de la dieta mediterránea? «Esta dieta no cambiará nunca. Forma parte del patrimonio cultural de nuestro país. Es increíblemente difícil cambiar los hábitos heredados durante generaciones y, además, es la dieta más sana que existe porque previene y cura enfermedades», dice Juan Domínguez.
«Puede que la gente cocine menos, o puede que coma más productos congelados*, porque es fácil comprarlos. Pero, a la larga, no creo que las cosas cambien mucho. Los españoles siguen y seguirán comiendo los productos que producen», dice Lluis Serra, investigador y experto en nutrición.

¿Piensas que en EE. UU. se comía mejor antes o que se come mejor ahora? ¿Crees que la dieta o el modo de alimentarse está cambiando? ¿Por qué?

¿QUÉ COMEN LOS ESPAÑOLES?

Tradicionalmente, los españoles siguen una dieta mediterránea. Esta dieta forma parte de su educación.

Sin embargo, muchos españoles entrevistados admiten que su alimentación no es la típica mediterránea.

«Tal vez en las comunidades del Mediterráneo...», dice Marta López, estudiante de Historia en Mérida, comunidad autónoma de Extremadura. «En mi zona comemos guisos* y platos fuertes a base de carne».

Una encuesta reciente elaborada por la Junta de Andalucía, comunidad en el sur de España, dice que solo el 45% de españoles sigue una dieta mediterránea.

Mercado de Valencia, en la comunidad autónoma de Valencia

¿Se puede hablar de una dieta típica de un estado u otro? ¿Qué alimentos o platos se consumen en los estados sureños*? ¿Y en la costa este?

REALIZA UNA INVESTIGACIÓN RÁPIDA EN INTERNET PARA ENCONTRAR LOS DATOS SIGUIENTES:

a Según las guías alimentarias del Departamento de Agricultura de EE. UU., ¿cuánta fruta se recomienda comer al día?

b ¿Y cuánta fruta recomiendan las guías alimentarias de Argentina, Colombia, Guatemala y Paraguay?

c ¿Qué tres alimentos son típicos de la dieta mediterránea?

GLOSARIO		
la comida basura – junk food	**el guiso** – stew
congelados – frozen	**rodean** – (they) surround
la cría de animales – raising farm animals	**la sabiduría** – knowledge
en menor medida – to a lesser degree	**sureño** – southern
equilibrado – balanced	

VOCES LATINAS

La dieta mediterránea, ¿mito o realidad?

Fuentes: *El País*, Unesco, la Junta de Andalucía, Hospital Universitario de Ceuta, dietamediterranea.com, infosalus.com, Asociación Española de Dietistas, y entrevistas.

[2] Una comunidad autónoma es una región que tiene entidad político-administrativa dentro de España. En total, hay 17 comunidades autónomas.

EN RESUMEN

Situación

Revista digital *TuMundo*

You are starting an online magazine with a friend to discuss topics relevant to college students around the world. Your first issue is in Spanish.

LEARNING OUTCOMES

ACTION

Ask and give advice and recommendations

16.1
Antes de publicar el primer número de la revista, ustedes hicieron un sondeo para ver qué temas interesaban a los jóvenes universitarios. Prepara una lista con cinco de las respuestas más populares que recibieron a la pregunta: *¿Qué temas te gustaría ver en la revista digital TuMundo?* Después, comparte tu lista con un/a compañero/a y hagan una común. Preséntenla a la clase.

Modelo: Pondría artículos sobre… / Escribiría…

16.2 A muchos jóvenes les gustaba la idea de tener un foro dedicado a hacer consultas sobre diferentes temas. Escribe dos consultas para subir al foro. Pueden ser sobre la salud, relaciones personales, moda, etc.

16.3 Ahora te toca a ti dar consejos y recomendaciones. Intercambia las consultas con tus compañeros y contesta a dos de las peticiones. Después, léanlas en grupos pequeños.

Talk about food and health

16.4 Escribe un artículo sobre la cocina tradicional de tu país. ¿Qué tipo de alimentos son los más habituales? ¿Por qué? ¿Qué nutriente es el más abundante en la dieta de tu país? En general, ¿crees que es una dieta saludable? ¿Qué cambiarías para mejorarla?

Ask for permission and favors

16.5 Han tenido muchas visitas a la página web de *TuMundo* pero necesitan hacer publicidad para conseguir más. Quieres reunirte con el profesor de marketing y pedirle ayuda. Prepara unas preguntas antes de la reunión.

Express probability in the past

16.6 Llegas a la oficina del profesor y tienes que esperar una hora. Cuando llega, te pide disculpas y te explica qué le pasó. Crees que lo que ocurrió en realidad fue lo que aparece a continuación, pero no estás seguro. Cuéntaselo a un amigo/a por e-mail.

     a. Tuvo una reunión muy importante con el decano.
     b. Hablaron de sus planes para el departamento.
     c. Después fueron a tomar un café.
     d. Se dejó el celular en el carro y no pudo avisarme.

Modelo: El otro día tuve que esperar una hora al profesor. Me dijo que… Pero yo creo que tendría una reunión con el decano…

LISTA DE VOCABULARIO

Verbos Verbs

aliñar to dress (salad)

añadir to add

cocer to boil, cook

congelar to freeze

dejar to allow

dejar de + infinitivo to quit, to stop doing something

escurrir to drain

estar enamorado/a de to be in love with

poner en remojo to soak

triturar to grind up

Descripciones Descriptions

a la plancha grilled

desnatado/a skimmed

entero/a whole

frito/a fried

multicereales multi-grain

saludable healthy

sano/a healthy

soso/a bland

Pedir y dar consejos
Asking and giving advices

Deberías… You should…

Es que… It's just that…

¿Me dejas…? Will you allow me…?

¿Me prestas…? Will you lend me…?

Para pedir permiso
Asking for permission.

Podrías… You could…

¿Podría…? Could I…?

¿Podrías…? Could you…?

¿Puedo…? Can I…?

¿Qué puedo hacer? What can I do?

¿Sería tan amable de…? Would you be so kind as to…?

¿Te importaría…? Would you mind…?

¿Te importa si…? Do you mind if…?

¿Tú qué harías? What would you do?

Yo que tú / Yo en tu lugar… If I were you…

Los alimentos Food

el aceite de girasol sunflower oil

el aceite de oliva olive oil

el azúcar sugar

la berenjena eggplant

el bistec steak

el bizcocho cake

el calabacín zucchini

la carne meat

la carne picada ground beef

las cerezas cherries

el chorizo Spanish-style sausage

la chuleta de cerdo pork chop

los dulces sweets

los embutidos cold cuts

las espinacas spinach

los frijoles beans

la fruta fruit

los garbanzos chick peas

los guisantes peas

el kiwi kiwi

los lácteos dairy

la leche milk

las legumbres legumes

las lentejas lentils

la magdalena muffin

la mantequilla butter

la pastelería pastries

la pechuga de pollo chicken breast

la piña pineapple

el sabor taste, flavor

la sal salt

el salchichón salami

la salsa sauce

el trozo de piece of

las verduras / los vegetales vegetables

el vinagre vinegar

el yogur plain yogurt

17

¡OJALÁ!

Hablamos de	Vocabulario y comunicación	¡En vivo!	Gramática	Destrezas	Sabor latino	En resumen
• Expresar deseos	• **Las ONG:** Expressing purpose, wishes and social conventions • **El voluntariado:** Talking about feelings, emotions and making value judgements **Pronunciación** • Los diptongos e hiatos: acentuación	• **Episodio 17** *Casting* **en Somalia:** Inferring meaning from body language	• Present subjunctive: regular and irregular verbs	• **Pablo Neruda** – **Comprensión de lectura:** Describing what you read – **Expresión escrita:** Connecting to emotions – **Interacción oral:** Memorizing poetry	• **Voluntariado en América Latina**	• **Situación:** Asociación de estudiantes Vidactiva • Vocabulario

Este muchacho ayuda a cuidar el medioambiente

- ¿Qué va a hacer este muchacho?
- ¿Dónde crees que está desarrollando su tarea?
- ¿Has participado alguna vez en campañas solidarias o trabajos voluntarios? ¿En qué consistían?

LEARNING OUTCOMES

By the end of this unit you will be able to:

- Discuss emotional reactions to events
- Express purpose
- Use appropriate responses in social situations
- Talk about volunteering and NGOs

17.1 Con tu compañero/a, mira las imágenes y contesta las preguntas.

Imagen a: ¿En qué lugar está este muchacho? ¿Crees que llega o que se va?
Imagen b: ¿Qué le pasa a esta muchacha? ¿Qué tiene en la mano? ¿Crees que hoy podrá ir a la universidad?

17.2 Lee las expresiones y piensa cuál les dirías a las personas de la actividad anterior. ¡Atención! Solo dos son correctas.

| ¡Que te mejores! | ¡Que aproveche! | ¡Que te vaya bien! | ¡Que duermas bien! |

17.3 Escucha la conversación y marca quién expresa cada idea.

	Irene	Paula
a. Quiere ir con la otra muchacha a pasar unos días en la Costa Brava.	☐	☐
b. Se va a Guatemala.	☐	☐
c. Va a hacer un curso de dos semanas.	☐	☐
d. Odia los aviones.	☐	☐
e. Se quedó dormida cuando leyó un libro de filosofía.	☐	☐
f. Desea buena suerte en su viaje a su amiga.	☐	☐

17.4 Lee la conversación y comprueba tus respuestas anteriores.

Irene: ¡Hola, Paula! Oye, ¿has hablado ya con Ana? Es que esta mañana me ha dicho que **(a) quiere que vayamos** este verano a la casa que tienen sus tíos en la Costa Brava, y que si queremos podemos pasar todo el mes de julio allí. Ellos ya no van nunca y la casa está vacía.
Paula: Sí, precisamente te llamo por eso. Es que me han ofrecido la posibilidad de ir a Guatemala para ayudar a construir un colegio. Así que yo no podré ir con ustedes.
I.: ¡Qué me dices! Eso es estupendo, Paula. ¿Y vas tú sola?
P.: Bueno, voy a través de una ONG que se llama Ayuda en Acción. La verdad es que no conozco mucho a la gente pero, **(b) antes de irnos**, nos van a dar un curso durante dos semanas para saber lo que tenemos que hacer allí, conocer la situación, su cultura... y también para que nos conozcamos entre nosotros. ¡Vamos a estar un mes conviviendo y trabajando! **(c) Espero llevarme** bien con todos.

I.: Ya verás como sí. ¿Y cuándo te vas?

P.: (d) En cuanto terminemos las clases. De hecho, el avión sale el mismo día por la noche. ¡Ay, Irene! Son doce horas de avión y ¡odio volar *(to fly)*! ¡**(e) Ojalá me quede** dormida pronto en el avión!

I.: ¡Uf! ¡Doce horas! Bueno, tú llévate el libro que nos ha recomendado el profesor de Filosofía y seguro que te duermes enseguida. Yo lo intenté empezar el otro día pero, **(f) en cuanto lo abrí**, me quedé dormida *(fell asleep)*. Oye, ahora en serio, me parece genial tu idea de ir a Guatemala, creo que va a ser toda una experiencia y **(g) te deseo de todo corazón que te vaya muy bien y (h) ojalá tu esfuerzo sirva para que esos niños puedan vivir mejor.**

P.: Muchas gracias. Ya te contaré **(i) cuando vuelva.** ¡Ah! y yo también **(j) espero que se lo pasen muy bien** en la Costa Brava. Dense un bañito en la playa por mí.

I.: ¡Eso seguro! Pero, bueno, nos veremos **(k) antes de que te vayas** para despedirnos, ¿no?

P.: ¡Claro! ¡Faltaría más!

17.5   Clasifica las oraciones en negrita en su lugar correspondiente del cuadro.

Alguien expresa un deseo para otra persona	Alguien desea algo para sí mismo	Se habla del futuro

17.6   Dos compañeros y tú han decidido ser voluntarios en un proyecto en Latinoamérica. Seleccionen un país y el tipo de proyecto que van a desempeñar: social, educativo o medioambiental. Usen las siguientes expresiones para presentar el programa a la clase.

✓ antes de irnos…
✓ después de estar…

✓ esperamos…
✓ deseamos…
✓ ojalá…

APUNTES: Las ONG (Organizaciones No Gubernamentales)

✓ Existen aproximadamente desde el siglo XIX.

✓ Una de las más antiguas es la Cruz Roja, aunque no es propiamente una ONG por tener características particulares según sus estatutos y ser creada a raíz de Convenios Internacionales.

✓ El reconocimiento formal de las ONG es a partir del artículo 71 de la Carta de las Naciones Unidas firmado en 1945.

VOCABULARIO Y COMUNICACIÓN

1.A VOCABULARIO: LAS ONG

17.1 Observa las siguientes fotografías y describe qué están haciendo estas personas. ¿Qué tienen todas ellas en común? Coméntalo con tus compañeros.

17.2 Con tu compañero/a, relacionen las fotografías de la actividad anterior con las expresiones de abajo. ¡Atención! Cada expresión puede pertenecer a más de una letra o imagen.

1. catástrofes naturales ▶ ....

2. conflictos bélicos *(armed)* ▶ ....

3. labores humanitarias ▶ ....

4. protección del medioambiente ▶ ....

5. comercio justo ▶ ....

6. donativo ▶ ....

7. voluntario ▶ ....

8. labor social ▶ ....

17.3 Observa estos logos. ¿Los reconoces? ¿Qué otros conoces? Compártelos con un/a compañero/a y preparen una lista de nombres de organizaciones para presentar a la clase.

17.4 Estos son algunos de los trabajos que realizan las ONG. Relaciona las dos columnas para formar oraciones que describen su trabajo. ¡Atención! Debes completar un total de 10 oraciones.

a. Luchar *(fight)* por...

b. Luchar en...

c. Luchar a favor...

d. Luchar contra...

e. Trabajar por...

f. Ofrecer...

g. Organizar...

1. ☐ campañas de sensibilización *(awareness)*.

2. ☐ la protección del medioambiente.

3. ☐ la explotación infantil.

4. ☐ de los derechos humanos.

5. ☐ actos benéficos para recaudar *(raise)* fondos.

6. ☐ la pobreza.

7. ☐ el comercio justo.

8. ☐ orientación laboral.

9. ☐ la defensa de los animales.

10. ☐ el calentamiento global.

17.5 Clasifica los trabajos anteriores en el cuadro según los diferentes tipos de ONG que existen. ¿Se les ocurre algún trabajo más?

Medioambiente	Países subdesarrollados	Discapacitados

Personas sin hogar	Inmigrantes	Mujeres y niños

17.6 Intenta responder si son verdaderas (V) o falsas (F) las siguiente afirmaciones, según tus conocimientos. Después, compara tus respuestas con un compañero/a.

	V	F
a. La Cruz Roja nació después de un viaje de su fundador por los países del tercer mundo.	☐	☐
b. La Cruz Roja es una organización que atiende a personas de todo el planeta.	☐	☐
c. La mayoría de los países dan parte de su Producto Interior Bruto (PIB) a las ONG para ayudarlas a financiarse.	☐	☐
d. Las personas que trabajan en las ONG son todas voluntarias.	☐	☐

17.7 Lee el siguiente texto sobre las ONG y comprueba tus respuestas.

Las siglas ONG significan **Organización No Gubernamental**. La primera ONG que se conoce como tal es la Cruz Roja, que fue fundada en 1864 por el suizo *(Swiss)* Henry Dunant. El 8 de mayo de 1859, Dunant, que era un hombre de negocios, se encontraba en el norte de Italia. Allí fue testigo de una cruel batalla y de cómo las víctimas quedaban desatendidas en medio de las calles. Eran las mujeres de los pueblos cercanos quienes se hacían cargo de aquellos pobres hombres.

Le impactó tanto aquella experiencia que pensó en la necesidad de crear organizaciones, **sin ánimo de lucro** e independientes de poderes *(power)* políticos e ideologías, para atender a las víctimas en los **conflictos bélicos** o en caso de **catástrofes naturales**. Así nació la Cruz Roja Internacional que hoy en día está presente en los cinco continentes.

Desde entonces, el número de ONG ha aumentado en todo el mundo y también han ampliado su campo de trabajo. Algunas están enfocadas más a las **labores humanitarias** y otras a la **protección del medioambiente**.

La mayoría de países aportan parte de su **PIB** a la **financiación** de las ONG. Otra forma de **recaudar fondos** son las **campañas de sensibilización** para captar socios *(partners)* o la venta de artículos de **comercio justo**, aunque hay algunas que prefieren, para mantener su libertad, financiarse solo con **donativos**.

La mayoría de personas que trabajan en las ONG son **voluntarios**, es decir, personas que combinan sus responsabilidades diarias, estudios o trabajo, con ofrecer una **ayuda desinteresada** a otras personas. Sin embargo, también cuentan con trabajadores asalariados *(salaried)*, ya que, sobre todo *(especially)* las grandes ONG, requieren de personal cualificado y dedicado a tiempo completo *(full time)* para su buen funcionamiento.

17.8 En grupos pequeños, hagan turnos y expliquen el significado de estas expresiones con ejemplos en español.

Organización No Gubernamental • sin ánimo de lucro • conflictos bélicos
catástrofes naturales • labores humanitarias • protección del medioambiente
PIB • financiación • recaudar fondos • campañas de sensibilización
comercio justo • donativos • voluntarios • ayuda desinteresada

» Para **expresar la finalidad** (*purpose*) o el motivo por el que se hace algo se usa:

Para + infinitivo ▶ Si los dos sujetos (*subjects*) de la oración son los mismos, o uno de los dos no está especificado.

*(Yo) he participado en varias ONG **para (yo) ayudar** a los más necesitados.*

Para que + subjuntivo ▶ Si hay sujetos diferentes.

*(Yo) he participado en varias ONG **para que (ellos)** ayuden a los más necesitados.*

» Para expresar deseos se usa:

Desear
Esperar que
Querer

verbo en infinitivo (si el sujeto de las dos acciones es el mismo).
(Yo) quiero (yo) ir mañana a la Cruz Roja.

verbo en subjuntivo (si el sujeto de las dos acciones es diferente).
(Yo) quiero que (tú) ayudes en la Cruz Roja.

Ojalá + subjuntivo
***Ojalá** todos los países **protejan** el medioambiente.*

» Para formular deseos también se usan una serie de **expresiones convencionales** con **que** + subjuntivo, como:

Que duermas bien. *(I hope that you...)*
Que disfrutes.
Que (te) lo pases bien.

Que tengas suerte.
Que te mejores.
Que aproveche.

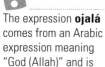

The expression **ojalá** comes from an Arabic expression meaning "God (Allah)" and is used as the equivalent of "I hope that, let's hope that." It may be used with or without **que**.

17.9 Observa las imágenes y, con tu compañero/a, decidan qué están haciendo las personas y para qué lo hacen.

Modelo: Lorena y sus amigos están en un restaurante para celebrar el cumpleaños de Lorena. ¡Que te lo pases muy bien!

Lorena y sus amigos

Sofía y Ana

los amigos

los novios

Javier y su prometida

Alicia y su madre

17.10 Con un compañero/a, relacionen las ONG con sus deseos.

1. ☐ Queremos que las personas sin hogar puedan vivir dignamente.

2. ☐ Ojalá haya más campañas de sensibilización del cuidado del medioambiente.

3. ☐ Ojalá se termine con la pobreza en el mundo.

4. ☐ Deseamos que se trabaje en defensa de los derechos humanos.

5. ☐ Que todos los que vienen de fuera encuentren en nuestro país un mundo mejor.

6. ☐ Esperamos que los gobiernos luchen contra la explotación infantil.

17.11 Estos son algunos deseos que han expresado unos estudiantes. ¿Cuáles compartes? Habla con tu compañero/a y después, propongan *(propose)* otros nuevos deseos para este curso.

> ***Ojalá*** que algún día dejen de existir los exámenes.

> Este año ***espero*** no recibir menos de C en ninguna asignatura.

> El año que viene ***quiero*** ir a Latinoamérica a estudiar español.

> ***Deseo*** que mis amigos me hagan una fiesta sorpresa para mi cumpleaños.

> ***Espero*** que este curso no sea tan difícil como nos han contado.

> ***Deseo*** hacer un safari por África.

17.12 ⟨118⟩ Escucha las conversaciones y escribe los deseos que utilizan para estas situaciones sociales.

a. A alguien que se va a dormir. ....

b. A alguien que va a empezar a comer o está comiendo. ....

c. A alguien que tiene un examen o una entrevista de trabajo. ....

d. A alguien que va a hacer algo divertido. ....

e. A alguien que ha tenido una mala noticia. ....

f. A alguien que ha tenido una buena noticia. ....

g. A alguien que se va por mucho tiempo. ....

17.13 En parejas, hagan turnos para responder acorde a la situación social presentada por su compañero.

Estudiante 1:

Dices:

1. ¡Ana / Juan y yo nos casamos!

2. Me voy a dormir.

3. Esta noche voy a un concierto.

Estudiante 2:

Dices:

1. El partido va a comenzar.

2. ¡Van a quitar los exámenes!

3. Me voy a estudiar al extranjero seis meses.

17.14 Observa las fotografías de estos voluntarios. ¿Qué actividades pueden realizar los voluntarios en una ONG? Comparte tus ideas con tus compañeros.

17.15 Relaciona las siguientes expresiones con sus significados.

1. Dar la voluntad.	**a.** Realizar un trabajo que te hace feliz.
2. Ser solidario.	**b.** Realizar un trabajo en colaboración con otra persona.
3. Trabajo satisfactorio.	**c.** Superar una situación difícil.
4. Poner tu granito de arena.	**d.** Dar el dinero que tú quieres.
5. Salir adelante.	**e.** Ayudar a las personas con problemas.
6. Trabajar codo con codo.	**f.** Colaborar.

17.16 Lee sobre los siguientes voluntarios y sus experiencias. Completa los textos con las expresiones de la actividad anterior.

Lidia, 35 años, Mozambique

Cuando terminé Arquitectura intenté encontrar trabajo en México, pero no lo conseguí, así que decidí empezar mi carrera profesional como voluntaria en África. Hace 10 años llegué a Mozambique para colaborar en la construcción de un hospital y sigo aquí. Lo mejor es que (a) .... con la población de aquí. Así, todos aprendemos de todos y esperamos que en el futuro no nos necesiten, porque eso significará que ellos tendrán los medios para (b) .... Es una manera de tener un (c) .... y (d) .... al mismo tiempo.

Mathew, 19 años, Estados Unidos

Yo soy voluntario porque quiero que el mundo sea mejor cada día. Todos podemos hacer algo por los demás, no tienen que ser grandes gestos, porque si cada uno (e) ...., al final se pueden hacer cosas muy importantes.

Marta, 22 años, Colombia

Cada año organizamos un mercadillo benéfico. La gente trae las cosas que ya no necesita pero que están en buen estado.
Nosotros no ponemos precio, sino que la gente
(f) .... La verdad es que se recoge bastante dinero.

17.17 Habla con un/a compañero/a sobre los siguientes temas.

a. ¿Qué tipo de voluntariado te imaginas que puede ser interesante? ¿Por qué?

b. ¿Qué tipo de tareas puedes hacer?

c. ¿Crees que estos programas son realmente beneficiosos para las comunidades donde se realizan? ¿Por qué?

d. ¿Cuáles crees que son las ventajas y desventajas del voluntariado? ¿Por qué?

17.18 (119) Cada vez hay más gente joven que prefiere hacer un voluntariado en el extranjero antes de ir a la universidad. Ryan, un chico norteamericano, habla de su experiencia. Escucha lo que dice y di si fue todo trabajo o pudo hacer otras cosas.

Haciendo una alfombra de aserrín y flores en Antigua, Guatemala.

Ryan piensa que ser voluntario es genial.

17.19 (119) Vuelve a escuchar a Ryan y completa el cuadro con sus actividades.

Actividades relacionadas con el voluntariado	Actividades relacionadas con el tiempo libre	Beneficios

17.20 Los voluntariados abarcan prácticamente todos los ámbitos *(scopes)*. Decide qué tipo de actividades pueden hacerse en estos ámbitos. Trabaja con un/a compañero/a.

	Actividad
a. social	
b. cultural	
c. educativo	
d. medioambiente	
e. salud	
f. derechos humanos	

» Para expresar sentimientos y emociones, se usa:

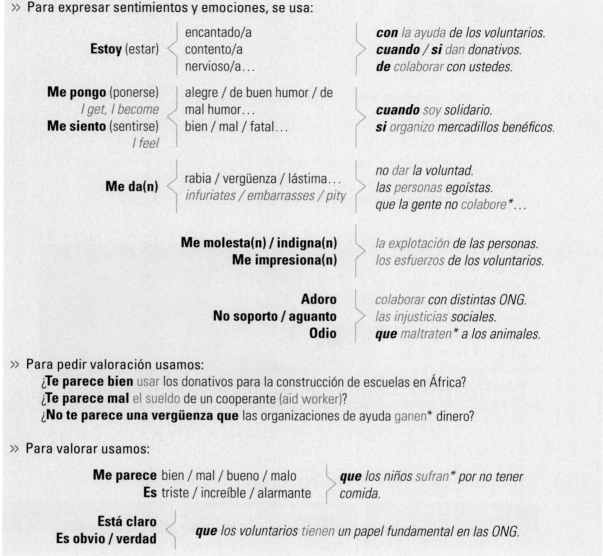

Estoy (estar)	encantado/a contento/a nervioso/a…	**con** *la ayuda de los voluntarios.* **cuando / si** *dan donativos.* **de** *colaborar con ustedes.*
Me pongo (ponerse) *I get, I become* **Me siento** (sentirse) *I feel*	alegre / de buen humor / de mal humor… bien / mal / fatal…	**cuando** *soy solidario.* **si** *organizo mercadillos benéficos.*
Me da(n)	rabia / vergüenza / lástima… *infuriates / embarrasses / pity*	*no dar la voluntad.* *las personas egoístas.* *que la gente no colabore*…*
Me molesta(n) / indigna(n) **Me impresiona(n)**		*la explotación de las personas.* *los esfuerzos de los voluntarios.*
Adoro **No soporto / aguanto** **Odio**		*colaborar con distintas ONG.* *las injusticias sociales.* **que** *maltraten* a los animales.*

*You will learn more about this verb form later in the unit. Can you guess how it is formed? Verbs ending in –**ar** end in –**e** and verbs ending in –**er**, –**ir** end in –**a**.
gan**ar** ▶ gan**a** ▶ gan**e**
sufr**ir** ▶ sufr**e** ▶ sufr**a**

» Para pedir valoración usamos:

¿Te parece bien usar los donativos para la construcción de escuelas en África?
¿Te parece mal el sueldo de un cooperante (aid worker)?
¿No te parece una vergüenza que las organizaciones de ayuda ganen* dinero?

» Para valorar usamos:

Me parece bien / mal / bueno / malo **Es** triste / increíble / alarmante	**que** *los niños sufran* por no tener* *comida.*
Está claro **Es obvio / verdad**	**que** *los voluntarios tienen un papel fundamental en las ONG.*

17.21 Completa los espacios en blanco con número de las siguientes conversaciones con el verbo correcto para expresar sentimientos y emociones. Escoge un adjetivo del recuadro para los espacios con letra. Después, escucha y comprueba.

vergüenza • preocupante • seria • triste • preocupada

- Pero, ¿qué te pasa? Desde que llegaste de Guatemala (1) .... muy (a) ....
- Es que (2) .... (b) .... por la situación económica del país. Colaboré allí en la creación de unas escuelas rurales, y (3) .... (c) .... que en los gobiernos no vean esto y ayuden más.
- Bueno, eso es normal, a mí también (4) .... (d) .... la pobreza que hay en nuestro país. Yo colaboro en una ONG de ayuda a gente sin techo y (5) .... (e) .... que las autoridades no les proporcionen ningún albergue.
- (6) .... que los voluntarios tenemos un papel fundamental en esta sociedad.

17.22 Con un compañero/a, hagan turnos para preguntar y describir lo que piensan sobre los siguientes temas. Usen las expresiones aprendidas.

a. ¿Ser voluntario o dar donativos?

b. ¿Greenpeace o Unicef?

c. ¿Colaborar en un mercadillo benéfico *(rummage sale)* o en un comedor social?

17.23 ¿Te preocupa el estado de las cosas en el mundo? Con un/a compañero/a, hagan turnos para describir las situaciones que les hacen sentir de las siguientes maneras.

Modelo: Me molesta que los gobiernos no hagan nada para ayudar a los necesitados.

– Me molesta que…

– Me da rabia…

– Me siento mal si…

– Me pone nervioso/a que…

– Me da lástima que…

– Me parece mal…

– Está claro que…

– Me dan miedo…

– Me pone de mal humor…

PRONUNCIACIÓN

LOS DIPTONGOS E HIATOS: ACENTUACIÓN

» Además de representar sus sonidos vocálicos, las letras **i** y **u** también pueden aparecer combinadas con otras vocales para formar una sola sílaba (**diptongo**):
   n**ue**-vo, s**ie**-te, v**ei**n-te, g**ua**-po, **eu**-ro.
   En estos casos, hay que seguir las reglas de acentuación en general:
   ha-c**éis**, can-c**ión**, pen-s**áis**, des-p**ués**, c**uí**-da-lo.

» Sin embargo, las letras **i** y **u** no siempre se unen a otras vocales. Entonces se pronuncian en sílabas diferentes y llevan una marca de acento escrito (**hiato**):
   d**í-a**, r**í-o**, pa-**ís**, Ra-**úl**.

17.1 Escucha el audio y escribe las palabras que identifiques. Después, divídelas en sílabas.
(121)
....

....

17.2 Coloca la lista de palabras anteriores en la categoría correcta. Recuerda incluir los acentos (tildes).

Diptongos: ....

Hiatos: ....

¡EN VIVO!
Episodio 17

Casting en Somalia

ANTES
DEL VIDEO

17.1 Observa las imágenes y decide cuál de estas frases resume mejor la historia. Basa tu respuesta en lo que crees que puede ocurrir. Usa tu imaginación.

a. Juanjo está preparando un examen con Alfonso.

b. Juanjo está ensayando un discurso con Alfonso.

c. Juanjo está ensayando un comercial con Alfonso.

d. Juanjo está recitando una poesía a Alfonso.

e. Juanjo está discutiendo con Alfonso.

⚙ ESTRATEGIA

Inferring meaning from body language
A speaker's body language and behavior offers useful clues about the information being conveyed. Observing gestures and facial expressions can transmit information without necessarily knowing what is being said.

17.2 Lee las siguientes palabras que aparecen en el episodio. Mira otra vez las opciones en actividad 17.1. ¿Con cuál de los temas se relacionan estas palabras?

casting • campaña • ONG • televisión • guion • papel • memorizar

DURANTE
DEL VIDEO

17.3 Mira el episodio y responde las siguientes preguntas eligiendo la opción correcta.

a. ¿Dónde están los muchachos? En el **campus** / **campo**.

b. ¿Qué noticia trae Juanjo? Va a participar en un casting para **una obra de teatro** / **un comercial**.

c. ¿Cuándo es el casting? **mañana** / **pasado mañana**.

d. ¿Qué anuncia el comercial? Un **trabajo** / **voluntariado** en África.

e. ¿Qué hace Alfonso? **Le ayuda a ensayar** / **Le escucha el ensayo**.

f. A Juanjo el guion le parece **muy interesante** / **aburrido**.

g. Alfonso quiere que diga la última frase con **más fuerza** / **más gritos**.

h. Los muchachos deciden irse a ensayar a **una cafetería** / **a casa**.

17.4 Observa la imagen 2. ¿Por qué crees que Juanjo hace esos gestos? Explícalo.

....

....

....

....

17.5 Aquí tienes el texto que debe memorizar Juanjo. Completa las palabras que faltan. Puedes volver a ver el episodio, si es necesario.

¿Alguna vez pensaste en dedicar tu tiempo en ayudar a los demás?

¿Te gustaría proteger el medioambiente? ¿Te interesan el comercio justo y (a) ....?

En "Madre Tierra" estamos buscando gente como tú: valiente, creativa, (b) ....

Ahora tienes la oportunidad de unirte a un gran equipo de gente que trabaja de forma (c) .... en diferentes países de África y unirte a algunos de nuestros proyectos.

Puedes ayudar a construir (d) .... Somalia o trabajar de voluntario en un (e) .... en Burkina Faso.

"Madre Tierra" pagará tu viaje y te conseguirá el (f) .... en el país.

Tendrás la experiencia de vivir con familias nativas y cumplir tus sueños más solidarios. Esta es tu gran (g) .... Ven y vive con nosotros una experiencia que nunca (h) ....

17.6 Vuelve a mirar este segmento y ordena las frases según lo que ocurre.

`04:48 - 06:10`

a. ☐ Toda la gente mira a los muchachos con sorpresa.

b. ☐ Alfonso sugiere a Juanjo que diga la última frase con más energía.

c. ☐ Los muchachos deciden marcharse a ensayar a otro lugar.

d. ☐ Juanjo grita y gesticula cada vez más.

17.7 El comercial del episodio habla del voluntariado. En parejas, decidan qué requisitos creen que debe reunir alguien que quiera participar en el proyecto "Madre Tierra".

(Modelo:) Ser solidario, ser generoso con los demás...

17.8 ¿Alguna vez has participado como voluntario? Escribe cómo fue tu experiencia.

DESPUÉS DEL VIDEO

GRAMÁTICA

1. PRESENT SUBJUNCTIVE: REGULAR VERBS

» In this unit you have learned to express wishes, hopes, and desires using a new form of the verb. This form is called the subjunctive mood. Unlike the indicative, which states facts, the subjunctive describes reality from the point of view of the speaker.

> *Quiero un helado. vs. Quiero que me compres un helado.*
> *Este curso es muy difícil. vs. Espero que este curso no sea muy difícil.*
> *Participo en una ONG para ayudar a los pobres. vs. Participo para que los pobres tengan lo esencial.*

» Here are the forms of the present subjunctive.

	-AR HABLAR	-ER COMER	-IR VIVIR
yo	hable	coma	viva
tú	hables	comas	vivas
usted/él/ella	hable	coma	viva
nosotros/as	hablemos	comamos	vivamos
vosotros/as	habléis	comáis	viváis
ustedes/ellos/ellas	hablen	coman	vivan

» The subjunctive is also used to express goals for the future. Compare the following examples and determine which sentences refer to everyday habits and which ones refer to potential actions that may or may not happen.

> *Cuando termino de cenar, veo la tele un poco.*
> *Cuando tengo dinero extra, lo gasto en videojuegos.*
> *Siempre tengo hambre cuando llego a casa.*

> *Cuando termine los estudios, buscaré trabajo.*
> *Cuando tenga suficiente dinero, compraré una casa.*
> *Comeré algo cuando tenga hambre.*

17.1 Completa estas oraciones con el subjuntivo o el infinitivo de los verbos. Después, comprueba tus respuestas con un compañero/a. ¿Están de acuerdo?

a. Mario y Sara han venido para (presentar) .... su nuevo disco.

b. ¡Ojalá me (llamar) .... Juanjo!

c. Quiero (cambiar, yo) .... mi celular por un teléfono inteligente.

d. ¡No soporto que (usar) .... esas palabras con tu hermanito!

e. Cuando (hablar, tú) .... en español, debes abrir más la boca.

f. Cuando (vivir) .... solo en un apartamento, espero que mis amigos me (visitar) ....

17.2 ¿Quién crees que ha dicho las frases anteriores? Relaciónalas con las imágenes y justifica tu respuesta.

17.3 Contesta a lo que dice tu compañero/a.

Estudiante 1:

Dices:

1. "Soy el genio de la lámpara maravillosa: pide tres deseos y te serán concedidos".

2. Te vas de vacaciones dentro de una semana, ¿qué quieres hacer?

3. Imagina que es fin de año. ¿Qué deseos pides para el año que empieza?

4. ¿Qué le pides al/a la muchacho/a ideal?

5. Piensa en ti dentro de quince años. ¿Qué le pides a la vida?

Estudiante 2:
Dices:

1. Estás en una isla desierta y al parecer el resto del mundo se ha olvidado de ti. ¿Qué desearías?

2. Se acerca tu cumpleaños, ¿cuáles son tus deseos?

3. Imagina que vas a conocer al presidente de tu país, ¿qué le pides?

4. Mañana empieza el curso y tenéis nuevo profesor de español. ¿Cómo quieres que sea?

5. ¿Qué le pides a la ciudad ideal?

2. PRESENT SUBJUNCTIVE: IRREGULAR VERBS

» Almost all **irregular verbs** in the present indicative are also irregular in the present subjunctive.

- **Stem-changing verbs.** Verbs that stem change in the present indicative will have the same stem change in the present subjunctive in all forms but **nosotros** and **vosotros** with the following exceptions:
  - Verbs like **servir** that end in –**ir** and stem change **e ▶ i** will stem change in all forms: **sirva, sirvas, sirva, sirvamos, sirváis, sirvan**.
  - In addition to a stem change (**u ▶ ue**), the verb **jugar** has a spelling change: **juegue, juegues, juegue, juguemos, juguéis, jueguen**.
  - The verbs **dormir** and **morir** have two stem changes in the present subjunctive, **o ▶ ue** and **o ▶ u**: **duerma, duermas, duerma, durmamos, durmáis, duerman**.

- **Irregular *yo* form verbs.** The present subjunctive of verbs with irregular yo forms such as **poner**, maintain the irregular **yo** ending in all forms of the present subjunctive: **pongo ▶ ponga, pongas, ponga, pongamos, pongáis, pongan**.

» The only verbs in the present subjunctive that are completely irregular are: **ir, ser, estar, haber, saber, ver** and **dar**.

HABER	IR	SABER	ESTAR	SER	VER	DAR
haya	vaya	sepa	esté	sea	vea	dé
hayas	vayas	sepas	estés	seas	veas	des
haya	vaya	sepa	esté	sea	vea	dé
hayamos	vayamos	sepamos	estemos	seamos	veamos	demos
hayáis	vayáis	sepáis	estéis	seáis	veáis	deis
hayan	vayan	sepan	estén	sean	vean	den

17.4 Con un/a compañero/a, completen las tablas con las formas correctas del subjuntivo para los siguientes verbos. Usen la información de la presentación y las pautas *(patterns)* en las tablas.

PENSAR		PODER		PEDIR	
indicativo	subjuntivo	indicativo	subjuntivo	indicativo	subjuntivo
pienso	piense	puedo	pueda	pido	(f)
piensas	(a)	puedes	(c)	pides	pidas
piensa	piense	puede	pueda	pide	(g)
pensamos	(b)	podemos	(d)	pedimos	pidamos
pensáis	penséis	podéis	podáis	pedís	pidáis
piensan	piensen	pueden	(e)	piden	(h)

17.5 Observa los verbos con formas irregulares en presente de indicativo en primera persona y completa las tablas con las formas correctas del subjuntivo. Después, comprueba tus respuestas con un/a compañero/a.

TENER		HACER		SALIR	
indicativo	subjuntivo	indicativo	subjuntivo	indicativo	subjuntivo
tengo	**tenga**	**hago**	**haga**	**salgo**	(e)
tienes	(a)	haces	**hagas**	sales	**salgas**
tiene	**tenga**	hace	(c)	sale	**salga**
tenemos	**tengamos**	hacemos	(d)	salimos	(f)
tenéis	**tengáis**	hacéis	**hagáis**	salís	**salgáis**
tienen	(b)	hacen	**hagan**	salen	**salgan**

17.6 Lee esta conversación entre Beatriz y Luis e identifica los verbos en presente de subjuntivo.

Beatriz: Toma, Luis, aquí tienes algunas cosas para el mercadillo benéfico. Oye, ¿cuándo es?
Luis: Es el sábado que viene.
Beatriz: ¿Estás bien preparado?
Luis: Sí, espero que la gente compre de todo para que podamos recaudar los fondos necesarios para la Cruz Roja.
Beatriz: ¿Quieres que te ayude con algo más?
Luis: No, gracias. Solo deseo que todos colaboren con su tiempo o con donativos.
Beatriz: Pues, que tengas suerte.
Luis: Gracias. Ya te contaré cuando te vea.

17.7 Escribe las estructuras con el presente de subjuntivo de la actividad anterior e indica su función. Después, comenta con tu compañero/a si los verbos son regulares o irregulares.

	Expresa deseos	Expresa finalidad	Expresa acciones futuras
a.			
b.			
c.			
d.			
e.			
f.			

17.8 Transforma estas frases para expresar los deseos de Beatriz y Luis.

a. Luis está contento. ▶ Beatriz espera que Luis…

b. Beatriz irá al mercadillo. ▶ Luis desea que Beatriz…

c. La gente es generosa. ▶ Ojalá que…

d. El sábado no lloverá. ▶ Esperamos que…

e. Muchas personas vendrán al mercadillo. ▶ Luis quiere que…

f. Luis organizará más actividades benéficas en el futuro. ▶ Ojalá que…

17.9

Primero, lee la conversación entre Carlos y Abel sobre un concierto benéfico que va a dar el cantante español, Huecco. Con un/a compañero/a completa la conversación con el infinitivo o el presente de subjuntivo de los verbos de la lista. Después, escucha y comprueba.

cantar • empezar • fabricar • ganar • hacer
deporte • inventar • poder • producir • vender • tener

Abel: ¡Oye, Carlos! ¿Te apetece ir este sábado al concierto de Huecco con Raquel y conmigo?

Carlos: Uf, no sé, es que a mí los conciertos no me gustan mucho. Odio que la gente (a) .... a cantar, ahí, gritando… Prefiero oír el disco tranquilamente en mi casa.

Abel: ¡Hombre, pero no es lo mismo! A mí no me importa que la gente (b) .... Además, es un concierto benéfico, y ya sabes que a Raquel le encanta todo lo relacionado con las ONG.

Carlos: ¿Y para qué ONG es?

Abel: No lo sé muy bien, solo sé que es para recaudar fondos para (c) .... unos balones que producen electricidad y llevarlos después a los países pobres.

Carlos: ¡¿Qué?! ¿Un balón que produce electricidad?

Abel: Sí, es un balón que dentro tiene una batería. Al jugar con él, el movimiento del balón produce energía y esta energía se guarda dentro de la batería. Después puedes enchufar cualquier tipo de aparato y ¡ya funciona!

Carlos: ¿En serio? Entonces el balón funciona como una batería, ¿no?

Abel: Exactamente. Con 15 minutos es suficiente para que (d) .... unas cuantas horas de luz.

Carlos: ¡Qué buena idea! Ojalá (e) .... más aparatos como estos. ¿Te imaginas? ¡Energía gratis!

Abel: Sí, esta idea es genial, porque no solo ayuda a personas sino que además es bueno para el medioambiente… y para que la gente (f) ....

Carlos: Estoy completamente de acuerdo contigo. Espero que este proyecto (g) .... mucho éxito y ojalá Huecco (h) .... muchos discos para que (i) .... mucho dinero y (j) .... fabricar muchos balones.

Abel: Bueno, entonces, ¿vienes al concierto?

Carlos: Pues mira, sí, ¡todo sea por una buena causa!

17.10

Completa con la forma correcta del verbo entre paréntesis. Compara tus respuestas con un/a compañero/a.

a. Dame Vida es una fundación que desea (recaudar) .... fondos para (ayudar) .... a los necesitados.

b. Jessica Mathews y Julia Silverman son las creadoras del *soccket*, un balón con un acumulador de energía dentro que (generar) .... luz limpia al rodar por el suelo.

c. Cuando la pelota (cargarse) .... de energía, se convierte en horas de luz para las familias pobres.

d. Dame Vida quiere que cada hogar sin electricidad (tener) .... un balón con luz.

e. Dame Vida quiere que la música (servir) .... para que los más jóvenes (practicar) .... deporte.

f. Huecco declaró que el deporte y la música son las energías más limpias y que este proyecto va a servir para (llenar) .... de luz limpia el mundo.

g. El cantante quiere que esos niños jueguen al fútbol, que tengan luz para sus casas, y que esa luz (ser) .... una fuente de energía limpia y no contaminante.

h. Huecco declaró que quiere (dar) .... las gracias de corazón a todos los que participaron en la campaña.

VIDEOCLASES
33 Y 34

17.11

Expresas tus propios deseos para organizaciones como la Cruz Roja y Dame Vida y coméntalas en grupos pequeños.

DESTREZAS

1. COMPRENSIÓN DE LECTURA

⚙️ **ESTRATEGIA**

Describing what you read
Retelling what you read to someone will help you simplify and summarize the content into manageable chunks. Communicating your ideas aloud to another person helps your brain to process the information in another way.

17.1 Selecciona la opción correcta.

1. Chile es un país de Sudamérica que está…
   a. ☐ al norte.
   b. ☐ en el centro.
   c. ☐ en el sur.

2. El Nobel de Literatura es un prestigioso premio que se otorga a…
   a. ☐ los nuevos escritores.
   b. ☐ escritores latinoamericanos.
   c. ☐ cualquier escritor del mundo.

17.2 Lee el siguiente texto sobre el poeta Pablo Neruda y responde las preguntas.

Pablo Neruda

Ricardo Eliecer Neftalí Reyes Basoalto (Chile, 1904-1973), más conocido como Pablo Neruda, ha sido uno de los poetas más influyentes en la literatura del siglo XX y así se le reconoció cuando en 1971 ganó el Premio Nobel de Literatura. Su obra es muy variada y extensa. En sus primeros años se caracterizó por el romanticismo y la melancolía, influenciado por el modernismo hispanoamericano de Rubén Darío y de su gran amiga, la poetisa Gabriela Mistral.

De esta época es quizá una de sus obras más famosas: *Veinte poemas de amor y una canción desesperada* (1924).

En 1927 empieza a trabajar como cónsul *(diplomat)*. Gracias a esto, viaja por todo el mundo y conoce a los políticos y artistas más importantes de la época, convirtiéndose en un hombre culto y comprometido *(committed)* socialmente. Entre otros, conoce a Federico García Lorca en Buenos Aires, a Picasso en Barcelona y a los autores de la Generación del 27 en Madrid. Al estallar la guerra civil española en 1936, Neruda tiene que regresar a su país natal. Allí, impresionado por la guerra y el asesinato de Federico García Lorca, del que se había hecho muy amigo, escribe su obra *España en el corazón* (1937), un libro de poemas sobre el horror de la guerra y el dolor de las víctimas.

Pero Neruda siguió escribiendo bellos poemas de amor como los recogidos en *Cien sonetos de amor* (1959). Y no solo escribió sobre temas profundos, también los objetos más cotidianos *(everyday)* fueron fuentes *(sources)* de su inspiración. Ejemplo de ello son su famosas *Odas elementales*: "Oda a la cebolla", "Oda al tomate", "Oda a los calcetines"… Neruda decía que él escribía para gente sencilla, incluso para los que no sabían leer.

a. ¿A qué época de la obra del autor pertenece *Veinte poemas de amor y una canción desesperada*?
b. ¿Por qué se caracteriza dicha época?
c. ¿Qué hechos mueven al autor a escribir *España en el corazón*?
d. ¿En qué se inspiran las *Odas elementales*?

17.3 Qué pasó en la vida de Pablo Neruda en los siguientes años?

a. 1904 ▶ ....
b. 1924 ▶ ....
c. 1927 ▶ ....

d. 1936 ▶ ....
e. 1937 ▶ ....

f. 1959 ▶ ....
g. 1973 ▶ ....

2. EXPRESIÓN ESCRITA

17.4 El próximo poema es parte de *Cien sonetos de amor*, que Neruda dedicó a su tercera mujer, Matilde Urrutia, su gran amor, su musa y compañera hasta su muerte. Con un/a compañero/a, completa el poema con las palabras de la lista.

amé • arena • luz • manos • mar • muera • oídos • pelo • viento • vivas

Cuando yo (a) .... quiero tus (b) .... en mis ojos:
   quiero la (c) .... y el trigo de tus manos amadas
   pasar una vez más sobre mí su frescura:
         sentir la suavidad que cambió mi destino.
         Quiero que (d) .... mientras yo, dormido, te espero,
            quiero que tus (e) .... sigan oyendo el (f) ....,
            que huelas el aroma del (g) .... que amamos juntos
            y que sigas pisando la (h) .... que pisamos.
         Quiero que lo que amo siga vivo
            y a ti te (i) .... y canté sobre todas las cosas,
         por eso sigue tú floreciendo, florida,
         para que alcances todo lo que mi amor te ordena,
         para que se pasee mi sombra por tu (j) ....,
      para que así conozcan la razón de mi canto.

⚙ ESTRATEGIA

Connecting to emotions
To write poetry you need to start with an idea, sensation, or emotion you wish to convey. Create lines that capture the tone and feeling you are trying to express.

17.5 Escucha el audio y comprueba tus respuestas.

17.6 Escribe un poema usando la misma estructura que el soneto de Neruda.

Cuando yo…. quiero…	y que…	para que…
Quiero que …	Quiero que…	para que…
quiero que…	por eso…	
que…	para que…	

17.7 Pídele a tu compañero/a que lea lo que has escrito y pregúntale si hay algo que no se entiende. Antes, revisa bien tu poema: a quién va dirigido y tu propósito. ¿Está bien escrito y tiene una buena estructura? Decide si la organización tiene sentido y si necesitas cambiar alguna parte.

3. INTERACCIÓN ORAL

17.8 Memoriza tu poema para presentarlo a la clase.

⚙ ESTRATEGIA

Memorizing poetry
Whether it is a published poem or one of your own, take the time to get to know your poem. Write it out by hand. The process of handwriting is linked to memory. Read it aloud several times using different voices. Identify patterns and highlight interesting rhyme or structure in your poem. Use these strategies to help you remember the whole piece.

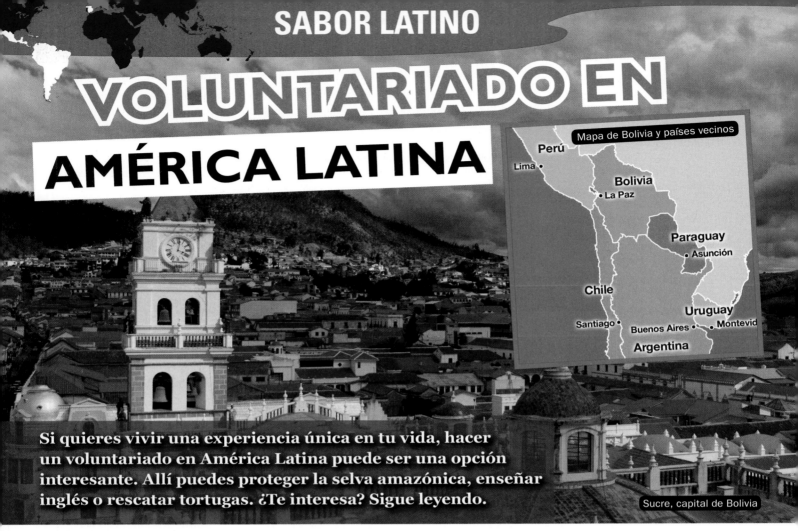

VOLUNTARIADO EN AMÉRICA LATINA

Mapa de Bolivia y países vecinos

Perú
Lima
Bolivia
La Paz
Paraguay
Asunción
Chile
Uruguay
Santiago
Buenos Aires
Montevid
Argentina

Si quieres vivir una experiencia única en tu vida, hacer un voluntariado en América Latina puede ser una opción interesante. Allí puedes proteger la selva amazónica, enseñar inglés o rescatar tortugas. ¿Te interesa? Sigue leyendo.

Sucre, capital de Bolivia

EL VOLUNTARIADO EN AMÉRICA LATINA

Ser voluntario es hacer un trabajo sin cobrar* para ayudar a una parte de la sociedad desfavorecida. En América Latina se pueden encontrar muchísimas opciones para ser voluntario.

«América Latina comprende muchísimos países y culturas», dice Suso García, coordinador de voluntarios de la organización Cooperatour en el área de Perú, «y, por lo tanto*, existen muchas oportunidades para ayudar. Ahora mismo, mi organización tiene proyectos de protección de la selva amazónica en Perú, de educación de niños en Guatemala, de protección y rescate de tortugas en Costa Rica...».

Los programas de voluntariado varían en duración: desde un par de semanas hasta un año o más.

BOLIVIA

Bolivia es uno de los países, junto a Perú y Guatemala, que más programas de voluntariado ofrecen en este momento. Bolivia limita con Brasil, Paraguay, Argentina, Chile y Perú. Es el sexto país más grande de América Latina y uno de los países con mayor biodiversidad del mundo. Allí están la Amazonía, el Altiplano, el Chaco, los Llanos de Moxos y la Cordillera de los Andes.

La capital de Bolivia es Sucre, aunque la sede* del gobierno está en La Paz. El español es la lengua oficial aunque, por la multietnicidad del país, se hablan hasta 37 lenguas distintas. Bolivia tiene una historia rica en influencias multiculturales. Antes de la llegada de los conquistadores españoles ya había muchas culturas precolombinas. Los pueblos indígenas más populosos son los aimara y los quechua, aunque hay decenas más. De hecho, el presidente de Bolivia, Evo Morales, es de origen indígena.

¿Qué aspectos de Bolivia te interesan más? ¿Conoces el nombre de algunas de las lenguas que se hablan en el país?

SER VOLUNTARIO EN BOLIVIA

ADDA Bolivia es una asociación de voluntariado dedicada a la protección de los animales. «Trabajamos en Cochabamba pero tenemos proyectos en todo el país», dice Liliana Téllez, presidenta de la organización. «Nuestro trabajo es proteger animales, tanto en un medio silvestre* como en los hogares. Necesitamos personas que ayuden a rescatar y reeducar todo tipo de animales».

«Lucha por los Pueblos Indígenas es una asociación que informa sobre la historia, lengua y situación social de las comunidades indígenas tanto en Bolivia como en otros países latinoamericanos. También ofrece programas educativos a mujeres y niños indígenas que, por tradición, no accedían a ella».

«En Bolivia también hay pasantías* en Medicina, Periodismo y Deportes», dice la organización Projects Abroad Latin America. «En Cochabamba siempre tenemos vacantes para pasantías».

> **¿Qué actividad te interesaría desarrollar? ¿En qué campo harías un voluntariado?**

Grupo de mujeres quechua con ropa tradicional

EXPERIENCIAS DE VOLUNTARIOS

Mary Lloyd, estudiante de Medicina en New Jersey dice: «Inicialmente fui a Cochabamba para hacer una pasantía. Estaba en mi segundo año y quería tener esa experiencia. Pero me enamoré de Bolivia y su gente, y aprendí español y un poco de quechua. Ahora quiero volver para hacer un voluntariado en una de las comunidades quechua».

«Siempre quise visitar Bolivia porque me fascina», dice Mario Luchetti, de Buenos Aires. «Trabajé de voluntario con Sustainable Bolivia, me hospedé* con una familia local y aprendí que en Bolivia hay métodos de construcción sostenible que otros países deberían adoptar».

> **¿Has trabajado alguna vez de voluntario? ¿Qué cosas positivas o negativas tiene un voluntariado?**

FUTURO

En Bolivia, alrededor de 68 especies de animales están en peligro de extinción. Además, aproximadamente 15 pueblos indígenas en aislamiento* voluntario pueden desaparecer en los próximos diez años. Las costumbres, lenguas y culturas de estos pueblos son ancestrales.

«Bolivia no tiene muchos recursos* económicos para la conservación de su patrimonio cultural y los voluntariados nos ayudan enormemente a promover nuestra cultura tanto en el país como en el exterior», dice Nelson Cox, director de Justicia Campesina.

> **¿Crees que es importante conservar las culturas indígenas de un país? ¿Qué cosas podemos aprender de estas culturas? ¿Por qué?**

Voluntarios en la distribución de material escolar

REALIZA UNA INVESTIGACIÓN RÁPIDA EN INTERNET PARA ENCONTRAR LOS DATOS SIGUIENTES:

a ¿Cuánta gente habla quechua en América Latina y en qué países se habla?

b ¿Cuál es la población de Bolivia y cuál es su distribución étnica?

c ¿Qué otras actividades y programas de voluntariado ofrecen ADDA Bolivia y COOPERATOUR? Busca qué te interesaría hacer y por qué.

GLOSARIO

el aislamiento	– isolation
me hospedé	– I stayed
la pasantía	– internship
por lo tanto	– therefore
el recurso	– resource
la sede	– seat
silvestre	– wild
sin cobrar	– without pay

Fuentes: Unesco, Cooperatour, AddaBolivia, Oficina de Turismo de Bolivia, *El Diario de Bolivia*, Projects Abroad Latin America, Sustainable Bolivia, y entrevistas.

VOCES LATINAS

Voluntariado en América Latina

EN RESUMEN

¿QUÉ HAS APRENDIDO?

Situación

Asociación de estudiantes Vidactiva

You and a group of classmates have decided to join forces with Vidactiva, an international organization promoting the benefits of sports and healthy living, and want to start a local chapter on campus. You especially want to attract the international student community.

LEARNING OUTCOMES

	ACTION

Express purpose and wishes

17.1 Con un/a compañero/a, elaboren su manifiesto en el que presentan sus objetivos para difundir los beneficios de la práctica deportiva y la vida saludable en la comunidad universitaria.

Modelo: Vidactiva es una iniciativa por parte de un grupo de estudiantes universitarios cuyo *(whose)* objetivo es…

Talk about volunteering and NGOs

17.2 La universidad les ha dado la oportunidad de hablar más sobre Vidactiva en una asamblea. Prepara un discurso breve sobre las actividades que quieren / desean / esperan hacer.

Modelo: Todos en Vidactiva queremos que…

Discuss emotional reactions to eventsw

17.3 Mientras tu compañero/a presentaba su discurso, algunos miembros de la asamblea reaccionaron de manera negativa a sus propuestas. Comparte con él/ella tus reacciones al comportamiento de esos miembros. Usa expresiones como:

- Me pongo…
- Me da(n)…
- Me molesta(n)…
- Me indigna(n)…
- No soporto…
- No aguanto…
- Es obvio…
- No me parece bien…

Use appropriate responses in social situations

17.4 La asamblea ha terminado. Despídete de los siguientes miembros con un deseo según las circunstancias que se indican.

- Luis Navarro se va a comer a un restaurante porque es su cumpleaños.
- María González está con gripe.
- Los hermanos Pablo y Amelia Guerrero se van de viajes.

LISTA DE VOCABULARIO

Expresiones de deseo
Expressing wishes

ojalá I hope, let's hope (that)
para + infinitivo to order to
para que + subjuntivo so that others (subjunctive)
Que aproveche. Enjoy your meal, Bon appétite.
Que disfrutes. Have fun.
Que duermas bien. Sleep well.
Que lo pases bien. Have a good time.
Que te mejores. Get well.
Que tengas buen viaje. Have a good trip.
Que tengas suerte. Good luck.

Hacer conjeturas y promesas
Making assumptions and promises

cuando when
en cuanto as soon as
mientras (que) while

Las ONG NGOs

la ayuda desinteresada selfless aid
la campaña de sensibilización awareness campaign
la catástrofe natural natural disaster
el comercio justo fair trade
el conflicto bélico armed conflict
los derechos humanos human rights

los discapacitados handicapped people
el donativo donation
la financiación finance, funding
la labor social social work
las labores humanitarias humanitarian relief
la organización no gubernamental non-governmental organization
la orientación laboral workforce
la protección del medioambiente environmental protection
sin ánimo de lucro non profit
el trabajo satisfactorio successful work
el voluntario / la voluntaria volunteer

Verbos Verbs

dar la voluntad to give (an amount) at your descretion
defender (e>ie) to defend
desatender to neglect
desear to wish, desire
esperar to hope, to wait for
luchar (por, en, a favor de, contra) to fight (for, in, in favor of, against)
ofrecer to offer
poner un granito de arena to collaborate, to help
recaudar fondos to raise money
salir adelante to get ahead

ser solidario to be solidary, supportive
trabajar codo con codo to work hand in hand, shoulder to shoulder

Hacer juicios de valor
Making value judgements

adoro I adore
es obvio / verdad it is obvious / true
está claro it is clear
me da(n) rabia / vergüenza / lástima (someone/something) infuriates me, embarrasses me, makes me feel pity
me impresiona(n) (someone/something) impresses me
me molesta(n) / indigna(n) (someone/something) bothers me, outrages me
me parece I think
me pone(n) triste / histérico / de los nervios (someone/something) saddens me, angers me, gets on my nerves
me pongo I get, I become
me siento I feel
no soporto / no aguanto I can't bear / I can't stand
odio I hate
¿Te parece bien…? How does that work for you…?

18

¿SUEÑO O REALIDAD?

Hablamos de	Vocabulario y comunicación	¡En vivo!	Gramática	Destrezas	Sabor latino	En resumen
• Libros y cómics	• **Cartas formales y teléfonos celulares:** Relaying what another person said or asked • **Los correos electrónicos:** Expressing probability in the present and the past **Pronunciación** • Los extranjerismos	• **Episodio 18 ¡Hasta siempre, mis amigos!:** Analyzing errors	• Hypothetical expressions with the indicative and subjunctive • Imperfect subjunctive	• *La vida es sueño,* **Calderón de la Barca** – **Comprensión de lectura:** Using background knowledge to support comprehension – **Expresión escrita:** Brainstorming – **Interacción oral:** Fluency and fluidity	• **Las telenovelas**	• **Situación:** Atención al cliente • Vocabulario

- ¿Qué crees que están leyendo? ¿Qué crees que le está diciendo la niña a la abuela?
- ¿Recuerdas muchos cuentos de la infancia? ¿Y ahora, qué tipo de libros te gustan? ¿Conoces algún libro de la literatura hispana?
- ¿Sueles leer libros en formato digital o en papel?

LEARNING OUTCOMES

By the end of this unit you will be able to:

- Relay what another person said
- Express probability in the past and present
- Use formal letters to communicate

18.1 Con tu compañero, mira la imagen y contesta las preguntas.

a. ¿Dónde están los muchachos?

b. ¿Cuál de los dos libros piensas que es más adecuado para un/una muchacho/a de tu edad?

c. ¿Cuál comprarías tú?

d. ¿Cuál es el último libro que compraste o leíste?

18.2 Di cuál de los dos libros podría contener la siguiente información, basándote en la portada que ves. Después, compara tus respuestas con tu compañero/a.

	El Quijote	Mafalda
a. Es del año 1964	☐	☐
b. Es del año 1605	☐	☐
c. Su autor es Cervantes	☐	☐
d. Su autor es Quino	☐	☐
e. Otros personajes que aparecen son Felipe, Miguelito y Susanita	☐	☐
f. Otros personajes que aparecen son Dulcinea, Sancho y Rocinante	☐	☐
g. Es de origen español	☐	☐
h. Es de origen argentino	☐	☐

18.3 Escucha la conversación de Daniela y José y elige la opción correcta.

a. Daniela quiere comprar **un libros** / **una revista** / **un cómic**.

b. Felipe lee **solo novelas modernas** / **todo tipo de libros** / **poesía y teatro**.

c. Daniela **disfrutaba mucho con los cómics de Mafalda cuando era pequeña y su madre se los leía** / **no disfrutó de ellos hasta que no fue un poco mayor**.

d. A José el cómic no le parece un **buen regalo** / **mal regalo** / **regalo apropiado**.

e. José **ya tiene** / **no tiene todavía** regalo para Felipe.

18.4 Lee la conversación y comprueba tus respuestas.

Daniela: No sé qué libro comprarle a Felipe para su cumpleaños, ¡estoy hecha bolas!

José: La verdad es que es bastante complicado, tienes razón.

D.: Creo que finalmente voy a regalarle uno de estos dos, pero no sé por cuál decidirme. Son muy diferentes.

J.: Me parece que a Felipe le gusta leer novelas. Pero quizás no le guste *El Quijote*, es un poco antiguo para él.

D.: Es verdad que es un poco antiguo, pero Felipe lee toda clase de libros. En su casa tiene una colección enorme de novelas de todas las épocas. Es increíble que a un muchacho de 20 años le guste tanto leer.

J.: ¿Y sabes si también lee cómics? A lo mejor el libro de Mafalda es un poquito infantil.

D.: ¿Infantil? Todo lo contrario. En mi opinión deberían leerlo los adultos, es un poco filosófico. En estas historietas aparece una niña preocupada por la paz del mundo y por la humanidad. Yo, cuando era pequeña, tenía un montón de libros de Mafalda, pero no los entendí del todo hasta que no fui adulta.

J.: Pues quizás sea esa una buena opción. Me parece que es más atractivo y más original como regalo.

D.: Pues ya está decidido. ¡Me lo llevo! Le voy a decir al dependiente que me lo envuelva. Oye, ¿y tú qué le vas a comprar?

J.: Ni idea, voy a darme una vuelta por aquí a ver si encuentro algo.

18.5 Busca información sobre las características de Don Quijote y de Mafalda y decide a quién pertenecen estas frases adaptadas de las obras.

> **PISTAS**
>
> ■ *Don Quijote está "loco" pero habla de la vida y la muerte con mucha cultura e imaginación.*
> ■ *Mafalda representa el inconformismo, siempre está preocupada por la situación mundial pero tiene esperanzas en un futuro mejor.*

a. "Quien hace bien las cosas tendrá un premio en su vida".

b. "Como siempre: lo urgente no deja tiempo para lo importante".

c. "Lo malo de la gran familia humana es que todos quieren ser el padre".

d. "Donde una puerta se cierra, otra se abre".

e. "De gente bien nacida es agradecer los beneficios que recibe".

f. "Confía en el tiempo, que suele dar dulces salidas a muchas amargas dificultades".

g. "¿No será que esta vida moderna está teniendo más de moderna que de vida?".

h. "¿Y por qué si hay mundos más evolucionados yo tenía que nacer en este?".

i. "Crean en las obras y no en las palabras".

j. "Paren al mundo, que me quiero bajar".

APUNTES: La historia de Mafalda

✓ Mafalda, una de las niñas más irreverentes y queridas de la historieta argentina, cumplió 50 años en 2014.

✓ Mafalda fue concebida para anunciar electrodomésticos. La misma niña que tanto reflexionó sobre el capitalismo, la economía y el orden mundial es fruto mismo de la sociedad de consumo.

✓ A "Quino" (su autor) le pidieron diseñar a una familia de personajes para poder promocionar los electrodomésticos Mansfield en un periódico.

✓ La niña recibió el nombre de Mafalda, pero la campaña publicitaria nunca vio la luz y Quino guardó a su nena en el cajón.

✓ Finalmente, unos meses después, cuando le pidieron a Quino publicar una tira en el semanario Primera Plana, Mafalda comenzó su carrera a la fama.

VOCABULARIO Y COMUNICACIÓN

1.A VOCABULARIO: CARTAS FORMALES Y TELÉFONOS CELULARES

The sender's address always goes first in a formal letter, followed by the date.

18.1 Identifica las partes de una carta formal con su nombre. Piensa en la familia de palabras a la que pertenecen algunos nombres para saber a qué se refieren. Después compara tu respuesta con tu compañero/a.

Modelo: destino ▶ destinatario

1. ☐ emotivo
2. ☐ dirección del destinatario
3. ☐ firma
4. ☐ saludo
5. ☐ dirección del remitente
6. ☐ despedida
7. ☐ fecha

18.2 Ordena los elementos de esta carta de un cliente a su compañía de telefonía celular. Después, identifica a qué parte de la carta pertenece cada uno.

Dirección del remitente

☐ Bogotá, 13 de enero de 2015

☐ Movilindo
Paseo de la Antena, 33
110988 Bogotá

☐ Atentamente,

☐ Juan Pérez
C/ Cliente, 130
117592 Bogotá

☐ Les escribo esta carta porque llevo varios días teniendo problemas con mi teléfono celular. Hace cinco meses me regalaron un nuevo **aparato** por llevar como cliente en su empresa más de tres años. Pues bien, este **celular** no deja de darme problemas. A continuación, les explico punto por punto cada uno de ellos.

La **pantalla táctil** no funciona bien. Cada vez que intento marcar un número, el teléfono se apaga.

En muchos lugares no **tiene cobertura**. Es decir, que cuando salgo de la ciudad tengo muy poca señal y no puedo ni **llamar**, ni **recibir llamadas**.

Cuando puedo llamar, **se corta** la **conversación** después de dos minutos.

Además, cuando intento **cargar el teléfono**, la **batería** solo dura cinco horas y, después, tengo que cargarlo otra vez. Al principio pensé que era problema del **cargador**, pero he probado con otro y sigo teniendo el mismo problema.

Debido a todos estos inconvenientes, espero que me reparen el **celular** o que me den uno nuevo. En caso contrario, cambiaré de compañía telefónica.

☐ Estimados señores:

☐ *Juan Pérez García*

18.3 Las palabras destacadas en la carta en amarillo son ejemplos de presentaciones y despedidas propias de las cartas formales. Aquí tienes otros ejemplos. Clasifícalos en la columna adecuada según sean presentaciones o despedidas.

Reciba un cordial saludo • Señor/a • Cordialmente • En espera de sus noticias
Distinguido/a señor/a • Se despide atentamente • Muy señor/a mío/a

Saludos	Despedidas

18.4 Relaciona los términos destacados en negrita en la carta anterior con su significado.

celular = móvil (España)

1. el aparato .... •
2. la pantalla táctil .. •
3. cobertura .... •
4. recibir llamadas ... •
5. se corta .... •
6. cargar .... •
7. el cargador .... •
8. la batería .... •

• **a.** Acumula electricidad.
• **b.** Instrumento que conecta la electricidad con la batería.
• **c.** Instrumento o mecanismo que tiene una función determinada.
• **d.** Acción de recuperar la batería.
• **e.** Una de las funciones principales de un celular.
• **f.** Extensión geográfica de los servicios de telecomunicaciones.
• **g.** Cuando se pierde una llamada.
• **h.** Parte de algunos aparatos electrónicos que funciona con el contacto.

18.5 Con tu compañero/a, responde las siguientes preguntas.

a. ¿Has tenido problemas con tu teléfono celular? ¿Cuáles?

b. ¿Los solucionaste? ¿Cómo?

c. ¿Cuáles son algunas otras quejas *(complaints)* que tienes con tu celular o el servicio que recibes?

d. ¿Cómo sería tu celular ideal?

18.6 Ahora, escucha la conversación entre la secretaria y el director de la empresa Movilindo y escribe qué decisión toma el director.

(125)

....

....

When relaying what another person says, subject pronouns, possessives, and demonstrative pronouns will also need to be changed.

- "**Estos** son **mis** libros". ▶ Me dice que **esos** son **sus** libros.

- "**Quiero** (yo) salir de **aquí**". ▶ Dice que **quiere** (él/ella) salir de **allí**.

- "**Creo** que **tenemos este** modelo". ▶ Dice que **cree** que **tienen ese** modelo.

The present perfect can also be used in indirect speech.

- **Ha dicho** que / **Me ha ordenado** que…

» Para transmitir lo que **dice** otra persona, se usan verbos como: **decir, comentar, confesar** (e ▶ ie). *"Eres lo mejor de mi vida".* ▶ **Dice que soy** lo mejor de **su** vida.

» Para transmitir una orden o petición se usan verbos como: **ordenar, aconsejar, sugerir** o **recomendar** + presente de subjuntivo. *"Compra pan".* ▶ **Me ordena** que **compre** pan.

» También se usa el pretérito para transmitir lo que **dijo** otra persona. En este caso se producen también los siguientes cambios verbales:

Direct speech	Indirect speech with: *Dice que…*	Indirect speech with: *Dijo que…*
"Estudio español".	**estudia** español.	**estudiaba** español.
"Estudié español".	**estudió** español.	**estudió / había estudiado** español.
"Estudiaba español".	**estudiaba** español.	**estudiaba** español.
"Estudiaré español".	**estudiará** español.	**estudiaría** español.

» Para transmitir la pregunta de otra persona se usa **preguntar** + **si / cuándo / cómo / dónde**… *"¿Hicieron la comida?".* ▶ Nuestros padres **preguntan** si hicimos la comida. *"¿Cuándo vendrá Luis?".* ▶ María nos **pregunta cuándo** vendrá Luis.

18.7 Marta está hablando con su amigo Pedro sobre el día que pasó con su amiga Elena. Completa la conversación telefónica con las palabras del cuadro. Trabaja con tu compañero/a.

ha recomendado • ha dicho • ayer • ha confesado • que • dice • si • ha dicho

Marta: Elena me (a) .... que se va a cambiar de casa. Que está muy contenta porque (b) .... encontró trabajo.
Pedro: Vaya, qué suerte.
M.: Me (c) .... que realmente no está enamorada de su novio y (d) .... quiere dejarlo.
P.: La verdad es que no hacen buena pareja.
M.: Tienes razón. Por lo visto el otro día discutieron en el cine… Por cierto, me (e) .... la película que vio, (f) .... que es muy buena.
P.: Pues si quieres, vamos a verla este viernes.
M.: Bueno… ¡Ah! y también me (g) .... que cree que el mes que viene va a Nueva York a visitar a su hermano y a su cuñada, y me preguntó (h) .... quiero ir con ella.

18.8 Escucha la conversación y comprueba tus respuestas anteriores.
(126)

18.9 Transmite lo que estas personas dicen. Usa las expresiones que aparecen a continuación.

a. "Me acosté porque tenía sueño". ▶ Dice que...

b. "Visita Madrid si quieres divertirte". ▶ Me recomienda ....

c. "Este libro lo escribimos entre mi mejor amigo y yo". ▶ Me confiesa ....

d. "¿Fuiste a la fiesta de Juan?". ▶ Me pregunta..

e. "¿Dónde vive tu hermano?". ▶ Te pregunta...

18.10 Vamos a jugar a los disparates. Fíjense en cómo juegan los muchachos de las imágenes. Después, hagan un círculo y sigan el modelo del juego. ¿Quién ha dicho el mayor disparate?

¿Quién es tu mejor amigo?

Mi mejor amigo es Ricardo.

¿Quién es tu actor favorito?

Mi actor favorito es Brad Pitt.

Marina me preguntó quién era mi mejor amigo y Luis contestó que era Brad Pitt.

18.11 Transmite lo que dijeron estas personas. Comienza cada frase con *Dijo que* y haz los cambios necesarios.

a. "En agosto fui a mi pueblo a ver a mis abuelos".

b. "Ayer habíamos salido de fiesta cuando nos llamaron ustedes por teléfono".

c. "Ayer fuimos a tu casa, pero no estabas allí".

d. "¿Quieres entrar en esta cafetería?".

e. "Creo que mañana iré al teatro con ustedes".

f. "¿Sabes que ayer estrenaron la nueva película de Brad Pitt?".

g. "Tengo que llamar a su padre antes de las cinco".

h. "Cuando tu padre era pequeño solía echarse la siesta después de comer".

18.12 Contesta las preguntas. Después, haz turnos con tu compañero/a para compartir la información.

a. ¿Quién te ha dicho algo muy bonito? ¿Qué te dijo?

b. ¿Quién te ha dicho algo que no te gustó? ¿Qué te dijo?

c. ¿Quién te ha dado el mejor consejo? ¿Qué te dijo?

d. ¿Quién te pide muchos favores? ¿Qué te pide?

e. ¿Qué te ha mandado el profesor?

f. ¿Quién te ha confesado una mentirita *(little white lie)*? ¿Qué te confesó?

2.A VOCABULARIO: LOS CORREOS ELECTRÓNICOS

18.13 Esta es la barra de herramientas de un programa de correo electrónico en español. Con tu compañero/a, responde las siguientes preguntas.

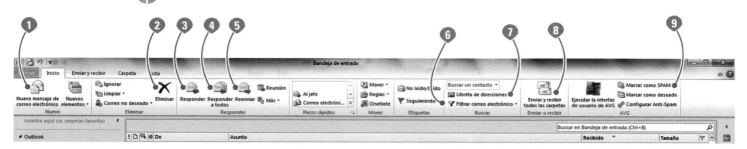

¿Dónde tengo que pulsar con el ratón si quiero...?

a. ☐ responder a un mensaje?

b. ☐ enviar un mensaje que me han enviado?

c. ☐ borrar los mensajes indeseados y no volver a recibirlos?

d. ☐ seleccionar determinados mensajes en la bandeja de entrada?

e. ☐ escribir un mensaje?

f. ☐ responder a un mensaje que tiene varios destinatarios?

g. ☐ buscar una dirección de correo electrónico?

h. ☐ saber si tengo mensajes nuevos?

i. ☐ borrar un mensaje?

18.14 Este es el panel de navegación del correo electrónico en español. Completa las frases con la expresión adecuada del panel.

a. Para ver .... tengo que pulsar en la bandeja de entrada.

b. Para conservar un mensaje que he escrito y que no he enviado tengo que pulsar en ....

c. Para ver los mensajes que se están enviando tengo que pulsar en la ....

d. Para ver los mensajes indeseados pulso en ....

e. Puedo organizar mi agenda en ....

18.15 ¿Utilizas habitualmente el correo electrónico? ¿Qué consecuencias crees que ha tenido esta herramienta en la forma de comunicarnos? Comparte tus opiniones con tus compañeros.

18.16 ¿Recuerdas la carta de reclamación que el cliente de Movilindo envió a la compañía de celulares? Movilindo le ha escrito un correo electrónico. Léelo y complétalo según los datos que aparecen en el cuadro.

> – Nombre del cliente: Juan Pérez García
> – Correo electrónico del cliente: juanperez_1973@edimail.com
> – Correo electrónico de la compañía: movilindo@movilindo.com
> – Motivo del correo: Su carta de reclamación

●●●   Asunto: ....

De: ....   Para: ....

Estimado cliente:

Nos dirigimos a usted con la finalidad de expresarle nuestras disculpas por los problemas causados. Comprendemos perfectamente las molestias que puede haber tenido con el último celular que recibió y, por esa razón, ponemos a su disposición un nuevo modelo. Por favor, para recibir este nuevo aparato mándenos un correo electrónico con la dirección donde quiere recibirlo a movilindo-aparatos@movilindo.com. Si desea ver el modelo que le ofrecemos, puede hacer clic en el siguiente enlace: www.movilesmovilindo/nuevos.

Atentamente,

Movilindo
Paseo de la Antena, 33
110988

18.17 Relaciona los siguientes símbolos con su significado. Después, lee en voz alta las frases que aparecen al lado.

1. @	**a.** arroba...............●	
2. /	**b.** punto com..........●	
3. :	**c.** triple doble ve.....●	**a.** movilindo-aparatos@movilindo.com
4. -	**d.** barra..................●	**b.** www.movilesmovilindo/nuevos
5. _	**e.** dos puntos.........●	**c.** juanperez_1973@edimail.com
6. .com	**f.** guion bajo..........●	
7. www	**g.** guion.................●	

18.18   Eres el director de Movilindo. Escribe a Juan Pérez un correo con una respuesta diferente a la de la actividad 18.16 e intercámbialo con tu compañero/a.

●●●   Asunto:

De: Para:

Estimado señor Pérez:

18.19 Lee el correo de tu compañero/a y transmite la información al resto de la clase.

> Modelo: El director de Movilindo dice que...

¿QUÉ LE PASA A LUIS?

>> Para responder una pregunta conociendo o imaginando la información:

Conozco la información	Imagino la información
Está enfermo. (Present)	▶ **Estará** enfermo. (Future)
No durmió anoche porque **estaba** nervioso. (Imperfect)	▶ No durmió porque **estaría** nervioso. (Conditional)
Ayer **fue** a una fiesta. (Preterit)	▶ Ayer **iría** a una fiesta. (Conditional)

>> Para hacer preguntas:

Sabemos que la persona que escucha la pregunta sabe la respuesta	Sabemos que nadie conoce la respuesta o estamos solos
¿Qué hora **es**? (alguien tiene reloj)	▶ ¿Qué hora **será**? (nadie tiene reloj)
¿Quién **rompió** el cristal ayer?	▶ ¿Quién **rompería** el cristal ayer?
¿Cuánta gente **había** ayer en la fiesta?	▶ ¿Cuánta gente **habría** ayer en la fiesta?

Está enfermo. / Estará enfermo.

18.20 Este perro está muy triste. ¿Por qué? Transforma las frases para imaginar qué le ocurre. ¡Atención! No sabes qué le pasa en realidad.

a. Le **duele** el estómago.

▶ ....

b. **Está buscando** a su dueño.

▶ ....

c. Ayer lo **llevaron** al veterinario porque no **se encontraba** bien.

▶ ....

d. Se **perdió**.

▶ ....

18.21 Con tu compañero/a, hagan turnos para responder las siguientes preguntas sobre el perro de la actividad anterior. ¿Qué pueden saber sobre su situación?

a. ¿Cómo (llamarse)? ....

b. ¿(Comer, hoy)? ....

c. ¿(Tener) dueño? ....

d. ¿(Escaparse, ayer) de la perrera (dog pound)? ....

e. ¿(Estar, ayer) con sus dueños (owners) y los (perder) de vista? ....

f. ¿Sus dueños le (abandonar, hoy) para irse de vacaciones? ....

18.22 Con un compañero/a, explica las siguientes imágenes. Describe lo que creas que está ocurriendo ahora y lo que piensas que ocurrió anteriormente.

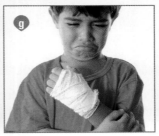

PRONUNCIACIÓN

LOS EXTRANJERISMOS *(foreign words)*

» En español usamos algunas palabras que proceden de otras lenguas. Se dividen en:

– **Voces adaptadas:** Se adaptan a la ortografía y pronunciación del español: *estrés, eslogan, cabaré*…

– **Voces no adaptadas:** Se escriben igual que en la lengua original y su pronunciación es más o menos aproximada a ella: *pizza, rock and roll, jazz, pendrive*…

18.1 Escucha estos extranjerismos y escríbelos.

(127)

....

....

....

....

18.2 Compara las palabras que has escrito con un/a compañero/a. Después, di cuáles de las palabras han sido adaptadas al español y cuáles no.

18.3 Completa los espacios en blanco con un extranjerismo de los que has aprendido.

a. Necesito ir a la .... para comprarme un vestido.

b. A mi hermana le encantan los .... con tomate.

c. Marta y Juan han quedado para jugar al .... esta tarde.

d. Mis padres desayunan un .... y un café con leche.

e. El .... es el equipamiento lógico de un sistema informático.

¡Hasta siempre, mis amigos!

a b c

ANTES DEL VIDEO

18.1 Observa la imagen 1. Describe a tu compañero/a lo que ves. ¿Por qué creen que están los amigos reunidos? Hagan hipótesis utilizando estas expresiones.

– A lo mejor… – Es posible que… – Será que…

18.2 Estos son seis fragmentos de conversaciones extraídas del episodio. ¿Quién las dijo? ¿A qué imagen corresponden? Basa tus respuestas en lo que ya conoces de los personajes. Usa tu imaginación.

	Personaje	Imagen

a. ● ¡Sí, cierto! Esta beca era seguramente la más interesante para continuar con mis estudios. ¡Y, además, voy a poder pagar mi propio apartamento! ....

● ¡Qué bien! ¡Espero que puedas un día invitarme a conocer la capital! ......

b. ● Pues mis cómics favoritos, sin duda, son los de Manga. ....

● Sí, además te gusta dibujarlos. ¡Me encantó el que nos hiciste a Felipe y a mí jugando al básquetbol! ....

c. ● ¿Llegaste tarde a la fiesta porque estabas buscando un disco? ....

● Así que no quería venir a esta fiesta sin este disco. Hay aquí una canción muy especial que quiero compartir con ustedes. ....

d. ● ¿Entonces te fue bien la entrevista de trabajo? ....

● Claro, aunque al principio mi idea no era irme a trabajar fuera de la ciudad. Pero es un buen trabajo. No lo puedo rechazar... ....

DURANTE DEL VIDEO

18.3 Observa la escena y contesta las preguntas. Compara con tu compañero/a.

 00:47 - 01:30

a. ¿Qué le gusta a Alba?

b. ¿De quién hablan Sebas y Alba? ¿Por qué?

c. ¿Qué creen que le ha pasado a Felipe?

d. ¿Cómo dicen que es Felipe?

18.4 Ordena las frases y relaciónalas con cada persona. Compara con tu compañero/a.

 01:39 - 02:55

a. ☐ **Alfonso / Eli:** Pero podrán ustedes venir a visitarme cuando quieran.

b. ☐ **Alfonso / Eli:** Lo más difícil fue cuando me dijeron si estaba dispuesta a irme a trabajar fuera de la ciudad.

c. ☐ **Alfonso / Eli:** ¿Qué te preguntaron?

d. ☐ **Alfonso / Eli:** Me alegro mucho por ti, aunque me da un poco de tristeza...

e. ☐ **Alfonso / Eli:** Me dijeron que me escribirían pronto y hoy mismo he recibido la carta.

f. ☐ **Alfonso / Eli:** ¿Entonces te fue bien la entrevista de trabajo?

g. ☐ **Alfonso / Eli:** ¡Me dicen que el trabajo es mío!

18.5 Copia al dictado la carta que recibe Eli. Compara con tu compañero/a.

02:14 - 02:26

....

....

....

18.6 Completa las siguientes frases. Compara con tu compañero/a.

03:01 - 04:03

a. Es probable entonces que…   **c.** Seguro que…

b. Es probable que…   **d.** Espero que…

18.7 Habla con tu compañero/a. ¿Cómo se siente Juanjo?

⚙ **ESTRATEGIA**

Analyzing errors

Using the video script, check your answers to the activities. Think about the specific errors you made and what may have prompted them. Was it because of a new or unfamiliar word? Was it a problem with words linked together? Was the intonation off or sounded strange to you? Analyzing errors will help you learn to listen more effectively the next time.

18.8 Escribe cómo le contarías a un amigo el mensaje formal que recibe Juanjo.

Me han mandado un mensaje y me han dicho que…

18.9 En grupos escriban un nuevo guion para una fiesta siguiendo las pautas *(guidelines)*.

a. Elegir el motivo de la fiesta: cumpleaños, vuelta de las vacaciones, fin de los exámenes.

b. Crear los personajes: nombre, personalidad, aficiones, especialidad en los estudios.

c. Utilizar en algún momento frases con estructuras para hacer hipótesis y el estilo indirecto.

18.10 Cada uno de ustedes es un personaje diferente, memoricen su papel y represéntenlo ante la clase. El profesor los puede grabar.

DESPUÉS DEL VIDEO

GRAMÁTICA

1. HYPOTHETICAL EXPRESSIONS WITH THE INDICATIVE

>> Other ways to express hypothesis or probability using the indicative.

| Creo / Me parece
Me imagino / Supongo
Para mí / Yo diría | que | ese modelo de celular no **es** uno de los mejores.
si está en la sierra no **tendrá** cobertura, llámalo mañana.
llovió anoche, las calles están mojadas. |

| A lo mejor
Lo mismo (maybe)
Igual | **es** un problema de tu compañía porque yo sí tengo cobertura. |

18.1 Mira estas imágenes y escribe dos hipótesis para cada situación. Después, en grupos y por turnos, intercambien sus impresiones.

¿Por qué no hay nadie?

a. ....
b. ....

¿Por qué está llorando?

a. ....
b. ....

¿Qué le pasa?

a. ....
b. ....

18.2 Escucha el final de tres discusiones y con tu compañero/a, hagan hipótesis sobre el motivo por el que empezaron

18.3 Ahora escucha la conversación completa y comprueba tu hipótesis.

a. ....   b. ....   c. ....

2. HYPOTHETICAL EXPRESSIONS WITH THE INDICATIVE AND THE SUBJUNCTIVE

18.4 Escucha las siguientes conversaciones y completa el cuadro.

| Probablemente / .... /
Seguramente / .... / **Tal vez** | **Indicativo / subjuntivo**
la compañía telefónica **se pone / se ponga** en contacto conmigo después de mi reclamación. |

| Es .... / **probable que**
Puede (ser) que | **Indicativo / subjuntivo**
mi celular **tenga** algún defecto de fábrica, me lo compré hace poco y no me dura nada la batería. |

» With the first group of expressions, the use of the indicative or the subjunctive depends on how certain the speaker feels that the action will take place.

> ***Probablemente*** *la compañía telefónica* **se pone** *en contacto conmigo.*
> (Speaker feels there's a strong likelihood the company will contact him/her = indicative)
>
> ***Probablemente*** *la compañía telefónica* **se ponga** *en contacto conmigo.*
> (Speaker feels there is less likelihood that the company will contact him/her = subjunctive)

18.5 Escoge la opción adecuada en cada oración. En algunos casos, las dos opciones son correctas.

    a. Es probable que mañana **llueve** / **llueva**.

    b. Seguramente **tiene** / **tenga** más de veinte años.

    c. Tal vez **viene** / **venga** mi hermana conmigo.

    d. Es posible que **consigue** / **consiga** el trabajo.

    e. Quizás no **quiere** / **quiera** trabajar con nosotros.

18.6 Escribe el final de las siguientes frases y compara tus respuestas con un/a compañero/a.

    a. ¡Qué raro que no haya llegado Juan! Él es muy puntual. Es posible que…

    b. La compañía telefónica me está cobrando un servicio que no utilizo. Seguramente…

    c. Me dijo que me iba a llamar esta tarde, pero no lo ha hecho todavía. Tal vez…

    d. Le he escrito un correo electrónico y no le ha llegado aún. Puede que…

    e. He salido de casa y, cuando he entrado en el metro, no llevaba el monedero. Probablemente…

18.7 Con lo que has aprendido para expresar hipótesis y probabilidades, completa las siguientes frases con la forma correcta del verbo.

    a. Es probable que (ser) .... su cumpleaños porque invitó a cenar a todos sus amigos.

    b. Igual (mudarse, él) .... Hace mucho tiempo que quería cambiar de casa.

    c. Quizás (comprarse, yo) .... un teléfono celular nuevo. Este ya no funciona.

    d. A lo mejor Juan (ser) .... alérgico a los gatos. No para de estornudar.

    e. Posiblemente yo (organizar) .... la fiesta. Soy su mejor amigo.

    f. Yo diría que Carmen y Sonia (estar) .... enfadadas. Ya nunca van juntas.

    g. Seguramente (ganar) .... el premio. Está haciendo un buen trabajo.

    h. Me parece que Carlos no (estar) .... contento con su nuevo trabajo.

18.8 Con tu compañero/a, habla sobre planes de futuro que todavía no son seguros.

    tu próximo cumpleaños • tus próximas vacaciones • tus próximos estudios

18.9 Haz una breve descripción de cómo piensas que será la vida de tu compañero/a de clase cuando tenga 50 años. Incluye información sobre: profesión, familia, dónde vivirá, cómo será físicamente, etc. Después, intercambia impresiones. ¿Te sorprendió? ¿Piensas que la descripción de tu compañero sobre ti es acertada?

 Cuando tengas 50 años, es probable que / seguramente…

3. HYPOTHETICAL EXPRESSIONS WITH THE IMPERFECT SUBJUNCTIVE

<u>**18.10**</u> Lee la conversación entre el director de Movilindo y su secretaria. Después, extrae las estructuras que se usan para expresar hipótesis y completa el cuadro.

¿Cómo está? Lo veo muy, muy preocupado.

Es que el doctor me dijo que necesito hacer algo para combatir el estrés del trabajo. Me dijo que **si no trabajara tanto, no estaría siempre de mal humor**. Y yo pienso que **si no estuviera de mal humor, saldría más con mis amigos**. Y **si saliera más, necesitaría más dinero** para gastar. Y **si gastara mucho dinero, tendría que trabajar más** y… ¡volvería a sufrir de un nuevo estrés!

Y **si yo aprendiera a no preguntar tanto**… ¡no tendría que escuchar todo esto!

Frases que expresan hipótesis	¿Se produce la acción?	
	Sí	No
Si	☐	☐
Si	☐	☐
Si	☐	☐
Si	☐	☐
Si	☐	☐

<u>**18.11**</u> Contesta las preguntas sobre la conversación anterior.

a. En la conversación, cuando el director habla de las cosas que tendría que hacer (pero no hace), usa un nuevo tiempo verbal que se llama imperfecto de subjuntivo. Escribe las formas que aparecen.

b. Cuando el director describe el posible resultado (de estas acciones que no hace), usa un tiempo verbal que ya conoces. ¿Cómo se llama este tiempo?

4. IMPERFECT SUBJUNCTIVE

» The imperfect subjunctive is formed using the **ellos** form of the preterit. Drop the **–ron** and add the appropriate endings. This is true for all regular and irregular verbs.

	-AR	-ER	-IR
yo	practica**ra**	bebie**ra**	salie**ra**
tú	practica**ras**	bebie**ras**	salie**ras**
usted/él/ella	practica**ra**	bebie**ra**	salie**ra**
nosotros/a	practicá**ramos**	bebié**ramos**	salié**ramos**
vosotros/as	practica**rais**	bebie**rais**	salie**rais**
ustedes/ellos/ellas	practica**ran**	bebie**ran**	salie**ran**

» The verb **haber (hay)** becomes **hubiera**.

» One of the uses of the imperfect subjunctive is in if-clauses to say what would happen if a certain condition was met. These are also known as contrary-to-fact statements because the action never actually took place. Look at some of the examples from Activity 18.10.

Si no estuviera de mal humor, saldría más. If I were not always in a bad mood, I would go out more.
(But in reality, I'm always in a bad mood).
Y si saliera más, necesitaría más dinero para gastar. And if I went out more, I would need more money to spend.
(But in reality, I don't go out).

» Contrary-to-fact statements have the following constructions:
  – **Si** + imperfect subjuntive, conditional.   – Conditional + **si** + imperfect subjunctive.

18.12 Completa la tabla de verbos irregulares en imperfecto de subjuntivo.

Infinitivo	Pretérito de indicativo	Imperfecto de subjuntivo
querer	quisieron	quisiera
hacer	hicieron	hiciera
poder	pudieron	pudiera
saber	supieron	
ser / ir		
estar		
tener		

Si no hubiera tanto colores, sería más fácil.

18.13 Relaciona las ideas con sus conclusiones. Compara tus respuesta con un/a compañero/a.

1. Si tuviera gato,

2. Si todos los jóvenes leyeran más,

3. Si hubiera menos leyes *(laws)*,

4. Si escribiera una novela,

5. Si mis padres fueran generosos,

6. Si todas las clases estuvieran en línea,

a. pasarían menos tiempo en internet.

b. no iría nunca a la escuela.

c. me comprarían el último teléfono de Apple.

d. lo llamaría Minifus.

e. habría más criminales.

f. sería de ciencia ficción.

18.14 Usa la primera parte de las frases de la actividad anterior para hablar de ti mismo. Comparte tus frases con tus compañeros en grupos de cuatro. ¿Quién de ustedes tiene las frases más originales?

18.15 Pregúntale a tu compañero/a qué haría en las siguientes situaciones. Después, inventa una más.

Estudiante 1:

¿Qué harías si...:

1. conocer a Shakira

2. visitar el Polo Norte

3. ganar el concurso de La voz

4. ¿...?

Estudiante 2:

¿Qué harías si...:

1. ser el profesor / la profesora de la clase

2. no haber videojuegos

3. ver un zombi

4. ¿...?

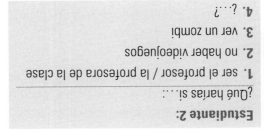

VIDEOCLASES

35 Y **36**

DESTREZAS

1. COMPRENSIÓN DE LECTURA

18.1 Calderón de la Barca fue uno de los escritores más importantes de la Edad de Oro de la literatura española. Con un/a compañero/a, hagan turnos para preguntar y responder las siguientes cuestiones y aprender más sobre esta figura.

Estudiante 1:
1. Nombre: ....
2. Lugar de nacimiento: Madrid.
3. Año de nacimiento: ....
4. N.º de obras escritas: más de 200.
5. Una de sus obras mas importantes

....

La vida es sueño.
5. Una de sus obras mas importantes:
4. N.º de obras escritas: ....
3. Año de nacimiento: 1600.
2. Lugar de nacimiento: ....
1. Nombre: Pedro.
Estudiante 2:

⚙ ESTRATEGIA

Using background knowledge to support comprehension

To support your comprehension, read about the work, *La vida es sueño*, ahead of time. Find information about the major characters and their characteristics. Try to understand the intention of the author. In this way you will be better equipped to read and understand the text.

Para hacer suposiciones:
- Creo que…
- A lo mejor…
- Tal vez…
- Puede que…
- Es posible que…

18.2 Segismundo, el personaje principal de la obra *La vida es sueño* ha sido encerrado en una torre desde que nació. ¿Puedes imaginar las razones por las que esto ha sido así? Comparte tus ideas con un/a compañero/a.

18.3 Para confirmar tus hipótesis, ordena las siguientes oraciones y conoce así el argumento de la obra *La vida es sueño*.

a. ☐ Para que nadie sepa que existe un príncipe sucesor, lo encierra en una torre.

b. ☐ Segismundo finalmente gana, pero muestra respeto por su padre, porque es el rey. Basilio en ese momento es consciente de que su hijo será un buen rey en el futuro y le deja el trono.

c. ☐ Una vez en libertad, actúa de forma violenta contra todo el mundo y lo encierran otra vez.

d. ☐ El rey Basilio, cuando nace su hijo Segismundo, cree en una superstición que dice que ese niño no será un buen sucesor del trono.

e. ☐ El pueblo descubre que existe un príncipe heredero y lo liberan. Segismundo lucha contra su padre.

f. ☐ En una ocasión decide darle una oportunidad para comprobar si podrá ser un buen rey y lo saca de la torre.

18.4 A lo largo de la obra, Segismundo piensa que está soñando y que su vida es un sueño. ¿Qué significan las palabras *sueño* o *soñar* para ti? Enumera todas las palabras que te vienen a la mente cuando piensas en estas. Comparte tus ideas con un/a compañero/a.

18.5 Une las siguientes palabras y expresiones relacionadas con los sueños y sus significados. ¡Atención! hay dos expresiones que significan lo mismo.

1. No pegar ojo.
2. Dormir como un tronco.
3. Tener sueño.
4. Soñar con los angelitos.
5. Pasar la noche en blanco.
6. Cumplirse un sueño.
7. Tener un sueño.

a. Estar cansado y con ganas de dormir.
b. Hacerse realidad algo muy deseado.
c. No poder dormir.
d. Desear algo con mucha intensidad.
e. En lenguaje infantil, dormir.
f. Dormir muy profundamente.

2. EXPRESIÓN ESCRITA

18.6 En grupos de tres o cuatro, discutan sobre las siguientes cuestiones.

a. ¿Sueñas con frecuencia?
b. ¿Sueles tener sueños agradables o pesadillas?
c. ¿Hay algún sueño que tengas a menudo?
d. ¿Recuerdas tu último sueño?

 **ESTRATEGIA**

Brainstorming

Brainstorming is an exercise that will help you activate existing knowledge. To brainstorm, jot down key words and ideas that come to mind relating to the topic. Generating a profusion of ideas connected to the topic will not only help you organize the writing activity but also helps to activate your imagination in ways you might not have expected.

18.7 Escribe sobre algún sueño que tengas y te propongas hacer realidad. Puede ser un sueño relacionado con un viaje, o con algún aspecto de tu vida personal o profesional.

3. INTERACCIÓN ORAL

18.8 Ahora que ya has escrito, habla con tu compañero/a y contesta las siguientes preguntas.

¿Es muy difícil cumplir los sueños?
¿Es necesario planificar para poder cumplir los sueños?
¿Qué cosas deberías hacer para cumplir con tu sueño?

ESTRATEGIA

Fluency and fluidity

Often times you may be hesitant to speak out for fear of making too many mistakes or not knowing the vocabulary to express yourself. Accept the fact that you may commit some errors, but in order to achieve fluency you will need to pay less attention making errors and strive for fluidity instead. That is, speaking calmly without interrupting yourself to make corrections.

18.9 Mafalda, la niña de la historieta que vimos en actividades anteriores, "sueña" con un mundo mejor. Habla con tu compañero/a sobre esta posibilidad. ¿Qué crees que hace falta para mejorar el mundo? Ten en cuenta los siguientes temas.

ecología • dignidad y respeto • alimentación • colaboración • política

William Levy

Las telenovelas están entre los programas más vistos en Latinoamérica.

LAS TELENOVELAS

Están entre los programas favoritos de los latinoamericanos. Tienen humor, pasión, drama e historias de actualidad: bienvenido al mundo de las telenovelas, una expresión cultural latinoamericana que se disfruta en el mundo entero.

Kate del Castillo

CARAS NUEVAS

Muchos artistas latinos han comenzado su carrera en las telenovelas. Entre ellos, Ricky Martin, Salma Hayek y Thalía. Kate del Castillo es una de las actrices de telenovela más famosas en la actualidad. La mexicana ha protagonizado* *La reina del sur*, una telenovela basada en el libro del escritor español Arturo Pérez-Reverte.

La reina del sur se emitió en Estados Unidos por el canal latino Telemundo, con mucho éxito: casi dos millones y medio de espectadores* vieron el primer capítulo.

El actor William Levy, de origen cubano, es otra de las caras nuevas del mundo de las telenovelas. William ha trabajado como galán* en producciones como *Triunfo del amor* y *Sortilegio*. También ha aparecido en varias publicidades y en el programa norteamericano *Dancing with the Stars*.

> ¿Quién es tu actor/actriz de telenovelas o televisión favorito/a? ¿Por qué?

HISTORIAS DE AMOR

«En América Latina, la telenovela tiene una existencia que se remonta* a la misma televisión», dice Nora Mazziotti, investigadora y autora del libro *Telenovela: industria y prácticas sociales*. Según Mazziotti, este tipo de programas fue considerado, durante mucho tiempo, inferior, dirigido a la gente con poca cultura, pero con el tiempo se convirtió en una de las expresiones culturales latinoamericanas que más circulan por el mundo. La investigadora identifica varios tipos de telenovela, de acuerdo con su origen geográfico. La mexicana, donde los valores tradicionales son importantes y los personajes sufren mucho; las telenovelas brasileñas, donde se tratan temas modernos y de actualidad; la telenovela colombiana, llena de energía y humor... Por último, Mazziotti habla de la telenovela «global», generalmente producida en Miami, donde la idea de ser latino se traduce en color, ruido y pasión.

> ¿Qué telenovelas conoces y cómo las describirías en pocas palabras?

El personaje de Betty en *Ugly Betty*

EL ÉXITO QUE CAMBIÓ TODO

*B*etty, la fea es una de las telenovelas más famosas de todos los tiempos.

Betty (interpretada por la actriz América Ferrera) es una muchacha humilde y trabajadora que sufre burlas* por su falta de estilo. La telenovela original latinoamericana tuvo muchísimo éxito en todo el mundo. La versión norteamericana es más cómica, y fue muy popular gracias, en parte, a sus personajes secundarios.

Salma Hayek se entusiasmó* al ver la versión original y produjo la telenovela norteamericana. La actriz dijo que el humor y la pasión latinos están bien representados en la historia.

Pero también dijo que algunos de los aspectos de la historia fueron polémicos*. «Mucha gente estaba furiosa de que mostráramos a un hombre que vive en el país como ilegal. A mí me parece muy extraño que haya muchos personajes que hacen el papel de asesino y nadie tiene problemas por ello, pese a* que lo que hacen tampoco es legal, pero ¡un inmigrante! No, prefieren apagar el televisor», dijo.

América Ferrera y Salma Hayek

REALIZA UNA INVESTIGACIÓN RÁPIDA PARA ENCONTRAR LOS DATOS SIGUIENTES.

a Mira dos capítulos de la telenovela mexicana *Triunfo del amor* en la página web de Televisa. ¿Cómo describirías a Max Sandoval Montenegro, el galán?

b Lee la programación de hoy en la página web de Univisión. Clasifica los programas en noticieros, películas, telenovelas, etc. ¿Qué tipo de programas son mayoría? ¿Por qué?

c La telenovela colombiana *Betty, la fea* fue adaptada en muchos países. Entre ellos, China, India, Polonia y Turquía. Busca un capítulo de una de estas versiones y compáralo con uno de la telenovela original.

¿Estás de acuerdo con que las telenovelas presenten temas de actualidad o polémicos? ¿Por qué?

Muchos artistas latinos han comenzado su carrera en las telenovelas. Entre ellos, Mark Indelicato, famoso por su papel de Justin Suarez en *Ugly Betty*, cuando solo tenía 12 años.

Mark Indelicato

GLOSARIO

las burlas – teasing	
el espectador – viewer	
el galán – leading man	
ha protagonizado – has starred in	
pese a – despite	
polémico – controversial	
se entusiasmó – she was excited	
se remonta – it dates	

Fuentes: *Telenovela: industria y prácticas sociales*, Deustche Welle, Telemundo, Televisa.

VOCES LATINAS

Las telenovelas en Argentina

EN RESUMEN

Situación

Atención al cliente

Your friend and you are volunteering at a community center offering services to mostly Spanish-speaking residents. The center is relying on your knowledge of Spanish address the needs of the community in areas ranging from technology to tutoring.

LEARNING OUTCOMES

ACTION

Relay what another person said

18.1 El director del centro ha dejado por escrito una serie de instrucciones para los estudiantes. Léelas y transmíteselas a tu compañero/a en una nota.

Estimados estudiantes:

Con el comienzo del nuevo trimestre, se han cambiado algunas normas en el centro para mejorar el funcionamiento de algunos servicios. Les ruego que, a partir de ahora, sigan estas instrucciones:

- Durante la hora del almuerzo, es necesario establecer una serie de turnos. Por favor, pasen por secretaría para inscribirse en el turno que más les convenga.

- La sala multimedia estará disponible para los estudiantes de 3 a 5 y media. Para poder utilizarla, deben notificarlo un día antes por correo electrónico a esta dirección: salamultimedia@edimail.com

- Por último, se han establecido nuevos horarios de tutorías. Pueden consultarlos en las aulas, en el tablón de anuncios.

Express probability in the past and present

18.2 Recibes una llamada de un señor mayor que no entiende por qué no puede mandar su correo electrónico. Intenta averiguar qué ha hecho y ayúdale a solucionar el problema. Usa expresiones como: *seguramente, probablemente, quizás, a lo mejor, puede que, me parece que...* Trabaja con tu compañero/a. Hagan turnos para cambiar de rol.

Use formal letters to communicate

18.3 Un compañero ha visto un anuncio en una página web de una escuela de cocina en Guanajuato. Ayúdale a escribir una carta formal en español a la secretaría de la escuela para pedir información. Usa los elementos aprendidos en esta unidad.

El mensaje debe:
– preguntar qué tipos de cursos ofrecen;
– pedir información sobre horarios y precios;
– preguntar qué debe hacer para matricularse.

COCINANDO.COM

INICIO   CONTACTO   SECRETOS   FAVORITAS   Buscar receta

LISTA DE VOCABULARIO

Cartas formales *Formal letters*

a continuación following
el cordial saludo kind regards
Cordialmente kind regards, best wishes
la despedida closing (of a letter)
el destinatario addressee, recipient of letter
la dirección address
las disculpas apologies
Distinguido/a señor/a Dear Sir/Madam
En espera de sus noticias. In anticipation of your response.
Estimado/a señor/a Dear Sir/Madam
la fecha date
la finalidad purpose
la firma signature
la molestia bother
el motivo subject, motive
Muy señor/a mío/a Dear Sir/Madam
la queja complaint
el remitente sender (of a letter)
el saludo greeting
Se despide atentamente Sincerely yours

Telecomunicaciones
Telecommunications

el aparato mechanical device
la arroba at, @
la bandeja de entrada inbox
la bandeja de salida outbox
la barra slash
la batería battery
el borrador draft
el calendario calendar
el cargador charger
la carpeta de búsqueda search folder
el celular mobile phone
los contactos contact list
el correo no deseado spam / junk mail
el diario diary
dos puntos colon
los elementos eliminados deleted items
los elementos enviados sent ítems
el guion hyphen
el guion bajo underscore
las notas notes
la pantalla táctil touch screen
punto com dot com
la señal signal
tener cobertura to have coverage
la triple doble ve www

Verbos *Verbs*

aconsejar to advise
cargar el teléfono to charge the phone
comentar to comment
confesar (e > ie) to confess
cortar to cut, drop (as in a call)
durar to last
enviar un e-mail to send an e-mail
enviar mensajes to send messages
hacer clic to click
ordenar to order
recibir llamadas to receive calls
recomendar (e > ie) to recommend
sugerir (e > ie) to suggest
suponer to suppose

Expresiones de hipótesis
Expressions to make hypothesis

a lo mejor maybe
es probable que it's possible that
igual maybe
lo mismo maybe
Para mí que / yo diría que I would say
posiblemente possibly
probablemente probably
puede (ser) que it can be that
quizás perhaps, maybe
seguramente surely
tal vez maybe

TABLA DE VERBOS

PRESENT INDICATIVE OF REGULAR VERBS

–AR CANTAR	–ER COMER	–IR VIVIR
canto	como	vivo
cantas	comes	vives
canta	come	vive
cantamos	comemos	vivimos
cantáis	coméis	vivís
cantan	comen	viven

PRESENT TENSE OF REGULAR REFLEXIVE VERBS

BAÑARSE	DUCHARSE	LAVARSE	LEVANTARSE	PEINARSE
me baño	me ducho	me lavo	me levanto	me peino
te bañas	te duchas	te lavas	te levantas	te peinas
se baña	se ducha	se lava	se levanta	se peina
nos bañamos	nos duchamos	nos lavamos	nos levantamos	nos peinamos
os bañáis	os ducháis	os laváis	os levantáis	os peináis
se bañan	se duchan	se lavan	se levantan	se peinan

PRESENT TENSE OF IRREGULAR REFLEXIVE VERBS

ACORDARSE	ACOSTARSE	DESPERTARSE	REÍRSE	VESTIRSE
me acuerdo	me acuesto	me despierto	me río	me visto
te acuerdas	te acuestas	te despiertas	te ríes	te vistes
se acuerda	se acuesta	se despierta	se ríe	se viste
nos acordamos	nos acostamos	nos despertamos	nos reímos	nos vestimos
os acordáis	os acostáis	os despertáis	os reís	os vestís
se acuerdan	se acuestan	se despiertan	se ríen	se visten

VERBS LIKE GUSTAR

DOLER	ENCANTAR	MOLESTAR	PARECER
me duele/duelen	me encanta/encantan	me molesta/molestan	me parece/parecen
te duele/duelen	te encanta/encantan	te molesta/molestan	te parece/parecen
le duele/duelen	le encanta/encantan	le molesta/molestan	le parece/parecen
nos duele/duelen	nos encanta/encantan	nos molesta/molestan	nos parece/parecen
os duele/duelen	os encanta/encantan	os molesta/molestan	os parece/parecen
les duele/duelen	les encanta/encantan	les molesta/molestan	les parece/parecen

IRREGULAR VERBS IN THE PRESENT INDICATIVE

CERRAR	PROTEGER	COMENZAR	CONCLUIR
cierro	protejo	comienzo	concluyo
cierras	proteges	comienzas	concluyes
cierra	protege	comienza	concluye
cerramos	protegemos	comenzamos	concluimos
cerráis	protegéis	comenzáis	concluís
cierran	protegen	comienzan	concluyen

CONDUCIR	CONOCER	CONSTRUIR	CONTRIBUIR
condu**zc**o	cono**zc**o	construy**o**	contribuy**o**
conduces	conoces	construy**es**	contribuy**es**
conduce	conoce	construy**e**	contribuy**e**
conducimos	conocemos	construimos	contribuimos
conducís	conocéis	construís	contribuís
conducen	conocen	construy**en**	contribuy**en**

DAR	DECIR	DESTRUIR	DORMIR
doy	**digo**	destruy**o**	d**ue**rmo
das	d**i**ces	destruy**es**	d**ue**rmes
da	d**i**ce	destruy**e**	d**ue**rme
damos	decimos	destruimos	dormimos
dais	decís	destruís	dormís
dan	d**i**cen	destruy**en**	d**ue**rmen

EMPEZAR	ENCONTRAR	ENTENDER	ESTAR
emp**ie**zo	enc**ue**ntro	ent**ie**ndo	**estoy**
emp**ie**zas	enc**ue**ntras	ent**ie**ndes	**estás**
emp**ie**za	enc**ue**ntra	ent**ie**nde	**está**
empezamos	encontramos	entendemos	**estamos**
empezáis	encontráis	entendéis	**estáis**
emp**ie**zan	enc**ue**ntran	ent**ie**nden	**están**

HACER	HUIR	IR	JUGAR
hago	huy**o**	**voy**	j**ue**go
haces	huy**es**	**vas**	j**ue**gas
hace	huy**e**	**va**	j**ue**ga
hacemos	huimos	**vamos**	jugamos
hacéis	huis	**vais**	jugáis
hacen	huy**en**	**van**	j**ue**gan

MERENDAR	OÍR	PEDIR	PENSAR
mer**ie**ndo	**oigo**	p**i**do	p**ie**nso
mer**ie**ndas	oy**es**	p**i**des	p**ie**nsas
mer**ie**nda	oy**e**	p**i**de	p**ie**nsa
merendamos	oímos	pedimos	pensamos
merendáis	oís	pedís	pensáis
mer**ie**ndan	oy**en**	p**i**den	p**ie**nsan

PERDER	PODER	PONER	QUERER
p**ie**rdo	p**ue**do	**pongo**	qu**ie**ro
p**ie**rdes	p**ue**des	pones	qu**ie**res
p**ie**rde	p**ue**de	pone	qu**ie**re
perdemos	podemos	ponemos	queremos
perdéis	podéis	ponéis	queréis
p**ie**rden	p**ue**den	ponen	qu**ie**ren

RECORDAR	SABER	SALIR	SER
recuerdo	sé	salgo	soy
recuerdas	sabes	sales	eres
recuerda	sabe	sale	es
recordamos	sabemos	salimos	somos
recordáis	sabéis	salís	sois
recuerdan	saben	salen	son

SERVIR	SOÑAR	TENER	TRADUCIR
sirvo	sueño	tengo	traduzco
sirves	sueñas	tienes	traduces
sirve	sueña	tiene	traduce
servimos	soñamos	tenemos	traducimos
servís	soñáis	tenéis	traducís
sirven	sueñan	tienen	traducen

TRAER	VENIR	VER	VOLVER
traigo	vengo	veo	vuelvo
traes	vienes	ves	vuelves
trae	viene	ve	vuelve
traemos	venimos	vemos	volvemos
traéis	venís	veis	volvéis
traen	vienen	ven	vuelven

PRETERIT

Regular verbs

-AR CANTAR	-ER COMER	-IR VIVIR
canté	comí	viví
cantaste	comiste	viviste
cantó	comió	vivió
cantamos	comimos	vivimos
cantasteis	comisteis	vivisteis
cantaron	comieron	vivieron

Irregular verbs

ANDAR	CAER	COMENZAR	CONCLUIR
anduve	caí	comencé	concluí
anduviste	caíste	comenzaste	concluiste
anduvo	cayó	comenzó	concluyó
anduvimos	caímos	comenzamos	concluimos
anduvisteis	caísteis	comenzasteis	concluisteis
anduvieron	cayeron	comenzaron	concluyeron

CONSTRUIR	CONTRIBUIR	DAR	DECIR
construí	contribuí	**di**	**dije**
construiste	contribuiste	**diste**	**dijiste**
constru**yó**	contribu**yó**	**dio**	**dijo**
construimos	contribuimos	**dimos**	**dijimos**
construisteis	contribuisteis	**disteis**	**dijisteis**
constru**yeron**	contribu**yeron**	**dieron**	**dijeron**

DESTRUIR	DORMIR	EMPEZAR	ELEGIR
destruí	dormí	empe**c**é	elegí
destruiste	dormiste	empezaste	elegiste
destru**yó**	d**u**rmió	empezó	el**i**gió
destruimos	dormimos	empezamos	elegimos
destruisteis	dormisteis	empezasteis	elegisteis
destru**yeron**	d**u**rmieron	empezaron	el**i**gieron

ESTAR	HACER	IR	JUGAR
estuve	**hice**	**fui**	ju**gu**é
estuviste	**hiciste**	**fuiste**	jugaste
estuvo	**hizo**	**fue**	jugó
estuvimos	**hicimos**	**fuimos**	jugamos
estuvisteis	**hicisteis**	**fuisteis**	jugasteis
estuvieron	**hicieron**	**fueron**	jugaron

LEER	MEDIR	MORIR	OÍR
leí	medí	morí	oí
leíste	mediste	moriste	oíste
le**yó**	m**i**dió	m**u**rió	o**yó**
leímos	medimos	morimos	oímos
leísteis	medisteis	moristeis	oísteis
le**yeron**	m**i**dieron	m**u**rieron	o**yeron**

PEDIR	PESCAR	PODER	PONER
pedí	pes**qu**é	**pude**	**puse**
pediste	pescaste	**pudiste**	**pusiste**
p**i**dió	pescó	**pudo**	**puso**
pedimos	pescamos	**pudimos**	**pusimos**
pedisteis	pescasteis	**pudisteis**	**pusisteis**
p**i**dieron	pescaron	**pudieron**	**pusieron**

QUERER	SABER	SER	SERVIR
quise	**supe**	**fui**	serví
quisiste	**supiste**	**fuiste**	serviste
quiso	**supo**	**fue**	s**i**rvió
quisimos	**supimos**	**fuimos**	servimos
quisisteis	**supisteis**	**fuisteis**	servisteis
quisieron	**supieron**	**fueron**	s**i**rvieron

SONREÍR	TENER	TRADUCIR	TRAER
sonreí	tuve	traduje	traje
sonreíste	tuviste	tradujiste	trajiste
sonrió	tuvo	tradujo	trajo
sonreímos	tuvimos	tradujimos	trajimos
sonreísteis	tuvisteis	tradujisteis	trajisteis
sonrieron	tuvieron	tradujeron	trajeron

VENIR	VER	HABER
vine	vi	hubo
viniste	viste	
vino	vio	
vinimos	vimos	
vinisteis	visteis	
vinieron	vieron	

IMPERFECT

Regular verbs

-AR CANTAR	-ER COMER	-IR VIVIR
cantaba	comía	vivía
cantabas	comías	vivías
cantaba	comía	vivía
cantábamos	comíamos	vivíamos
cantabais	comíais	vivíais
cantaban	comían	vivían

Iregular verbs

SER	IR	VER
era	iba	veía
eras	ibas	veías
era	iba	veía
éramos	íbamos	veíamos
erais	ibais	veíais
eran	iban	veían

PRESENT PERFECT

Regular verbs

-AR CANTAR	-ER COMER	-IR VIVIR
he cantado	he comido	he vivido
has cantado	has comido	has vivido
ha cantado	ha comido	ha vivido
hemos cantado	hemos comido	hemos vivido
habéis cantado	habéis comido	habéis vivido
han cantado	han comido	han vivido

Irregular past participles

abrir ▶ **abierto**	freír ▶ **frito**	resolver ▶ **resuelto**
absolver ▶ **absuelto**	hacer ▶ **hecho**	revolver ▶ **revuelto**
cubrir ▶ **cubierto**	imprimir ▶ **impreso**	romper ▶ **roto**
decir ▶ **dicho**	morir ▶ **muerto**	ver ▶ **visto**
escribir ▶ **escrito**	poner ▶ **puesto**	volver ▶ **vuelto**

Affirmative **tú** commands

-AR CANTAR	-ER COMER	-IR VIVIR
cant**a**	com**e**	viv**e**

Affirmative **tú** commands

DECIR	IR	PONER	SALIR	SER	TENER	VENIR
di	**ve**	**pon**	**sal**	**sé**	**ten**	**ven**

AFFIRMATIVE COMMANDS

Regular verbs

CANTAR	COMER	VIVIR
cant**a**	com**e**	viv**e**
cant**e**	com**a**	viv**a**
cant**en**	com**an**	viv**an**

Irregular verbs

CAER	CONDUCIR	CONOCER	CONSTRUIR	CONTAR
cae	conduce	conoce	constru**y**e	c**ue**nta
caiga	condu**zc**a	cono**zc**a	constru**y**a	c**ue**nte
caigan	condu**zc**an	cono**zc**an	constru**y**an	c**ue**nten

DECIR	DORMIR	ELEGIR	EMPEZAR	HACER
di	d**ue**rme	el**i**ge	emp**ie**za	**haz**
diga	d**ue**rma	el**ij**a	emp**iec**e	**haga**
digan	d**ue**rman	el**ij**an	emp**iec**en	**hagan**

HUIR	IR	JUGAR	LLEGAR	OÍR
hu**y**e	**ve**	j**ue**ga	llega	**oye**
hu**y**a	**vaya**	j**uegu**e	lle**gu**e	**oiga**
hu**y**an	**vayan**	j**uegu**en	lle**gu**en	**oigan**

PEDIR	PENSAR	PONER	SABER	SALIR
p**i**de	p**ie**nsa	**pon**	sabe	**sal**
p**i**da	p**ie**nse	**ponga**	**sepa**	**salga**
p**i**dan	p**ie**nsen	**pongan**	**sepan**	**salgan**

SER	TENER	VENIR	VESTIR	VOLVER
sé	**ten**	**ven**	v**i**ste	v**ue**lve
sea	**tenga**	**venga**	v**i**sta	v**ue**lva
sean	**tengan**	**vengan**	v**i**stan	v**ue**lvan

FUTURE TENSE

Regular verbs

CANTAR	COMER	VIVIR
cantar**é**	comer**é**	vivir**é**
cantar**ás**	comer**ás**	vivir**ás**
cantar**á**	comer**á**	vivir**á**
cantar**emos**	comer**emos**	vivir**emos**
cantar**éis**	comer**éis**	vivir**éis**
cantar**án**	comer**án**	vivir**án**

Irregular verbs

CABER	DECIR	HABER	HACER
cabré	**diré**	**habré**	**haré**
cabrás	**dirás**	**habrás**	**harás**
cabrá	**dirá**	**habrá**	**hará**
cabremos	**diremos**	**habremos**	**haremos**
cabréis	**diréis**	**habréis**	**haréis**
cabrán	**dirán**	**habrán**	**harán**

PODER	PONER	QUERER	SABER
podré	**pondré**	**querré**	**sabré**
podrás	**pondrás**	**querrás**	**sabrás**
podrá	**pondrá**	**querrá**	**sabrá**
podremos	**pondremos**	**querremos**	**sabremos**
podréis	**pondréis**	**querréis**	**sabréis**
podrán	**pondrán**	**querrán**	**sabrán**

SALIR	TENER	VALER	VENIR
saldré	**tendré**	**valdré**	**vendré**
saldrás	**tendrás**	**valdrás**	**vendrás**
saldrá	**tendrá**	**valdrá**	**vendrá**
saldremos	**tendremos**	**valdremos**	**vendremos**
saldréis	**tendréis**	**valdréis**	**vendréis**
saldrán	**tendrán**	**valdrán**	**vendrán**

PLUPERFECT (past perfect)

había		
habías		
había	–**ado** (–ar verbs)	lleg**ado**
habíamos	–**ido** (–er / ir verbs)	com**ido**
habíais		viv**ido**
habían		

Irregular past participles

abrir	▶ **abierto**	escribir	▶ **escrito**
hacer	▶ **hecho**	ver	▶ **visto**
decir	▶ **dicho**	poner	▶ **puesto**
romper	▶ **roto**	volver	▶ **vuelto**

CONDITIONAL

Regular verbs

HABLAR	COMER	ESCRIBIR
hablar**ía**	comer**ía**	escribir**ía**
hablar**ías**	comer**ías**	escribir**ías**
hablar**ía**	comer**ía**	escribir**ía**
hablar**íamos**	comer**íamos**	escribir**íamos**
hablar**íais**	comer**íais**	escribir**íais**
hablar**ían**	comer**ían**	escribir**ían**

Irregular verbs

caber ▶ **cabr–**	tener ▶ **tendr–**	hacer ▶ **har–**		–**ía**
haber ▶ **habr–**	poder ▶ **podr–**	decir ▶ **dir–**		–**ías**
saber ▶ **sabr–**	poner ▶ **pondr–**		+	–**ía**
querer ▶ **querr–**	venir ▶ **vendr–**			–**íamos**
	salir ▶ **saldr–**			–**íais**
	valer ▶ **valdr–**			–**ían**

PRESENT SUBJUNCTIVE

Regular verbs

HABLAR	COMER	ESCRIBIR
habl**e**	com**a**	escrib**a**
habl**es**	com**as**	escrib**as**
habl**e**	com**a**	escrib**a**
habl**emos**	com**amos**	escrib**amos**
habl**éis**	com**áis**	escrib**áis**
habl**en**	com**an**	escrib**an**

Irregular verbs
Stem-changing verbs

QUERER	VOLVER	JUGAR	PEDIR
e ▶ ie	o ▶ ue	u ▶ ue	e ▶ i
			(en todas las personas)
qu**ie**ra	v**ue**lva	j**ue**gue	p**i**da
qu**ie**ras	v**ue**lvas	j**ue**gues	p**i**das
qu**ie**ra	v**ue**lva	j**ue**gue	p**i**da
queramos	volvamos	juguemos	p**i**damos
queráis	volváis	juguéis	p**i**dáis
qu**ie**ran	v**ue**lvan	j**ue**guen	p**i**dan

» The verbs **dormir** and **morir** have two stem changes in the present subjunctive: **o** ▶ **ue** and **o** ▶ **u**:
  – d**ue**rma, d**ue**rmas, d**ue**rma, d**u**rmamos, d**u**rmáis, d**ue**rman
  – m**ue**ra, m**ue**ras, m**ue**ra, m**u**ramos, m**u**ráis, m**ue**ran

Verbs with irregular **yo** forms

poner ▶ **pong**–	traer ▶ **traig**–	–**a**
tener ▶ **teng**–	hacer ▶ **hag**–	–**as**
salir ▶ **salg**–	caer ▶ **caig**–	–**a**
venir ▶ **veng**–	construir ▶ **construy**–	–**amos**
decir ▶ **dig**–	conocer ▶ **conozc**–	–**áis**
		–**an**

Verbs that are completely irregular

HABER	IR	SABER	ESTAR	SER	VER	DAR
haya	vaya	sepa	esté	sea	vea	dé
hayas	vayas	sepas	estés	seas	veas	des
haya	vaya	sepa	esté	sea	vea	dé
hayamos	vayamos	sepamos	estemos	seamos	veamos	demos
hayáis	vayáis	sepáis	estéis	seáis	veáis	deis
hayan	vayan	sepan	estén	sean	vean	den

Other verbs with irregular forms in the subjunctive

e ▶ ie (except in the **nosotros** and **vosotros** forms)

cerrar ▶ c**ie**rre	encender ▶ enc**ie**nda	mentir ▶ m**ie**nta
comenzar ▶ com**ie**nce	encerrar ▶ enc**ie**rre	querer ▶ qu**ie**ra
despertarse ▶ se desp**ie**rte	entender ▶ ent**ie**nda	recomendar ▶ recom**ie**nde
divertirse ▶ se div**ie**rta	gobernar ▶ gob**ie**rne	sentarse ▶ se s**ie**nte
empezar ▶ emp**ie**ce	manifestar ▶ manif**ie**ste	sentir ▶ s**ie**nta

o ▶ ue (except in the **nosotros** and **vosotros** forms)

acordarse ▶ se ac**ue**rde	rogar ▶ r**ue**gue
acostarse ▶ se ac**ue**ste	soler ▶ s**ue**la
contar ▶ c**ue**nte	sonar ▶ s**ue**ne
llover ▶ ll**ue**va	soñar ▶ s**ue**ñe
probar ▶ pr**ue**be	volar ▶ v**ue**le
resolver ▶ res**ue**lva	volver ▶ v**ue**lva

e ▶ i (en todas las personas)

competir ▶ comp**i**ta
despedir ▶ desp**i**da
despedirse ▶ se desp**i**da
impedir ▶ imp**i**da
medir ▶ m**i**da
repetir ▶ rep**i**ta

IMPERFECT SUBJUNCTIVE

Regular verbs

PRACTICAR	BEBER	SALIR
practic**ara**	beb**iera**	sal**iera**
practic**aras**	beb**ieras**	sal**ieras**
practic**ara**	beb**iera**	sal**iera**
practic**áramos**	beb**iéramos**	sal**iéramos**
practic**arais**	beb**ierais**	sal**ierais**
practic**aran**	beb**ieran**	sal**ieran**

Irregular verbs

INFINITIVO	PRETERIT	IMPERFECT SUBJUNCTIVE
poner	pusieron	pusiera
dormir	durmieron	durmiera
conducir	condujeron	condujera
pedir	pidieron	pidiera
querer	quisieron	quisiera
hacer	hicieron	hiciera
poder	pudieron	pudiera
tener	tuvieron	tuviera
oír	oyeron	oyera
construir	construyeron	construyera
ser / ir	fueron	fuera
estar	estuvieron	estuviera
haber	hubieron	hubiera

RESUMEN GRAMATICAL

ARTICLES

	Definite articles		Indefinite articles	
	Masculine	**Feminine**	**Masculine**	**Feminine**
Singular	el	la	un	una
Plural	los	las	unos	unas

SUBJECT PRONOUNS

Singular	Plural
yo	nosotros/nosotras
tú	vosotros/vosotras
usted/él/ella	ustedes/ellos/ellas

PRESENT TENSE

	LLAMAR(SE)	SER	TENER
yo	**me** llam**o**	**soy**	**tengo**
tú	**te** llam**as**	**eres**	**tie**nes
usted/él/ella	**se** llam**a**	**es**	**tie**ne
nosotros/as	**nos** llam**amos**	**somos**	tenemos
vosotros/as	**os** llam**áis**	**sois**	tenéis
ustedes/ellos/ellas	**se** llam**an**	**son**	**tie**nen

NUMBERS 0-31

0	cero	8	ocho	16	dieciséis	24	veinticuatro
1	uno	9	nueve	17	diecisiete	25	veinticinco
2	dos	10	diez	18	dieciocho	26	veintiséis
3	tres	11	once	19	diecinueve	27	veintisiete
4	cuatro	12	doce	20	veinte	28	veintiocho
5	cinco	13	trece	21	veintiuno	29	veintinueve
6	seis	14	catorce	22	veintidós	30	treinta
7	siete	15	quince	23	veintitrés	31	treinta y uno

EXPANSIÓN GRAMATICAL

Interrogative words:

» **¿Cuánto, cuánta, cuántos, cuántas** + noun? *How much? How many?*
¿Cuántos años tienes? How (many years) old are you?

» **¿Cuál, cuáles** + verb? *What?*
¿Cuál es tu comida favorita? What is your favorite food?

» **¿Qué** + verb/noun? *What?*
¿Qué haces? What do you do?
¿Qué hora es? What time is it?

» **¿Dónde** + verb? *Where?*
¿Dónde vives? Where do you live?

» **¿Cómo** + verb? *How?*
  ¿Cómo estás? How are you?

» **¿Quién** + verb? *Who?*
  ¿Quién es esa muchacha? Who is that girl?

GENDER, NUMBER, AND AGREEMENT OF NOUNS AND ADJECTIVES

Singular	
Masculine	**Feminine**
–o	**–a**
el bolígraf**o**	**la** cámar**a**

Plural
Masculine/Feminine

Termina en vocal: **+s**	Termina en consonante: **+es**	Termina en z: **–ces**
Ends in a vowel: +s	*Ends in a consonant: +es*	*End in a z: -ces*
*mesa / mesa**s***	*actor / actor**es***	*lápiz / lápi**ces***

» **Feminine forms of adjectives**
  – Adjectives that end in **–o** change to **–a**: *blanc**o** / blanc**a***.
  – Adjectives that end in **–e**, no change: *elegant**e***.
  – Adjectives that end in a consonant, no change: *fácil*.
  – Nationalites that end in a consonant, add **–a**: *franc**és** / franc**esa***.

» **Plural forms of nouns and adjectives**
  – Words that end in a vowel, add **–s**: *moren**o** / moren**os**.*
  – Words that end in consonant, add **–es**: *jove**n** / jóven**es***.

AGREEMENT

Singular			
Masculine	**Feminine**	**Masculine/ Feminine**	
–o	**–a**	**–e**	**–consonante**
el carro bonit**o**	**la silla** bonit**a**	**el carro** grande	**el carro** azul
		la silla grande	**la silla** azul
los carros bonit**os**	**las sillas** bonit**as**	**los carros** grand**es**	**los carros** azul**es**
		las sillas grand**es**	**las sillas** azul**es**

EXPANSIÓN GRAMATICAL

» Generally, nouns with the following endings are masculine:
  –o: *el libr**o**, el ded**o**, el diner**o**, el vas**o**, el bolígraf**o**...*
  –aje: *el pais**aje**, el vi**aje**, el gar**aje**, el equip**aje**, el pe**aje**...*
  –an: *el pl**an**, el p**an**...*
  –or: *el pint**or**, el am**or**, el dol**or**, el err**or**, el señ**or**, el televis**or**, el ordenad**or***

» Generally, nouns with the following endings are feminine:
  –a: *la mes**a**, la cas**a**, la caj**a**, la crem**a**, la niñ**a**, la chaquet**a**, la sop**a**...*
  –dad, **–tad**, **–ción**, **–sión**: *la e**dad**, la ciu**dad**, la ver**dad**, la ami**stad**, la can**ción**, la traduc**ción**, la televi**sión**, la deci**sión**, la expre**sión**...*

» Exceptions
  – ***El** problema, **el** día, **el** mapa, **el** diploma.*
  – ***La** mano, **la** radio.*

	HABLAR	ESTAR (IRREGULAR)
yo	habl**o**	**estoy**
tú	habl**as**	**estás**
usted/él/ella	habl**a**	**está**
nosotros/as	habl**amos**	**estamos**
vosotros/as	habl**áis**	**estáis**
ustedes/ellos/ellas	habl**an**	**están**

EXPANSIÓN GRAMATICAL

Uses of the present tense:

» To talk about habitual actions that you and others generally do (or don't do).
Todos los días **me levanto** *a las 7:30. Every day, I get up at 7:30.*

» To express an ongoing action.
Andy y Carmen **viven** *en Cartagena. Andy and Carmen live (are living) in Cartagena.*

» To describe or define.
Tiene *dormitorios, cocina, baño y salón. It has bedrooms, a kitchen, bath and living room.*
"Casa" es el lugar donde **vivimos***. Home is the place where we live.*

UNIDAD **3**

PRESENT TENSE OF *–ER* AND *–IR* VERBS

	COMER	VIVIR
yo	com**o**	viv**o**
tú	com**es**	viv**es**
usted/él/ella	com**e**	viv**e**
nosotros/as	com**emos**	viv**imos**
vosotros/as	com**éis**	viv**ís**
ustedes/ellos/ellas	com**en**	viv**en**

POSSESSIVE ADJECTIVES

	Singular		Plural	
	Masculine	Feminine	Masculine	Feminine
my	**mi** carro	**mi** casa	**mis** carros	**mis** casas
your	**tu** carro	**tu** casa	**tus** carros	**tus** casas
his/her/your (for.)	**su** carro	**su** casa	**sus** carros	**sus** casas
our	**nuestro** carro	**nuestra** casa	**nuestros** carros	**nuestras** casas
your (pl., Spain)	**vuestro** carro	**vuestra** casa	**vuestros** carros	**vuestras** casas
their/your (pl.)	**su** carro	**su** casa	**sus** carros	**sus** casas

DEMONSTRATIVE ADJECTIVES

Location of speaker	Singular		Plural		Neuter	
	Masculine	**Feminine**	**Masculine**	**Feminine**		
aquí *here*	este	esta	estos	estas	esto	*this, these*
ahí *there*	ese	esa	esos	esas	eso	*that, those*
allí *over there*	aquel	aquella	aquellos	aquellas	aquello	*that (over there), those (over there)*

» **Este**, **esta**, **estos**, **estas**, and **esto** refer to a person or thing that is next to the speaker. They correspond to the adverb, **aquí**.

  Este *es mi celular. This is my cell phone.*

» **Ese**, **esa**, **esos**, **esas**, and **eso** refer to a person or thing that is near the speaker. They correspond to the adverb **ahí**.

  Esas *son las botas de Luis. Those are Luis's boots.*

» **Aquel**, **aquella**, **aquellos**, **aquellas** and **aquello** refer to a person or thing that is farther away from the speaker. They correspond to the adverb, **allí**.

  Aquella *es la bicicleta de mi primo. That over there is my cousin's bicycle.*

» Demonstrative pronouns
  - *¡Hola, Encarna! ¿Cómo estás? Hi, Encarna! How are you?*
  - *Muy bien, gracias. Mira,* **esta** *es Manuela, mi hermana. Fine, thanks. This is Manuela, my sister.*

  - *¿Te gustan estos tomates? Do you like these tomatoes?*
  - *No, me gustan* **aquellos**. *No, I like those (over there).*

Aquella bicicleta es de mi primo.

Esas botas son de Luis.

Este es mi celular.

» Neuter pronouns
  - *¿Qué es* **esto**? *What is this?*
  - *Es una lámpara. It's a lamp.*

  - *¿Qué es* **eso**? *What is that?*
  - *Es un celular. It's a cell phone.*

  - *¿Qué es* **aquello**? *What is that (over there)?*
  - *Son unas zapatillas. They're sneakers.*

UNIDAD 4

STEM-CHANGING VERBS

	ENTENDER	VOLVER	PEDIR
	E ▶ IE	**O ▶ UE**	**E ▶ I**
yo	ent**ie**ndo	v**ue**lvo	p**i**do
tú	ent**ie**ndes	v**ue**lves	p**i**des
usted/él/ella	ent**ie**nde	v**ue**lve	p**i**de
nosotros/as	entendemos	volvemos	pedimos
vosotros/as	entendéis	volvéis	pedís
ustedes/ellos/ellas	ent**ie**nden	v**ue**lven	p**i**den

EXPANSIÓN GRAMATICAL

Other stem-changing verbs in Spanish:

>> **e ▶ ie:**

- cerrar *(to close)* cierro, cierras... / cerramos
- comenzar *(to begin, start)* comienzo, comienzas... / comenzamos
- despertarse *(to wake up)* me despierto, te despiertas... / nos despertamos
- divertirse *(to have fun)* me divierto, te diviertes... / nos divertimos
- empezar *(to begin, start)* empiezo, empiezas... / empezamos
- encender *(to turn on)* enciendo, enciendes... / encendemos
- mentir *(to lie)* miento, mientes... / mentimos
- querer *(to want)* quiero, quieres... / queremos
- recomendar *(to recommend)* recomiendo, recomiendas... / recomendamos
- sentarse *(to sit down)* me siento, te sientas... / nos sentamos
- sentirse *(to feel emotion)* me siento, te sientes... / nos sentimos

>> **o ▶ ue:**

- acordarse *(to remember)* me acuerdo, te acuerdas... / nos acordamos
- acostarse *(to go to bed)* me acuesto, te acuestas... / nos acostamos
- contar *(to count)* cuento, cuentas... / contamos
- resolver *(to resolve)* resuelvo, resuelves... / resolvemos
- soñar *(to dream)* sueño, sueñas... / soñamos
- volar *(to fly)* vuelo, vuelas... / volamos
- llover *(to rain)* llueve
- morir *(to die)* muero, mueres... / morimos
- probar *(to try, to taste)* pruebo, pruebas... / probamos

>> **e ▶ i:**

- despedirse *(to say good-bye)* me despido, te despides... / nos despedimos
- repetir *(to repeat)* repito, repites... / repetimos
- vestirse *(to get dressed)* me visto, te vistes... / nos vestimos

VERBS *HACER* AND *SALIR*

	HACER	SALIR
yo	**hago**	**salgo**
tú	haces	sales
usted/él/ella	hace	sale
nosotros/as	hacemos	salimos
vosotros/as	hacéis	salís
ustedes/ellos/ellas	hacen	salen

EXPANSIÓN GRAMATICAL

Other verbs with irregular **yo** forms:

- caer *(to fall)* **caigo**
- estar *(to be)* **estoy**
- tener *(to come)* **tengo**
- venir *(to have)* **vengo**
- traer *(to bring)* **traigo**
- poner *(to put, to place)* **pongo**

REFLEXIVE VERBS

	LEVANTARSE
yo	**me** levanto
tú	**te** levantas
usted/él/ella	**se** levanta
nosotros/as	**nos** levantamos
vosotros/as	**os** levantáis
ustedes/ellos/ellas	**se** levantan

INDIRECT OBJECT PRONOUNS

yo	(a mí)	**me**	*(to me, for me)*
tú	(a ti)	**te**	*(to you, for you)*
usted/él/ella	(a usted/él/ella)	**le**	*(to you/him/her, for you, him, her)*
nosotros/as	(a nosotros/as)	**nos**	*(to us, for us)*
vosotros/as	(a vosotros/as)	**os**	*(to you, for you, Spain)*
ustedes/ellos/ellas	(a ustedes/ellos/ellas)	**les**	*(to you pl./them, for you pl./them)*

VERBS *GUSTAR, ENCANTAR* AND *DOLER*

A mí		me	**encanta(n)**	ø
A ti		te		
A usted/él/ella	(no)	le	**gusta(n)**	muchísimo
A nosotros/as		nos		mucho
A vosotros/as		os		bastante
A ustedes/ellos/ellas		les		un poco
				nada

» The verb **doler** (o ▶ ue) follows the same pattern.

SHOWING AGREEMENT AND DISAGREEMENT

» Use **también** and **tampoco** to agree with what a person says.

» Use **sí** and **no** to disagree with what a person says.

- *Yo tengo carro.*
- ***Yo, también.***

- *Este año no voy a ir de vacaciones.*
- ***Nosotros, tampoco.***

- *A mí me encanta ir a la playa por la tarde.*
- ***A mí, también.***

- *No me gustan los gatos.*
- ***A mí, tampoco.***

- *Yo tengo carro.*
- ***Yo, no.***

- *Este año no voy de vacaciones.*
- ***Nosotros, sí.***

- *A mí me encanta ir a la playa por la tarde.*
- ***A mí, no.***

- *No me gustan los gatos.*
- ***A mí, sí.***

USES OF *SER* AND *ESTAR*

SER	ESTAR
» Use **ser** to describe a characteristic of a person, place, or thing. *María **es** una muchacha muy divertida.* *Los leones **son** animales salvajes.*	» Use **estar** to describe a person's mood or feelings. *Hoy **estoy** muy cansado.* ***Estamos** nerviosos por el examen.*

SER

>> To identify a person or thing.
La muchacha a la derecha **es** *María.* The girl on the right is Maria.

>> To express an opinion or judgment.
Es *bueno estudiar.* It's good to study.

>> To indicate where an event takes place.
¿Dónde **es** *la fiesta de fin de curso?* Where is the end of year party?

>> To express origin.
Señores, ¿ustedes **son** *de Zaragoza?* Gentlemen, are you from Zaragoza?

>> To indicate possession.
Es *de mi madre.* It's my mother's. (It belongs to my mother.)

>> To express time.
Son *las tres y cuarto de la tarde.* It's quarter past three in the afternoon.

ESTAR

>> To express location.
Estoy *aquí.* I'm here.
Mi casa **está** *cerca del centro.* My house is close to downtown.

>> To express an opinion.
No **estoy** *de acuerdo contigo.* I don't agree with you.

>> To say how you and others are feeling.
Mi abuela **está** *bien.* My grandmother is fine (well).

UNIDAD	6	

HAY / ESTÁ(N)

EXISTENCE

>> Use **hay** to talk or ask about what there is/are. **Hay** is invariable.
En mi clase **hay** *muchos libros.*
In my class, there are many books.

hay + **un, una, unos, unas** + noun

LOCATION

>> Use **estar** to talk or ask about where people or things are located.
Los libros **están** *en la estantería.*
The books are in the bookcase.

el, la, los, las + noun + **está(n)**

IRREGULAR VERBS

	IR	SEGUIR	JUGAR	CONOCER
yo	**voy**	**sigo**	ju**e**go	cono**zco**
tú	**vas**	s**i**gues	ju**e**gas	conoces
usted/él/ella	**va**	s**i**gue	ju**e**ga	conoce
nosotros/as	**vamos**	seguimos	jugamos	conocemos
vosotros/as	**vais**	seguís	jugáis	conocéis
ustedes/ellos/ellas	**van**	s**i**guen	ju**e**gan	conocen

EXPANSIÓN GRAMATICAL

» Other verbs with **–zc** in the **yo** form:
  – agradecer *(to be grateful)* **agradezco**
  – conducir *(to drive)* **conduzco**
  – producir *(to produce)* **produzco**
  – traducir (to translate) **traduzco**

» Other verbs with **–gu ▶ g** in the **yo** form:
  – conseguir *(to attain, to get)* **consigo**
  – distinguir *(to distinguish)* **distingo**

PREPOSITIONS *A, EN, DE*

Preposition	Use...	
en	with modes of **transportation**	*Viajamos **en** tren. We travel by train.*
a	to express **destination**	*Voy **a** Florida. I'm going to Florida.*
de	to express **origin** or point of **departure**	*Salgo **de** Miami. I'm leaving from Miami.*

DIRECT OBJECT PRONOUNS

me	
te	● *¿Tienes el libro de Matemáticas? Do you have the math book?*
lo/la	● *Sí, **lo** tengo en mi casa. Yes, I have it at home.*
nos	
os	● *¿Quién compra la tarta de cumpleaños? Who is buying the birthday cake?*
los/las	● ***La** compramos nosotros. We are buying it.*

ADVERBS OF QUANTITY

	To express how much
Action Verbs	**demasiado ▶** *Luis trabaja **demasiado**. Luis works too much.*
	mucho ▶ *Ana viaja **mucho**. Ana travels a lot.*
	bastante ▶ *Pedro estudia **bastante**. Pedro studies enough.*
	poco ▶ *Luis estudia **poco**. Luis doesn't study much.*

MUY/MUCHO

MUY	MUCHO
» **Muy** is invariable and can be used before adjectives to express *very*. *Él/ella es **muy** inteligente. He/she is very intelligent.* *Ellos/ellas son **muy** inteligentes. They are very intelligent.* » And before adverbs to express *how*. *Él/ella habla **muy** despacio. He/She speaks slowly.* *Ellos/ellas hablan **muy** despacio. They speak slowly.*	» Use **mucho** after a verb to express *how much*. As an adverb, it does not change form. *Juan come **mucho**. Juan eats a lot.* » Use **mucho** before a noun to express *how many*. Here it functions as an adjective and must agree with the noun in number and gender. *Juan lee **muchos** libros. Juan reads many books.* *Hay mucha gente. There are many people.* *María tiene **muchos** amigos. Maria has many friends.*

EXPRESSING OBLIGATION

HAY QUE + INFINITIVE	**TENER QUE** + INFINITIVE	**DEBER QUE** + INFINITIVE
» To express obligation or what is necessary for all. **Hay que hacer** *la tarea.*	» To express obligation or a need for a particular person. **Tengo que estudiar** *mucho para Ciencias.*	» To express obligation in terms of making a recommendation or giving advice. *Si tienes hambre,* **debes comer** *algo.*

TALKING ABOUT FUTURE PLANS AND HAPPENINGS

IR + INFINITIVE

» Saying what you and others are going to do. **Voy a ir** *al cine con mis amigos.*

» Describing what is going to happen. *Hay nubes en el cielo,* **va a llover**.

» With time expressions. *Esta tarde* **voy a jugar al tenis**.

COMPARATIVES (WITH ADJECTIVES AND ADVERBS)

» **más... que**	▶ *Julián es* **más** *rápido* **que** *Pedro.*	*more... than...*
» **menos... que**	▶ *Pedro camina* **menos** *lento* **que** *Julián.*	*less... than...*
» **tan... como**	▶ *Julián es* **tan** *divertido* **como** *Pedro.*	*as... as...*

EXPANSIÓN GRAMATICAL

To compare quantities (with nouns):

» **más... que**	▶ *Julián tiene* **más** *tiempo libre* **que** *Pedro. Julián has more free time than Pedro.*
» **menos... que**	▶ *Julián tiene* **menos** *tiempo libre* **que** *Pedro. Julián has less free time than Pedro.*
» **tanto/a/os/as... como**	▶ *Julián tiene* **tanto** *tiempo libre* **como** *Pedro. Julián has as much free time as Pedro.*

To compare actions (with verbs)

» **... más que**	▶ *Julián estudia* **más que** *Pedro. Julián studies more than Pedro.*
» **... menos que**	▶ *Julián habla* **menos que** *Pedro. Julián talks less than Pedro.*
» **... tanto como**	▶ *Julián come* **tanto como** *Pedro. Julián eats as much as Pedro.*

PRETERIT (REGULAR VERBS)

	-AR	**-ER**	**-IR**
	VIAJAR	**COMER**	**VIVIR**
yo	viaj**é**	com**í**	viv**í**
tú	viaj**aste**	com**iste**	viv**iste**
usted/él/ella	viaj**ó**	com**ió**	viv**ió**
nosotros/as	viaj**amos**	com**imos**	viv**imos**
vosotros/as	viaj**asteis**	com**isteis**	viv**isteis**
ustedes/ellos/ellas	viaj**aron**	com**ieron**	viv**ieron**

» Use the preterit to talk about specific actions that began and ended at a fixed point in the past.
*Ayer por la tarde **estudié** en la biblioteca.*
*La semana pasada **comí** en casa de mis abuelos.*

» The preterit is often used with the following time expressions:
   – **ayer** (por la mañana / al mediodía / por la tarde / por la noche)
   – **anteayer** / antes de ayer
   – **anoche**
   – **el otro día**
   – **la semana pasada** (el lunes pasado / el sábado pasado)
   – **el mes pasado**
   – **hace** dos meses
   – **en** enero (del año pasado / de hace dos años)
   – **el** 25 de septiembre de 1982

VOLVER A + INFINITIVE

» Use **volver a** + infinitive to that an action is repeated, that is being done again.
   *Cristóbal Colón viajó a América en 1492 y **volvió a viajar** allí varias veces más.*
   *Después de tres años, **volví a visitar** el pueblo de mis abuelos.*
   *El próximo curso **vuelvo a estudiar** francés en el instituto.*

PRETERIT (IRREGULAR VERBS)

» Only **–ir** verbs that change stem in the present will change stem in the preterit. Stem-changing verbs that end in **–ar** and **–er** do not change stem in the preterit.

	PEDIR	**DORMIR**	**CONSTRUIR**
	E ▶ I	**O ▶ U**	**I ▶ Y**
yo	pedí	dormí	construí
tú	pediste	dormiste	construiste
usted/él/ella	p**i**dió	d**u**rmió	constru**y**ó
nosotros/as	pedimos	dormimos	construimos
vosotros/as	pedisteis	dormisteis	construisteis
ustedes/ellos/ellas	p**i**dieron	d**u**rmieron	constru**y**eron

Other stem-changing verbs in the preterit:

» **e ▶ i:**
- div**e**rtirse ▶ *divirtió, divirtieron*
- m**e**ntir ▶ *mintió, mintieron*
- s**e**ntir ▶ *sintió, sintieron*
- p**e**dir ▶ *pidió, pidieron*
- m**e**dir ▶ *midió, midieron*
- r**e**ír ▶ *rio, rieron*
- desp**e**dir ▶ *despidió, despidieron*
- el**e**gir ▶ *eligió, eligieron*
- imp**e**dir ▶ *impidió, impidieron*
- rep**e**tir ▶ *repitió, repitieron*
- s**e**guir ▶ *siguió, siguieron*

» **o ▶ u:**
- m**o**rir ▶ *murió, murieron*

» **i ▶ y:**
- constru**i**r ▶ *construyó, construyeron*
- o**í**r ▶ *oyó, oyeron*
- cre**e**r ▶ *creyó, creyeron*
- ca**e**r ▶ *cayó, cayeron*
- sustitu**i**r ▶ *sustituyó, sustituyeron*
- le**e**r ▶ *leyó, leyeron*

IRREGULAR VERBS IN THE PRETERIT

	SER / IR	DAR
yo	**fui**	**di**
tú	**fuiste**	**diste**
usted/él/ella	**fue**	**dio**
nosotros/as	**fuimos**	**dimos**
vosotros/as	**fuisteis**	**disteis**
ustedes/ellos/ellas	**fueron**	**dieron**

VERBS WITH IRREGULAR STEMS

estar ▶ **estuv–**	saber ▶ **sup–**	**e**
andar ▶ **anduv–**	caber ▶ **cup–**	**iste**
tener ▶ **tuv–**	venir ▶ **vin–**	**o**
haber ▶ **hub–**	querer ▶ **quis–**	**imos**
poder ▶ **pud–**	hacer ▶ **hic/z–**	**isteis**
poner ▶ **pus–**	decir ▶ **dij–**	**ieron**

- hacer, él ▶ hi**z**o
- decir, ellos ▶ di**j**eron

TIME EXPRESSIONS USED WITH THE PRETERIT

» To talk about an action that started in the past:
- **Antes de** + llegar / salir / empezar…
- Años / días / meses + **más tarde**…
- **A** los dos meses / **a las** tres semanas…
- **Al cabo de** + un mes / dos años…
- **Al** año / **a la** mañana + **siguiente**…
- Un día / mes / año + **después**…

  Antes de *salir de casa, agarré las llaves.*

  Empecé a leer un libro y **al cabo de dos horas** *lo terminé.*

» To talk about the duration of an action:
- **De… a / Desde… hasta**

  Estuve estudiando español **desde** *las cinco* **hasta** *las ocho.*

- **Durante**

  Estuve estudiando español **durante** *tres horas.*

» To talk about the end of an action:
- **Hasta** (que)

  Estudié español **hasta que** *cumplí dieciocho años y viajé a España.*

LONG FORM POSSESSIVES

	Singular		Plural		
	Masculine	**Feminine**	**Masculine**	**Feminine**	
yo	mío	mía	míos	mías	*my, (of) mine*
tú	tuyo	tuya	tuyos	tuyas	*your, (of) yours*
usted /él/ella	suyo	suya	suyos	suyas	*your/his/her, (of) yours/his/hers*
nosotros/as	nuestro	nuestra	nuestros	nuestras	*our, (of) ours*
vosotros/as	vuestro	vuestra	vuestros	vuestras	*your, (of) yours (Spain)*
ustedes/ellos/ellas	suyo	suya	suyos	suyas	*your/their, (of) yours/theirs*

» Long form possessives always follow the noun. They also function as pronouns.

- *Es un error **tuyo**.* (adjetivo)
- *¿**Mío**?* (pronombre)
- *Sí, **tuyo**.* (pronombre)

EXPANSIÓN GRAMATICAL

	Singular		Plural		
	Masculine	**Feminine**	**Masculine**	**Feminine**	
yo	**mi** carro	**mi** casa	**mis** carros	**mis** casas	*my*
tú	**tu** carro	**tu** casa	**tus** carros	**tus** casas	*your*
usted /él/ella	**su** carro	**su** casa	**sus** carros	**sus** casas	*your, his, her*
nosotros/as	**nuestro** carro	**nuestra** casa	**nuestros** carros	**nuestras** casas	*our*
vosotros/as	**vuestro** carro	**vuestra** casa	**vuestros** carros	**vuestras** casas	*your (Spain)*
ustedes/ellos/ellas	**su** carro	**su** casa	**sus** carros	**sus** casas	*your , their*

UNIDAD	**10**

NUMBERS (100-999)

100	cien	**400**	cuatrocientos	**700**	setecientos
101	ciento uno	**415**	cuatrocientos quince	**720**	setecientos veinte
200	doscientos	**500**	quinientos	**800**	ochocientos
202	doscientos dos	**526**	quinientos veintiséis	**897**	ochocientos noventa y siete
300	trescientos	**600**	seiscientos	**899**	ochocientos noventa y nueve
303	trescientos tres	**669**	seiscientos sesenta y nueve	**900**	novecientos

SER AND ESTAR

» Use the verb **ser** to talk about:

- what a person or a thing is:
  *Madrid **es** una ciudad.*
- physical characteristics:
  *Isaac **es** guapísimo.*
- what an object is made of:
  *La mesa **es** de madera.*
- what a person or an object is like:
  *Carmen **es** muy simpática.*
- someone's nationality:
  *Carlo **es** italiano.*
- what time it is:
  *** Son** las tres de la tarde.*
- someone's profession:
  *Francisco **es** profesor.*

>> Use the verb **estar** to talk about:

– where a person or an object is located   *Javi no **está** en casa.*
                                              *La Puerta del Sol **está** en Madrid.*
                                               *Mi casa **está** lejos de la escuela.*

– temporary situations or conditions   *Laura **está** enferma.*
                                               *Luis **está** muy triste.*
                                               *La biblioteca **está** cerrada los fines de semana.*

>> Some adjectives in Spanish change meaning when used with **ser** or **estar**.

ADJECTIVE	SER	ESTAR
aburrido/a	*Ese libro es aburrido.* That book is boring.	*Estoy aburrido.* I am bored.
abierto/a	*Soy una persona abierta.* I am a sincere, candid person.	*La tienda está abierta.* The store is open.
listo/a	*¡Qué listo eres!* You are so smart!	*Ya estoy listo, vámonos.* I'm ready, let's go.
malo/a	*Ese gato no es malo.* That cat is not bad /evil.	*Ese gato está malo.* That cat is sick.
rico/a	*Carlos Slim tiene mucho dinero, es muy rico.* Carlos Slim has a lot of money. He's very rich.	*¡Las arepas que preparaste están muy ricas!* The arepas you prepared taste great!

PRESENT PROGRESSIVE TENSE

>> Use **estar** + **present participle** to express an action in progress or the continuity of an action.
To form the present participle:

Verbs in **-ar**	▶	**-ando**	trabaj-ar ▶ trabaj**ando**
Verbs in **-er** / **-ir**	▶	**-iendo**	corr-er ▶ corr**iendo**
			escrib-ir ▶ escrib**iendo**

Irregular present participles:

     dormir ▶ **durmiendo**   leer ▶ **leyendo**   oí ▶ **oyendo**   pedir ▶ **pidiendo**

INFORMAL COMMANDS

>> Use the imperative verb form for **tú** when you want to give a command, to tell someone to do something, or to give advice and suggestions.

>> To form the affirmative **tú** command, drop the **-s** from the present-tense form of **tú**.

INFINITIVE		AFFIRMATIVE *TÚ* COMMANDS
habl**ar**	**habla**	▶ *Habla más lentamente.* Speak more slowly.
com**er**	**come**	▶ *Come despacio.* Eat slowly.
escrib**ir**	**escribe**	▶ *Escribe la carta.* Write the letter.
empezar (e ▶ ie)	**empieza**	▶ *Empieza la tarea.* Start the homework.
dormir (o ▶ ue)	**duerme**	▶ *Duerme bien.* Sleep well.
seguir (e ▶ i)	**sigue**	▶ *Sigue las direcciones.* Follow the directions.

>> The following verbs have irregular **tú** commands in the affirmative:

Infinitive	oír	tener	venir	salir	ser	poner	hacer	decir	ir
Imperative	**oye**	**ten**	**ven**	**sal**	**sé**	**pon**	**haz**	**di**	**ve**

POR QUÉ / PORQUE

>> Use **por qué** to ask the question why:
- ¿**Por qué** estudias español?

>> Use **porque** to answer and explain why:
- **Porque** me gusta mucho.
- Estudio español **porque** me gusta mucho.

IMPERFECT

>> Regular verbs:

	-AR HABLAR	-ER COMER	-IR VIVIR
yo	habl**aba**	com**ía**	viv**ía**
tú	habl**abas**	com**ías**	viv**ías**
usted/él/ella	habl**aba**	com**ía**	viv**ía**
nosotros/as	habl**ábamos**	com**íamos**	viv**íamos**
vosotros/as	habl**abais**	com**íais**	viv**íais**
ustedes/ellos/ellas	habl**aban**	com**ían**	viv**ían**

>> Irregular verbs:

	SER	VER	IR
yo	**era**	**veía**	**iba**
tú	**eras**	**veías**	**ibas**
usted/él/ella	**era**	**veía**	**iba**
nosotros/as	**éramos**	**veíamos**	**íbamos**
vosotros/as	**erais**	**veíais**	**ibais**
ustedes/ellos/ellas	**eran**	**veían**	**iban**

>> Use the imperfect tense for the following:
- To refer to actions in the past that occurred repeatedly.
  - Antes **salíamos** todos los fines de semana.
- To describe people or circumstances in the past.
  - Mi abuelo **era** muy trabajador.
- To "set the stage" for an event that occurred in the past.
  - Aquella tarde yo **estaba leyendo** en el parque cuando empezó a llover.

>> The imperfect form of **hay** is **había**.

>> The imperfect is often used with the following time expressions:

Antes me gustaba mucho el chocolate, ahora no.

De pequeño / De joven jugaba mucho con mis amigos.

Entonces la vida en España era diferente.

Cuando estudiaba en la universidad, no salía mucho.

SUPERLATIVE

» The **superlative** is used to express most and least as degrees of comparison among three or more people or things.

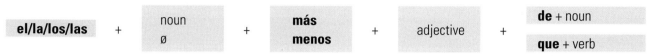

| el/la/los/las | + | noun / Ø | + | más / menos | + | adjective | + | de + noun / que + verb |

*Mis sobrinas son **las niñas más** guapas **de** la familia.*
*Su mujer es **la más** responsable **de** la casa.*

*Este camino es **el menos** conocido **de** la zona.*
*Eres **la persona más c**uriosa **que** conozco.*

» To express the idea of extremely, add **–ísimo/a/os/as** to the adjective.

Adjetivo masculino singular
Adverbio   **+ ísimo/a/os/as**

EXPANSIÓN GRAMATICAL

» Rules for adding to adjectives and adverbs:

Adjectives and adverbs ending in a vowel	▶	Drop the vowel and add: **–ísimo** *último* ▶ *ultim**ísimo*** *grande* ▶ *grand**ísimo***
Adjectives and adverbs ending in a consonant	▶	Add: **–ísimo** *fácil* ▶ *facil**ísimo*** *difícil* ▶ *dificil**ísimo***
Adverbs ending in –mente	▶	Add **–ísimo** to the adjective and then add **–mente**: *rápida**mente*** ▶ *rapid* ▶ *rapid**ísimamente***

» Irregular forms:

| bueno / bien | ▶ | **óptimo/a** | grande | ▶ | **máximo/a** | alto | ▶ | **supremo/a** |
| malo / mal | ▶ | **pésimo/a** | pequeño | ▶ | **mínimo/a** | bajo | ▶ | **ínfimo/a** |

*Creo que es una solución **pésima**.*
*En estos casos, el director tiene la **máxima** responsabilidad.*
*En realidad es de una calidad **ínfima**, por eso no me gusta.*

PRESENT PERFECT

» The present perfect is formed with the present tense of **haber** and the past participle of the main verb.

yo	**he**
tú	**has**
usted /él/ella	**ha**
nosotros/as	**hemos**
vosotros/as	**habéis**
ustedes/ellos/ellas	**han**

visit**ado** (–ar verbs)
com**ido** (–er verbs)
viv**ido** (–ir verbs)

Irregular past participles			
morir ▶ **muerto**	escribir ▶ **escrito**
abrir ▶ **abierto**	ver ▶ **visto**
poner ▶ **puesto**	hacer ▶ **hecho**
decir ▶ **dicho**	volver ▶ **vuelto**
romper ▶ **roto**	

>> Use the present perfect to talk about actions that have taken place in the past but are connected with the present.

Esta semana **he tenido** que estudiar mucho.   Este año **he ido** a la playa.

>> The present perfect is often used with the following time expressions:
- **este** fin de semana / mes / verano / año…
- **esta** mañana / tarde / semana…
- **estas** navidades / semanas…
- **estos** días / meses…

- **hace** un rato / un momento / diez minutos…
- **ya**…
- **todavía no**…

DIRECT AND INDIRECT OBJECT PRONOUNS

	Direct object pronouns	Indirect object pronouns
yo	me	me
tú	te	te
usted /él/ella	lo/la	le (se)
nosotros/as	nos	nos
vosotros/as	os	os
ustedes/ellos/ellas	los/las	les (se)

He agarrado **las** llaves y las he metido en el bolso.

Le he dicho a Javier la verdad.

>> When two object pronons are used in a sentence, the order is always: indirect object + direct object.
- ¿Dónde has dejado mi libro? *Where did you leave me my book?*
- **Te lo** he dejado encima de la mesa.
  <u>a ti</u> <u>el libro</u>

>> When **le/les** comes before **lo**, **la**, **los**, **las**, it changes to **se**:

le/les + lo, la, lo, las = **se** + lo, la, lo, las

(El libro, a él) ~~Le~~ **lo** he dejado encima de la mesa. ▶ **Se lo** he dejado encima de la mesa.

>> Object pronouns are placed before the conjugated verb.

Me lo ha contado Carolina.

>> Object pronouns are attached to commands, infinitives, and present participles.

Cuénta**melo**.

Va a contár**melo**.

Está contándo**melo**.

INDEFINITE PRONOUNS

People	Things	People and things
alguien	algo	alguno/a/os/as
nadie	nada	ninguno/a

- ¿**Alguien** ha visto mi libro?
- No, **nadie**.

- ¿Quieres **algo** de comer?
- No quiero **nada**, gracias.

- ¿**Algún** muchacho es de Francia?
- **Ninguno**.

Algunos de mis amigos hablan francés.

INDEFINITE ADJECTIVES

People and things
algún/a/os/as
ningún/a/os/as

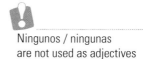
Ningunos / ningunas
are not used as adjectives

- No hay **ningún** muchacho de Francia.
- Tengo **algunos** libros que te van a gustar.

CONTRAST OF THE IMPERFECT AND THE PRETERIT

THE IMPERFECT

>> Use the imperfect to describe ongoing or habitual actions in the past.
*Aquel día **llovía** mucho.*
*Antes yo siempre **iba** a la playa de vacaciones.*

>> The imperfect is often used with the following time expressions:
- **todos los** días / años / veranos…
- **antes**
- **siempre**
- **a menudo**
- **muchas veces**
- **a veces**

Todos los veranos íbamos de camping.
Antes era más común escribir cartas.

THE PRETERIT

>> Use the preterit to talk about specific actions that began and ended at a fixed point in the past.
*Ayer **fui** en bici a clase.*
*El año pasado **fui** de vacaciones a Ibiza.*

>> The preterit is often used with the following time expressions:
- la semana / primavera… **pasada**
- el fin de semana / año / mes… **pasado**
- **hace** tres días / dos años…
- **ayer** / **anoche** / **el otro día**…
- **en** verano / otoño / 1980…
- **una** vez…

Ayer vimos una peli muy buena.
El otro día no fui a clase.
En marzo viajé a Bélgica.

UNIDAD **13**

CONTRAST OF THE PRETERIT, IMPERFECT, AND PRESENT PERFECT

PRETERIT

>> Use the preterit tense to **talk about specific actions** that began and ended at a fixed point in the past.
*Ayer **fui** en bici a clase.*
*El año pasado **fui** de vacaciones a Ibiza.*

IMPERFECT

>> Use the imperfect to **describe** ongoing or habitual actions in the past.
*Aquel día **llovía** mucho.*
*Antes yo siempre **iba** a la playa de vacaciones.*

>> Use the present perfect **to say** what a person **has done**. You generally use it in the same way you use its English equivalent.

*Últimamente **he tenido** que estudiar mucho.*   *Este año **he ido** a Ibiza.*

SOLER + INFINITIVE

>> Use **soler** + infinitive to talk about habitual acciones and what people tend to do.

*Yo **suelo** ir en autobús al instituto, pero a veces, cuando hace calor, voy en bici.* (present)
*Antes **solía** comer en el instituto, pero ahora como en casa de mis abuelos.* (imperfect)

UNIDAD **14**

THE FUTURE TENSE

>> Regular verbs:

	-AR VIAJAR	-ER COMER	-IR VIVIR
yo	viajar**é**	comer**é**	vivir**é**
tú	viajar**ás**	comer**ás**	vivir**ás**
usted/él/ella	viajar**á**	comer**á**	vivir**á**
nosotros/as	viajar**emos**	comer**emos**	vivir**emos**
vosotros/as	viajar**éis**	comer**éis**	vivir**éis**
ustedes/ellos/ellas	viajar**án**	comer**án**	vivir**án**

>> Irregular verbs:

poder ▶ **podr**–	tener ▶ **tendr**–	hacer ▶ **har**–	–**é**
salir ▶ **saldr**–	poner ▶ **pondr**–	decir ▶ **dir**–	–**ás**
caber ▶ **cabr**–	venir ▶ **vendr**–		–**á**
haber ▶ **habr**–	valer ▶ **valdr**–		–**emos**
saber ▶ **sabr**–			–**éis**
querer ▶ **querr**–			–**án**

>> The future is often used with the following temporal expressions:

– El año / mes / la semana / primavera **que viene**   – **El/la próximo/a** semana / mes / año
– **Dentro de** dos años / un rato / unos días   – **Mañana / Pasado mañana**

SI + PRESENT + FUTURE

>> To talk about future actions that will occur if a certain condition is met, use the following:
– **Si** + **present** + **future**
   Si   no llueve,   iremos a la playa.

AFFIRMATIVE COMMANDS

» Affirmative commands are used to give an order, to invite, give advice, make recommendations, or give permission to someone.

» Verbs ending in –**ar** will use the –**e**/–**en** endings in **usted** and **ustedes** commands. Verbs ending in –**er**/–**ir** will use the –**a**/–**an** endings in **usted** and **ustedes** commands.

» Regular verbs:

	COMPRAR	COMER	SUBIR
tú	compr**a**	com**e**	sub**e**
usted	compr**e**	com**a**	sub**a**
ustedes	compr**en**	com**an**	sub**an**

» Irregular verbs:

	DECIR	HACER	PONER	TENER
tú	**di**	**haz**	**pon**	**ten**
usted	**diga**	**haga**	**ponga**	**tenga**
ustedes	**digan**	**hagan**	**pongan**	**tengan**

AFFIRMATIVE COMMANDS + PRONOUNS

» Direct, indirect, and reflexive pronouns are attached to affirmative commands to form one word.

Pon el queso en la nevera. ▶ ***Ponlo***.
Dime el secreto. ▶ ***Dímelo***.

EXPANSIÓN GRAMATICAL

» Other irregular verbs:

	VENIR	IR	SER	SALIR
tú	**ven**	**ve**	**sé**	**sal**
usted	**venga**	**vaya**	**sea**	**salga**
ustedes	**vengan**	**vayan**	**sean**	**salgan**

» Stem-changing verbs in the command form maintain their stem change:

	CERRAR E ▶ IE	DORMIR O ▶ UE	JUGAR U ▶ UE	PEDIR E ▶ I	CONSTRUIR I ▶ Y
tú	c**ie**rra	d**ue**rme	j**ue**ga	p**i**de	constru**y**e
usted	c**ie**rre	d**ue**rma	j**ue**gue	p**i**da	constru**y**a
ustedes	c**ie**rren	d**ue**rman	j**ue**guen	p**i**dan	constru**y**an

NEGATIVE COMMANDS

» Negative commands are used to tell someone what not to do.

» To form the negative commands:

– For **usted/ustedes**, use the same form as the affirmative command.

(usted) compre ▶ **no compre**   (ustedes) compren ▶ **no compren**

– For **tú**, add –**s** to the negative command of **usted**.

(usted) no compre ▶ (tú) **no compres**

» Regular verbs:

	COMPRAR	COMER	SUBIR
tú	no compr**es**	no com**as**	no sub**as**
usted	no compr**e**	no com**a**	no sub**a**
ustedes	no compr**en**	no com**an**	no sub**an**

» Irregular verbs:

	DECIR	HACER	PONER	TENER
tú	no **digas**	no **hagas**	no **pongas**	no **tengas**
usted	no **diga**	no **haga**	no **ponga**	no **tenga**
ustedes	no **digan**	no **hagan**	no **pongan**	no **tengan**

NEGATIVE COMMANDS + PRONOUNS

» Direct, indirect, and reflexive pronouns are placed before negative commands.

No **lo** pongas en la estantería.
No **se lo** digas a nadie.

EXPANSIÓN GRAMATICAL

» Other irregular verbs:

	VENIR	IR	SER	SALIR
tú	no **vengas**	no **vayas**	no **seas**	no **salgas**
usted	no **venga**	no **vaya**	no **sea**	no **salga**
ustedes	no **vengan**	no **vayan**	no **sean**	no **salgan**

» Stem-changing verbs in the command form maintain their stem change:

	CERRAR E ▶ IE	DORMIR O ▶ UE	JUGAR U ▶ UE	PEDIR E ▶ I	CONSTRUIR I ▶ Y
tú	no c**ie**rres	no d**ue**rmas	no j**ue**gues	no p**i**das	no construy**as**
usted	no c**ie**rre	no d**ue**rma	no j**ue**gue	no p**i**da	no construy**a**
ustedes	no c**ie**rren	no d**ue**rman	no j**ue**guen	no p**i**dan	no construy**an**

PLUPERFECT (PAST PERFECT)

» The pluperfect is formed with the imperfect of **haber** + past participle of the verb.

				Irregular past participles			
yo	**había**			abrir ▶ **abierto**		escribir ▶ **escrito**	
tú	**habías**			hacer ▶ **hecho**		ver ▶ **visto**	
usted /él/ella	**había**	–**ado** (–ar verbs)	lleg**ado**	decir ▶ **dicho**		poner ▶ **puesto**	
nosotros/as	**habíamos**	–**ido** (–er / –ir verbs)	com**ido**	romper ▶ **roto**		volver ▶ **vuelto**	
vosotros/as	**habíais**		viv**ido**				
ustedes/ellos/ellas	**habían**						

EXPANSIÓN GRAMATICAL

» Uses:

– To talk about an action that ended before another past action. Note the use of **todavía** and **ya**:
Cuando llegué al cine la película no **había comenzado** *todavía / la película todavía no* **había comenzado***.*
(Llegué al cine a las 17:59, la película comenzó a las 18:00)
Cuando llegué al cine la película **había comenzado** *ya / la película ya* **había comenzado***.*
(Llegué al cine a las 18:05 y la película comenzó a las 18:00)

– To talk about an action that took place before another past action, but with a sense of immediacy:
Le compré un juguete y al día siguiente ya lo **había roto***.*
Para mi cumpleaños me regalaron una novela y a la semana siguiente ya la **había leído***.*

– To talk about an action that we had never done before. Note the use of **nunca** and **nunca antes**:
Nunca / Nunca antes **había estado** *aquí / No* **había estado** *aquí nunca / nunca antes.*
Nunca / Nunca antes **habíamos viajado** *en globo / No* **habíamos viajado** *en globo nunca / nunca antes.*

– To ask if a person had ever done something before. Note the use of **antes** and **alguna vez**:
*¿***Habías estado** *en Madrid alguna vez / antes?*
*¿***Habías estado** *alguna vez / antes en Madrid?*

CONDITIONAL TENSE

» Regular verbs:

	HABLAR	**COMER**	**ESCRIBIR**
yo	hablar**ía**	comer**ía**	escribir**ía**
tú	hablar**ías**	comer**ías**	escribir**ías**
usted/él/ella	hablar**ía**	comer**ía**	escribir**ía**
nosotros/as	hablar**íamos**	comer**íamos**	escribir**íamos**
vosotros/as	hablar**íais**	comer**íais**	escribir**íais**
ustedes/ellos/ellas	hablar**ían**	comer**ían**	escribir**ían**

Irregular verbs:

caber ▶ **cabr**–	tener ▶ **tendr**–	hacer ▶ **har**–		**ía**
haber ▶ **habr**–	poder ▶ **podr**–	decir ▶ **dir**–		**ías**
saber ▶ **sabr**–	poner ▶ **pondr**–			**ía**
querer ▶ **querr**–	venir ▶ **vendr**–		**+**	**íamos**
	salir ▶ **saldr**–			**íais**
	valer ▶ **valdr**–			**ían**

Uses:

– To **give advice** or recommendations:

*Yo / yo que tú / yo en tu lugar, **le diría** la verdad, seguro que lo entiende.*

***Deberías** comer menos dulces, no son muy saludables.*

***Podrías** presentarte al casting para el programa de baile, lo haces muy bien.*

– To **ask for permission** and favors:

*¿**Te importaría** acercarme la chaqueta? Es que yo no alcanzo.*

– To express **probability** or **hypothesize** in the past:

***Tendría** 20 años cuando empezó a cantar.*

PRESENT SUBJUNCTIVE

Regular verbs:

To form the present subjunctive, start with the **yo** form of the present indicative, drop the **o** and switch to the opposite endings. For –**ar** verbs use: –**e**, –**es**, –**e**, –**emos**, –**éis**, –**en**. For –**er** / –**ir** verbs use: –**a**, –**as**, –**a**, –**amos**, –**áis**, –**an**.

	HABLAR	COMER	ESCRIBIR
yo	habl**e**	com**a**	escrib**a**
tú	habl**es**	com**as**	escrib**as**
usted/él/ella	habl**e**	com**a**	escrib**a**
nosotros/as	habl**emos**	com**amos**	escrib**amos**
vosotros/as	habl**éis**	com**áis**	escrib**áis**
ustedes/ellos/ellas	habl**en**	com**an**	escrib**an**

Irregular verbs:

Almost all verbs that are irregular in the present indicative will be irregular in the present subjunctive.

Stem-changing verbs

	QUERER E ▶ IE	VOLVER O ▶ UE	JUGAR U ▶ UE	PEDIR E ▶ I (en todas las personas)
yo	qu**ie**ra	v**ue**lva	j**ue**gue	p**i**da
tú	qu**ie**ras	v**ue**lvas	j**ue**gues	p**i**das
usted/él/ella	qu**ie**ra	v**ue**lva	j**ue**gue	p**i**da
nosotros/as	queramos	volvamos	juguemos	p**i**damos
vosotros/as	queráis	volváis	juguéis	p**i**dáis
ustedes/ellos/ellas	qu**ie**ran	v**ue**lvan	j**ue**guen	p**i**dan

>> The verbs dormir and morir have two stem changes in the present subjunctive: **o ▶ ue** and **o ▶ u**:

– d**ue**rma, d**ue**rmas, d**ue**rma, d**u**rmamos, d**u**rmáis, d**ue**rman.
– m**ue**ra, m**ue**ras, m**ue**ra, m**u**ramos, m**u**ráis, m**ue**ran.

Verbs with irregular *yo* forms

poner ▶ **pong–**	traer ▶ **traig–**	–a
tener ▶ **teng–**	hacer ▶ **hag–**	–as
salir ▶ **salg–**	caer ▶ **caig–**	–a
venir ▶ **veng–**	construir ▶ **construy–**	–amos
decir ▶ **dig–**	conocer ▶ **conozc–**	–áis
		–an

Verbs that are completely irregular

HABER	IR	SABER	ESTAR	SER	VER	DAR
haya	vaya	sepa	esté	sea	vea	dé
hayas	vayas	sepas	estés	seas	veas	des
haya	vaya	sepa	esté	sea	vea	de
hayamos	vayamos	sepamos	estemos	seamos	veamos	demos
hayáis	vayáis	sepáis	estéis	seáis	veáis	deis
hayan	vayan	sepan	estén	sean	vean	den

>> Uses:

– To express **wishes** or **desires**. If there is only one subject in the sentence, use an infinitive. If there are different subjects, use the subjunctive:

*(Yo) Quiero (yo) **hablar** contigo. / (Yo) Quiero que (nosotros) **hablemos**.*
*(Yo) Espero (yo) **verte** pronto. / (Yo) Espero que (nosotros) nos **veamos** pronto.*

– To express **purpose** or **goals in the future**. If there is only one subject in the sentence or a subject that is not specified, use an infinitive. If there are different subjects, use the subjunctive:

*He hecho una tortilla para **cenar**. / He hecho una tortilla para que **cenéis** Carla y tú.*

– To express **future actions** after **adverbial conjunctions**:

● *¿Cuándo volverá Ana?*
● *Cuando **salga** de trabajar.*

EXPANSIÓN GRAMATICAL

>> Other verbs with irregular forms in the subjunctive:

E ▶ IE (except in the **nosotros** and **vosotros** forms)					
cerrar ▶ c**ie**rre	encender ▶ enc**ie**nda	mentir ▶ m**ie**nta
comenzar ▶ com**ie**nce	encerrar ▶ enc**ie**rre	querer ▶ qu**ie**ra
despertarse ▶ se desp**ie**rte	entender ▶ ent**ie**nda	recomendar ▶ recom**ie**nde
divertirse ▶ se div**ie**rta	goberna ▶ gob**ie**rne	sentarse ▶ se s**ie**nte
empezar ▶ emp**ie**ce	manifestar ▶ manif**ie**ste	sentir ▶ s**ie**nta

O ▶ UE (except in the **nosotros** and **vosotros** forms)						E ▶ I (en todas las personas)	
acordarse	▶	se ac**ue**rde	rogar	▶	r**ue**gue	competir	▶ comp**i**ta
acostarse	▶	se ac**ue**ste	soler	▶	s**ue**la	despedir	▶ desp**i**da
contar	▶	c**ue**nte	sonar	▶	s**ue**ne	despedirse	▶ se desp**i**da
llover	▶	ll**ue**va	soñar	▶	s**ue**ñe	impedir	▶ imp**i**da
probar	▶	pr**ue**be	volar	▶	v**ue**le	medir	▶ m**i**da
resolver	▶	res**ue**lva	volver	▶	v**ue**lva	repetir	▶ rep**i**ta

EXPRESSING FEELINGS AND EMOTIONS

» To express changing moods and feelings use the following structures:

– Verb **estar** + adjective + **con** + noun.

Mi hermana está muy contenta con su profesora de música.

– Verb **estar** + adjective + **de** + infinitive (if the subject of both verbs is the same).

Estamos encantadas de asistir al estreno de la nueva película de Mario Casas.

– Verb **estar** + adjective + **de que** + subjunctive (if the subject of both verbs is different).

Estoy encantada de que te quedes unos días más con nosotros.

– Verbs **ponerse**, **sentirse** o **estar** + adjective + **cuando** / **si** + indicative.

Yo me pongo furioso cuando dejo un libro y no me lo devuelven.

Yo me siento mal si veo una noticia triste.

» Other verbs:

– **Odiar**	+ noun *Odio los lunes.*
– **No soportar**	+ infinitive (same subject) *No soporto madrugar.*
– **No aguantar**	
– **Adorar**	+ **que** + subjunctive (different subjects) *No aguanto que me empujen en el metro.*

» Verbs like **gustar**:

– **Me**, **te**, **le**, **nos**… + **da rabia**, **pone alegre/s**, **molesta** + infinitive
(if the person experiencing the emotion and carrying out the action is the same).

A mí me da vergüenza hablar en público.

– **Me**, **te**, **le**, **nos**… + **da rabia**, **pone alegre/s**, **molesta** + **que** + subjunctive
(if the person experiencing the emotion and the person carrying out the action are different).

A mí me da rabia que la gente toque los cuadros en los museos.

– Remember that adjectives must agree with the subject in number and gender.

*A mi **madre** le pone **enferma** que no recoja mi habitación.*

EXPRESSING OPINIONS

» To **ask for an opinion**:

– **¿Qué piensas / crees / opinas de / sobre…?**

¿Qué piensas de este periódico?

– **¿(A ti) qué te parece…?**

¿A ti qué te parece lo que está pasando con la organización de la fiesta?

– **En tu opinión / Desde tu punto de vista / Según tú** + question.
   Desde tu punto de vista, ¿cuál es el anuncio más inteligente?

» To **give an opinion**:

– **En mi opinión / Desde mi punto de vista…**
   En mi opinión el blog no es muy interesante.

– **Me parece que / Creo que / Pienso que** + indicative.
   Nos parece que la marca es muy importante.

– **No me parece que / No creo que** + present subjunctive.
   No nos parece que la marca sea tan importante.

» To show agreement and disagreement:

– **(No) estoy a favor de**	+ noun
– **(No) estoy en contra de**	+ infinitive (same subject)
– **(No) estoy (del todo) de acuerdo con**	+ que + present subjunctive (different subjects)

No estoy de acuerdo con todo tipo de anuncios.

Estoy en contra de ser manipulado por la publicidad.

Estoy a favor de que nos pidan opinión antes de vendernos sus productos.

» Other ways to express:

AGREEMENT	SOFTEN A DISAGREEMENT	DISAGREEMENT
– Sí, claro.	– Yo no diría eso…	– ¡No, no!
– ¡Desde luego!	– Tienes razón, pero…	– ¡No, de ninguna manera!
– ¡Claro, claro!	– Sí, es una idea interesante, pero por otra parte…	– ¡Qué va!
– Yo pienso lo mismo que tú.		– ¡(Pero) qué dices! (coloquial)
– Por supuesto.	– A mi modo de ver, ese no es el problema / el tema…	– ¡Anda ya! (coloquial)
– ¡Y que lo digas! (coloquial)	– Lo que pasa es que…	

MAKING VALUE JUDGEMENTS

» To **ask**:

– **¿Te parece bien / mal** /… + noun / infinitive / **que** + present subjunctive?
   ¿Te parece mal el sueldo de un publicista?
   ¿Te parece bien poder usar buscadores para hacer trabajos de clase?
   ¿Te parece una tontería que los publicistas ganen mucho dinero?

» To **respond**:

– **Me parece bien / mal**	
– **Me parece / Es triste / increíble / cómico…**	
– **Me parece / Es una tontería / una vergüenza…**	+ **que** + present subjunctive
– **Es bueno / malo**	

Es increíble que se gasten tanto en anunciar sus productos.

Me parece bien que se entienda como una inversión y no como un gasto.

Creo que es una tontería que siempre veas los anuncios.

| – **Está claro** | + **que** + indicative |
| – **Es obvio / verdad** | |

Está claro que la publicidad es creación.

– **¡Qué** + **bien** / **interesante**… + sentence!

¡Qué interesante este artículo!

¡Qué bien poder compartir tanta información a través de Facebook!

¡Qué guay que nuestro instituto tenga una página web!

INDIRECT SPEECH

>> To repeat information use verbs like **decir**, **comentar** or **confesar** in the present or present perfect tenses:

"Eres lo mejor de mi vida". ▶ *Dice / Ha dicho* **que soy** *lo mejor de* **su** *vida.*

"Estuve aquí comiendo con Pedro". ▶ *Dice / Ha dicho* **que estuvo allí** *comiendo con Pedro.*

"Cree que tenemos este libro". ▶ *Dice / Ha dicho* **que** *cree que* **tienen ese** *libro.*

>> While the verb tenses in these cases do not change, other changes will take place in the following:

– Subject Pronouns

*"**Yo** quiero ir".* ▶ *Dice que* **él/ella** *quiere ir.*

*"**Tú** quieres hablar siempre".* ▶ *Dice que* **yo** *quiero hablar siempre.*

– Demonstrative Adjectives and Pronouns

*"**Te** daré **este** libro".* ▶ *Dice que* **me** *dará* **ese** *libro.*

>> When repeating questions, use the interrogative word in the question (**cómo**, **dónde**, **qué**, **cuándo**…) or **preguntar** + **si** (for questions without interrogatives):

"¿Han hecho la tarea?". ▶ *El profesor nos ha preguntado si hemos hecho la tarea.*

"¿Cuándo van a hacer la tarea?". ▶ *El profesor nos ha preguntado cuándo vamos a hacer la tarea.*

HYPOTHETICAL EXPRESSIONS WITH THE INDICATIVE AND THE SUBJUNCTIVE

– **Creo / me parece que**		
– **Me imagino / supongo que**	+ indicative	*Creo que ese modelo de móvil* **es** *uno de los mejores.*
– **Para mí / yo diría que**		

– **A lo mejor / lo mismo / igual** + indicative

Igual **es** *un problema de tu compañía.*

– **Probablemente / posiblemente / seguramente / quizás / tal ve**z + indicative / subjunctive

Quizás la compañía se **pone** / **ponga** *en contacto conmigo después de mi reclamación.*

– **Es posible / es probable / puede (ser)** + **que** + subjunctive

Puede que mi teléfono **tenga** *algún defecto de fábrica, me lo compré hace poco y no me dura nada la batería.*

>> We can also express probability with the following verb tenses:

– Present ▶ Future
- ¿Sabes dónde está Javier?
- No sé, **estará** todavía en el metro.

– Preterit ▶ Conditional
- ¿Sabes cómo vino ayer a clase?
- No lo sé. **Vendría** andando.

>> We use the imperfect subjunctive in if-clauses to express actions that are contrary to fact, meaning the actions are purely hypothetical and did not occur.

>> Forms of the imperfect subjunctive:

Preterit of **ellos**, drop −**ron**, add endings:		-AR / -ER / -IR		IRREGULARS	
−ra	−ramos	viajar ▶ viajaron		tener ▶ **tuvieron**	
−ras	−rais	beber ▶ bebieron		ser ▶ **fueron**	
−ra	−ran	vivir ▶ vivieron		poder ▶ **pudieron**	

	-AR / -ER / -IR	IRREGULARS
yo	viaja**ra**, bebie**ra**, vivie**ra**	tuvie**ra**, fue**ra**, pudie**ra**
tú	viaja**ras**, bebie**ras**, vivie**ras**	tuvie**ras**, fue**ras**, pudie**ras**
usted/él/ella	viaja**ra**, bebie**ra**, vivie**ra**	tuvie**ra**, fue**ra**, pudie**ra**
nosotros/as	viajá**ramos**, bebié**ramos**, vivié**ramos**	tuvié**ramos**, fué**ramos**, pudié**ramos**
vosotros/as	viaja**rais**, bebie**rais**, vivie**rais**	tuvie**rais**, fue**rais**, pudie**rais**
ustedes/ellos/ellas	viaja**ran**, bebie**ran**, vivie**ran**	tuvie**ran**, fue**ran**, pudie**ran**

>> Contrary-to-fact statements have the following constructions:

Si + imperfect subjuntive, conditional.

Conditional + **si** + imperfect subjunctive.

GLOSARIO

A

a, al (6)	to, to the (masculine)
a continuación (18)	following
a la derecha de (6)	to the right of
a la izquierda de (6)	to the left of
a la plancha (16)	grilled
a lo mejor (18)	maybe
A mí, también. (5)	Me too.
A mí, tampoco. (5)	Me neither.
¿A qué hora...? (4)	At what time...?
¿A que no sabes...? (13)	I bet you don't know...
abierto/a (10)	candid, open
abierto/a (3)	outgoing
Abran los libros (en la página...), por favor. (0)	Open your books (to page...). please.
(el) abrigo (3)	coat
abrir (3)	to open
(la) abuela (3)	grandmother
(el) abuelo (3)	grandfather
aburridísimo (12)	extremely boring
aburrido/a (2, 3, 10, 11)	boring / bored
(el) aceite de girasol (16)	sunflower oil
(el) aceite de oliva (16)	olive oil
aceptar (15)	to accept
acompañado/a (10)	accompanied
aconsejar (18)	to advise
acordarse de (o > ue) (13)	to remember
acostarse (o>ue) (4)	to go to bed
actividades de ocio (12)	leisure activities
actividades de ocio y tiempo libre (5)	free time activities
actor / actriz (1)	actor / actress
actualizar (9)	to update
actualizar estado (8)	to update the status
actuar (9)	to act, to play
Adiós. (1)	Good-bye.
adoro (17)	I adore
agarrar (13)	to catch, to grab
agradable (8)	nice, pleasant
agregar a un amigo a Facebook (8)	to add a friend on Facebook
¿Ah, sí? (13)	Seriously?
ahora (7)	now
ahorrar (14)	to save
al cabo de (9)	after, after a while
al lado de (6)	next to
(el) albergue (8)	inn, hostel
(el) alcalde / (la) alcaldesa (14)	mayor
alcanzar (9)	to reach
alegre (5)	happy
algo (12)	something
alguien (12)	someone, somebody
alguna vez (12)	ever
alguno/a/os/as (12)	some, any
alimentos (5)	foods
aliñar (16)	to dress (salad)
almorzar (o>ue) (4)	to have lunch
¿Aló? (10)	Hello (when answering the telephone)
(el) alojamiento (12)	lodging
alojar(se) (8)	to stay (at a hotel)
alto/a (3)	tall
amable (3)	polite
amar (2)	to love
amarillo (2)	yellow
amigo/a (1)	friend
anaranjado / naranja (2)	orange
¡Anda ya! (11, 13)	Come on, no way!
andar (9)	to walk (around)
(la) anécdota (13)	anecdote, story
anoche (8)	last night
antes (11)	before
antes de (9)	before
antipático/a (3)	disagreeable
(el) anuncio (9)	ad / comercial
añadir (16)	to add
(el) aparato (18)	mechanical device
aprender (3)	to learn
(el) armario (2)	closet
(la) arroba (18)	at, @
(el) arroz (5)	rice
Arte (2)	art
(el) artículo (9)	article
(las) asignaturas (2)	school subjects
asistir (3)	to attend
(la) aspiradora (15)	vacuum cleaner
aumentar (8, 9)	to grow, to increase
(el) autobús (6)	bus
(el) autor (13)	autor
(el) avión (6)	airplane
ayer (8)	yesterday
ayer por la mañana / tarde (8)	yesterday morning / afternoon
(la) ayuda desinteresada (17)	selfless aid
(el) azúcar (16)	sugar
azul (2)	blue
azules (3)	blue

B

bailar (2)	to dance
bajar (8)	to go down
bajo cero (7)	below zero
bajo/a (3)	short
(el) balón (15)	ball
(el) baloncesto / el básquetbol (2)	basketball
(el) balonmano (15)	handball
(el) banco (6)	bank
(la) bandeja de entrada (18)	inbox
(la) bandeja de salida (18)	outbox
bañarse (8)	to take a bath, to go for a swim
(la) bañera (2)	bathtub
barato/a (6)	inexpensive
barba (3)	beard
(el) barco (6)	ship
(la) barra (18)	slash
barrer (15)	to sweep
bastante (5, 6)	enough, well enough
(la) basura (14, 15)	garbage, trash
(la) batería (18)	battery
beber (3)	to drink
(el) béisbol (2)	baseball
(la) berenjena (16)	eggplant
bienvenidos (0)	welcome
bigote (3)	mustache
(el) billete / boleto (8)	ticket
(el) billete de avión (8)	plane ticket
(los) binoculares (8)	binoculars
Biología (2)	biology
(el) bistec (16)	steak
(el) bizcocho (16)	cake
blanco (2)	white
(el) bolígrafo (0)	pen
bombero/a (4)	firefighter
bonito/a (2)	beautiful, pretty
(el) borrador (0)	eraser
(el) borrador (18)	draft
(la) bota (3)	boot
botar (15)	to bounce, to throw away
(el) brazo (5)	arm

bromista (11)	jokester	casar(se) (13)	to marry	¿Cómo va a pagar? (10)	How are you paying?
(la) brújula (12)	compass	(el) casco antiguo (8)	old town	(la) cómoda (2)	chest of drawers
Buenas noches. (1)	Good evening / night.	castaño/a (3)	light brown	cómodo/a (6)	comfortable
Buenas tardes. (1)	Good afternoon.	castigar (14)	to punish	comprar (2, 9)	to buy
¿Bueno? (10)	Hello (when answering the telephone)	(la) catástrofe natural (17)	natural disaster	¿Comprenden? (0)	Do you understand?
Buenos días. (1)	Good morning.	(las) cebollas (5)	onions	computación (2)	computer science
(la) bufanda (3)	scarf	(el) celular (18)	mobile phone	(la) computadora (0)	computer
buscar (8)	to look for	cenar (4)	to have dinner	conceder (15)	to grant

C

(la) cabeza (5)	head	(el) centro (2)	downtown	(el) concurso (9)	game show
caer(se) (i > y) (13)	to fall	(el) centro comercial (6)	shopping center, mall	confesar (e > ie) (18)	to confess
(el) calabacín (16)	zucchini	cerca de (6)	close to, near	(el) conflicto bélico (17)	armed conflict
(el) calcetín (3)	sock	(las) cerezas (16)	cherries	congelar (16)	to freeze
(el) calendario (18)	calendar	cerrar (e>ie) (4)	to close	(el) congreso de los diputados (14)	Congress
(el) calentamiento global (14)	global warming	(las) chanclas (7)	flip flops	conocer (6, 8)	to know, to meet, to be familiar with
callado/a (11)	quiet	(la) chaqueta (3)	jacket		
(la) calle (2)	street	chatear con amigos (5)	to chat (online) with friends	(el) consumidor (10)	consumer
caluroso/a (7)	hot			consumir (14)	to consume
calvo (3)	bald	chileno/a (1)	Chilean	(el) consumo responsable (14)	ethical consumerism
(la) cama (2)	bed	chino/a (1)	Chinese		
(la) cámara (2)	camera	(el) chorizo (16)	Spanish-style sausage	(los) contactos (18)	contact list
(la) cámara digital (8)	digital camera	(la) chuleta de cerdo (16)	pork chop	(la) contaminación (14)	pollution
caminar (2)	to walk	chutar (15)	to shoot	contaminante (6)	contaminant, pollutant
(la) camisa (3)	shirt	Ciencias (2)	science	contar (12)	to tell, to count
(la) camiseta (3)	t-shirt	Cierren los libros. (0)	Close your books.	contento/a (5)	cheerful
(la) campaña (14)	campaign	(el) cine (6)	movie theater	convertir(se) (e > ie) (13)	to change into, to become
(la) campaña de sensibilización (17)	awareness campaign	cine (4)	movies		
		(el) cinturón (3)	belt	(la) corbata (3)	tie
(el) campo (15)	field	(la) ciudad (2)	city	(el) cordial saludo (18)	kind regards
(el) canal (9)	channel / network	Claro que sí. (15)	Of course.	Cordialmente (18)	kind regards, best wishes
(la) cancha (15)	court	claros (3)	light		
(el/la) candidato/a (14)	candidate	(la) clase (0)	class	coreano/a (1)	Korean
cantante (1)	singer	cocer (16)	to boil, cook	(el) correo no deseado (18)	spam / junk mail
cantar (2)	to sing	(la) cocina (2)	kitchen		
(la) caña de pescar (8)	fishing pole	cocinero/a (4)	cook	cortar (18)	to cut, drop (as in a call)
(las) características (11)	characteristics	(los) colores (2)	Colors		
(el) cargador (18)	charger	combatir (14)	to fight, to combat	corto (3)	short
cargar el teléfono (18)	to charge the phone	comentar (18)	to comment	crecer (8)	to grow (things), to grow up (people)
cariñoso/a (11)	affectionate	comer (3)	to eat		
(la) carne (2, 5, 16)	meat	(el) comercio justo (17)	fair trade	Creo que... (2, 14)	I believe that...
(la) carne picada (16)	ground beef	(la) comida (2)	Food	(el) cuaderno (0)	notebook
(la) carnicería (10)	meat department / butcher shop	cómo (2)	how	cuál (2)	which one
		¿Cómo? (13)	What do you mean?	¿Cuál es tu opinión sobre...? (11)	What is your opinion about...?
caro/a (6)	expensive	¿Cómo / Qué tal te ha ido? (12)	How was it?		
(la) carpeta (0)	folder			cuando (11, 17)	when
(la) carpeta de búsqueda (18)	search folder	¿Cómo / Qué tal te lo has pasado? (12)	Did you have a good time?	¿Cuándo es tu cumpleaños? (1)	When is your birthday?
		¿Cómo está? (1)	How do you do? (formal)		
cartas formales (18)	formal letters	¿Cómo se dice... en español? (0)	How do you say... in Spanish?	cuánto (2)	how much
(el) cartón (14)	cardboard			¿Cuánto cuesta? (2, 10)	How much does it cost?
(la) casa y los muebles (2)	house and furniture	¿Cómo se escribe... en español? (0)	How do you spell... in Spanish?	¿Cuánto es? (10)	How much is it?
		¿Cómo te llamas? (1)	What's your name?	¡Cuánto llueve! (7)	It's really raining!
				¡Cuánto lo siento! (13)	You don't know how sorry I am!

cuántos (2)	how many
¿Cuántos años tienes? (1)	How old are you?
(el) cuarto de baño (2)	bathroom
cubano/a (1)	Cuban
(el) cuello (5)	neck
(la) cuenta (10)	the check
Cuenta, cuenta… (13)	tell me, tell me…
(el) cuento (13)	tale
(el) cuerpo de la noticia (9)	main body text
cuidar (4)	to take care of

D

dar (9)	o give
dar la voluntad (17)	to give (an amount) at your descretion
dar permiso (15)	to give permission
de, del (6)	from, from the (masculine)
de… a (9)	from…to
de buen humor (5)	in a good mood
de dónde (2)	from where
¿De dónde eres? (1)	Where are you from?
de joven (11)	when… was young
de la mañana (4)	a.m.
de la medianoche (4)	midnight
de la noche (4)	p.m.
de la tarde (4)	p.m.
de mal humor (5)	in a bad mood
de miedo (12)	awesome
¡De ninguna manera! (15)	No way!
¿De parte de quién? (10)	Who is calling?
de pequeño/a (11)	when… was a child
de rebajas (10)	on sale
¿De verdad? (13)	Really? Is that true?
debajo de (6)	under, below
deber (7)	should / must
Deberías… (16)	You should…
decir (7)	to say
decir la hora (4)	telling time
(el) dedo (5)	finger
defender (e>ie) (17)	to defend
(la) deforestación (14)	deforestation
dejar (12)	to leave, to lend
dejar (13)	to leave (something) behind
dejar (16)	to allow

dejar de +infinitivo (16)	to quit, to stop doing something
dejar un mensaje (10)	to leave a message
del mediodía (4)	noon
delante de (6)	in front of
delgado/a (3)	thin
demasiado (6)	too much
denegar (15)	to refuse
dentro de (6)	inside
dentro de + (periodo de tiempo) (14)	within a (period of time)
dentro de un rato (14)	in a moment
(los) deportes (2, 15)	Sports
(los) derechos humanos (17)	human rights
desatender (17)	to neglect
desayunar (4)	to have breakfast
descansar (2)	to rest
(las) descripciones (2, 3, 6, 7, 10, 12, 16)	descriptions
descubrir (8)	to discover
desde (9)	since, from
desde… hasta (9)	since, from… to
Desde luego. (15)	Of course.
desde… a (9)	from…to
desear (17)	to wish, desire
(los) desechos (14)	trash, waste
(el) deshielo (14)	melting, thawing
desnatado/a (16)	skimmed
(la) despedida (18)	closing (of a letter)
despedidas (1)	saying good-bye
despertarse (e>ie) (4)	to wake up
despierto/a (10)	awake
después (9)	after, later
(el) destinatario (18)	addressee, recipient of letter
(las) desventajas (10)	disadvantages
detrás de (6)	behind
(el) diario (18)	diary
(los) días de la semana (4)	days of the week
(el) diccionario (0)	dictionary
difícil (2)	difficult
¿Dígame? (10)	Hello (when answering the telephone)
(la) dirección (18)	address
(los) discapacitados (17)	handicapped people
(las) disculpas (18)	apologies
discutir (3)	to argue
diseñar (14)	to design

disfrutar (14)	to enjoy
disfrutar de (8)	to enjoy
Distinguido/a señor/a (18)	Dear Sir/Madam
divertidísimo (12)	hilarious
divertido/a (2, 3, 11)	fun, funny
divertirse (e > ie) (9)	to have fun
doblar la ropa (15)	to fold clothes
(el) documental (9)	documentary
doler (o>ue) (5)	to hurt
domingo (4)	Sunday
dominicano/a (1)	Dominican
(el) donativo (17)	donation
dónde (2)	where
¿Dónde vives? (1)	Where do you live?
dormido/a (10)	asleep
dormir (o>ue) (4)	to sleep
(el) dormitorio (2)	bedroom
dos puntos (18)	colon
dos veces (12)	twice, two times
(la) ducha (2)	shower
ducharse (4)	to shower
(los) dulces (5, 16)	candies, sweets
durante (9)	during, for
durar (18)	to last

E

ecológico/a (6)	ecological
Economía (2)	economics
ecuatoriano/a (1)	Ecuadorian
(el) edificio (2)	building
(el) efecto invernadero (14)	greenhouse effect
él (1)	he
el / la (1)	the
(las) elecciones (14)	elections
(el) electrodoméstico de bajo consumo (14)	energy-saving appliance
(los) elementos eliminados (18)	deleted items
(los) elementos enviados (18)	sent ítems
(el) elevador (12)	elevator
eliminar (14)	to eliminate
ella (1)	she
ellas (1)	they (females)
ellos (1)	they (males or mixed)
emitir (9)	to broadcast
emocionante (11)	exciting
empezar (e>ie) (4, 8)	to start, begin

en (6)	on	está /están (0)	is/are located
en cuanto (17)	as soon as	¿Está bien así? (0)	Is this right?
en efectivo (10)	in cash	está claro (17)	it is clear
en el concierto (13)	in the concert	está nublado (7)	it is cloudy
en el hotel (12)	in the hotel	(la) estación de metro (6)	subway station
En espera de sus noticias. (18)	In anticipation of your response.	(la) estación de tren (6)	train station
en la tienda (10)	in the store	(las) estaciones del año (7)	seasons of the year
En mi opinión… (2)	In my opinion…	estados de ánimo (5)	moods and feelings
en punto (4)	sharp	Estamos a 20 grados. (7)	It's 20 degrees.
¿En qué trabajas? (4)	What is your profession?	(la) estantería (2)	shelf
Encantado/a. (1)	Delighted.	estar (2)	to be
encantar (5)	to love	estar bien (2)	to be fine
encima de (6)	on top of	estar contento/a (2)	to be happy
(la) energía renovable (14)	renewable energy	estar en forma (14)	to be in shape
enojarse (8)	to get angry	estar enamorado/a de (16)	to be in love with
ensuciar (12)	to dirty	estar enfermo/a (2)	to be sick
entender (e>ie) (4)	to understand	estar ocupado/a (9)	to be busy
entero/a (16)	whole	estar triste (2)	to be sad
entonces (11)	then	Estimado/a señor/a (18)	Dear Sir/Madam
(la) entrada (9)	introduction	(el) estómago (5)	stomach
(la) entrada (9)	ticket (for a movie, show)	estresado/a (11)	stressed
entre (6)	between	estresante (11)	stressful
entretenido/a (11)	entertaining, enjoyable	(el) estudiante (0)	student (male)
(la) entrevista (9)	interview	(la) estudiante (0)	student (female)
entrevistar (9)	to interview	estudiar (2)	to study
(el) envase (14)	container	(la) estufa (2)	stove
enviar mensajes (18)	to send messages	estupendo (12)	amazing, wonderful,
enviar un e-mail (18)	to send an e-mail	(la) etiqueta (14)	label
Es la una (4)	It's one o'clock.	(la) excursión (8)	tour trip, outing
es obvio / verdad (17)	it is obvious / true	extender(se) (8)	to spread
es probable que (18)	it's possible that	(el) extranjero (9)	abroad
Es que… (16)	It's just that…		
(el) escaparate (10)	shop window		
(el) escenario (13)	stage	**F**	
escribir (3)	to write	(la) fábula (13)	fable
escritor/a (1)	writer	fácil (2)	easy
escuchar (2)	to listen	(la) falda (3)	skirt
Escuchen con atención. (0)	Listen carefully.	(la) falta (15)	foul
(la) escuela (2)	school	(la) familia (3)	Family
escurrir (16)	to drain	(los) famosos (9)	famous people
(la) espalda (5)	back	fantástico/a (2)	fantastic
Español (2)	Spanish	(la) farmacia (6)	pharmacy
español/a (1)	Spanish	fatal (8, 12)	awful
(el) espejo (2)	mirror	favorito/a (2)	favorite
esperar (17)	to hope, to wait for	(la) fecha (18)	date
(las) espinacas (16)	spinach	fenomenal (8)	fantastic
(la) esposa (3)	wife	feo/a (3)	unattractive
(el) esposo (3)	husband	fin de semana (4)	weekend
esquiar (12)	to ski	(la) finalidad (18)	purpose
		(la) financiación (17)	finance, funding
		(la) firma (18)	signature
		firmar (13)	to sign

Física (2)	physics		
flotar (15)	to float		
(la) foto (fotografía) (2)	photo		
francés / francesa (1)	French		
(los) frijoles (5, 16)	beans		
frío/a (11)	cold, distant		
frito/a (16)	fried		
(la) fruta (2, 16)	fruit		
(la) frutería (10)	fruit and vegetable store		
fuerte (3)	strong		
(el) fútbol (2)	soccer		
(el) fútbol americano (2)	football		
futbolista (1)	soccer player		

G

gafas (3)	glasses
(los) garbanzos (16)	chick peas
(el) gato (2)	cat
genial (2, 12)	great
genial (8)	awesome
(el) gimnasio (6)	gym
girar (6)	to turn
(el) golf (2)	golf
golpear (15)	to hit
gordo/a (3)	overweight
(la) gorra (3)	baseball cap
(el) gorro (7)	knitted hat
grados (7)	degrees
grande (2, 3)	big
(los) grandes almacenes (10)	department store
gris (2)	grey
(el) grupo (13)	group
(los) guantes (7)	gloves
guapo/a (2, 3)	handsome / pretty, attractive
guardar la ropa (15)	to store / put away clothes
(el) guion (18)	hyphen
(el) guion bajo (18)	underscore
(los) guisantes (16)	peas
gustar (5)	to like

H

Ha sido sin querer. (13)	I didn't mean to.
(la) habitación (2)	room
(la) habitación doble (12)	double room
(la) habitación individual (12)	single room
hablador/a (3)	talkative
hablar (2)	to speak
hace buen tiempo (7)	the weather is nice

hace calor (7)	it is hot
hace dos días / años (8)	two days / years ago
hace frío (7)	it is cold
hace mal tiempo (7)	the weather is bad
Hace muchísimo frío / calor. (7)	It's really very cold / hot.
Hace mucho frío / calor. (7)	It's very cold / hot.
hace sol (7)	it is sunny
Hace un día muy bueno / malo. (7)	It's a nice / bad day.
hace viento (7)	it is windy
hacer (4)	to do, to make
hacer buceo (12)	to dive
hacer ciclismo (5)	to bike
hacer clic (18)	to click
hacer conjeturas y promesas (14, 17)	making assumptions and promises
hacer deporte (4)	to play sports
hacer esquí (5)	to ski
hacer fotos (5)	to take pictures
hacer judo (5)	to practice judo
hacer juicios de valor (17)	making value judgements
hacer la cama (15)	to make the bed
hacer la comida (15)	to cook
hacer la compra (10)	to do the food shopping
hacer la tarea (4)	to do homework
hacer natación (5)	to practice swimming
hacer puenting (12)	to go bungee jumping
hacer senderismo (12)	to go hiking
hacer surf (12)	to surf
hacer yoga (5)	to practice yoga
hacer(se) (13)	to become (with professions)
(la) hamburguesa (5)	hamburger
hasta (que) (9)	until, till
Hasta luego. (1)	See you later.
Hasta pronto. (1)	See you soon.
hay (6)	there is, there are
(el) helado (5)	ice cream
herido/a (13)	hurt
(la) hermana (3)	sister
(el) hermano (3)	brother
(los) hermanos (3)	siblings
(el) hielo (7)	ice
(la) hija (3)	daughter
(el) hijo (3)	son
(los) hijos (3)	children
Historia (2)	history

Hola, mi nombre es… (0)	Hi, my name is…
horario (4)	schedule
(el) horno (2)	oven
(el) hospital (6)	hospital
(el) hotel (6)	hotel
hoy (7)	today
hubo (9)	there was
(los) huevos (5)	eggs

I

igual (18)	maybe
(el) impermeable (7, 8)	raincoat
importante (2)	important
impresionante (11)	impressive
impuntual (11)	perpetually late
(el) incendio (13)	fire
incómodo/a (6)	uncomfortable
¡Increíble! (13)	Incredible!, Unbelievable!
(los) indefinidos (12)	indefinite pronouns and adjectives
indiferente (11)	indifferent
indio/a (1)	Indian
inestable (7)	unstable
Informática (2)	computer science
(el) informativo (9)	news brief
ingeniero/a (1)	engineer
inglés / inglesa (1)	British
inteligente (3)	intelligent
interesante (2, 11)	interesting
interrogativos (2)	questions words
inútil (11)	useless
(el) invierno (7)	winter
ir (6)	to go
ir a pie (6)	to go on foot
ir a un parque acuático (12)	to go to a water park
ir de camping (12)	to go camping
ir de compras (5, 10)	to go shopping
ir de excursión (7)	to go on an excursion or an outing
ir de vacaciones (6)	to go on vacation
ir de viaje (6)	to go on a trip
italiano/a (1)	Italian

J

japonés / japonesa (1)	Japanese
(los) jeans (3)	jeans
joven (3)	young
jueves (4)	Thursday

jugar (6)	to play
jugar a los bolos (5)	to bowl, go bowling
jugar a videojuegos (5)	to play videogames
jugar al ajedrez (12)	to play chess

K

(el) kiwi (16)	kiwi

L

(la) labor social (17)	social work
(las) labores humanitarias (17)	humanitarian relief
(los) lácteos (16)	dairy
lanzar (13, 15)	to throw
(el) lápiz (0)	pencil
largo (3)	long
(la) lata de aluminio (14)	aluminum can
(el) lavabo (2)	sink
lavar (7)	to wash
lavar los platos (15)	to wash the dishes
(la) leche (5, 16)	milk
(el) lector (9)	reader
leer (3)	to read
(las) legumbres (16)	legumes
lejos de (6)	far from
(las) lentejas (16)	lentils
(las) lentes / gafas de sol (7, 8)	sunglasses
lento/a (6)	slow
levantarse (4)	to get up
(la) leyenda (13)	legend
(la) librería (6, 10)	bookstore
(la) limonada (5)	lemonade
limpiar el suelo (15)	to clean the floor
(la) linterna (8)	lantern, lamp
liso (3)	straight
listo/a (10)	smart, ready
Literatura (2)	literature
(la) llamada perdida (10)	missed call
llamar(se) (1)	to be called
(la) llave (12)	key
llevar (3, 7, 8)	to take, to carry, to wear
llueve (llover o>ue) (7)	it is raining
(la) lluvia (7)	rain
Lo haré sin falta. (14)	I'll be sure to do it.
lo mismo (18)	maybe
Lo siento (mucho / muchísimo / de verdad). (13)	I am (so / very / really) sorry.
Lo siento. (2)	I'm sorry.

los / las (1)	some	me pongo (17)	I get, I become	Muy señor/a mío/a (18)	Dear Sir/Madam
luchar (por, en, a favor de, contra) (17)	to fight (for, in, in favor of, against)	¿Me prestas…? (16)	Will you lend me…?		
(los) lugares (2)	Places	me siento (17)	I feel	**N**	
lunes (4)	Monday	mecánico/a (4)	mechanic	nacionalidades (1)	nationalities
		media pensión (12)	half board	nada (12)	nothing
M		médico/a (1, 4)	doctor	nadar (8)	to swim
(la) madrastra (3)	stepmother	(la) medio hermana (3)	half sister	nadie (12)	no one, nobody
(la) madre (3)	mother	(el) medio hermano (3)	half brother	(las) naranjas (5)	oranges
(la) magdalena (16)	muffin	(el) medioambiente (14)	environment	(la) naturaleza (8)	nature
maleducado/a (3)	rude	(los) medios de comunicación (9)	means of communication	navegar por el mar (5)	to sail
(la) maleta (8)	suitcase	medios de transporte (6)	means of transportation	navegar por Internet (4, 5)	to go on the Internet
malgastar (14)	to waste	menos cuarto (4)	quarter to	negro (2, 3)	black
malo/a (10)	bad, sick	(el) mes / año pasado (8)	last month / year	nervioso/a (5)	nervous
mandar (2)	to send	(el) mes que viene (14)	next month	ni (11)	nor, not even
mandar un wasap (8)	to send a whatsapp	(la) mesa (0, 2)	table, desk	ni fu ni fa (12)	so-so
(la) manifestación (14)	demonstration, protest	mesero/a (4)	waiter/waitress	¡Ni hablar! (15)	Don't even mention it!
(la) mano (5)	hand	(la) mesilla (2)	bedside table	(la) niebla (7)	fog
(la) mantequilla (16)	butter	(el) metro (6)	subway	(la) nieta (3)	granddaughter
(las) manzanas (5)	apples	mexicano/a (1)	Mexican	(el) nieto (3)	grandson
mañana (7)	tomorrow, morning	(el) microondas (2)	microwave	nieva (7)	it is snowing
(el) marcador (0)	marker	(el) miedo (12)	fear	(la) nieve (7)	snow
marcar un gol (15)	to score a goal	mientras (que) (17)	while	ninguno/a (12)	none, not any
(el) marisco (5)	shellfish, seafood	miércoles (4)	Wednesday	No comprendo. (0)	I don't understand.
marrón (2, 3)	brown	Mira, este / esta es… (1)	Hey, this is…	No contesta. (10)	No answer.
martes (4)	Tuesday	Mira, estos / estas son… (1)	Hey, these are…	No estoy (totalmente) de acuerdo con… (11)	I don't agree (at all) with…
(la) más arriesgada (12)	the most daring	Mire, le presento a (al)… (1)	Look, I'd like to introduce you to…	No hace nada de frío / calor. (7)	It's not at all cold / hot.
más o menos (12)	more or less	Miren la pizarra. (0)	Look at the board.	(Yo) No lo sabía. (13)	I didn't know it.
más tarde (9)	later	(la) mochila	backpack	No lo voy a volver a hacer más. (13)	I won't do it again.
(la) mascota (2)	pet	(la) molestia (18)	bother	no me gustó nada (8)	I didn't like it at all
Matemáticas (2)	math	monótono/a (11)	monotonous, routine	¡No me lo puedo creer! (13)	I can't believe it!
mayor (3)	old	montar a caballo (8, 12)	to go horseback riding	No sé qué decir. (11)	I'm not sure what to say.
me da(n) rabia / vergüenza / lástima (17)	(someone/something) infuriates me, embarrasses me, makes me feel pity	montar en bici (5)	to ride a bike	no soporto / no aguanto (17)	I can't bear / I can't stand
		montar en globo (12)	to ride in a hot-air balloon	No te preocupes. (13)	Don't worry.
¿Me dejas…? (16)	Will you allow me…?	(la) moraleja (13)	moral	No te puedo decir. (11)	I can't say.
me gustó mucho / bastante (8)	I liked it a lot/ quite a lot	moreno/a (3)	dark brown	No tiene importancia. (13)	It's not important.
Me imagino que… (14)	I imagine that…	morir (12)	to die	No va a volver a pasar. (13)	It won't happen again.
me impresiona(n) (17)	(someone/something) impresses me	(el) motivo (18)	subject, motive		
me lo pasé bien (8)	…I had a good time	(la) moto (6)	motorcycle	No, (lo siento) es que… (15)	No, (I'm sorry) it's just that…
me molesta(n) / indigna(n) (17)	(someone/something) bothers me, outrages me	muchísimo (5)	very much, a lot	no…demasiado (5)	not much
me parece (que) (11, 17)	I think / I believe	mucho (6)	very much, a lot	no…nada (5)	not at all
¿Me permites / permite? (15)	Will you allow me to…?	Mucho gusto. (1)	Pleased to meet you.	nosotros/as (1)	we
¿Me podría decir el precio? (10)	Could you tell me the price?	multicereales (16)	multi-grain	(las) notas (18)	notes
me pone(n) triste / histérico / de los nervios (17)	(someone/something) saddens me, angers me, gets on my nerves	(el) mundo empresarial (9)	business world	(la) noticia (9, 13)	news
		(el) mundo hispano (0)	Hispanic world	(las) noticias de los famosos (9)	celebrity news
		(el) museo (6)	museum		
		Música (2)	music		
		muy (6, 8)	very		

(las) noticias del día (9)	today's news	(la) pared (15)	wall
(el) noticiero (9)	newspaper, gazette	(el) parka (7)	ski jacket
(la) novela (13)	novel	(el) parque (2)	park
(el) número equivocado (10)	wrong number	partes del cuerpo (5)	parts of the body
Nunca jamás. (11)	never ever.	(el) partido político (14)	political party

O

ocupado/a (10) .	busy
odio (17)	I hate
ofrecer (17)	to offer
ojalá (17)	I hope, let's hope (that)
olvidar(se) de (13)	to forget
(las) ONG (17)	NGOs
ordenar (18)	to order
ordinario/a (11)	usual, (11)
(la) organización no gubernamental (17)	non-governmental organization
(la) orientación (17)	laboral workforce
oscuros (3)	dark
(el) otoño (7)	autumn or fall
(el) otro día (8)	the other day

P

(el) padrastro (3)	stepfather
(el) padre (3)	father
(los) padres (3)	parents
pagar (7)	to pay
(la) página (9)	page, web page
(los) países (0)	countries
(las) palomitas (5)	popcorn
(el) pan (2)	bread
(la) panadería (6, 10)	bakery (bread), bread shop
panfleto (7)	pamphlet, brochure
(la) pantalla táctil (18)	touch screen
(los) pantalones (3)	dress pants
(las) papas fritas (5)	french fries
(la) papelera (0)	wastepaper basket
(las) papitas fritas (5)	potato chips
para + infinitivo (17)	to order to
Para mí que / yo diría que (18)	I would say
Para mí, ti, él... (2)	For me, you, him,...
¡Para nada! (11)	not at all
para que + subjuntivo (17)	so that others (subjunctive)
(la) parada de autobús (6)	bus stop
(el) paraguas (7)	umbrella

pasado mañana (14)	day after tomorrow
pasar la aspiradora (15)	to vacuum
pasar tiempo (8)	to spend time
(el) pase (15)	pass
pasear (2)	to stroll, to walk around
pasear (8)	to go for a walk
pasear al perro (15)	to walk the dog
(la) pastelería (6, 10, 16)	bakery (cakes and pastries)
patinar (8, 12)	to skate
(el) pecho (5)	chest
(la) pechuga de pollo chicken (16)	breast
pedir (e>i) (4)	to ask for, to order
pedir información (1)	asking questions
pedir permiso, concederlo y denegarlo (15)	asking, giving and denying permission
pedir y aceptar disculpas (13)	making and accepting apologies
pedir y dar consejos (16)	asking and giving advices
pedir y dar opiniones (11)	asking and giving opinions
pelear(se) (15)	to fight
peligroso/a (6, 11)	dangerous
pelirrojo/a (3)	red hair
pensar (e>ie) (4)	to think
pequeño/a (2, 3)	small, little
perder(se) (8)	to lose (to get lost)
Perdón. (13)	Excuse me. Forgive me.
Perdóname. (13)	Forgive me.
Perdone / Perdona, ¿para...? (15)	Excuse me, how do I...?
perezoso/a (11)	lazy
(la) perfumería (10)	beauty supply shop
(el) periódico (9, 13)	newspaper
(el) periódico digital (9)	digital newspaper
(el/la) periodista (9)	journalist
pero (1, 13)	but
(el) perro (1, 2)	dog
(el) personaje famoso (9)	celebrity
(las) personalidades (11)	personality traits

(las) personas (9)	people
peruano/a (1)	Peruvian
(la) pescadería (10)	fish store / market
(el) pescado (2, 5)	fish
(el) pie (5)	foot
Pienso que... (2)	I think that...
(la) pierna (5)	leg
(la) pila (14)	battery (not rechargeable)
(los) pimientos (5)	peppers
(la) piña (16)	pineapple
(el) pizarrón (0)	blackboard
planchar (15)	to iron
(la) playa (8)	beach
poco (6)	very little, not much
poder (o>ue) (4)	to be able, can
¿Podría...? (16)	Could I...?
Podrías... (16)	You could...
¿Podrías...? (16)	Could you...?
(el) poema (13)	poem
(la) política (14)	politics
(el) pollo (2, 5)	chicken
(el) polvo (15)	dust
poner en remojo (16)	to soak
poner la lavadora (15)	to do the laundry
poner la mesa (15)	to set the table
poner un granito de arena (17)	to collaborate, to help
ponerse (9)	to put on
por la mañana (4)	in the morning
por la noche (4)	at night
por la tarde (4)	in the afternoon
por qué (2)	why
¿por qué? (11)	why?
¿Por qué no...? (15)	Why don't you...?
Por supuesto. (15)	Of course.
porque (11)	because
(la) portada (9)	cover
(la) portería (15)	goal
(el) portero (15)	goal keeper
posiblemente (18)	possibly
(el) postre (5)	dessert
practicar submarinismo (8)	to practice scuba diving
práctico/a (11)	practical
preferir (8)	to prefer
preferir (e>ie) (4)	to prefer
(la) prensa (9)	press
(la) prensa deportiva (9)	sports publications
preocupado/a (5)	worried

(el) presidente / (la) presidenta (14)	president	
(el/la) presentador/a (9)	presenter / broadcaster	
(la) primavera (7)	spring	
(la) primera página (9)	front page	
(el/la) primo/a (3)	cousin	
probablemente (18)	probably	
(el) producto envasado (14)	packaged goods	
profesiones (1)	professions	
(el) profesor (0)	teacher (male)	
profesor/a (1)	teacher	
(la) profesora (0)	teacher (female)	
(el) programa (14)	platform (of a political party)	
(el) programa (9)	program	
programador/a (4)	computer programmer	
(la) promesa (14)	promise	
prometer (14)	to promise	
¡Prometido! (14)	Promised!	
(la) propina (12)	tip	
(la) protección del medioambiente (17)	environmental protection	
(el) protector solar (8)	sunscreen	
próximo/a (7)	next	
(la) publicidad (10)	publicity, advertisement	
(el) público (13)	audience	
(el) pueblo (2)	town	
¿Puede escribirlo en la pizarra? (0)	Can you write it on the blackboard?	
¿Puede repetir, por favor? (0)	Can you please repeat?	
puede (ser) que… (18)	it can be that…	
¿Puedes / Podrías decirme cómo…? (15)	Can / Could you tell me how…?	
¿Puedo / Podría…? (15)	Can / Could I…?	
¿Puedo…? (16)	Can I…?	
(la) puerta (0)	door	
puertorriqueño/a (1)	Puerto Rican	
Pues resulta que… (13)	Well it turns out that…	
punto com (18)	dot com	
puntual (11)	punctual	

Q

qué (2)	what	
¡Qué + adjetivo! (10)	How + adjective	
¡Qué + sustantivo + más! (10)	What a + adjective + noun	
¡Qué + sustantivo + tan! (10)	What a + adjective + noun	
Que aproveche. (17)	Enjoy your meal, Bon appétite.	

¡Qué apuro! (13)	How embarrassing!	
¡Qué calor! (7)	It's so hot!	
¿Qué día / tiempo hace? (7)	What's the day / weather like?	
¿Qué día es hoy? (1)	What's today's date?	
¡Qué dices! (11)	What are you talking about?	
Que disfrutes. (17)	Have fun.	
Que duermas bien. (17)	Sleep well.	
¡Qué frío / calor tengo! (7)	I'm so cold / hot!	
¡Qué frío hace! (7)	It's so cold!	
¿Qué haces? (1)	What do you do?	
¿Qué hora es? (4)	What time is it?	
Que lo pases bien. (17)	Have a good time.	
¡Qué me dices! (13)	What you say!	
¿Qué opinas / piensas sobre…? (11)	What do you think about…?	
¿Qué precio tiene? (10)	What is the price?	
¿Qué puedo hacer? (16)	What can I do?	
¿Qué significa…? (0)	What does… mean?	
¿Qué tal? (1)	What's up?	
¿Qué tal estás? (1)	How are you doing?	
Que te mejores. (17)	Get well.	
¿Qué te parece…? (11)	What do you think about…?	
Que tengas buen viaje. (17)	Have a good trip.	
Que tengas suerte. (17)	Good luck.	
¡Qué va! (11)	¡Que no! No way!	
¡Qué vergüenza! (13)	How embarrassing!	
que viene (7)	upcoming, next	
quedar (4)	to meet up with someone	
quedarse (14)	to stay	
(la) queja (18)	complaint	
quejarse (4, 15)	to complain	
querer (e>ie) (4, 8)	to want (to do something)	
(el) queso (5)	cheese	
¿Quién? (1)	Who?	
¿Quieres…? (15)	Do you want…?	
quitar la mesa (15)	to clear the table	
quizás (18)	perhaps, maybe	

R

(la) radio (9)	radio	
rápido/a (6)	fast	
(la) raqueta (15)	racket	
rebotar (15)	to rebound	
recaudar fondos (17)	to raise money	
(el/la) recepcionista (12)	receptionist	

recibir llamadas (18)	to receive calls	
(el) reciclaje (14)	recycling	
reciclar (14)	to recycle	
recomendar (e > ie) (18)	to recommend	
recorrer (8)	to go all over	
(los) recursos naturales (14)	natural resources	
(la) red (15)	net	
(la) red social (9)	social network	
(las) redes sociales	Social media	
reducir (14)	to reduce	
reelegir (9)	to reelect	
(la) reforma (14)	reform	
regresar (8, 12)	to return	
regular (8)	not so good, okay	
relajante (11)	relaxing	
(el) relámpago (7)	lightning	
(el) relato (13)	short story	
(el) remitente (18)	sender (of a letter)	
repetir (e>i) (4, 9)	to repeat	
(el) reportaje (9)	report	
(la) reservación (12)	reservation	
(los) restos orgánicos (14)	organic waste	
reutilizar (14)	to reuse	
(la) revista (9)	magazine	
(la) revista de información científica (9)	science news magazine	
rico/a (10)	rich/tasty	
(la) rima (13)	rhyme	
rizado (3)	curly	
(la) rodilla (5)	knee	
rojo (2)	red	
romper (9, 12)	to break, to break up	
(la) ropa (3, 7)	clothes	
(la) ropa interior (3)	underwear	
rubio/a (3)	blonde	
ruidoso/a (11)	loud, noisy	

S

sábado (4)	Saturday	
(las) sábanas (15)	bed sheets	
¿Sabes cómo…? (15)	Do you know how to…?	
¿Sabes qué…? (13)	Do you know what…?	
(el) sabor (16)	taste, flavor	
sacar la basura (15)	to take out the trash	
(el) saco de dormir (8)	sleeping bag	
(la) sal (16)	salt	
(el) salchichón (16)	salami	
salir (4)	to go out, to leave	
salir adelante (17)	to get ahead	
salir con amigos (12)	to go out with friends	

(el) salón (2)	living room	(el) subtítulo (9)	lead or subhead
(la) salsa (16)	sauce	suena ocupado (10)	busy signal
saludable (11, 16)	healthy	(el) suéter (3)	sweater
(el) saludo (18)	greeting	sugerir (e > ie) (18)	to suggest
(las) sandalias (3)	sandals	superbién (12)	super
sano/a (16)	healthy	(el) supermercado (6, 10)	supermarket
Se despide atentamente (18)	Sincerely yours	suponer (14, 18)	to suppose
¿Se encuentra…? (10)	Is… there?	Supongo que… (14)	I guess that…
(la) secadora (15)	dryer		
seguir (6)	to follow	**T**	
seguramente (18)	surely	(el) tablero de anuncios (0)	bulletin board
seguro/a (6, 11)	secure, safe, certain	(la) tableta (0)	tablet
(el) senado (14)	Senate	tal vez (18)	maybe
(la) señal (18)	signal	también (1)	also
Señor (Sr.) (1)	Mr.	(las) tareas del hogar (15)	household chores
Señora (Sra.) (1)	Mrs.	tarjeta de crédito / débito (10)	credit / debit card
Señorita (Srta.) (1)	Miss./Ms.	tarjeta de regalo (10)	gift card
(la) sequía (14)	drought	(la) tarta de chocolate (5)	chocolate cake
ser (1)	to be	(el) taxi (6)	taxi
ser solidario (17)	to be solidary, supportive	Te doy mi palabra. (14)	I give you my word.
¿Sería tan amable de…? (16)	Would you be so kind as to…?	¿Te / Le importa si…? (15)	Do you mind if…?
servir (e>i) (4)	to serve	¿Te importa si…? (16)	Do you mind if…?
¿Sí? (10)	Hello (when answering the telephone)	¿Te importaría…? (16)	Would you mind…?
Sí, claro. (0)	Yes, of course.	Te juro que… (14)	I promise you that…
Sí, está bien. (0)	Yes, it's fine.	¿Te parece bien…? (17)	How does that work for you…?
Sigue, sigue… (13)	Continue, keep talking…	Te perdono. (13)	I forgive you.
siguiente (9)	next	Te prometo que… (14)	I promise you that…
silencioso/a (11)	quiet	(el) teatro (6)	theater
(la) silla (0)	chair	telecomunicaciones (18)	telecommunications
simpático/a (3)	likeable	(la) telenovela (9)	soap opera
sin ánimo de lucro (17)	non profit	(el) tema (13)	topic, musical composition
(la) sobrina (3)	niece	(la) temperatura (7)	temperature
(el) sobrino (3)	nephew	templado (7)	temperate, mild
(el) sofá (2)	sofa	(la) temporada alta (12)	high season
soler (o > ue) (13)	to tend to do something	(la) temporada baja (12)	low season
solo/a (10)	alone	temprano (4)	early
(la) sombrilla (8)	beach umbrella	¡Ten cuidado! / ¡Cuidado! (13)	Be careful!
(el) sondeo electoral (14)	election polls	tender la ropa (15)	to hang out clothes
(la) sopa de verdura (5)	vegetable soup	Tendrías que / Deberías… (15)	You should…
soso/a (11, 16)	dull, bland	tener (1, 3)	to have
subir (8)	to go up, to get on, to climb		
subir una foto (8)	to upload a photo		

tener calor (3)	to be warm
tener cobertura (18)	to have coverage
tener frío (3)	to be cold
tener hambre (3)	to be hungry
tener que (4)	to have to (do something)
tener sed (3)	to be thirsty
tener sueño (3)	to be sleepy
tener… años (1, 3)	to be… years old
(el) tenis (2)	tennis
(los) tenis (3)	sneakers
tenista (1)	tennis player
(el) tiempo atmosférico (7)	the weather
¿Tienen preguntas? (0)	Do you have any questions?
¿Tienes frío / calor? (7)	Are you cold / hot?
Tienes razón. (11)	You are right.
(las) tiendas (10)	the stores
tímido/a (3)	shy
(la) tía (3)	aunt
(la) tienda de campaña (8)	tent
(la) tienda de electrónica (10)	electronics store
(la) tienda de ropa (10)	clothing store
(la) tienda de ropa (6)	clothing store
(el) tío (3)	uncle
tirar (13)	to throw
tirar la basura (15)	to take out the trash
(el) titular (9)	headline
(la) toalla de playa (8)	beach towel
todavía no (12)	not yet
todos los días (4)	everyday
tomar el sol (5)	to sunbathe
tomar tapas (5)	to eat tapas (small dishes of food)
(los) tomates (5)	tomatoes
¡Totalmente! (11)	Totally!
(la) tormenta (7)	storm
trabajador/a (3)	hard-working
trabajar (2)	to work
trabajar codo con codo (17)	to work hand in hand, shoulder to shoulder
(el) trabajo satisfactorio (17)	successful work
traer (7)	to bring
(el) traje (3)	suit
(el) traje de baño (8)	bathing suit
tranquilo/a (5, 11)	calm, quiet

Tranquilo/a, no pasa nada. (13)	Don't worry, it's Ok.
(el) transporte ecológico (14)	ecologically friendly transportation
(el) tren (6)	train
(la) triple doble ve (18)	www
triste (5)	sad
triturar (16)	to grind up
(el) trozo (16)	de piece of
(el) trueno (7)	thunder
tú (1)	you (informal)
¿Tú qué harías? (16)	What would you do?
tuitear (8)	to tweet

U

últimamente (12)	lately
un / una (1)	a, an
un desastre (12)	a disaster
una vez (12)	once, one time
unos / unas (1)	some, a few
(la) urna (14)	ballot box
usted (1)	you (formal)
ustedes (1)	you, you all (plural)

V

vago/a (3)	lazy
venir (7)	to come
(la) ventaja (15)	advantage
(las) ventajas (10)	advantages
(la) ventana (0)	window
ver (3)	to see
ver un concierto (5)	to go to a concert
ver una emisión en directo (8)	to watch an emission in streaming
ver una exposición (5)	to go to an exhibit
ver una película (5)	to see a movie
(el) verano (7)	summer
verde (2)	green
verdes (3)	green
(la) verdura / (las) verduras / (los) vegetales (2, 5, 16)	vegetables
(el) vertedero (14)	dumping site
(el) vestido (3)	dress
vestirse (e>i) (4)	to get dressed someone
veterinario/a (4)	veterinarian
viajar (2)	to travel
(los) viajes (8)	Trips
(el) vidrio (14)	glass
viernes (4)	Friday
(el) vinagre (16)	vinegar
vivir (3)	to live
volar en un parapente (12)	to go paragliding
(el) vóleibol (2)	volleyball
(el) voluntario / (la) voluntaria (17)	volunteer
volver (o>ue) (4)	to return
volver a + infinitivo (9)	to go back / return to + infinitive
vosotros/as (1)	you (plural, Spain)
votar (9, 14)	to vote
(el) voto (14)	vote

Y

ya (12)	already
yo (1)	I
¡Yo qué sé! (11)	What do I know!
Yo que tú / Yo en tu lugar… (16)	If I were you…
(el) yogur (5, 16)	yogurt

Z

(las) zanahorias (5)	carrots
(la) zapatería (6, 10)	shoe store
(los) zapatos de tacón (3)	high-heeled shoes

CREDITS

The authors wish to thank to many peoples who assisted in the photography used in the textbook. Credit is given to photographers and agencies below.

We have made every effort to trace the ownership of all copyrighted material and to secure permission from copyright holders. In the event of any question arising as to the use of any material, please let as now and we will be pleased to make the corresponding corrections in future printings.

Page 14 (prahi, Col. iStock / carroteater, Col. iStock) | **Page 15** (Jeremy Woodhouse, Col. Blend Images / Jack Hollingsworth, Col. Photodisc / Daniel Ernst, Col. iStock / Lite Productions, Col. Lite Productions / AndreyPopov, Col. iStock) | **Page 17** (Jack Hollingsworth, Col. Photodisc / sindlera, Col. iStock) | **Page 18** (Jeff Huting, Col. iStock / Christopher Futcher, Col. iStock / Denys Prykhodov, Col. iStock / andresrimaging, Col. iStock / Dorling Kindersley / Pavel Konovalov, Col. iStock / suksao999, Col. iStock / tuja66, Col. iStock / marekuliasz, Col. iStock) | **Page 19** (kvkirillov, Col. iStock / Wavebreakmedia Ltd, Col. Wavebreak Media / prosiaczeq, Col. iStock / pepj, Col. iStock) | **Page 20** (BONNINSTUDIO, Col. iStock / IPGGutenbergUKLtd, Col. iStock) | **Page 21** (Wavebreakmedia Ltd, Col. Wavebreak Media / Jack Hollingsworth, Col. Photodisc) | **Page 23** (Michael Dykstra, Col. Hemera) | **Page 26** (Nikiteev_Konstantin, Col. iStock / Gasho Ito/a.collectionRF) | **Page 28** (andresrimaging, Col. iStock) | **Page 29** (Creatas, Col. Creatas / Milenko Bokan, Col. iStock / SimmiSimons, Col. iStock / andresrimaging, Col. iStock) | **Page 30** (Digital Vision, Col. Photodisc) | **Page 31** (miszaqq, Col. iStock / Steve Hix, Col. Fuse / Stockbyte, Col. Stockbyte) | **Page 32** (Monkey Business Images, Col. Monkey Business / nyul, Col. iStock) | **Page 33** (shipfactory, Col. iStock / shipfactory, Col. iStock / Jacob Wackerhausen, Col. iStock / PhotoObjects.net, Col. PhotoObjects.net) | **Page 35** (popovaphoto, Col. iStock / Anthony Baggett, Col. iStock / Olga Popova, Col. iStock / Jordi Lopez dot, Col. Hemera / John Kropewnicki, Col. iStock / Olga Brovina, Col. iStock / Steve Mann, Col. iStock / Ksenia Krylova, Col. iStock) | **Page 36** (Por cortesía de Danilo Borges en Creative Commons / Por cortesía de Keith Hinkle en Creative Commons) | **Page 37** (Kikovic, Col. iStock / Wavebreakmedia Ltd, Col. Wavebreak Media / Jupiterimages, Col. Stockbyte / Photodisc, Col. Photodisc / Robin Elmgren, Col. iStock / Aksonov, Col. iStock / AndreyPopov, Col. iStock) | **Page 39** (BananaStock, Col. BananaStock / sinan Ä±ÅÄ±k, Col. iStock / monkeybusinessimages, Col. iStock / Mark Bowden, Col. iStock / PhotoAttractive, Col. iStock / nyul, Col. iStock / Jupiterimages, Col. BananaStock / ntellistudies, Col. iStock) | **Page 42** (Fuse, Col. Fuse / Jupiterimages, Col. BananaStock / ChoochartSansong, Col. iStock / kosmos111, Col. iStock / a-wrangler, Col. iStock / ArtHdesign, Col. iStock / Hongqi Zhang, Col. iStock / Ablestock.com, Col. AbleStock.com) | **Page 43** (Thomas Northcut, Col. Digital Vision / BONNINSTUDIO, Col. iStock / Sergiy Tryapitsyn, Col. iStock) | **Page 44** (Fuse, Col. Fuse / Christopher Futcher, Col. iStock) | **Page 46** (NA, Col. Photos.com) | **Page 47** (Kai Chiang, Col. iStock) | **Page 50** (Fuse, Col. Fuse / monkeybusinessimages, Col. iStock / Hongqi Zhang, Col. Hemera / diego_cervo, Col. iStock / Tashi-Delek, Col. iStock / Wavebreakmedia Ltd, Col. Wavebreak Media) | **Page 52** (bst2012, Col. iStock) | **Page 53** (Dmitrii Kotin, Col. iStock / John Rowley, Col. Digital Vision / Klaus Tiedge, Col. Blend Images) | **Page 54** (Digital Vision, Col. Photodisc) | **Page 55** (peresanz, Col. iStock / vladj55, Col. iStock / Por cortesía de Pure-football en Creative Commons) | **Page 56** (HSNPhotography, Col. iStock / drpnncpp, Col. iStock / USGirl, Col. iStock / Anton Starikov, Col. Hemera / ttatty, Col. iStock / GlobalP, Col. iStock / ayzek, Col. iStock / Fuse, Col. Fuse / Iñigo Quintanilla Gomez, Col. iStock) | **Page 57** (Marko Beric, Col. iStock / Baloncici, Col. iStock / sergey02, Col. iStock / Dario Sabljak, Col. Hemera / scanrail, Col. iStock) | **Page 58** (borzywoj, Col. iStock / Ivonne Wierink-vanWetten, Col. iStock / Digital Vision, Col. Digital Vision) | **Page 59** (pyotr021, Col. iStock / Wavebreakmedia Ltd, Col. Wavebreak Media) | **Page 60** (Elenathewise, Col. iStock) | **Page 62** (Maridav, Col. iStock) | **Page 63** (Jack Hollingsworth, Col. Photodisc / karandaev, Col. iStock / Hemera Technologies, Col. PhotoObjects.net / gonul kocak, Col. iStock / Paolo Diani, Col. iStock) | **Page 66** (Robert Churchill, Col. iStock) | **Page 67** (Wavebreakmedia Ltd, Col. Wavebreak Media / Moodboard, Col. Moodboard / Hannu Viitanen, Col. Hemera / Minerva Studio, Col. iStock / Jose Antonio Sánchez Reyes, Col. Hemera / Ingram Publishing / alkimsarac, Col. iStock) | **Page 68** (Feverpitched, Col. iStock) | **Page 70** (Manfred Steinbach, Col. iStock / fotocelia, Col. iStock / Viacheslav Khmelnytskyi, Col. iStock / Kseniya Ragozina, Col. iStock / Tanya Weliky, Col. iStock / Humberto Ortega, Col. iStock) | **Page 71** (Thomas Northcut, Col. Digital Vision / Comstock Images, Col. Stockbyte / Jupiterimages, Col. Creatas / Digital Vision, Col. Digital Vision / jaguarblanco, Col. iStock / AnikaSalsera, Col. iStock) | **Page 74** (Goodshoot, Col. Goodshoot / moodboard, Col. moodboard) | **Page 77** (DNF-Style, Col. iStock) | **Page 78** (Purestock / AntonioGuillem, Col. iStock) | **Page 79** (Purestock, Col. Purestock) | **Page 80** (Purestock, Col. Purestock) | **Page 83** (Matc13, Col. iStock / Voyagerix, Col. iStock) | **Page 84** (michaeljung, Col. iStock / Lalouetto, Col. iStock / vetkit, Col. iStock / linhof, Col. iStock / popovaphoto, Col. iStock / belchonock, Col. iStock / alekleks, Col. iStock / khvost, Col. iStock / tarasov_vl, Col. iStock) | **Page 85** (Digital Paws Inc., Col. iStock / Elnur Amikishiyev, Col. iStock / khvost, Col. iStock) | **Page 86** (paulprescott72, Col. iStock) | **Page 90** (Photodisc, Col. Photodisc) | **Page 91** (4774344sean, Col. iStock) | **Page 93** (Michael Blann, Col. Digital Vision / Purestock, Col. Purestock / Tim Pannell, Col. Fuse / MM Productions, Col. Digital Vision) | **Page 95** (Robert Churchill, Col.iStock / Vbaleha, Col. iStock) | **Page 98** (Oakozhan, Col. iStock) | **Page 100** (John Lund/Drew Kelly, Col. Blend Images) | **Page 101** (Klaus Tiedge, Col. Blend Images / Blend Images, Col. Shutterstock / wavebreakmedia, Col. Shutterstock / Andrew Olney, Col. Photodisc) | **Page 102** (Photick/Odilon Dimier, Col. Photick) | **Page 103** (Comstock Images, Col. Stockbyte / James Woodson, Col. Digital Vision / Purestock, Col.